Jost Reinecke · Interviewer- und Befragtenverhalten

AF155387

Studien zur Sozialwissenschaft

Band 106

Westdeutscher Verlag

Jost Reinecke

Interviewer- und Befragtenverhalten

Theoretische Ansätze und methodische Konzepte

Westdeutscher Verlag

Die Deutsche Bibliothek – CIP-Einheitsaufnahme

Reinecke, Jost:
Interviewer- und Befragtenverhalten: theoretische Ansätze
und methodische Konzepte / Jost Reinecke.
– Opladen: Westdt. Verl., 1991
  (Studien zur Sozialwissenschaft; Bd. 106)
    ISBN 978-3-531-12290-8   ISBN 978-3-322-94163-3 (eBook)
    DOI 10.1007/978-3-322-94163-3
NE: GT

Der Westdeutsche Verlag ist ein Unternehmen der Verlagsgruppe Bertelsmann International.

Alle Rechte vorbehalten
© 1991 Westdeutscher Verlag GmbH, Opladen

Das Werk einschließlich aller seiner Teile ist urheberrechtlich ge-
schützt. Jede Verwertung außerhalb der engen Grenzen des Urheber-
rechtsgesetzes ist ohne Zustimmung des Verlags unzulässig und straf-
bar. Das gilt insbesondere für Vervielfältigungen, Übersetzungen,
Mikroverfilmungen und die Einspeicherung und Verarbeitung in elek-
tronischen Systemen.

Umschlaggestaltung: studio für visuelle kommunikation, Düsseldorf

Gedruckt auf säurefreiem Papier

ISBN 978-3-531-12290-8

Soziologische Forschung und Messung erfordern so etwas wie eine "Theorie der Instrumentation" und eine Theorie der Daten, so daß wir Anwesenheit und Verfahren des Beobachters auseinanderhalten können vom Material, das er als Daten bezeichnet.

(Aaron V. Cicourel)

Vorwort

Eine theoretische und empirische Forschungsarbeit ist auch in hohem Maße auf die Mitarbeit und das Verständnis anderer Personen angewiesen. In diesem Zusammenhang möchte ich mich bei meinen Betreuern Prof. Dr. Peter Schmidt und Prof. Dr. Achim Schrader bedanken, die mit vielen Anregungen und Ermutigungen wesentlich zur Erstellung dieser Arbeit beigetragen haben. Wichtige Hinweise erhielt ich außerdem von Frau Dr. Dagmar Krebs, Frau Dr. Petra Hartmann und Herrn Armin Scholl, der auch vor Ort die Diskussion um die Notwendigkeit einer Instrumententheorie immer aufrecht erhielt. Die Bereitstellung der finanziellen Mittel für die Befragung und die konstruktive Hilfe bei der Erstellung des Fragebogens habe ich Prof. Dr. Hartmut Esser und Dr. Paul Bernhard Hill zu verdanken.

Für die kritische Durchsicht des Manuskripts danke ich meiner Frau Marie-Luise Inhester, die mich zu einem zügigen Abschluß der mehrere Jahre dauernden Arbeit hinführte. Bei der Zusammenstellung und Bearbeitung der Literaturliste war mir Frau Gaby Krekeler, bei der Manuskripterstellung in ihrer endgültigen Form, bei der Tabellengestaltung und bei der Erstellung der Zeichnungen Herr Thomas Blank in umfangreichem Maße behilflich.

Desweiteren danke ich an dieser Stelle allen Personen, die sich für "Ratings" und Pretest zur Verfügung gestellt haben sowie den Interviewern für ihre Mühe und Geduld während der Erhebungsphase und ihrer Bereitschaft, auch selbst den Fragegbogen zu beantworten.

Münster, den 2. 5. 1990

Jost Reinecke

Inhalt

II THEORIE   33

III EMPIRIE   77

IV DISKUSSION UND ZUSAMMENFASSUNG 261

1 Konfrontation der Ergebnisse   265

2 Konfrontation der empirischen Modelle   273

3 Praktische Konsequenzen   279

V Literatur und Anhang   283

Literatur   285

Einschätzungsbogen   313

Variablen   319

Tabellen

Abbildungen

Einleitung

Durch die Berücksichtigung von Zufallsmeßfehlern und die Verwendung von multiplen Indikatoren sowie Strukturgleichungsmodellen haben sich in den letzten Jahren große Veränderungen bei der Analyse sozialwissenschaftlicher Daten speziell von Einstellungsvariablen ergeben. Trotz dieser großen Fortschritte in der sozialwissenschaftliche Datenanalyse war bezüglich der systematischen Meßfehler weit weniger Fortschritt zu verzeichnen. Insbesondere haben sich im Bereich von Reaktionstendenzen (Response Sets) der Befragten sowie der Einflüsse von Interviewern auf die Messung kaum weitere Fortschritte ergeben. In den meisten sozialwissenschaftlichen Untersuchungen werden beide Quellen systematischer Fehler ignoriert, auch wenn die methodologische Literatur immer wieder auf deren Relevanz hinweist. Ein systematischer Vergleich in verschiedenen Untersuchungen im Sinne einer Metaanalyse des Effektes von Reaktionstendenzen und Intervieweinflüssen auf die Parameterschätzungen fehlt bisher.

Der Ausgangspunkt dieser Arbeit ist gekennzeichnet durch:

1. die Existenz verschiedener Modelle über den Interaktionsverlauf während des Interviews,

2. durch Erklärungskonzepte, die Reaktionen und Handlungen von Interviewern und Befragten explizit in einen allgemeinen theoretischen Rahmen integrieren, und

3. durch empirische Studien, die einerseits Reaktionstendenzen von Befragten (Response Sets) und andererseits Einflüsse von Interviewermerkmalen, Intervieweerwartungen und Interviewereinstellungen nachweisen.

Die Arbeit beabsichtigt,

1. unterschiedliche Modelle, die den Interaktionsablauf im Interview kennzeichnen, zu beschreiben und zu bewerten,

2. theoretische Ansätze zu erörtern, die versuchen, Modelle über den Interaktionsablauf im Interview zu integrieren, und

3. mit Hilfe eines speziellen methodischen Designs und einer dafür konzipierten Befragung, Modelle aus den theoretischen Ansätzen abzuleiten. Diese abgeleiteten Modelle, die sowohl inhaltliche Zusammenhänge (Kerntheorien) als auch methodische Einflüsse (Methodentheorien) enthalten, werden über simultane, multivariate Analyseverfahren (LISREL) geprüft.

Auch wenn eine wissenschaftstheoretische Erörterung des Problems von Theorieprüfung, Operationalisierung und Methodeneinfluß in dieser Arbeit nicht geleistet werden kann, wird trotzdem der Anspruch vertreten, die hier erörterten theoretischen Ansätze und empirischen Ergebnisse allgemein unter das analytisch-nomologische Paradigma (vgl. Esser/Klenovits/Zehnpfennig (1977a) zu fassen und speziell in das Forschungsprogramm "Rational Choice" (vgl. Simon 1985) zu integrieren.

Teil I gibt eine Einführung in die sozialen Bedingungen der Umfrageforschung, kennzeichnet das Interview als sozialen Prozeß und definiert die Verzerrungsursachen von Befragungsergebnisssen.

Teil II gibt einen Überblick über die theoretischen Ansätze zum Interviewer- und Befragtenverhalten sowie eine soziologisch-theoretische Integration dieser Ansätze. Erklärungsmodelle werden abgeleitet, die als sogenannte Kerntheorien in den empirischen Nachweis von Verzerrungen durch Interviewereinflüsse und Befragtenreaktionen einfließen.

Teil III dient einerseits der Erörterung von Befragtenreaktionen unter besonderer Berücksichtigung der sozialen Erwünschtheit und der Erörterung von Interviewereffekten unter besonderer Berücksichtigung der sichtbaren und nichtsichtbaren Merkmale. Andererseits werden mit Daten einer mündliche Befragung empirische Überprüfungen der operationalisierten Kern- und Methodentheorien vorgenommen.

Teil IV konfrontiert die theoretischen Modelle mit den empirischen Ergebnissen und verdeutlicht praktische Konsequenzen für die Handhabung der Interviewereinflüsse und Befragtenreaktionen.

Teil I

EINFÜHRUNG

Kapitel 1

Soziale Bedingungen sozialwissenschaftlicher Umfrageforschung

Sozialwissenschaftliche Befragungen sind in einer arbeitsteiligen Gesellschaft unter bestimmten Voraussetzungen nur dann möglich und sinnvoll, wenn sich Wissenschaft nach entsprechendem administrativen Bedarf professionalisiert und etabliert hat, vor allem: Theorie und Methodik der Instrumentenhandhabung soweit entwickelt sind, daß fundierte und aussagekräftige Ergebnisse unter dem Primat analytisch-nomologischer Wissenschaftsauffassung gesellschaftliche Reflektion nicht nur gewährleisten, sondern primär praktische Konsequenzen in den Vordergrund stellen.[1] Der Erhebungsvorgang, d. h. die Ermittlung von Daten aus einer nach Auswahlkriterien zu bestimmenden Anzahl von Untersuchungspersonen, wird hier als Teil des Prozesses der Formulierung und Überprüfung allgemeiner, empirisch abgesicherter Gesetzesaussagen an die methodologischen Postulate der analytisch-nomologischen Wissenschaftstheorie und als Teil der Verbindung dieser Postulate im Meßvorgang zu bestimmten sozialen Vorbedingungen verstanden (vgl. Esser 1975a: 15).[2] Diese Vorbedingungen sollen hier überblickartig expliziert werden und eine Überbaufunktion in der Verdeutlichung des sozialen Charakters von Erhebungsinstrumenten erhalten.

---

1 Die vorliegende Arbeit wird sich innerhalb des analytisch-nomologischen Paradigmas (d. h. Sozialwissenschaft wird als *erklärende* Wissenschaft aufgefaßt) bewegen, zum Paradigma vgl. Esser/Klenovits/Zehnpfennig (1977a: 252ff).

2 Zu den methodologischen Postulaten vgl. Esser/Klenovits/Zehnpfennig (1977a: 101ff).

Esser versucht, ausgehend von einer strukturellen Ebene der Gesellschaft, zwei Ebenen der Befragungsbedingungen zu unterscheiden:

1. die Ebene der Institutionen und

2. die Ebene der Individuen (vgl. Abbildung 1.1).

Die Verfügbarkeit von Befragten zur Bestimmung des Auswahluniversums und der daraus zu rekrutierenden Samples hängt auf der Institutionalebene von einem Mindestmaß an Bürokratisierung und Zentralisierung des Sozialsystems und von der Existenz professioneller sozialwissenschaftlicher Institutionen ab (vgl. Esser 1975b: 331). Die Verfügbarkeit von Befragten auf der Individualebene ist im einzelnen abhängig von der multifunktionalen Verknüpfung bestimmter Motivationen zur Interaktionsaufnahme, einem Potential an kognitiven Konzepten und komplexen linguistischen Codes, Kompetenzbewußtsein sowie bestimmter Antizipationsfähigkeiten (vgl. Esser 1975a: 194ff). Die beiden o. a. Ebenen lassen sich auf vier allgemeine Merkmale sozialer Systeme zurückführen, deren Erfüllung notwendige Voraussetzungen für die methodischen Erfordernisse der Umfrageforschung sind (vgl. Esser 1975a: 117ff; Esser 1975b: 319):

1. *Strukturelle Differenzierung* , d. h. die Möglichkeit der Verflechtung in zahlreiche nicht festgeschriebene soziale Positionen zur Entwicklung von Wahrnehmungs- und Codestrukturen, zur Herausbildung von individueller Stellungnahme aus der Erfahrung von Strukturvielfalt und Situationsoffenheit und zur Erhöhung des Rollensatzes an verpflichtenden Sozialbezügen.

2. *Allgemeiner Werterahmen* , d. h. die Integration funktional spezifischer Bezüge und die Verbindlichkeit der Teilnahme an unmittelbar betreffende soziale Vorgänge unter Befreiung von partikularistischer Rücksichtnahme und Konsequenzenbefürchtung.

3. *Generalisierte Kommunikationsebenen* , d. h. die Möglichkeit der Kontaktaufnahme durch die Forschungsinstitution, die Verfügbarkeit der Befragten und die Möglichkeit einer störungsfreien Informationsübertragung.

4. *Individuelle Autonomie* , d. h. die Bildung individuell bewußter und individuell abrufbarer mentaler Zustände, die Rollenübernahme in nicht definierten Situationen und die psychische Unabhängigkeit des Befragten.

Die modellhafte Darstellung dieser Voraussetzungen enthält natürlich auch praktische Probleme, die in der Verzerrung von Erhebungsergebnissen aufgrund kontextuell bedingter und individuell vorhandener Unterschiede bei den Befragten hervortreten und sich unmittelbar aus den ungleichen Verteilungen von sozialen und ökonomischen Ressourcen innerhalb von arbeitsteiligen Gesellschaften und der damit einhergehenden sozialen Differenzierung erklären lassen. Diese praktischen Probleme konzentrieren sich auf die selektive Auswahl von Untersuchungspersonen, auf ihr Verhalten bezogen auf die wahrgenommenen Befragungsbedingungen und auf die sozialen Prozesse im Interview selbst, die im folgenden Abschnitt behandelt werden.

Abbildung 1.1: Die sozialen Bedingungen der Umfrageforschung nach Esser (1975a,b)

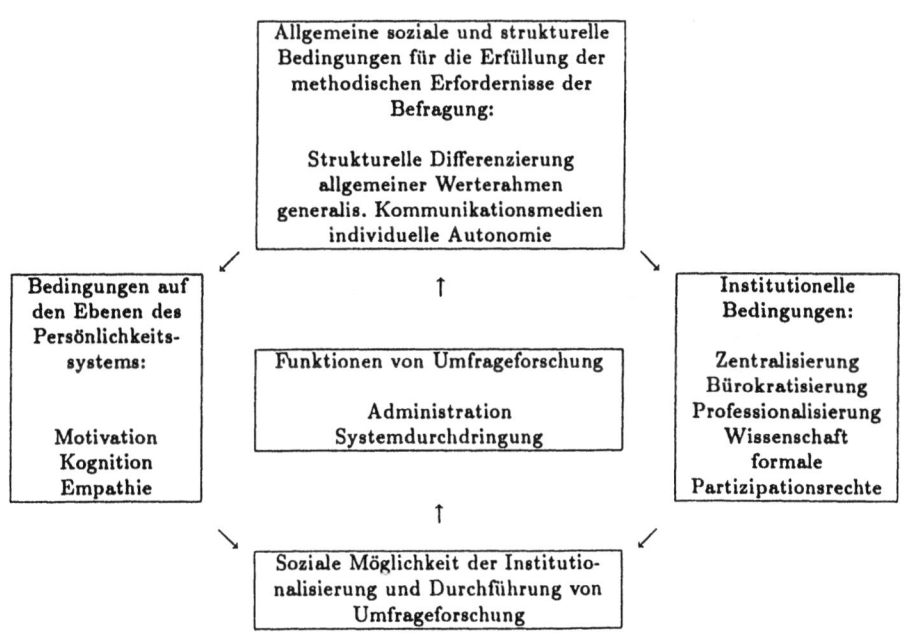

In der Interviewsituation ist der Befragte Träger von Eigenschaften, die als Informationen (Daten) abgerufen werden können. Für die Auswahl von Befragten ist eine systematische Vorgehensweise nach den vorhandenen sozioökonomischen und strukturellen Gegebenheiten der Populationsgesamtheit notwendig. Zu berücksichtigen ist, daß sich trotz systematischer Auswahl mit dem Ziel, repräsentative Untersuchungseinheiten zu erhalten, vor allem Befragte einer Erhebungssituation stellen, die über entsprechend hoch ausgebildete Komponenten der Individualebene (Motivation, Kognition, Empathie) verfügen. Für die psychologische Forschung vertrat McNemar schon Mitte der vierziger Jahre die Auffassung, daß die Forschung über menschliches Verhalten auf das Verhalten von Studenten beschränkt ist (zitiert nach Rosenthal/Rosnow 1969: 59), d. h. Aussagen über eine der Forschung leicht zugängliche Gruppe von Personen werden mit repräsentativem Anspruch getroffen. Desweiteren führt die Überrepräsentanz bestimmter Bevölkerungsteile, z. B. derjenigen, die sich freiwillig zur Verfügung stellen, zu Verzerrungen in den Variationen der Individualeigenschaften. Die Voraussetzungen für die externe Validität der Untersuchungsergebnisse sind damit nicht gegeben (Rosenthal/Rosnow 1969: 95).[3] Es ist vielfach festgestellt worden, daß Personen, die sich freiwillig zu Forschungszwecken (z. B. Experimente, Befragungen) zur Verfügung stellen, sich in ihren Einstellungs- und Verhaltensdispositionen signifikant von unfreiwilligen Personen unterscheiden.[4] Für die Experimentalpsychologie sind diese Aspekte vernachlässigbar.[5] Die Umfrageforschung muß sich diesen Problemen dagegen stellen und entsprechende methodologische Konsequenzen berücksichtigen.

Ein weiterer Aspekt zur Explikation der Befragungssituation ist die Fähigkeit der Rollenübernahme, d. h. das Erlernen und Befolgen von Verhaltenserwartungen so zu bestimmen, daß die eigene Reaktion mit der Fähigkeit der Abstrahierung subjektiv empfundener Zustände auf objektiv geordnete Betrachtungen autonom steuerbar wird. Wichtige Determinante der Datengrundlage wird die Ähnlichkeit der sozialen Position zwischen dem Befragten als "Subjekt" (Untersuchungsobjekt an sich) und als "Objekt" (Rollenträger mit der Fähigkeit, sich selbst als Objekt von Beurteilungen zu betrachten) sein (vgl. Esser 1975a: 78). Unter methodologischen Gesichtspunkten erfordert die Objektbetrachtung des Befragten eine passive Rollenübernahme, d. h. die Rolle eines Datenträgers, der inhaltlich und nicht nach Kriterien der Befragungssituation handeln muß. Die auf der Individualebene angegebene motivationale Bedingung der Interaktionsaufnahme führt aber zu intentional ausgerichteten Handlungen, also auch Rollenübernahmen, die auf der Notwendigkeit der Anpassung an Situationsveränderungen basieren. Eine inhaltliche und nicht nach der Befragungssituation ausgerichtete Reaktion wird damit nicht zu erwarten sein. Vielmehr wird die Interaktion von den Befragten bewußt strukturiert und Verhalten nicht passiv, sondern nach den in der Situation vermittelten Signalen ausgerichtet sein. Reaktionen können dann als Funktionen der bereitgestellten Stimuli (z. B. Fragebogenstatements) und des

Situationskontextes (z. B. Anwesenheit eines Interviewers) interpretiert werden. Orne hat diese Annahmen anhand verschiedener psychologischer Experimente nachgewiesen, jedoch keine überzeugenden Verfahren der Eliminierung oder Kontrolle reaktiver Störgrößen entwickelt.[6] Er geht davon aus, daß Reflexionen über Forschungskontakte dazu führen, Handlungsstrategien zu verfolgen, die den Erwartungen des Interviewers genügen, die die eigene Position unter Minimierung an sozialen Kosten (z. B. Preisgabe von individuell kognitiven Ressourcen) möglichst gut darstellen (good subject) und die den Situationsanforderungen unter Einbezug individueller Perzeptionen gerecht werden. Motivational und situational bedingtes Engagement bestimmen das Befragtenverhalten: "In so far as the subject cares the outcome, his perception of his role and of the hypothesis being tested will become a significant determinant of his behavior" (Orne 1969: 146).

Das Dilemma des Datenabrufes ist damit perfekt. Esser hat es entsprechend zusammengefaßt: Reaktivität ist der Preis der Rollenübernahme, weil

1. die Interaktionsaufnahme über Funktionserfüllung und Gratifikationsaspiration verläuft, und

2. systematische Reaktionen als intentionales Handeln erst bei Situationsstrukturierung durch den Befragten erfolgen. Diese Strukturierung ist um so eindeutiger, je höher das kognitive Potential des Befragten und das Vorwissen über die Befragungssituation sind (vgl. Esser 1975a: 98).

Die motivationalen und kognitiven Bedingungen des Datenabrufs fördern also gleichzeitig die systematische und intentionale Reaktivität, die wiederum die externe und interne Gültigkeit der Messungen beeinträchtigen. Damit stellt sich die Frage, ob für die Interviewsituation Bedingungen möglich sind, unter denen sich dieses Dilemma nicht stellt oder müssen Untersuchungen so beschaffen sein, daß das Ausmaß der Reaktivität gering gehalten wird?

---

3 Zu den Testkriterien bezüglich interner und externer Validität, vgl. Campbell/Stanley (1963: 13ff).

4 Verschiedene Studien über Freiwilligkeit und Unfreiwilligkeit werden erörtert in Bell (1971).

5 Rosenthal/Rosnow unterstreichen die untergeordnete Bedeutung externer Validität in der psychologischen Forschung: "The fact that volunteers differ from nonvolunteers in their scores on the dependent variable may be quite irrelevant to the behavior experimenter" (Rosenthal/Rosnow 1969: 101).

6 Mit reaktiv ist hier die Reaktion des Befragten auf den Situationskontext gemeint. Bei Orne werden situationsspezifische Variablen als "demand characteristics" und die Verfahren zur Kontrolle von reaktiven Strategien als "Quasi Controls" bezeichnet. Die Effizienz der Quasi-Controls beschränkt sich auf die situationsspezifische Feststellung von "demand characteristics", vgl. Orne (1969: 176). Die Fehleranfälligkeit von "Quasi-Controls" wird auch von Orne nicht ausgeschlossen, vgl. Orne (1971: 118).

Kapitel 2

Das Interview als sozialer Prozeß

In den Lehrbüchern der Methoden der empirischen Sozialforschung wird das Interview neben anderen Verfahren wie Beobachtung, schriftliche Befragung etc. als eines der meistgebrauchten Erhebungsmethoden aufgeführt. Es hat sich als Verfahren der Datensammlung innerhalb eines Forschungsprozesses etabliert, zum einen als notwendiges Hilfsmittel zur Verifizierung soziologisch-theoretischer Konzepte, zum anderen als Instrument zur Durchführung empirisch-praktischer Forschungstätigkeiten.

Das Interview wird im allgemeinen als eine Form persönlicher, verbaler Interaktion zwischen zwei Personen bezeichnet, wobei die Kommunikation asymmetrisch ist (ähnlich der Kommunikation zwischen Arzt und Patient) und die Ergebnisse dieser auf verbale Reize abgestimmten Kommunikation durch den Interviewer bewußt nicht sanktioniert bzw. Werturteilen unterzogen werden (vgl. Scheuch 1973: 68).[1] Der Befragte wird aufgefordert, über sich, seine Erfahrungen, seine Perzeptionen sowie seine Einstellungen dem Interviewer zu berichten, die jener mit entsprechend vorbereiteten Hilfsmitteln festhält. Verschiedenen Definitionen des Interviews sind entworfen worden, die den Interaktionsvorgang und damit verbundene soziale Prozesse hervorheben. Scheuch versteht unter einem Interview "ein planmäßiges Vorgehen mit wissenschaft-

---

1 Scheuch charakterisiert in diesem Zusammenhang den Unterschied zwischen Alltagsgespräch und wissenschaftlichem Interview: "Der Forscher sendet im voraus festgelegte Reize an eine Anzahl im Prinzip austauschbarer Personen, deren Reaktionen den Plan für die Übermittlung von Reizen bzw. den Sender nicht direkt beeinflussen, sondern als Reflexe registriert werden" (Scheuch 1973: 69).

licher Zielsetzung, bei dem die Versuchsperson durch eine Reihe gezielter Fragen oder mitgeteilter Stimuli zu verbalen Informationen veranlaßt werden soll" (Scheuch 1973: 70). Für Maccoby/Maccoby "bezieht sich der Begriff des Interviews auf einen Wortwechsel zwischen Personen, wobei die eine, der Interviewer, aus der bzw. den anderen, den Befragten, Informationen, Meinungsäußerungen oder auch Überzeugungen herauszulocken versucht" (Maccoby/Maccoby 1972: 37). Noelle-Neumann sieht das Interview als "eine mündliche, standardisierte Befragung von Personen, die nach statistischen Prinzipien ausgewählt sind" (Noelle-Neumann 1976: 32).[2] Differenzierter erörtern Cannell und Kahn die Erhebungsmethode: "The research interview can be defined as two-person conversation initiated by the interviewer for the specific purpose of obtaining research-relevant information, and focused by him on content specified by research objectives of systematic description, prediction, or explanation" (Cannell/Kahn 1968: 527). Die Differenzierung des Erhebungsprozesses in mehreren Stufen verdeutlicht, daß die eigentliche Interviewdurchführung nur ein Teil des gesamten Meßprozesses ist. Folgende Unterteilung wird von ihnen getroffen (vgl. Cannell/Kahn 1968: 535):

1. Aufstellen eines Fragebogens, Selektion von Fragen, Statements, Bilder o.a. Stimuli, Anweisung zur Durchführung der Befragung

2. Durchführung des Interviews

3. Aufzeichnung der verbalen Reaktion

4. Aufstellen des numerischen Codes zur Transformation der ermittelten Antworten in quantitative Größen

5. Kodierung der Antworten.

Von Esser werden drei Bedingungen genannt, deren Berücksichtigung die Durchführung eines erfolgreichen Interviews gewährleistet (vgl. Esser 1975a: 122): die Zugänglichkeit der Stimuli zum Befragten, die kognitive Voraussetzungen und die motivational ausgerichtete Haltung der Rollenübernahme.

Die erste Bedingung bezieht sich auf das Nichterinnerungsvermögen, Verdrängungsprozesse und schichtspezifische Unterschiede zwischen Interviewer und Befragtem, sowie die dadurch entstehenden Kommunikationsschwierigkeiten per Handhabung verschiedener sozialisierter Sprachcodes und Verstehensschwierigkeiten in bezug auf die bereitgestellten Stimuli.

---

2 Von Noelle-Neumann wird eher das demoskopische Interview definiert. Von dem standardisierten Interview, in dem Fragen vor der Durchführung festgelegt worden sind, die mit gleichem Wortwechsel und in gleicher Reihenfolge allen Befragten gestellt werden, wird das nichtstandardisierte Interview unterschieden, in dem das Vorgehen des Interviewers beweglich ist und von einem Befragten zum anderen verändert wird, vgl. Maccoby/Maccoby (1972: 39).

Mit der zweiten Bedingung werden die kognitiven Fähigkeiten angesprochen, Handlungsstrategien zu entwickeln, die Situation zu strukturieren und Informationen zu geben, d.h. in Kompatibilität mit den selbst gesetzten Zielen und dem zu erwartenden Nutzen zu reagieren.

Die dritte Bedingung bezieht sich auf die Kongruenz zwischen Interviewablauf und der Erwartungshaltung des Befragten. Die Motivation des Befragten erklärt sich über den Bestand der sozialen Situation zwischen Interviewer und Befragtem, über die Situation des Informationsaustausches und der gegenseitigen Perzeption von Person und gemeinsamer Aufgabe.

Das Interview wird zum "sozialen Prozeß", die Meßergebnisse zum "sozialen Ausdruck" (vgl. Cannell/Kahn 1968: 538). Das Verhalten in der Interviewsituation erklärt sich nach Cannell und Kahn durch Einstellungen, Erwartungen, Motive und Perzeptionen auf dem Hintergrund sozioökonomischer Merkmale.[3] Auch Wechselbeziehungen zwischen den Beteiligten können deutlich werden. So ist das Interviewprodukt hier nicht das Ergebnis einer asymmetrischen, sozialen Beziehung, sondern Resultat zwischenmenschlicher Affektionen.[4]

Inwieweit gerade diese Wechselbeziehungen auf Grund von reaktiven Einflüssen des Befragten und auch des Interviewers ein theoretisches Konzept zur Erklärung von Interviewer- und Befragtenverhalten determinieren, wird Gegenstand des 2. Teils dieser Arbeit sein. Die folgenden Ausführungen sollen kurz die verschiedenen Techniken der Frageformulierung (Abschnitt 1.2.1), die Regeln der Interviewführung (Abschnitt 1.2.2), sowie die Genauigkeitskriterien von Interviewergebnissen aufzeigen (Abschnitt 1.2.3).

2.1 Die Frageformulierung

Bei der Konstruktion von Fragebögen stellen sich folgende Probleme:

- die Formulierung von Fragen,
- die thematische Aufteilung und Abgrenzung von Fragekomplexen und
- die effiziente Gliederung des gesamten Interviewablaufes.

---

3 Cannell/Kahn geben hier Hinweise, die als Grundlage für eine Theorie des Interviews oder eine Instrumententheorie verwandt werden können, vgl. die Ausführungen in Teil II.
4 Der asymmetrische Charakter des Interviews wird z. B. von Scheuch (1973: 70) hervorgehoben.

Beispielhaft sollen hier die Probleme der Frageformulierung und die Vorzüge bzw. Nachteile offener oder geschlossener Fragen angesprochen werden.

Unter Annahme der Existenz einer einheitlichen Sprache mit gleichartigem Stimuluscharakter für die Empfänger von Mitteilungen sollten Fragen in erster Linie einfach, eindeutig, neutral und nicht-suggestiv formuliert sein. "The language of the question must conform to the vocabulary of the respondent" (Cannell/Kahn 1968: 553). Ist diese Bedingung nicht erfüllt, führt dies zu kognitiven Überforderungen in Verbindung mit Konfusion und Neigung zu "Response Bias" (vgl. Abschnitt 3.1).[5] Auch kann ein geringer Operationalisierungsgrad von Begriffen, eine kontextuelle Dissonanz sowie Fragen mit doppelten Verneinungen die Redundanz gegebener Antworten erhöhen bei gleichzeitiger Verminderung motivationsbedingter Rollenübernahme. Es haben vielfach Erörterungen stattgefunden, ob unter Beachtung der Formulierungsschwierigkeiten Fragen dem Respondenten in offener, unrestriktiver oder in geschlossener, restriktiver Form dargeboten werden sollen.

Scheuch unterscheidet innerhalb der geschlossenen Fragemöglichkeiten zwischen Alternativfragen (entweder ..., oder ...) und Auswahlfragen (Vorgabe von Kategorien, vgl. Scheuch 1973: 83ff). Für die Alternativfrage spricht die Verwandtschaft zu alltäglichem Denken, die fortwährende Reduktion von Sachverhalten auf Alternativen und Entscheidungen. Dem Befragten wird aber eine Bewußtseinsstrukturierung unterstellt, die sich mit der vom Forscher vorgenommenen Begrenzung der Reaktionsmöglichkeiten nicht decken muß. Für die Auswahlfrage spricht die Erweiterung der Entscheidungsfreiheit des Befragten und der daraus resultierende höhere Informationsgehalt. Länge und Komplexität der Antwortkategorien beeinflussen aber das Antwortverhalten und können u.a. zu inhaltsunabhängigen Bevorzugungen bestimmter Antwortkategorien führen. Die Vorteile von offenen Fragen liegen in der Vermeidung von Antwortverzerrungen durch vorgefaßte Meinungen des Forschers. Die Exploration des interessierenden Themenbereiches wird vergrößert und die Vollständigkeit der Befragtenreaktionen erhöht. Offene Fragen stellen allerdings höhere Anforderungen an den Befragten. Situational bedingte, methodische Reaktionen können (müssen aber nicht) verringert werden.

Ein Vergleich zwischen offenen und geschlossenen Fragen macht deutlich, daß je nach thematischer Spezifizierung und wissenschaftlicher Kenntnis der Einsatz der einen oder anderen Frageform gerechtfertigt ist: Offene Fragen stellen gewisse kognitive Anforderungen an den Befragten und verlangen mehr Erinnerungs- und Darstellungsvermögen. Dagegen stellen geschlos-

---

5 Unter "Response Bias" wird die Differenz zwischen empirischen Werten und "wahren" Werten verstanden. Davon unterschieden wird die "Response Variance" als die Variation der empirischen Daten unter verschiedenen Erhebungsbedingungen, vgl. O'Muircheartaigh/Payne (1978: 194).

sene Fragen weniger Anforderungen kognitiver Art, verlangen vom Befragten aber mehr Wiedererkennungsvermögen, d. h. auch den Abruf internalisierter Sinnzusammenhänge. Offene Fragen eignen sich mehr zur Exploration (z.B. in Pretests), geschlossene Fragen mehr zur Überprüfung inhaltlicher Forschungshypothesen.[6] Wesentlich bei der Entscheidung für einen Fragetyp sollten nicht nur die methodischen Anforderungen der Instrumentenhandhabung sein, sondern auch die inhaltlich explizierte Thematik, die adäquat wiedergegeben werden soll.

2.2 Allgemeine Regeln des Interviewens

Die zunehmende Bedeutung von Erhebungen mittels Befragungstechniken haben die Entwicklung von standardisierten Interviewverhaltensweisen bzw. Training bestimmter Interviewerrollenstandards gefördert. Allgemein wird zwischen drei Interviewtechniken unterschieden, wobei je nach Situationsvariabilität alle im Verlauf einer Befragung auftreten können (Scheuch 1973: 96ff; Hyman et al. 1954: 37ff):

- *Weiches Interview* : Unter der Annahme geringer Motivation und kognitiver Fähigkeiten beim Befragten wird ein enges Vertrauensverhältnis zum Befragten geschaffen und Sympathie demonstriert.

- *Neutrales Interview* : Der Interviewer ist nur Mittel zum Zweck, d.h. ausschließlich notwendiger Übermittler von Stimuli und Berichterstatter von Reaktionen. Die Gleichartigkeit der Stimulussituationen soll die Objektivität des Verhaltens gewährleisten.

- *Hartes Interview* : Unter der Annahme unrichtiger und wiederstrebender Antworten beim Befragten wird ein Überlegenheitsgefühl seitens des Interviewers suggeriert, die kontrollierende Funktion aufgewertet und das rein berufliche, forschungsintendierte Interesse vorangestellt.

Diese Standardisierung mit den zugehörigen Anweisungen für den Interviewer unterstellen Verhaltensstrategien des Befragten, deren Überprüfungsmöglichkeit durch den sozialen Charakter der Erhebungssituation nur begrenzt, wenn überhaupt möglich ist (vgl. Berekoven u. a. 1975: 53).

Beim weichen Interview wird angenommen, daß Motivation und kognitive Fähigkeiten beim Befragten gering ist. Durch die Herstellung eines

---

6 Der Einsatz offener Fragen zur Hypothesenüberprüfung und geschlossener Fragen zur Exploration soll damit aber nicht ausgeschlossen werden.

Vertrauensverhältnisses sollen die Interviewbedingungen auf der Ebene der Persönlichkeit (vgl. Abbildung 1.1) erhöht werden. Dieses Vertrauensverhältnis erhöht aber eine, wenn auch nicht intendierte, Beeinflussung des Befragten zu bestimmten Reaktionen. Der Informationsgehalt einer z. B. durch mehrmaliges freundschaftliches Nachfragen erhaltenen Antwort kann gering sein.

Beim neutralen Interview wird angenommen, daß die einzelnen Befragungssituationen gleichartig sind. Mit der Standardisierung von Interviewerverhaltensweisen soll diese Gleichartigkeit hergestellt werden. Keinesfalls ist aber gewährleistet, daß der Befragte auf Grund der standardisierten Stimulusvorgabe auch ausschließlich inhaltlich reagiert. Ein neutrales Interview im Sinne der Interviewregel impliziert nicht nur inhaltliche Reaktionen des Befragten, sondern auch Reaktionsstrategien, die unabhängig vom Befragungsthema sind.

Beim harten Interview wird von einer ablehnenden Haltung des Befragten gegenüber der Stimulusvorgabe ausgegangen. Mit einem bewußt gesteuerten hierarchischen Verhältnis zwischen Interviewer und Befragtem soll der Befragte zu inhaltlichen Äußerungen gebracht werden. Mit der Übernahme einer passiven Befragtenrolle wird aber die Tendenz verstärkt, Erwartungen des Interviewers zu erfüllen, um u. a. negative Sanktionen zu vermeiden.

2.3   Genauigkeitskriterien von Interviewergebnissen

Die Möglichkeiten der Frageformulierung und die Techniken des Interviewens deuten auch auf das Problem der Genauigkeit von erhobenen Daten. Es wurde ausgeführt, daß Personen, die sich der sozialen Situation Interview aussetzen, kognitive und motivationale Handlungsstrategien entwickeln, um die an sie gestellten Anforderungen zu bewältigen. Dies bedeutet, daß Erhebungsdaten von der zu messenden Zieldimension abweichen und daß auf Interviewergebnissen basierende Aussagen nur einen bestimmten Grad an Genauigkeit besitzen können.[7] Strategien, die Präzision von erhobenen Daten statistisch zu ermitteln und sich approximativ einer vollständig exakten Messung zu nähern, prägen bis heute die Techniken empirischer Sozialforschung. Praktisch bedeutet dies, daß die Zuverlässigkeit (Reliabilität) von Messungen und deren Gültigkeit (Validität) umso höher sein muß, je exakter und vollständiger die Information in den erhobenen Daten ist. Im folgenden sollen diese Kriterien kurz erörtert werden.

---

[7] Sogar bei leicht überprüfbaren Situationen werden Tatbestände falsch wiedergegeben, vgl. Hyman (1944).

2.3.1 Reliabilität

Die Zuverlässigkeit einer Messung ist definiert durch die Stabilität eines Ergebnisses bei wiederholten Messungen bzw. die Reproduzierbarkeit unter den gewählten Versuchsbedingungen. Innerhalb der klassischen Testtheorie basieren Aussagen über die Zuverlässigkeit einer Messung auf der Annahme, daß die Präzision der Messung aus dem Fehleranteil abgeleitet und die "wahren Werte" auf Grund der gemessenen Werte prognostiziert werden können (vgl. Carmines/Zeller 1979: 17ff).

Reliabilität kann demnach durch das Verhältnis der Varianz der "wahren" Werte V(t) zur Gesamtvarianz V(x) ausgedrückt werden, wobei Gesamtvarianz V(x) aus der Summe der Varianz der "wahren" Werte V(t) und der Fehlervarianz V(e) besteht:

$$V(x) = V(t) + V(e)$$

Ein Reliabilitätskoeffizient R, gebildet aus dem Quotienten von V(t) und V(x), zeigt die Zuverlässigkeit der Messungen an:

$$R = \frac{V(x) - V(e)}{V(x)} = \frac{V(t}{V(x)}$$

Ist V(t) = V(x), dann wird der Reliabilitätskoeffizient gleich 1 sein (höchste Zuverlässigkeit). Ist V(t) = V(e) oder V(x) = V(e), weist der Koeffizient den Wert 0 auf (keine Zuverlässigkeit).[8] Da "wahre" Werte und damit auch die Varianzen der "wahren" Werte nicht zu ermitteln sind, werden Reliabilitätskoeffizienten durch Äquivalenzmessungen (Split-Half-Methode) oder Stabilitätsmessungen (Test-Retest-Methode) vorgenommen (vgl. Carmines/Zeller 1979: 41-48; Bohrnstedt 1977: 86-91).

2.3.2 Validität

Die Gültigkeit einer Messung bezieht sich auf den Anspruch, Übereinstimmung zwischen inhaltlich intendierter Thematik, bezogen auf ein Forschungskonzept, und den Ergebnissen der Meßsituation herzustellen. Ein gemessener

---

8 Folgende Annahmen liegen der Reliabilitätsschätzung zugrunde:
   1. Die Erwartungswerte der Fehlervarianz sind 0.
   2. Die "wahren" Werte korrelieren nicht mit den Meßfehlern.
   3. Die Meßfehler korrelieren nicht untereinander.
Vgl. Carmines/Zeller (1979: 31) und Bohrnstedt (1977: 82).

Wert soll genau das wiedergeben, was vorher theoretisch konzipiert wurde, kurz gesagt: Die Gültigkeit (Validität) einer Messung liegt genau dann vor, wenn das gemessen wird, was gemessen werden soll (vgl. Scheuch 1973: 134).[9] Es können drei Gültigkeitstypen unterschieden werden:

- Inhaltliche Gültigkeit (Content Validity)

- Kriteriumsbezogene Gültigkeit (Predictive Validity, Concurrent Validity)[10]

- Konstruktvalidität (Construct Validity)

Inhaltliche Gültigkeit bezieht sich auf die Übereinstimmung von Frageinhalt und zu messender Zieldimension. Wird z. B. durch eine nach Reliabilitätskriterien abgesicherte Skala auch jene inhaltliche Attitüde erfaßt, die zu messen vom Forscher angestrebt wird? Eine Prüfung auf inhaltlicher Gültigkeit beruht allein auf Plausibilität und subjektiver Einschätzung. Hilfskriterien können hierbei die unterschiedlichen korrelativen Beziehungen unter den Indikatoren (Skalen) oder faktorenanalytischen Prüfungen auf Eindimensionalität der Messungen sein. Faktorenanalysen allein erbringen aber keine eindeutige Entscheidung über die Angemessenheit inhaltlicher Zuordnungen.

Kriteriumsbezogene Gültigkeit bezieht sich auf den Zusammenhang zwischen Messung und einem extern gemessenen empirischen Kriterium. Eine Möglichkeit zur quantitativen Bestimmung dieses Zusammenhangs besteht mit der Minderungskorrektur (correction for attenuation). Unter der Annahme, daß zwei Messungen ein Kriterium gleich gut messen, kann der "wahre" Zusammenhang $r_{x_{1T}x_{2T}}$ aus dem Verhältnis zwischen gemessener Korrelation $r_{x_1x_2}$ und den jeweiligen Reliabilitäten $r_{x_1x_1'}$ und $r_{x_2x_2'}$ berechnet werden (vgl. Bohrnstedt 1977: 84; Carmines/Zeller 1979: 48):

$$r_{x_{1T}x_{2T}} = \frac{r_{x_1x_2}}{r_{x_1x_1'} * r_{x_2x_2'}}$$

---

9 Es ist zu beachten, daß Meßfehler theoretisch keine größere Gültigkeit besitzen können, als sie verläßlich sind. Reliabilität ist eine notwendige, aber nicht hinreichende Bedingung der Validität, vgl. auch Maccoby/Maccoby (1972: 76ff).

10 Es werden zwei Formen der Kriteriumsvalidität unterschieden: "Predictive Validity" und "Concurrent Validity". Prädiktive Validität besitzt ein Instrument dann, wenn Voraussagen, die auf einer ersten Messung mit dem Instrument beruhen, durch spätere Messungen mit einem anderen Instrument bestätigt werden können. Zur Prüfung der Konkurrenzvalidität erfolgt die Messung des Kriteriums zum selben Zeitpunkt wie die zu beurteilende Messung. Der Unterschied zwischen prädiktiver Validität und Konkurrenzvalidität liegt darin, daß bei Überprüfung auf Konkurrenzvalidität Vorhersagen auf denselben Zeitpunkt bezogen sind, vgl. Schnell/Hill/Esser (1989: 152ff).

Die Differenz zwischen $r^2_{x_{1T}x_{2T}}$ und $r^2_{x_1x_2}$ gibt den Mehranteil erklärter Varianz an, wenn Unzuverlässigkeit der Messung ausgeschlossen werden kann. Zuverlässige Informationen erhält man über die Korrekturformel aber nur dann, wenn parallele Messungen, ein genügend großes Sample und ausreichende Reliabilitätsschätzungen vorliegen.

Konstruktvalidität bezieht sich auf die Prüfung der Vereinbarkeit von Aussagen über Beobachtungsdaten und Theorie zugleich. Gemessene Daten werden einem begrifflichen Sachverhalt der Theorie zugeordnet und aus diesem empirisch prüfbare Aussagen unter der Voraussetzung abgeleitet, daß die Zuordnung korrekt war (vgl. Scheuch 1973: 135). Ergibt die Datenanalyse, daß die Messung eines theoretischen Konstrukts mit anderen Messungen des gleichen theoretischen Konstrukts höher korreliert als mit Messungen anderer theoretischer Konstrukte, liegt eine konstruktvalide Messung vor (vgl. Bohrnstedt 1977: 95).[11] Liegt keine konstruktvalide Messung vor, so kann dies mehrere Ursachen haben (vgl. Schnell/Hill/Esser 1989: 155):

1. Es liegt tatsächlich keine konstruktvalide Messung vor.

2. Die zur Validierung verwendete Hypothese kann falsch sein.

3. Die empirische Untersuchung kann fehlerhaft sein.

4. Das neu zu validierende Instrument kann Konstruktvalidität besitzen, aber die anderen Instrumente sind selbst nicht valide.

Meßtheoretische Aspekte werden beim Validierungsprozeß berücksichtigt, gleichzeitig wird aber unterstellt, daß die Varianz in den Meßwerten nicht auf die Erhebungsmethode zurückzuführen ist. Campbell und Fiske entwickelten daraufhin zwei Kriterien zur Bestimmung der Konstruktvalidität unterschiedlicher Messungen bei Anwendung unterschiedlicher Erhebungsmethoden: die *konvergente* und die *diskriminante* Validität (vgl. Campbell/Fiske 1959).

Konvergente Validität besitzt ein Konstrukt dann, wenn verschiedene Operationalisierungen dieses Konstruktes sehr ähnlich sind und - unabhängig von der Erhebungsmethode - auf ein Ergebnis konvergieren. Diskriminante Validität besitzt ein Konstrukt dann, wenn Operationalisierungen dieses Konstruktes sich von Operationalisierungen anderer Konstrukte, unabhängig von der Erhebungsmethode unterscheiden (vgl. Schnell/Hill/Esser 1989: 155). Die jeweiligen korrelativen Zusammenhänge innerhalb und zwischen den Operationalisierungen (bei Campbell/Fiske "traits" genannt) sowie innerhalb und

---

11 Eine Überprüfung auf Konstruktvalidität kann z. B. mit Hilfe der konfirmatorischen Faktorenanalyse erfolgen, vgl. Weede/Jagodzinski (1977).

zwischen den Erhebungsmethoden können mit Hilfe einer "Multi-Trait-Multi-Method-Matrix" (vgl. Campbell/Fiske 1959: 82) verdeutlicht werden (vgl. Tabelle 2.1).

Tabelle 2.1: Synthetische Multi-Trait-Multi-Method Matrix

Method	Traits	Method 1			Method 2			Method 3		
		A1	B1	C1	A2	B2	C2	A3	B3	C3
Method 1	A1	.89								
	B1	.51	.89							
	C1	.38	.37	.76						
Method 2	A2	.57	.22	.09	.93					
	B2	.22	.57	.10	.68	.94				
	C3	.11	.11	.46	.59	.58	.84			
Method 3	A3	.56	.22	.11	.67	.42	.33	.94		
	B3	.23	.58	.12	.43	.66	.34	.67	.92	
	C3	.11	.11	.45	.34	.32	.58	.58	.60	.85

Die Hauptdiagonale gibt die Reliabilitätskoeffizienten an, die drei Größen jeweils unter der Hauptdiagonalen bilden die "heterotrait-monomethod triangles". Diagonale und Triangeln ergeben zusammen den "monomethod-block". Die "monotrait-heteromethod" Werte bilden die Validitätsdiagonale und zusammen mit den zwei jeweiligen "heterotrait-heteromethod triangles" den "heteromethod block". Vier Gültigkeitsbedingungen gewährleisten die Konvergenz und Diskriminanz (vgl. Campbell/Fiske 1959: 82ff):

1. Die Werte der Validitätsdiagonalen müssen deutlich von 0 verschieden sein.

2. Die Werte der Validitätsdiagonalen müssen alle höher sein als die Werte in den jeweils zugehörigen "heterotrait-heteromethod" triangles.

3. Die Korrelation gleicher "traits" untereinander gemessen mit verschiedenen Methoden muß höher sein als die Korrelation verschiedener "traits" mit einer Methode.

4. Die "heterotrait-triangles" müssen gleiche Koeffizientenmuster aufweisen.

Erstmals kann hier auch der Einfluß der Methode auf das Meßergebnis betrachtet werden. Die Korrelation von A1 und B1 ist über doppelt so hoch wie die von A1 und B2 (vgl. Tabelle 2.1). Die Präsenz einer Methodenvarianz kennzeichnet diese Differenzen: Unter Annahme gleicher Reliabilitäten kann von einer systematischen Abweichung zwischen parallelen Werten des monomethod- und des heteromethod-Blocks ausgegangen werden.[12] Unterschiedliche Messungen können derartige systematische Meßfehler aufdecken und bilden die Grundlage für die zunehmende Anwendung von multiplen Indikatorenmodellen zur *gleichzeitigen* Überprüfung inhaltlicher Theorien und im Forschungsprozeß angewandter Methoden.[13]

Insgesamt kann resümiert werden, daß Zuverlässigkeit und Gültigkeit von Befragungsdaten nie exakt evaluierbar sind und die Verfahren der klassischen Testtheorie nur Näherungslösungen bieten. Solange Überprüfungsmaße nur auf Meßebene ansetzen und keinen Bezug zu inhaltlich theoretischen Postulaten haben, wird sich ihre Aussagekraft auch nur auf die Meßtheorien und die statistisch gesetzten Kriterien beschränken.

---

12 Campbell/Fiske gehen davon aus, daß die Ursachen von Methodenvarianz in "testform factors" oder "response sets" zu suchen sind, vgl. Campbell/Fiske (1959: 85) und Cronbach (1946).

13 Mit der Anwendung von multiplen Indikatorenmodellen ist das Problem der unsystematischen Meßfehler praktisch gelöst, während systematischer Meßfehler modelliert oder zumindest deren Auswirkungen kontrolliert werden können, vgl. Costner (1969), Blalock (1969, 1985). Die Anwendung des Multi-Trait-Multi-Method-Designs in Verbindung mit multiplen Indikatorenmodellen zeigen Althauser/Heberlein (1970) und Althauser/Heberlein/Scott (1971).

Kapitel 3

Verzerrungsursachen von Befragungsergebnissen

Das folgende Kapitel zeigt auf, welche Ursachen dem sozialen Prozeß einer Befragungssituation zugrunde liegen, welche Wechselwirkungen zwischen Interviewer, Befragtem und Instrument evaluierbar und explizierbar sind und inwieweit sich daraus systematische Einflüsse auf Befragungsergebnisse ableiten lassen. Kontrollfördernde Maßnahmen, wie Standardisierung möglicher Erhebungssituationen (vgl. die in Abschnitte 2.1 und 2.2 aufgeführten Strategien) sollen dem Objektivitätsanspruch der analytischen Wissenschaftsauffassung entsprechen. Der soziale Charakter des Interviews wird zwar häufig betont, aber das Handeln der beteiligten Personen wird selten Gegenstand einer theoretischen Betrachtung. Eine solche theoretische Betrachtung setzt voraus, daß die Verzerrungsursachen klar voneinander abgegrenzt werden. So werden im folgenden die Effekte, die auf den Befragten zurückzuführen sind (vgl. Abschnitt 3.1) von den Effekten unterschieden, die auf den Interviewer zurückzuführen sind (vgl. Abschnitt 3.2).[1]

3.1 Befragteneffekte

Die Evaluierung von Verzerrungsursachen im Befragungsprozeß gab Einblick in die Multifunktionalität verschiedener situationsbedingter individuel-

---

1 Zu Verzerrungseffekten, die auf Frageformulierung, Anordnung von Fragen etc. basieren, vgl. Hippler (1986).

ler Handlungsstrategien. Die Existenz verschiedener individuell charakteristischer Merkmale beim Befragten bedingt die Wahl dieser Strategien: Kognitive und sprachliche Kommunikationsbarrieren, Stimulusambiquität etc. erhöhen einerseits deferentes Verhalten wie Desinteresse oder Meinungslosigkeit, andererseits führen hohe Situationsstrukturierung oder Stimuluseindeutigkeit zur Präsentation von Sicherheit, Überlegenheit und sozial erwünschten Verhaltensweisen. Die Folge sind für Interviewer wie für Sozialforscher nicht immer sichtbare Fehlreaktionen, die unter dem Begriff "Response Sets" subsummiert werden. Response Sets werden definiert als "any tendency causing a person consistently to give different responses to test items than he would when the same content is presented in a different form" (Cronbach 1946: 476), als "consistency in the manner of response to some aspect of test form other than specific item content" (Messick 1968: 493)[2] oder als "Neigung, auf unterschiedliche Stimuli in einer Erhebungssituation gleichartige Reaktionen zu zeigen, auch bei Vorliegen tatsächlicher Unterschiede in den zu erhebenden Dispositionseigenschaften" (Esser 1977: 254). Der Stimulusinhalt wird nicht unabhängig von seiner Darbietung zu trennen sein, wobei damit eine von der Erhebungsmethode unabhängige Reaktion ausgeschlossen bleibt. Damit wird ein Dilemma für die Umfrageforschung deutlich: Jegliche Versuche der Fehlerminimierung und Fehlerkorrektur provozieren weitere Reaktivitätseffekte. Damit ist die Gültigkeit der Datenerhebung nicht maximierbar (vgl. Esser 1977: 259). Andererseits können die klassischen Erhebungsmethoden nicht verworfen werden,[3] da das Problem der Datenverzerrung bei qualitativen oder "alternativen" Methoden (z. B. die "nicht-reaktiven" Meßverfahren bei Webb u. a. 1975) nur ansatzweise diskutiert wird.[4]

Es lassen sich mehrere Arten von Response Sets unterscheiden, die im Verlauf wissenschaftlicher, insbesondere psychologischer, Untersuchungen aufgetreten sind und denen unterschiedliche Bedeutung innerhalb der einzelnen Forschungsrichtungen zukommen (vgl. Cronbach 1946 und Messick 1968):

- Tendenz zu raten,

- Tendenz zu lügen,

- Tendenz zur Vollständigkeit

- Bevorzugung von mittleren und neutralen Antwortkategorien

---

2 Diese Definition bezieht sich eher auf "Response Style". Zur Unterscheidung zwischen "Response Sets" und "Response Style" siehe Jackson/Messick (1958: 244).

3 Vgl. die Argumente für ein Verwerfen bei Phillips (1973) und gegen ein Verwerfen bei Esser (1983c).

4 Für die Erhebungsmethoden der qualitativen Sozialforschung stellen sich diegleichen Fragen nach Zuverlässigkeit und Gültigkeit der Untersuchungsergebnisse. Methodologische Probleme werden z. B. diskutiert bei Boos-Nünning (1986).

- Bevorzugung von Extremkategorien,

- Bevorzugung von Geschwindigkeit vor Genauigkeit

- Beurteilungsunterschiede bezüglich der Kategorien

- die inhaltsunabhängige Zustimmungstendenz

- die Tendenz, sozial erwünscht zu antworten

Während die ersten sechs Arten von Response Sets mehr unsystematisch auftreten, sind die inhaltsunabhängige Zustimmungstendenz (im Englischen "Acquiescence Response Set", hier abgekürzt ACQ-RS) und die Tendenz, sozial erwünscht zu antworten (im Englischen "Social Desirability Response Set", hier abgekürzt SD-RS) durch ihre häufige und systematische Auftretensweise in Untersuchungssituationen bekannt geworden.

In den beiden folgenden Abschnitten sollen die wichtigsten Merkmale des ACQ-RS (Abschnitt 3.1.1) und des SD-RS (Abschnitt 3.1.2) erläutert werden. Im empirischen Teil dieser Arbeit wird auf den SD-RS explizit eingegangen (vgl. Teil III, Kapitel 1 auf Seite 79).

3.1.1   Die inhaltsunabhängige Zustimmungstendenz

Erhebungsdesigns, die Stimuli (Items, Skalen etc.) mit überwiegend dichotomer Kategorienausprägung enthalten, rufen, insbesondere bei kognitiv anspruchsvollen inhaltlichen und semantischen Bedeutungen der Stimuli, Defensivstrategien beim Befragten hervor. Diese äußern sich in Zustimmungsverhalten unabhängig von der eigentlichen inhaltlichen Zuordnung der Stimuli. Besondere Bedeutung erlangte der ACQ-RS in den Validitätsüberprüfungen der Adornoschen F-Skala (Autoritarismus-Skala). Ein großer Teil der Variation der Meßwerte war auf die methodische Konstruktion der Skala zurückzuführen. Bei symmetrisch gedrehten Versionen der F-Skala konnten akquieszente Reaktionstendenzen nachgewiesen werden (vgl. Bass 1955; Gage/Leavitt/Stone 1957; Peabody 1966).[5] Diese Reaktionstendenzen wurden als Beleg für eine geschlossenes Persönlichkeitssystem interpretiert (vgl. Bass 1956; Gage/Leavitt/Stone 1957) oder als Beschreibung einer typischen Ja-Sager-Persönlichkeit (vgl. Couch/Keniston 1960). Dieser Argumentation wurde entgegengehalten, daß ein deutlicher Zusammenhang zwischen akquieszentem Verhalten und Stimulusambiquität besteht. Fehlt die Möglichkeit, die Situation autonom zu bewältigen, ist die inhaltsunabhängige Zustimmungstendenz eine mögliche Strategie zur Konsequenzenvermeidung (vgl. Foster

---

5 Ähnliche Ergebnisse wurden bei der Srole-Skala festgestellt, vgl. Carr (1971).

1961; Hare 1960; Carr 1971). Der ACQ-RS hängt somit deutlich mit mangelnder Verfügung über die Befragungsbedingungen zusammen. Ein geringes thematisches Interesse, geringe Motivation zur Rollenübernahme, gering ausgebildete empathische und kognitive Fähigkeiten und ein geringes Potential sozioökonomischer Ressourcen verursachen die Zunahme inhaltsunabhängiger Zustimmungstendenzen (vgl. Esser 1975a: 305-316).[6] Daraus ergibt sich auch eine schichtspezifische Bedeutung des ACQ-RS. Eine eingeschränkte Rollenvielfalt und die regelmäßig erlebte Folgenlosigkeit individueller Handlungen erzwingen Strategien der Konfliktvermeidung in Kontaktsituationen. So neigen Personen aus der Unterschicht eher zu inhaltsunabhängigen Zustimmungstendenzen als Personen aus der Mittel- und Oberschicht (vgl. Esser 1975a: 323 und Esser 1977: 257). Das Auftreten des ACQ-RS hat zur Folge, daß systematisch Zusammenhänge zwischen inhaltlichen Dimensionen (z.B. zwischen sozialer Schicht und Autoritarismus) überschätzt werden und zu Fehlinterpretationen aufgestellter Hypothesen führen (vgl. z. B. Jackman 1973).

3.1.2   Die sozial erwünschte Antwort

In situationseindeutigeren Forschungskontakten neigen Befragte bei bestimmten Items zu einer Eigenschaftszuweisung, die im normativen System ihrer Bezugswelt als sozial erwünscht gelten, unabhängig von der empirischen Korrektheit dieser Zuschreibung (vgl. Esser 1975a: 323). Die inhaltliche Zusammensetzung der Items bestimmt ihre Anfälligkeit für "erwünschte" Reaktionen. So kann zwischen Items mit geringer Erwünschtheitsanfälligkeit und Items mit hoher Erwünschtheitsanfälligkeit unterschieden werden. Eine Menge von Items kann auf einem Erwünschtheitskontinuum abgebildet werden, wenn für jedes Item z. B. über individuelle Einschätzungen ein bestimmter Erwünschtheitswert als Skalenwert bestimmbar ist. Diese Zuordnung legt a priori fest, welche Reaktion beim Befragten als erwünscht bzw. unerwünscht eingeschätzt werden kann: "A socially desirable response is defined as a true response to a personality item with a socially desirable scale value" (Edwards 1957a: 28). Derartige Techniken sind wegen der Identifikationsproblematik des SD-RS entwickelt worden, da sozial erwünschte Antworten nur unter einem bestimmten Strukturierungsgrad der Situation für den Befragten möglich und damit nicht unabhängig vom Iteminhalt sind. Diese Schwierigkeiten führten u.a. zu der Kontroverse, ob der SD-RS als eigenständiger Response Set zu evaluieren ist (vgl. Edwards/Walker 1961a; Edwards/Walker 1961b) oder sich unter Zustimmungstendenzen subsumieren läßt (vgl. Couch/Keniston 1960; Couch/Keniston 1961).

---

6 Den negativen Zusammenhang zwischen Bildung und ACQ-RS machen Jackman (1973) und Lenski/Legett (1960) deutlich.

Innerhalb der Forschung über den SD-RS kam es zu verschiedenen Interpretationen, u.a. auch wegen den hohen Korrelationen zwischen SD-Antworten und inhaltlichen Skalen: Einerseits sollte Erwünschtheit die Tendenz des Befragten sein, sich günstig zu präsentieren, also eher eine Persönlichkeitseigenschaft[7], andererseits eine habitualisierte, situationsbedingte Verhaltensweise zur Bedürfnisbefriedigung (vgl. Crowne/Marlowe 1964). Empirisch ergaben sich gegenteilige Ergebnisse zum ACQ-RS: Interesse am Fragethema und hohe Motivation zur Rollenübernahme mit entsprechenden empathischen und kognitiven Fähigkeiten verstärken die Tendenz zu sozial erwünschten Antworten (vgl. Esser 1975a: 327). Die schichtspezifische Bedeutung des SD-RS wird durch die jeweiligen individuellen Befragungsbedingungen bestimmt: Befragte aus der Mittelschicht neigen eher zu sozial erwünschten Antworten als Befragte aus der Unterschicht, aber auch nur dann, wenn die Soziabilitätsbedingungen bei den letzteren nicht erfüllt sind (vgl. Esser 1975a: 338; Esser 1977: 259 und Abbildung 1.1).

3.2 Interviewereffekte

Die folgenden Abschnitte sollen einen kurzen Überblick über die unterschiedlichen Arten von Interviewereinflüssen geben, wobei hier zwischen sichtbaren Merkmalen (vgl. Abschnitt 3.2.1) und nicht sichtbaren Merkmalen des Interviewers (vgl. Abschnitt 3.2.2) unterschieden wird.

Scheuch (1973: 99) verwendet den Begriff Interviewerfehler im Sinne eines nicht erwünschten Einflusses auf die Resultate. Dieser allgemeinen Definition entspricht der Terminus "Interviewer Effect" in der angloamerikanischen Literatur. Da sich viele Interviewereinflüsse auf die Verzerrung von erhobenen Daten in eine bestimmte Richtung beziehen, die mehr oder weniger zufällig verteilt sind, kann der Begriff Interviewerfehler mit dem Begriff Interviewereffekt gleichgesetzt werden.[8] Hyman hat den Begriff Interviewereffekt weiter präzisiert und unterscheidet zwischen einem Brutto-Fehler (Gross Interviewer Effect) und einem Netto-Fehler (Net Interviewer Effect). Der Brutto-Fehler

---

7 Diese Position wird von Edwards vertreten und ist von Phillips/Clancy weiterentwickelt worden, vgl. Phillips/Clancy (1970) und Phillips/Clancy (1972a, 1972b).

8 Kunz (1969) unterscheidet den Begriff "Interviewer Bias" von dem Begriff "Interviewer Error", wobei der erstere sich auf systematische Verzerrungen und der zweite sich auf unsystematische Verzerrungen bezieht. Beide Begriffe werden von Hyman et al. (1954) synonym gebraucht, während Cannell/Kahn (1968) den Begriff "Interviewer Bias" nur für die unerkannte Einflußnahme des Interviewers verwenden. Im Rahmen dieser Arbeit werden die systematischen Einflüsse des Interviewers behandelt werden, zumal unsystematische Einflüsse durch die Verwendung von Strukturgleichungsmodellen mit latenten Variablen (vgl. Jöreskog 1973, 1977, 1981) kontrolliert werden können.

entspricht einer Addition aller Interviewerfehler unabhängig von ihrer Richtung, während beim Netto-Fehler die sich in ihrer Wirkung auf das Gesamtergebnis gegenseitig aufhebenden Fehler unbeachtet bleiben, so daß nur der Fehlerüberhang berücksichtigt wird (Hyman zitiert nach Erbslöh/Wiendick 1974: 86).[9] Diese begrifflichen Unterscheidungen eignen sich zur Abgrenzung unterschiedlicher Wirkungen des Interviewereffektes, sagen aber wenig über die Ursachen des Interviewereinflusses aus (vgl. Berekoven et al. 1975).

Die Höhe des Interviewereffekts hängt von dem Ausmaß der Streuung in den Daten ab, die eher den Interviewern und weniger den Befragten zugeschrieben werden. Maccoby/Maccoby (1972: 73) unterscheiden sechs Arten von Interviewereffekten:

1. Auftreten und Gebaren des Interviewers

2. Die Art, in der ein Interviewer Fragen formuliert und vorträgt

3. Die Einstellungen des Interviewers

4. Die Erwartungen des Interviewers in bezug auf die Einstellung des Befragten

5. Variationen der Interviewer bei Sondierungsfragen

6. Unterschiede zwischen den Interviewern bei der Aufzeichnung der Antworten

Punkt 1 und 2 können unter die sichtbaren Merkmale des Interviewers (vgl. Abschnitt 3.2.1) gefaßt werden, wobei hier auch weitere sichtbare Merkmale wie Alter, Geschlecht und Hautfarbe subsumiert werden können.

Punkt 3 und 4 können unter die nichtsichtbaren Merkmale des Interviewers (vgl. Abschnitt 3.2.2) gefaßt werden, während die Effekte in Punkt 5 und 6 eher unsystematisch auftreten und hier nicht weiter behandelt werden sollen.

3.2.1 Die sichtbaren Merkmale des Interviewers

Die sichtbaren Merkmale der Interviewer sind nach den vorliegenden Forschungsergebnissen dann systematischer Einflußfaktor, wenn eine Beziehung

---

9 Es sei hier angemerkt, daß sich auch systematische Meßfehler gegenseitig aufheben können und damit der Nettofehler im Sinne von Hyman nur ein Teil der möglichen systematischen Meßfehler enthält.

zwischen dem Inhalt der Fragen und den entsprechenden Merkmalen der Interviewer besteht. Zu den wichtigsten Merkmalen zählen die Rassenzugehörigkeit, Alter und Geschlecht des Interviewers, aber auch die sozioökonomische Distanz und die Interviewererfahrung.

Bezüglich der Rassenzugehörigkeit sind in den USA eine Anzahl von Studien veröffentlicht worden, die sich mit diesem Einflußfaktor während der Interviewsituation beschäftigen.[10] Einige Untersuchungen bei Hyman et al. (1954) zeigen, daß das Geschlecht und das Alter des Interviewers unter Umständen eine Verzerrung in den Daten bewirken kann. Die Befunde weisen insgesamt darauf hin, daß die Gültigkeit der Befragungsergebnisse wesentlich von der Ähnlichkeit der Gruppenzugehörigkeit von Interviewer und Befragtem abhängt. Diese Ähnlichkeit soll eine Atmosphäre schaffen, die für eine nicht verfälschte Antwortbereitschaft des Befragten sorgt. Sind die Bedingungen für diese Atmosphäre nicht gegeben und besteht eine Beziehung zwischen Interviewermerkmal und dem Befragungsthema, so werden die Antworten in Richtung auf soziale Erwünschtheit verzerrt. Ein wesentliches Merkmal, das die These von der Ähnlichkeit der Gruppenzugehörigkeit stützt, ist die sozioökonomische Distanz zwischen Interviewer und Befragtem. Haben Interviewer und Befragter gleiche Schichtzugehörigkeit, sind die Antwortverzerrungen geringer, als wenn die Schichtzugehörigkeit unterschiedlich ist (vgl. Lenski/Legett 1960).

Allerdings dürfen diese Ergebnisse nicht überbewertet werden, da verschiedene andere Einflußfaktoren (z. B. Rassenzugehörigkeit) meist nur unzureichend kontrolliert wurden. Ein weiteres Merkmal, das sich positiv auf die Befragungsergebnisse auswirkt, ist die Erfahrung des Interviewers. Erfahrene Interviewer erhalten nach den vorliegenden Ergebnissen (vgl. die aufgeführten Studien bei Hyman et al. 1954) eine geringere Verweigerungsquote. Hierbei ist auch zu vermuten, daß Verzerrungseffekte, die durch unterschiedliche Gruppenzugehörigkeit entstehen können, bei Anwesenheit von erfahrenen Interviewern aufgefangen werden können. Systematische Untersuchungen liegen hierzu, abgesehen von den älteren Studien bei Hyman, aber nicht vor.

Abschließend soll noch die Wirkung des Auftraggebereffektes (Sponsorship Bias) erwähnt werden, der zu den sichtbaren Merkmalen des Interviewers zählt. Der Auftraggeber bzw. die Absichten des Auftraggebers stehen hinter dem einzelnen Interviewer. Je nach Auftraggeber wird eine bestimmte Interessenslage vom Befragten vermutet und evtl. seine Antwort entsprechend ausgerichtet (vgl. Hyman et al. 1954: 185ff). Antwortverzerrungen in Richtung sozialer Erwünschtheit können dann auftreten, wenn der Befragte sich vom

---

10 Cantril (1947) konnte zeigen, daß Antworten eher in Richtung auf soziale Erwünschtheit geäußert wurden, wenn weiße Interviewer Schwarze befragten, als wenn Schwarze von schwarzen Interviewern befragt wurden.

Auftraggeber bedroht fühlt oder Sanktionen erwartet. Insgesamt tritt dieses Problem, im Vergleich zu anderen Interviewermerkmalen, seltener auf, wobei es dennoch nicht unterschätzt werden sollte. Die Wahrnehmung des Befragten und eine daraus folgende Antwortverzerrung können hierbei nicht im voraus hinsichtlich Richtung und Ausmaß abgeschätzt werden.

3.2.2   Die nichtsichtbaren Merkmale des Interviewers

Neben den Anwesenheitsmerkmalen sind die nichtsichtbaren Merkmale des Interviewers (z. B. Einstellungen und Erwartungen) wesentlich für Verzerrungseinflüsse. In einer der ersten Studien setzte sich Rice (1929) mit dem Einfluß des Interviewers auseinander und betonte, daß der Interviewer, wenn auch unbewußt und eher unbeabsichtigt, seine eigene Meinung auf den Befragten übertragen kann.

In mehreren experimentellen Studien konnte gezeigt werden, daß z. B. bei Fragen mit politischem Inhalt (vgl. Haedrich 1964: 91) solche Einstellungsübertragungen stattfinden, in der Regel aber davon ausgegangen werden muß, daß bei den Interviewern die Aufgabenorientierung das soziale Interesse überlagert. Die Gefahr einer Verzerrung durch Einstellungen der Interviewer ist wahrscheinlich, wenn es zu unvorhergesehenen Schwierigkeiten in der Interviewsituation kommt und der Interviewer vom Befragten abweichend zusätzliche Erläuterungen und Erklärungen z. B. zu Einstellungsfragen geben muß.

Der Schwerpunkt der Betrachtung innerhalb der Methodologie über Interviewereffekte liegt deswegen auch bei den Interviewererwartungen. Hyman konnte folgende Erwartungshaltungen unterscheiden (Hyman et al. 1954: 59ff): Attitüdenstrukturierte Erwartungen, Rollenerwartungen und Wahrscheinlichkeitserwartungen.[11]

Hyman geht nach seinen Untersuchungsergebnissen davon aus, daß Erwartungshaltungen keine generelle Gefahr für Befragungsergebnisse darstellen. Nur wenn in bestimmten Situationen entsprechende Erwartungen ausgelöst werden, die auch in Verbindung zu sichtbaren Merkmalen des Interviewers liegen, dann beeinflussen Erwartungshaltungen des Interviewers das Befragungsergebnis.[12]

---

11 Eine Erörterung der unterschiedlichen Erwartungshaltungen des Interviewers erfolgt in Abschnitt 2.2.2 auf Seite 128.
12 In einer Untersuchung zum unterschiedlichen Kaufverhalten von Mann und Frau ergaben sich signifikante Unterschiede zwischen den Interviewern in der Antwortverteilung. Die Interviewer, die in ihrem eigenen Haushalt geschlechtsuntypisches Kaufverhalten dokumentiert hatten, erhielten einen höheren Prozentsatz von geschlechtsuntypischem Kaufverhalten bei den Befragten, vgl. Hyman et al. (1954: 112).

Insgesamt betrachtet kann es als gesichert gelten, daß sichtbare Merkmale des Interviewers eine Antwortverzerrung auslösen, wenn die Befragten eine Zuordnung zwischen dem Thema der Befragung und dem Merkmal des Interviewers sehen. Die Wirkung von Einstellungen und Erwartungen ist in höchst unterschiedlichem Ausmaß festgestellt worden, das eine zufriedenstellende Kontrollmöglichkeit bis jetzt nicht zuläßt.

Teil II

THEORIE

Kapitel 1

Theoretische Ansätze zur Erklärung von Interviewer- und Befragtenverhalten

Im folgenden soll die Entwicklung von theoretischen Ansätzen zur Erklärung von Interviewer- und Befragtenverhalten dargestellt werden. Ausgangspunkt sind sogenannte *Orientierungstheorien* , die für den Verlauf des Interviewprozesses relevante Einflußgrößen zwar angeben, aber mögliche Erklärungen für einzelne Handlungsabläufe im Interview nur sehr deskriptiv diskutieren. Die theoretischen Konzepte von Cannell/Kahn (1968) und Phillips (1971) sollen hierzu in Abschnitt 1.1 erörtert werden.

Ansätze, die davon ausgehen, daß Befragten- und Interviewerreaktionen als *Entscheidungshandlungen* zu betrachten sind, machen die Bedeutung von Nutzen, Erwartungen, Motivation etc. und bestimmte Ursache-Wirkungsprozesse in den Handlungen der beteiligten Akteure deutlich. Diesen Konzepten ist der Abschnitt 1.2 gewidmet, wobei eine Unterteilung in zwei Unterabschnitte vorgenommen wird. Die älteren Konzepte von Holm (1974) und Atteslander/Kneubühler (1975) werden hierzu in Abschnitt 1.2.1 erörtert. Weiterführende neuere Konzepte, die insbesondere Befragten- und Interviewereffekte in die Entscheidungshandlung einbeziehen (Cannell et al. 1981; Esser 1975a, 1977), werden in Abschnitt 1.2.2 diskutiert.

1.1   Orientierungstheorien

Die Möglichkeit, den Verlauf des Interviews darzustellen und in einen Theo-rieprüfungsprozeß einzubeziehen, deutet sich schon bei Cannell und Kahns Modell des Interviewprozesses an (vgl. Cannell/Kahn 1968: 538). Sie gehen von folgender Definition des wissenschaftlichen Interviews aus:

> "The research interview can be defined as a two-person conversa-tion, initiated by the interviewer for the specific purpose of obtai-ning research-relevant information, and focused by him on content specified by research objectives of systematic description, predic-tion, or explanation" (Cannell/Kahn 1968: 527).

Der Befragte wird im Interview aufgefordert, Informationen über sich, seine Erfahrungen, seine Perzeptionen und seine Einstellungen einem Interviewer zu berichten, der keine direkte Forschungsintention bzw. keine direkte For-schungsstrategie verfolgt, sondern Interviews als Auftragsarbeit abwickelt (vgl. hierzu den Begriff *task involvement* bei Hyman et al. 1954: 138).

Die Durchführung des Interviews ist nach Cannell und Kahn nur ein Teil des Erhebungsprozesses und beinhaltet folgende fünf Schritte:

1. Aufstellen eines Fragebogens, Selektion von Fragen, Statements, Bilder o. a. Stimuli, Anweisungen zur Durchführung der Befragung

2. Durchführung des Interviews

3. Aufzeichnung der Antworten

4. Aufstellen eines numerischen Codes zur Transformation der ermittelten Antworten in quantitative Größen

5. Kodierung der Antworten

Ob es sich um eine adäquate Messung während des Erhebungsprozesses han-delt, hängt von der Gültigkeit der Messung ab, d. h. von der Frage, ob in den erhobenen Meßwerten Abweichungen vom "wahren Wert" vorliegen. Cannell und Kahn gehen davon aus, daß "the value of an object in measurement terms is defined by the act of measurement" (Cannell/Kahn 1968: 532). Es muß daher angenommen werden, daß systematische Meßfehler[1] den wahren Wert

---

1 Cannell und Kahn benutzen den Begriff "bias" als "systematic or persistent tendency to make errors in the same direction" (Cannell/Kahn 1968: 532).

über- oder unterschätzen und damit einen direkten Einfluß auf die Gültigkeit der Messungen haben. Um das Erhebungsinstrument Interview einsetzen zu können, geben die Autoren drei Bedingungen an, die zur Durchführung eines erfolgreichen Interviews erfüllt sein müssen (vgl. Cannell/Kahn 1968: 535):

1. die *Zugänglichkeit* der abgefragten Statements

2. die *kognitive Voraussetzung* der Rollenübernahme

3. die *motivationale Haltung* des Befragten zur Übernahme der Befragten- rolle

Da der dritte Punkt für den Theorieansatz der beiden Autoren eine zentrale Rolle spielt, soll hier auf die ersten beiden Punkte nur kurz eingegangen wer- den.

Zugänglichkeit betrifft das Ausmaß des Erinnerungsvermögens des Befragten über bestimmte Sachverhalte, von Verdrängungsprozessen aufgrund zu hoher sozialer Kosten gegenüber dem Interviewer, sowie von sozioökonomischen Un- terschieden zwischen Interviewer und Befragten und die daraus resultierenden Kommunikationsschwierigkeiten.

Die kognitive Voraussetzung der Rollenübernahme betrifft die Bereitschaft des Befragten, seine Rolle zur Beantwortung der Fragen bewußt und aktiv zu übernehmen. Dies setzt eine entsprechende kognitive Fähigkeit voraus, Hand- lungsstrategien zu entwickeln, die Situation zu strukturieren, Informationen zu geben (d. h. zu reagieren) und die selbst gesetzten Zielvorstellungen zu erreichen.[2]

Bezüglich der motivationalen Haltung des Befragten unterscheiden Cannell und Kahn zwischen *intrinsischer* Motivation, d. h. die Wertung von Erfah- rung und Beziehung mit dem Interviewer und *instrumenteller* Motivation, d. h. die Einsicht, daß die Durchführung des Interviews kongruent ist mit den eigenen Zielen und Erwartungen.[3] Die motivationale Haltung des Be- fragten, so zeigen verschiedene Forschungsergebnisse (vgl. Hyman et al. 1954, Kahn/Cannell 1957) kann über die soziale Situation zwischen Interviewer und Befragtem, über die Situation Interview als Tauschprozeß und über die ge- genseitige Perzeption der handelnden Personen mit ihren jeweiligen Aufga- ben konzeptualisiert werden. Erst bei Vorliegen einer motivationalen Haltung

---

2 Unter Zielvorstellungen können alle Nutzenabwägungen des Befragten unter zu errei- chenden Gratifikationen (z. B. soziale Anerkennung beim Interviewer zu erhalten) sub- sumiert werden (vgl. hier auch Esser 1975a: 122ff).

3 Diese Ziele können z. B. auch sein, an einem wissenschaftlichen Vorhaben mitzuarbeiten, um relevante Daten zu produzieren, vgl. Laga (1984).

kann das Interview als sozialer Prozeß und das Interviewergebnis als sozialer Ausdruck beschrieben werden. Das Interviewergebnis erklärt sich dann aus Eigenschaften, Wahrnehmungen und dem wechselseitig orientiertem Verhalten von Interviewer und Befragten. Konkrete Spezifikationen bleiben hierbei aber offen, worauf die Autoren auch selbst hinweisen (vgl. Cannell/Kahn 1968: 538). Desweiteren bleibt ungeklärt, über welche Mechanismen Verhalten der beteiligten Akteure bestimmt wird und auf welche Weise Einstellungen, Erwartungen und Motive ein bestimmtes Verhalten determinieren.

Hier geht der Ansatz von Phillips (1971, 1973) einen Schritt weiter. Er führt innerhalb seiner grundsätzlichen Kritik[4] am methodenmonistischen Konzept der empirischen Sozialforschung aus, daß die Interaktion bei der Befragung vergleichbar ist mit üblichen Alltagsinteraktionen. Hier wie dort orientieren sich Personen an der Präsentation eines möglichst günstigen Selbstbildes von sich (vgl. Phillips 1971: 89). Präzisiert bedeutet dieses Präsentationsverhalten: Der Befragte nutzt alle ihm in der Situation zur Verfügung stehenden Signale, interpretiert die vermuteten Absichten des Interviewers und richtet sein Verhalten danach und nach den eigenen Zielsetzungen aus. Nicht nur Einstellungen, Erwartungen und Motive sind für das Verhalten des Befragten verantwortlich (wie bei Cannell und Kahn), sondern der Vergleich verschiedener möglicher Handlungen. Welche Handlung nun gewählt wird, hängt von einem Entscheidungsprozeß ab, den der Befragte durchlaufen muß.[5]

Auch die interaktionistische Kritik an den Erhebungsmethoden kommt innerhalb des "interpretativen" Paradigmas[6] zu ähnlichen Schlußfolgerungen, wenn auch in einem anderen "Interpretationsrahmen". Hier wird konstatiert, daß die Entscheidung für eine bestimmte Antwort an eine bestimmte Zeit gebunden sei und nicht mit anderen Äußerungen in bezug auf die gleiche Frage gleichgesetzt werden kann, wenn nicht gezeigt wird, daß gleiche oder ähnliche Bedingungen vorliegen (vgl. Cicourel 1974: 147). Hier wird schon ein Dilemma deutlich, auf das im Verlauf der Arbeit noch näher eingegangen wird: Es müssen Interaktionsbedingungen geschaffen werden, die den Befrag-

---

4 Die Kritik richtet sich insbesondere gegen die unkritische Vorgehensweise bei der Analyse soziologischer Erhebungsdesigns mit der Konsequenz, daß die Anwendung des Methodenmonismus in einen "Teufelskreis" führt: "A fundamental problem in sociology is that what we know about social behavior. This constitutes a kind of vicious circle ... " (Phillips 1973: 78).

5 Der Entscheidungsprozeß spielt hier in erster Linie für den Befragten eine Rolle, da der Interviewer seine Verhaltensabsichten in der Regel vor dem Interview strukturiert hat bzw. sich auch durch entsprechende Anweisungen, Training etc. auf konkretes Verhalten einstellen kann (vgl. hierzu auch die unterschiedlichen Aufgabenorientierungen eines Interviewers in Hyman et al. 1954: 138ff).

6 Der Begriff "interpretatives Paradigma" steht für eine Methodologie, nach der die an der Interaktion Beteiligten ihre Handlungen aufeinander beziehen, um sodann, in der Ausbildung ihrer gemeinsamen Handlung, wechselseitig die Handlungen der einzelnen Beteiligten zu interpretieren und zu definieren (Blumer zitiert nach Wilson 1970: 59).

ten einen Entscheidungsspielraum lassen, so daß ein "Datenabruf" (vgl. Esser 1975a: 43ff) überhaupt möglich ist, andererseits gefährden diese notwendigen Bedingungen die erfolgreiche Durchführung des Datenabrufs, da auch Spielraum für "reaktives" Verhalten vorhanden ist (vgl. Esser 1975a: 98ff; Cicourel 1974: 146). Auch Berger (1974: 35) kommt innerhalb seiner grundsätzlichen Kritik am Interview zu der Schlußfolgerung, daß eine realistische Sichtweise, die den Befrager nicht als vorprogrammierten Computer und das Verhalten der Befragten nicht als stimulierte Reaktionen unter idealen experimentellen Bedingungen interpretiert, die Beeinflussung des Interviewablaufs durch eine Menge von Verhaltensregeln, Interpretationsmaximen und Erwartungsmustern beider Beteiligter zugestehen muß.

Die folgenden Abschnitte behandeln theoretische Ansätze, die, an die Überlegungen bzw. Orientierungen von Cannell/Kahn und Phillips anknüpfend, Verhalten in der Interviewsituation als Entscheidungshandlung behandeln und versuchen, Lösungsmöglichkeiten für das o. a. Dilemma während des Erhebungsvorganges zu finden.

1.2 Weiterführende Konzepte: Befragten- und Interviewerreaktion als Entscheidungshandlung

1.2.1 Ältere Konzepte

Holms "Theorie der Frage" geht von drei Determinanten des Antwortverhaltens bzw. einer empirischen Antwort P aus: die Zieldimension A, die Fremddimension B und die soziale Wünschbarkeit W einer bestimmten Antwortreaktion (Holm 1974: 91ff). Formuliert als lineare Gleichung sieht das Modell folgendermaßen aus (vgl. Abbildung 1.1):

$$P = aA + bB + wW$$

wobei a, b und w die jeweiligen Regressionsgewichte sind. Erweitert man das Modell auf mehrere Fremddimensionen, dann ergibt sich folgende Gleichung in standardisierter Form (Holm 1974: 94ff):

$$P = aA + b_1B_1 + b_2B_2 + \ldots + b_kB_k + wW$$

Wie unschwer zu erkennen ist, können die o. a. Gleichungen als Strukturglei-
chungen eines pfad- bzw. faktorenanalytischen Modells betrachtet werden.[7]
Dies hat zur Folge, daß das Antwortverhalten des Befragten eben nicht
nur durch die "wahre" Zieldimension oder die Fremddimension oder soziale
Wünschbarkeit erklärt wird. Vielmehr ist nach Holm davon auszugehen, daß
Antwortverhalten von verschiedenen Kräften bestimmt wird, die alle unterschiedliches Gewicht haben können. Dieses Resultat hat entscheidenden Einfluß auf die Entwicklung von Instrumententheorien gehabt, da sich in verschiedenen Diskussionsbeiträgen (z. B. bei Esser 1977) immer mehr die Überzeugung durchsetzte, daß der Einfluß von Reaktivitätseffekten oder Response
Sets unvermeidbar sei und derartige "Fremddimensionen" in die Erklärung
von Antwortverhalten miteinbezogen werden müssen.

Abbildung 1.1: Determinanten des Antwortverhaltens nach Holm

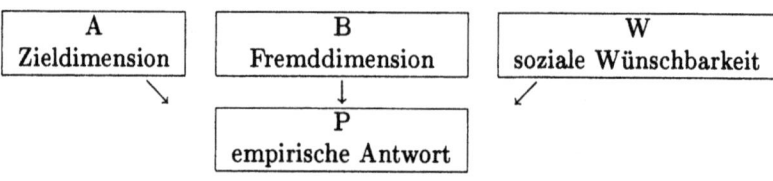

In dieser Richtung ist auch der fehlertheoretische Ansatz von Atteslander und
Kneubühler (1975) zu verstehen. Im Unterschied zu Holm wird aber versucht,
nicht nur verschiedene Einflußgrößen auf das Antwortverhalten zu spezifizieren, sondern diese auch in den Handlungsablauf des Interviews zu integrieren.
Sie gehen davon aus, daß es ungenügend ist, über ein einfaches Stimulus-
Response-Modell (im folgenden abgekürzt S-R-Modell) alle Einflußgrößen,
die auf das Verhalten des Befragten wirken, als Fehlerquellen zu interpretieren
(vgl. Atteslander/Kneubühler 1975: 48). Vielmehr plädieren sie für eine systematische Berücksichtigung von Fehlerquellen. Die beiden Autoren erweitern
das klassische S-R-Modell um drei "intervenierende" Variablen (vgl. Atteslan-
der/Kneubühler 1975: 52 und Abbildung 1.2):

1. Die Reizdeutung im phänomenalen Bezugssystem

---

7 Holm (1974: 91) weist darauf hin, daß sein Ansatz auch "faktorenanalytische Theorie
   der Frage" hätte genannt werden können. Dies setzt voraus, daß quantitative Größen
   gemessen werden, die empirische Antwort P intervallskaliert ist und die Dimensionen
   miteinander in linear-additiver Weise verbunden sind.

2. Die Reizbewertung im Bezugssystem der Bedürfnisse

3. Die Ermittlung einer Reaktion im adaptiven Gedächtnis als Verhaltensantwort auf den Reiz

Die Interviewsituation wird als unabhängige Variable betrachtet, die drei verschiedene Komponenten enthält: den Ort des Interviews (Reizhintergrund), der Interviewer (Interviewerreiz) und den Fragebogen (Fragenstimulus). Zum Reizhintergrund gehört der Raum des Interviews, seine Beschaffenheit[8] und als wichtigster Bestandteil die Anwesenheit von dritten Personen (vgl. Atteslander/Kneubühler 1975: 53/54).[9]

Abbildung 1.2: Modell der Befragtenreaktion nach Atteslander und Kneubühler

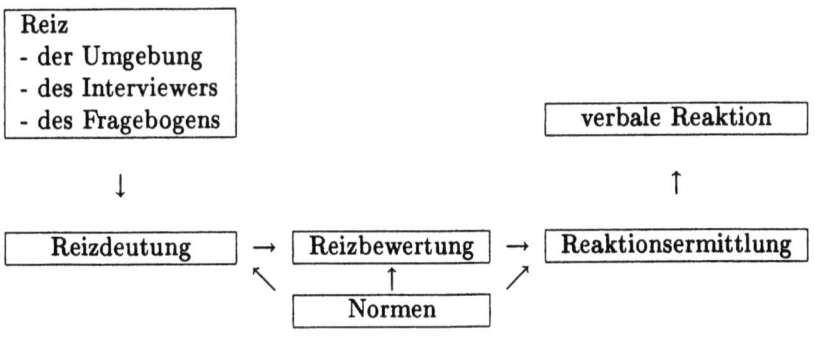

Zum Interviewerreiz gehören alle konditionierten Verhaltensweisen und antwortverzerrenden Einflüsse des Interviewers. Verbale Unterstützungen des Befragten sind hier ebenso zu nennen, wie non-verbale Kommunikationsstrategien (z. B. Blickkontakt, Sprechpausen) und mögliche Erwartungshaltungen. Desweiteren zählen dazu die "sichtbaren" Interviewermerkmale, die unter dem Begriff Intervieweranwesenheitsmerkmale subsumiert werden (vgl. Atteslander/Kneubühler 1975: 53 und Abschnitt 3.2.1 auf Seite 28). Zum Stimulus

---

8 Der Ort und die Beschaffenheit des Raumes spielen bei Befragungen zum Sexualverhalten einen großen Einfluß, vgl. z. B. Sigusch/Schmidt (1970) oder Kinsey et al. (1948, 1953).

9 Zum Einfluß von dritten Personen auf Interviewergebnisse vgl. z. B. Reuband (1984).

gehört die eigentliche Frage, so wie sie im Fragebogen formuliert ist, die Abfolge bzw. Reihenfolge von Fragen sowie ihre Häufigkeit.

Die in der Interviewsituation auftretenden und eben erläuterten Reize werden vom Befragten *gedeutet* und *bewertet* . Im Hinblick auf die verbale Antwort wird eine Reaktion *ermittelt* (vgl. Abbildung 1.2). Es findet somit eine Entscheidungshandlung statt, die aber nicht, wie bei Holm, auf den Fragestimulus beschränkt ist. Vielmehr wird von einem individuellen Bezugssystem ausgegangen. Dieses Bezugssystem (Normen) unterteilen sie in drei Gruppen (vgl. Atteslander/Kneubühler 1975: 59):

- gesamtgesellschaftlich prävalente, internalisierte Normen

- gruppenspezifische Normen

- interviewspezifische Normen

Die Autoren gehen davon aus, daß dieses Bezugssystem dem Befragten gestattet, die Reize oder Stimuli einer "Quelle"[10] zuzuordnen. Die Bewertung von Reiz, Stimulus oder Quelle und letztendlich die Entscheidung für ein bestimmtes Antwortverhalten wird auf dem Hintergrund von Nutzenerwägungen und Kostenminimierungen vorgenommen. Nutzenerwägungen heißt hier, daß der Befragte die Sanktionen, die mit den Hypothesen über Normen verknüpft sind, gegeneinander abwägt (vgl. Atteslander/Kneubühler 1975: 60).

Wie kann es dann einerseits zur Übernahme einer Befragtenrolle (und Identifizierung mit ihr) und andererseits zu "reaktivem", z. B. erwünschtem Verhalten kommen? Atteslander und Kneubühler gehen davon aus, daß ein Stimulus in einer Interviewsituation immer mit anderen Reizen auftritt. Es werden auch Gedächtnisinhalte aktiviert, die in einem speziellen Kontext stehen und zusammen mit den Stimuli führt dies nach den Autoren zu sogenannten "Generalisierungseffekten" (Atteslander/Kneubühler 1975: 61). Diese Effekte beinhalten aber zwei Prozesse: Einmal können Deutung und Bewertung des Stimulus die kontextspezifischen Gedächtnisinhalte beeinflussen oder umgekehrt die Gedächtnisinhalte den Prozeß der Deutung und Bewertung. Der wechselseitige Einfluß kann wiederum dazu führen, daß nicht mehr der Stimulus des Fragebogens das Verhalten des Befragten bestimmt, sondern bestimmte gleichförmige Reaktionen (vgl. Atteslander/Kneubühler 1975: 63).[11] Verzerrungsfrei wird erst dann geantwortet, wenn das Verhaltensrepertoire im

---

10 Dies kann ein spezieller Auftraggeber als auch der Interviewer selbst sein, dem man z. B. als "freundlichen Unbekannten" oder als "armen Hund" helfen will, vgl. zu den Beispielen Steinert (1984: 36).

11 Zu gleichförmigen Reaktionen zählt z. B. die Tendenz, inhaltsunabhängige Befürwortungen auszusprechen, vgl. hierzu Abschnitt 3.1.1 auf Seite 25.

Interview mit dem Verhaltensrepertoire in alltäglichen Situationen identisch ist.[12] Wenn das Befragungsthema allerdings Sanktionserwartungen zuläßt, dann entstehen Verzerrungen. Diese Sanktionserwartungen sind nach Atteslander und Kneubühler interpersonale Verhaltensdispositionen, die von den o. a. gesamtgesellschaftlichen, gruppenspezifischen und interviewspezifischen Normen abhängen.[13] Im letzteren liegt auch die Schwäche des hier vorgestellten Ansatzes: Die erklärenden Variablen werden auf Normen beschränkt. In Kapitel 2 auf Seite 49 wird gezeigt, daß im Rahmen der Integration von Ansätzen für eine Fehlertheorie der Befragung weitere erklärende Variablen in das Modell aufgenommen werden müssen. Zuvor sollen aber die Konzepte dargestellt werden, die, auf diesen Ansätzen aufbauend, eine wesentliche Komplexitätsbildung in die Erklärung des Verhaltens von Interviewer und Befragten gebracht haben.

1.2.2 Neuere Konzepte

Cannell et al. (1981) haben, unterstützt durch die verschiedensten Forschungsprojekte zum Interviewerverhalten[14], ein Fünf-Stufen-Modell des Informations- und Entscheidungsverlaufs im Interview entwickelt:

1. Das *Verständnis* der Frage durch den Befragten

2. Die *Entscheidung* des Befragten, welche Informationen für die Beantwortung der Fragen relevant sind

3. Der Bezug der möglichen Antwort zu den *Untersuchungszielen*

4. Der Bezug der möglichen Antwort zu den *persönlichen Zielen*

5. Die *adäqate Beantwortung* der Frage

Dieser hier angedeutete Prozeß kann nicht als eine Instrumententheorie oder Theorie des Interviews angesehen werden, da der Ablauf des Interviewprozesses nur sehr heuristisch spezifiziert ist. Das im vorigen Abschnitt erläuterte Modell von Atteslander und Kneubühler kann aber mit dem hier erläuterten Stufenmodell von Cannell et al. in Verbindung gebracht werden. *Reizdeutung* bei Atteslander und Kneubühler entspricht hier der 1. Stufe, *Reizbewertung* der 2. Stufe und *Reaktionsermittlung* der 3. bzw. 4. Stufe bei Cannell et al. Die

---

12 Zu ähnlichen Schlußfolgerungen kommt auch Cicourel (1974: 146).
13 Weiter hinten wird gezeigt, daß die Verhaltensdispositionen nicht nur von Normen abhängig sind, sondern auch von der Einstellung gegenüber spezifischem Verhalten, vgl. Abschnitt 2.2 auf Seite 49.
14 Die Ergebnisse sind ausführlich dokumentiert in Cannell et al. (1979).

5. Stufe wird bei Atteslander und Kneubühler *verbale Reaktion* genannt. Atteslander und Kneubühler gehen insofern über das Stufenmodell von Cannell et al. hinaus, da sie versuchen, Determinanten des Verhaltens im Interview anzugeben, während Cannell et al. sich auf eine genauere Deskription des Interviewprozesses im Hinblick auf erhebungstechnische Verbesserungen (z. B. Interviewerschulungen) beschränken.[15]

Die Berücksichtigung von Determinanten des Entscheidungsprozesses im Interview beinhaltet die prinzipielle Möglichkeit, ein komplexes Modell der Theorieprüfung zu entwickeln, das die Möglichkeit bietet, Verzerrungseinflüsse von Interviewer und Befragten in die Analyse einzubeziehen und zu erklären. Theorie- und Instrumentenprüfung müssen gleichzeitig erfolgen, um einen Test inhaltlicher Hypothesen trotz der Verzerrungsanfälligkeit erhobener Informationen zu ermöglichen.

Einen ersten Schritt in diese Richtung unternimmt Esser (1975a), indem er den Ansatz einer Theorie der Befragung als Anschlußtheorie allgemein soziologischer Theorie behandelt. Zur Entwicklung einer solchen Anschlußtheorie müssen nach Esser (1975a: 122) zwei Befragungsbedingungen unterschieden werden:

1. Die Verfügung über bestimmte Individualeigenschaften und

2. Die Existenz institutioneller Einrichtungen

Individualeigenschaften werden weiter differenziert nach:

- *Motivation* zur Interaktionsaufnahme

- *Kognition* , d. h. Verfügung über kognitive Konzepte und komplexe linguistische Codes

- *Empathie* , d. h. Kompetenzbewußtsein und "einfühlende" Antizipationsfähigkeit

Institutionelle Einrichtungen werden weiter differenziert nach:

- Einrichtungen der politischen Zentralisierung

---

15 In allen Arbeiten des "Institute for Social Research" in Ann Arbor, Michigan ist der Schwerpunkt auf die praktische Verbesserung von Interviewstäben, Interviewertraining etc. gelegt worden. Die Entwicklung einer Instrumententheorie oder einer Theorie des Interviews ist m. E. in dem Forschungsprogramm des Institutes nicht enthalten, vgl. Cannell et al. (1979).

- bürokratische Spezialinstanzen

- wissenschaftliche Institutionen

- formalisierte Vermittlungs- und Austauschmedien

Aus den Individualeigenschaften werden Strategien der Situationsstrukturierung im Interview abgeleitet. Dabei wird auch der Bezug zu allgemeinen Hypothesen über individuelles Verhalten vollzogen, der in den vorangegangenen Theorieansätzen immer nur implizit blieb: individuelle Befriedigung von Bedürfnisssen und Vermeidung von Frustrationen. Auf Interaktionsprozesse bezogen bedeutet dies ein Bedürfnis nach sozialer Anerkennung und die Vermeidung von Mißbilligung (vgl. Esser 1975a: 204). Die Strategien im Interview bauen auf diesen allgemeinen Hypothesen - bei Esser als Grundmotiv menschlichen Handelns bezeichnet - auf und sind mit einer generellen Strategie der Eindruckskontrolle vergleichbar.[16]

Als erste Bedingung für Eindruckskontrolle ist die *motivationale* Spannung zur Aufnahme und Aufrechterhaltung von Interaktionen zu nennen. Die zweite Bedingung bezieht sich auf die *kognitive* Fähigkeit zur Antizipation der Einschätzung eigener Reaktionen durch die Bezugsumwelt und die dritte Bedingung betrifft die Fähigkeit zur Reaktionskontrolle bzw. zur *emphatischen* "Einfühlung" gegenüber der Befragungssituation. Hier wird aber deutlich, daß die Befragungsbedingungen und die Bedingungen zur Eindruckskontrolle identisch sind, d. h. die Bedingungen, die eine Befragung ermöglichen sind auch diejenigen, die Interaktionen allgemein erst ermöglichen. Wenn also z. B. ein Befragter die motivationalen, kognitiven und empathischen Voraussetzungen für eine Befragung erfüllt, wird er auch versuchen, z. B. über das Bedürfnis nach sozialer Anerkennung, eine generelle Eindruckskontrolle zu erhalten. Für die Beziehung zwischen Befragungsbedingungen und Befragtenverhalten konstatiert Esser (1975a: 207) folgendes:

1. Mit zunehmender Erfüllung der Bedingung der Befragung auf Persönlichkeitsebene (Individualeigenschaften) wird die Rollenübernahme als Befragter erleichtert, die Kommunikation kognitiv möglich und der Informationsabruf kompetenzmäßig sinnvoll. Die *Präsentation individueller Leistungsfähigkeit* steht im Vordergrund und damit gleichzeitig die Tendenz, sich in sozial erwünschter Weise zu präsentieren.

2. Mit abnehmender Erfüllung der Bedingung der Befragung auf Persönlichkeitsebene (Individualeigenschaften) wird die Rollenübernahme als Befragter und die Kommunikation erschwert und der Informationsabruf problematisch. Die *Präsentation von deferentem Verhalten*

---

16 Vgl. hierzu auch das von Goffmann (1969) beobachtete Präsentationsverhalten in unterschiedlichen Situationen.

steht im Vordergrund und gleichzeitig die Tendenz, die in der Befragungssituation vorgelegten Stimuli unreflektiert zu behandeln.

Abbildung 1.3: Modell des Befragtenverhaltens nach Esser

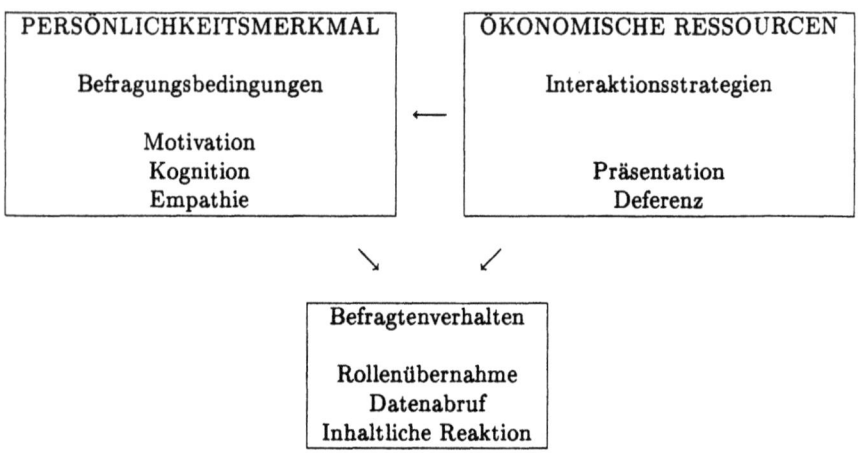

Die Interaktionsstrategien im Befragungsprozeß können demnach einerseits beschrieben werden als Situationsausbeutung oder Präsentation, andererseits als Konsequenzenminimierung oder Deferenz. Das von Esser (1975a: 213ff) aufgestellte Modell des Befragtenverhaltens (vgl. Abbildung 1.3) versucht diese Interaktionsstrategien zu berücksichtigen. Die Determinanten des Befragtenverhaltens sind auf der einen Seite die Verfügung über Befragungsbedingungen (Motivation, Kognition, Empathie) und auf der anderen Seite die Ausstattung mit unterschiedlichen Interaktionsstrategien (Präsentation, Deferenz). Befragtenverhalten selbst wird unterteilt in drei Dimensionen:

- *Rollenübernahme:* Fähigkeit und Bereitwilligkeit zum Interview

- *Datenabruf:* Strukturierung von kognitiven Konzepten

- *inhaltliche Reaktion:* Gültigkeit und Stabilität des Antwortverhaltens

Die Verfügung über Befragungsbedingungen kann als *Persönlichkeitsmerkmal* , die Ausstattung mit unterschiedlichen Reaktionsstrategien als *ökonomische Ressourcen* angesehen werden. Esser (1975a: 218) kann zeigen, daß die Verfügung über Befragungsbedingungen von den ökonomischen Ressourcen der befragten Person abhängen und damit nicht nur direkt, sondern auch indirekt das Befragtenverhalten determinieren (vgl. Abbildung 1.3).

Kapitel 2

Soziologisch - theoretische Integration von Erklärungsmodellen zum Interviewer- und Befragtenverhalten

Die *soziologisch-theoretische Integration* von Erklärungsmodellen zu Handlungssequenzen im Interviewprozeß kann in zwei (evtl. miteinander konkurrierenden) Richtungen vorgenommen werden. Sie gehen vom rationalen Akteur aus und leiten die Ursache-Wirkungsbeziehungen zwischen inhaltlich-spezifischen Variablen bzw. Konstrukten nicht nur inhaltlich, sondern auch methodologisch als Folge von Kosten-Nutzen-Abwägungen der beteiligten Personen ab. Zum einen ist hier eine *handlungstheoretische* Richtung zu nennen, innerhalb derer die theoretischen Konzepte von Kaufmann-Mall (1978, 1982) und von Esser (1984, 1985 und 1986a) erörtert werden sollen (vgl. Abschnitt 2.1).

Zum anderen ist eine aus der Sozialpschologie stammende *einstellungs-verhaltenstheoretische* Richtung zu nennen, die Verhalten in konkreten Situationen aus der Verhaltensabsicht und diese Absicht wiederum aus Einstellungen und Normen gleichermaßen ableitet. Dieser auch in der Marktforschung bekannte Ansatz einer *Theorie der geplanten Entscheidungen* (Theory of Reasoned Action, vgl. Fishbein/Ajzen 1975; Ajzen/Fishbein 1980; Ajzen 1988) soll hier für die Erklärung von Verhalten in der Interviewsituation genutzt werden (vgl. Abschnitt 2.2).

Aus beiden Richtungen sollen Erklärungsmodelle abgeleitet werden (sogenannte Kerntheorien), die dann im empirischen Teil dieser Arbeit (Teil III) überprüft und verglichen werden.

2.1 Handlungstheorien

2.1.1 Die kognitiv-hedonistische Verhaltenstheorie

Die kognitiv-hedonistische Verhaltenstheorie versteht sich als eine integrative Theorie. Die Integration bezieht sich auf eine Rekonstruktion älterer Verhaltenstheorien, so daß sie füreinander kritisierbar werden. Vorgegebenes wird verändert und Neues behauptet, um eine höhere Präzision - verbunden mit empirischer Überprüfbarkeit und Kritisierbarkeit - zu erreichen (vgl. Kaufmann-Mall 1981: 127). Die Theorie geht davon aus, daß die Aktivitäten eines Organismus nur dann und nur soweit einer Person als Verursacher zugeschrieben werden, falls und soweit die Situation der Person einen Spielraum läßt. Diese Situation wird dann als eine Entscheidungssituation bezeichnet, deren Ergebnis zu Verhalten führt (vgl. Kaufmann-Mall 1981: 133). Der Begriff Verhalten wird durch vier Klassen von Verhaltensweisen operationalisiert (Kaufmann-Mall 1981: 134; Schmidt 1977: 98-99):

1. *Handlung* : beobachtbares Verhalten, welches die Einschaltung der Motorik und die Einwirkung auf die Umwelt impliziert.

2. *Kognition* : Wahrnehmungen und Vorstellungen mit vorhergehenden oder anschließenden Inferenzen, Attribuierungen und Konzeptbildungen.

3. *Bewertung* : Zuschreibung von Valenzen zu wahrgenommenen oder vorgestellten Ereignissen.

4. *Erwartung* : Einschätzung, inwieweit die Ausführung eines Verhaltens Konsequenzen mit positiver oder negativer Valenz hat.

Von Kaufmann-Mall werden für das Auftreten von Verhalten bzw. Handlungen folgende Hypothesen angenommen:

H1: Die Auftrittswahrscheinlichkeit W eines Verhaltens V_i steigt mit dem zugehörigen Produkt aus Erwartungen E der Konsequenzen K dieses Verhaltens und den Valenzen Va dieser Konsequenzen (Kaufmann-Mall 1981: 133):

$$W(V_i) = \beta(E_{K_{V_i}} Va_{K_{V_i}})$$

Da Antwortverhalten eine Teilmenge von Verhalten ist und Handlungen als beobachtbares Verhalten definiert wurden, kann die allgemeine Verhaltenshypothese auf Handlungen in Befragungssituationen abgeleitet werden.

H2: Die Wahrscheinlichkeit W einer Handlung H_i steigt mit dem Produkt aus den Erwartungen E der Konsequenzen K dieser Handlungen, gezeigt in der kognizierten Situation S_j, und den Valenzen Va dieser Konsequenzen (Kaufmann-Mall 1981: 138):

$$W(H_i) = \beta(E_{K_{H_i S_j}} Va_K)$$

Das Produkt aus Valenzen und Erwartungen bezüglich Handlung H_i der kognizierten Situation S_j wird als Relevanz R bezeichnet:

$$W(H_i) = \beta(R_{H_i})$$

Für den konkreten Fall einer Handlung wird weiter behauptet:

H2a: Der Produktwert (Relevanz) aus Erwartungen und Valenzen spiegelt die maximale Handlung im Vergleich zu anderen alternativen Handlungen wider (Kaufmann-Mall 1981: 138):

$$E_{K_{H_i S_j}} Va_K = R_{H_i} = max H_i$$

Das Produkt aus Kognition, Erwartung und Valenz kann bezüglich verschiedener Entscheidungsalternativen unterschiedlich hoch sein; beim Antwortverhalten wird der Skalenwert oder die Antwortalternative gewählt, für den bzw. die das Produkt den höchsten Wert annimmt (vgl. Schmidt 1977: 100 und Abbildung 2.1). Eine Antwort bzw. eine Reaktion gilt dann als vom "wahren" Wert abweichend, wenn:

1. eine Frage vom Befragten mißverstanden wird,

2. eine "wahre" Antwort mit hohen negativen Sanktionserwartungen verbunden ist, und

3. die Beantwortung einer Frage dem Befragten irrelevant erscheint.

Das Antwortverhalten kann vom "wahren" Wert abweichen, wenn nur eine der o. a. Bedingungen erfüllt ist. Das falsche Verständnis einer Frage ist im Sinne der kognitiv-hedonistischen Theorie eine falsche Kognition. Sanktionserwartungen können die Produktbildung von Erwartung und Valenz so beeinflussen, daß das gezeigte Antwortverhalten in Richtung sozialer Erwünschtheit verzerrt ist. Die Irrelevanz einer Frage bedeutet für das o. a. Postulat (Hypothese 2a) einen gegen Null strebenden Produktwert.

Abbildung 2.1: Ablauf des Meßprozesses nach der kognitiv-hedonistischen Theorie

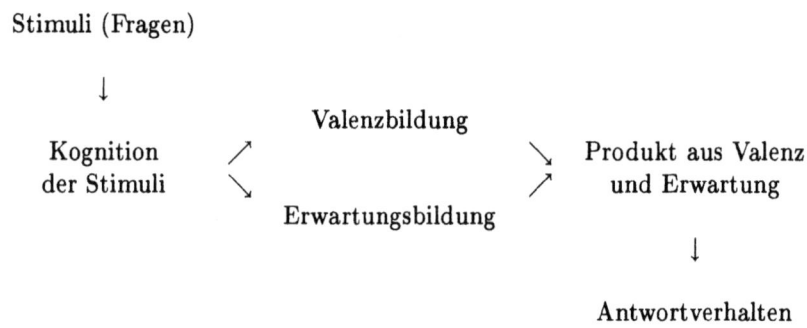

In der hier dargestellten Form bilden die theoretischen Postulate der kognitiv-hedonistischen Theorie nicht mehr als eine heuristische Orientierung. Konkrete Hypothesen über die Wirkungen von Merkmalen der Interviewsituation müssen daher aus der kognitiv-hedonistischen Theorie abgeleitet werden.

Schanz/Schmidt (1984) versuchten sekundäranalytisch das Modell der kognitiv-hedonistischen Theorie auf die Überprüfung von Interviewereffekten in der allgemeinen Bevölkerungsumfrage der Sozialwissenschaften (ALLBUS) des Jahres 1980 anzuwenden. Anhand des Konstruktes "liberale Erziehungsziele" wurde versucht, Merkmale des Interviewers mit dem Vokabular der kognitiv-hedonistischen Theorie durch Explikation entsprechender Hypothesen zu verbinden (vgl. Schanz/Schmidt 1984: 81). Nach ihrem Modell (vgl. Abbildung 2.2) wird davon ausgegengen, daß sich der Befragte auf Grund sichtbarer Merkmale des Interviewers implizite Annahmen über den Interviewer gemacht hat, wenn die Frage nach den Erziehungszielen gestellt wird. Desweiteren wird in dem Modell angenommen, daß der Befragte um so mehr Anerkennung und Bestätigung vom Interviewer erwartet, je mehr Ähnlichkeit er mit der vom Interviewer wahrgenommenen Einstellung äußert.

Abbildung 2.2: Ein operationalisiertes Modell der kognitiv-hedonistischen Theorie nach Schanz/Schmidt (1984)

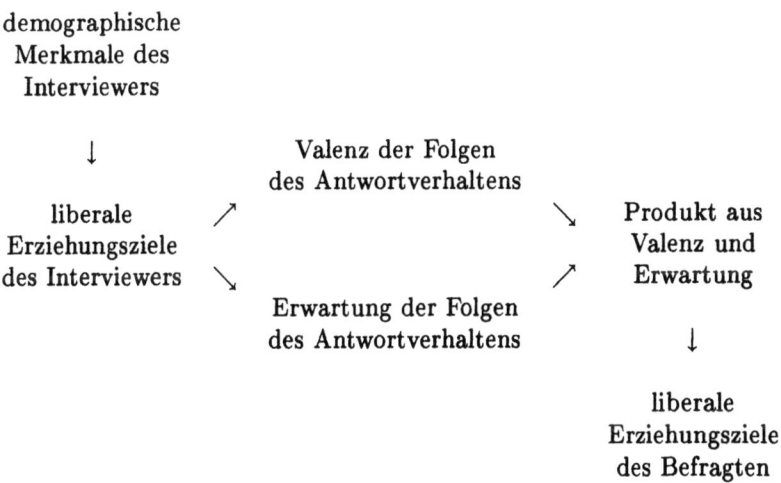

Da Valenzen, Erwartungen und die sichtbaren Merkmale des Interviewers nicht erfaßt wurden, konnten nur die indirekten Effekte von den demographischen Merkmalen und den Einstellungen der Interviewer (liberale Erziehungsziele) auf das Antwortverhalten der Befragten (liberale Erziehungsziele) empirisch untersucht werden. Ohne auf die empirischen Ergebnisse hier im einzelnen einzugehen (vgl. hierzu Abschnitt 2.2.2 auf Seite 128), konnte mit der multivariaten Prüfung des Modells der Einfluß der Interviewereinstellung auf das Antwortverhalten der Befragten nachgewiesen werden (vgl. Schanz/Schmidt 1984: 98). Die Autoren bieten hierfür zwei Erklärungen, die sie wegen unzureichenden oder fehlenden Messungen nicht weiter überprüfen konnten (Schanz/Schmidt 1984: 106):

1. Die Beziehung zwischen Interviewereinstellung und Antwortverhalten existiert auf Grund eines dritten Konstruktes, nämlich der Tendenz, sozial erwünscht zu reagieren.

2. Die Erziehungsziele drücken im Vergleich zu anderen Variablen am stärksten sozial wünschbare Tatbestände aus, womit die Valenz der Folgen des Antwortverhaltens und die Erwartung des Befragten, positive Belohnungen zu erhalten, stark steigen.

2.1.2   Die kognitive Handlungstheorie

Die kognitive Handlungstheorie hat sich aus motivationstheoretischen Konzepten (vgl. Atkinson/Birch 1978), mentalistischen und lerntheoretischen Konzepten (vgl. Rotter et al. 1972) synthetisch herausgebildet. Verschiedene Autoren haben, unter Beibehaltung der zentralen theoretischen Überlegungen, die Korrespondenzhypothesen, d. h. die Zuordnung von theoretischen Konstrukten zu beobachtbaren Sachverhalten, reformuliert. Anschließend wurde diese reformulierte Theorie für die Erklärung verschiedener situationsspezifischer Verhaltensweisen benutzt, z. B. von Opp (1984) für die Erklärung von Protestverhalten und von Esser (1981a, 1984) für die Erklärung von Interviewer- und Befragtenverhalten. Das Theoriekonzept kann folgendermaßen skizziert werden:

A. Personen wählen in einer gegebenen Situation aus der Anzahl der wahrgenommenen Reaktionsmöglichkeiten diejenige aus, von der sie annehmen, daß sie am ehesten eine Situation mit dem relativ höchsten Nettonutzen herbeiführt (Esser 1984: 35). Zwei zentrale Annahmen werden getroffen (Esser 1984: 36):

1. Personen verfolgen Ziele, und mit der Realisation dieser Ziele erwarten sie einen bestimmten Nutzen. Dies bedeutet, daß Personen den Nutzen eines zu verwirklichenden Zieles einschätzen können. Dieser Aspekt wird als *Motivation* bezeichnet.

2. Personen verfügen über subjektive Erwartungen, mit welcher Wahrscheinlichkeit eine bestimmte Handlung zur Zielerreichung beiträgt. Dieser Aspekt wird als *Erwartung* bezeichnet.

Die "subjektive Nutzenerwartung" ergibt sich dann aus dem Produkt von Motivation und Erwartung. Da Handlungen nach der ersten Annahme auf ein bestimmtes Ziel gerichtet sind, Nebenfolgen aber die

Zielerreichung beeinträchtigen können, muß das Produkt nach *Zielen* und *Kosten* ausdifferenziert werden.

Die gesamte Handlungstendenz HT für eine Handlung i in Bezug auf Zielkonsequenzen z und Nebenfolgen k ergibt sich formalisiert als Produktsumme der ziel- und kostenbezogenen Motivation (M_z, M_k) und der auf die Handlung i bezogenen Erwartungen für Ziele und Kosten (E_{z_i}, E_{k_i}, vgl. Esser 1984: 36):

$$HT_i = (M_z E_{z_i}) + (M_k E_{k_i})$$

Bei *Handlungskosten* wird HT_i kleiner, bei *Handlungsnutzen* wird HT_i größer als die Ziel-Nutzenerwartung sein.

B. Personen nehmen die Beurteilung von Handlungsalternativen vor dem Hintergrund einer *Wahrnehmung der Situation* vor. Die Bedeutsamkeit der Situation wird nach kognitiven Komponenten vorgenommen: *Relevanz, Transparenz* und *Isolation* (vgl. Esser 1984: 38/39).

1. *Relevanz* : Situation s ist für einen Befragten bedeutsam.

2. *Transparenz* : Situation s ist für den Befragten klar und definiert. Er weiß, auf welche Weise er die *Kosten* einer Handlung minimieren und den Nutzen einer Handlung maximieren kann.

3. *Isolation* : Situation s ist so beschaffen, daß in ihr nur zielbezogene und keine anderen (z.B. extern einfließende) Konsequenzen zu erwarten sind, d. h. durch den Interviewer werden keine Konsequenzen antizipiert.

Die o. a. Formel kann so erweitert werden, daß Relevanz R_s und Transparenz T_s auf der Nutzen- und Kostenseite, Isolation I_s dagegen nur auf der Kostenseite hinzugefügt werden (Esser 1984: 39):

$$HT_i = [(M_z E_{z_i})(R_s T_s)] + [(M_k E_{k_i})(R_s T_s I_s)]$$

Welche Handlung der Befragte in einer gegebenen Situation wählt, hängt von dem Wert HT_i ab. Es wird davon ausgegangen, daß die Handlungsalternative mit dem größten Wert in HT_i gewählt wird.

Nach den oben skizzierten Ausführungen wird deutlich, daß der Theorieansatz das Verhalten des Befragten als Ergebnis einer nach Kosten-Nutzen-Abschätzungen erfolgten Entscheidung zwischen Handlungsalternativen erklärt. Diese Entscheidung ist einerseits auf *personenorientierte* Präferenzen und Zielsetzungen begründbar, andererseits auch bestimmt durch *situationsorientierte* Perzeptionen und die damit verbundenen Risiken und Möglichkeiten.

Demnach ist das Antwortverhalten als das kombinierte Resultat der personalen Identität (vgl. Esser 1986a) des Befragten und der in der Situation aktualisierten Erwartungen und Situationsdefinitionen zu betrachten. Auf diesem Hintergrund können Elemente der zitierten Theorieansätze in den Rahmen einer Wert*Erwartungstheorie über Befragtenverhalten untergebracht werden. Dies führt zu einer Verallgemeinerung und Präzisierung des vorgestellten Ansatzes. Nach Esser (1986a: 322) sind dann folgende Parameter für die Ausführung einer Handlung von Bedeutung:

- Zielsituationen und die Intensität ihrer Bewertung:

$$U_1, U_2 \ldots U_j \ldots U_n$$

- In der Zielsituation vorgestellte Handlungsalternativen:

$$A_1, A_2 \ldots A_i \ldots A_n$$

- Subjektive Erwartungen, daß Handlung A_i zum Ziel U_i führt:

$$p_{11} \ldots p_{ij} \ldots p_{mn}$$

- Relevanz bzw. Handlungstendenz zur Realisierung eines Zieles U_i:

$$p_{ij} U_i$$

Ist die Erwartung p_{ij} in Form von subjektiven Wahrscheinlichkeiten für ein vorgestelltes Ziel (z. B. die Vorstellung über die Wirkung einer ethnozentristischen Einstellung) hoch oder ist die Bewertung U_j für ein vorgestelltes Ziel (z. B. die Motivation, ethnozentristische Einstellungen zu äußern) hoch, dann wird auch das Produkt $p_{ij} U_i$, die Relevanz der Handlung hoch sein.[1] Für jede Handlung wird nun dieses Produkt gebildet. Die Produktbildung ist demnach nichts anderes als das Zurechtlegen möglicher Antwortalternativen. Nicht geklärt ist bis jetzt das Entscheidungskriterium, welche Handlung eine Person wählen soll. Dafür wird die Summe der nach Handlungen A_i unterschiedlichen Relevanzen gebildet, deren Ergebnis die subjektive Nutzenerwartung der Handlung i ist (Subjective Expected Utility, im folgenden abgekürzt SEU):

$$\sum_{i=1}^{A} p_{ij} U_j = SEU_i.$$

---

1 Der Begriff Relevanz unterscheidet sich hier nicht von jenem in der kognitiv-hedonistischen Verhaltenstheorie.

Für jede Handlungsalternative liegt eine subjektive Nutzenerwartung vor, so daß die Handlung mit der höchsten Nutzenerwartung und dem geringsten Kosteneinsatz ausgewählt werden kann. Nun findet die Produktbildung und Aufsummierung nicht nur nach den vorgegebenen Stimuli (Items, Fragen) statt, sondern auch nach Merkmalen der Interviewsituation, die variieren können.

Die Berücksichtigung der Variabilität von Situationen hat folgende Konsequenz: Statt *eines* Satzes von SEU-Werten für einen Satz von Handlungsalternativen gibt es k *verschiedene* Sätze von SEU-Werten. Dies setzt eine Typisierung der verschiedenen Situationen voraus, so daß der Akteur sie leicht identifizieren kann. Folgendes Beispiel kann für die Variabilität von Situationen genannt werden: Je nach Anwesenheitsmerkmalen der Interviewer (Geschlecht, Alter etc.) variieren die Zielbewertungen und subjektiven Wahrscheinlichkeiten für bestimmte Reaktionen.

Ausgangspunkt für eine Wert*Erwartungstheorie der Befragung sind also einerseits relativ stabile Zielbewertungen, die durch Konditionierung und durch Zugehörigkeit zu stabilen Milieus entstehen, und andererseits subjektive Wahrscheinlichkeiten, die auf "Alltagstheorien" und kurzfristige Situationswahrnehmungen bezogen sind.

Wie können nun Befragungssituationen so typisiert werden, daß die Bedingungen für valides und verzerrtes Antwortverhalten deutlich werden? Ausgangspunkt ist eine Befragungssituation, die durch Fragebogen, Frageinhalt und Antwortvorgaben und durch Situationsmerkmale (Interviewereigenschaften) identifizierbar ist. Desweiteren existieren die Handlungsalternativen A_i und A_j. Die Handlungsziele gliedern sich in drei Dimensionen (vgl. Esser 1986a: 325ff):

- U_t: Bedeutung und Intensität der mit der Frage angezielten Einstellung (auch genannt personale Identität).[2]

- U_c: Bedeutung und Intensität von kulturellen Normen und der sozialen Anerkennung in einem Alltagsmilieu (auch genannt kulturelle Identität)

- U_s: Bedeutung und Intensität von situationaler sozialer Erwünschtheit (auch genannt situationale Identität).

Valide Antwortreaktionen sind nach Esser dann zu erwarten, wenn

1. die Bedeutung und Intensität der personalen Identität U_t in bezug auf die erfragte Einstellung vorhanden ist, und

---

2 Der Begriff Identität muß bei Esser von dem klassischen Identitätsbegriff abgegrenzt werden, der die Summe der zentralen Wertvorstellungen eines Menschen umfaßt.

2. die subjektive Erwartung p_{t_i}, daß eine bestimmte Handlungsalternative A_i mit der personalen Identität korrespondiert, besteht.

Daraus kann die Handlungstendenz für die *valide* Antwort gebildet werden:

$$\sum_{i=1}^{A} p_{ti} U_t = SEU_i$$

Verzerrte Antwortreaktionen sind nach Esser dann zu erwarten, wenn

1. die Bedeutung und Intensität situationaler Bedürfnisse und Interessen U_s in bezug auf die erfragte Einstellung vorhanden ist, und

2. die subjektive Erwartung p_{s_j}, daß eine bestimmte Handlungsalternative A_j zu sozial erwünschten Konsequenzen führt, besteht.

Daraus kann die Handlungstendenz für die *verzerrte* Antwort gebildet werden:

$$\sum_{j=1}^{A} p_{sj} U_s = SEU_j$$

Es sind demnach bestimmte Bedingungen notwendig, damit sozial erwünschte Antwortreaktionen überhaupt auftreten können. Dazu gehört die Identifizierbarkeit von Situationsmerkmalen (z. B. Interviewereigenschaften) und die Verbindung zwischen Situationsmerkmalen und Konsequenzenerwartungen.

Darüberhinaus ist nicht jede sozial erwünschte Antwortreaktion eine systematische Abweichung vom "wahren" Wert. Eine systematische Abweichung liegt erst dann vor, wenn eine Differenz zwischen den Handlungsalternativen A_i und A_j ermittelt werden kann. Inwieweit Möglichkeiten bestehen, solche Differenzen auch empirisch nachzuweisen bzw. nachweisbar zu machen, wird die Entwicklung eines Erklärungsmodells im folgenden Abschnitt zeigen.

2.1.3   Abgeleitetes Erklärungsmodell (Kerntheorie I)

Aus der kognitiven Handlungstheorie heraus wurden deduktive Modelle diskutiert, die Interviewer- und Befragtenverhalten einem kausalen Erklärungsprozeß unterziehen (vgl. Esser 1984: 29ff). Sechs Modellvariablen können zur Erklärung von Interviewereffekten und Antwortverhalten herangezogen und in einem Modell zueinander in Beziehung gesetzt werden:[3]

---

3 Esser (1984: 54) geht insgesamt von fünf Modellvariablen aus. Hier ist die interne Struktur des Befragten (IB) als sechste Variable ergänzt worden.

1. Die interne Struktur des Interviewers (einschließlich Nutzenfunktionen, Erwartungen, Einstellungen etc., im folgenden abgekürzt IS)

2. Die interne Struktur des Befragten (einschließlich Nutzenfunktionen, Erwartungen, Einstellungen etc., im folgenden abgekürzt IB)

3. Die Interviewermerkmale (im folgenden abgekürzt IM)

4. Die Beeinflussung des Befragten durch den Interviewer (im folgenden abgekürzt VB)

5. Das Antwortverhalten des Befragten (im folgenden abgekürzt AV)

6. Die Protokollierungshandlung des Interviewers (im folgenden abgekürzt VP)

Das abgeleitete Modell (vgl. Abbildung 2.3) ist zwar reduziert, beinhaltet aber eine Erklärung der Protokollierungshandlung des Interviewers und eine Erklärung des Antwortverhaltens des Befragten über verschiedene Wege (Pfade):

1. Als valide Antwort, gekennzeichnet durch das Produkt der Pfade a und f,

2. Als Befragtenbeeinflussung, gekennzeichnet durch das Produkt der Pfade c, e und f,

3. Als Codierung nach den Interviewererwartungen, gekennzeichnet durch den Pfad g, und

4. Als situationsorientiertes Befragtenverhalten, gekennzeichnet durch das Produkt der Pfade d und f.

Hat man jetzt Korrelationen durch eine entsprechende empirische Untersuchung zwischen Interviewermerkmalen (IM) und Interviewerprodukt (VP) ermittelt, so sind diese (bei Abwesenheit von Fälschungen, d. h. Pfad a = 0) aus Interviewerverhalten (Produkt b * c * e * f) und Befragtenverhalten (Produkt d * f) ableitbar:

$$r_{IM,VP} = bcef + df$$

Daraus kann das Resümee gezogen werden, daß "eine Identifizierung der 'Ursachen' festgestellter Effekte bei bloßer Erhebung nur sichtbarer Interviewermerkmale ebensowenig möglich ist wie ein Ausschluß von Interviewereffekten bei nicht feststellbaren empirischen Beziehungen zwischen Interviewermerkmalen und Interviewerprodukt" (Esser 1984: 59).

Abbildung 2.3: Ablauf des Meßprozesses nach der kognitiven Handlungstheorie

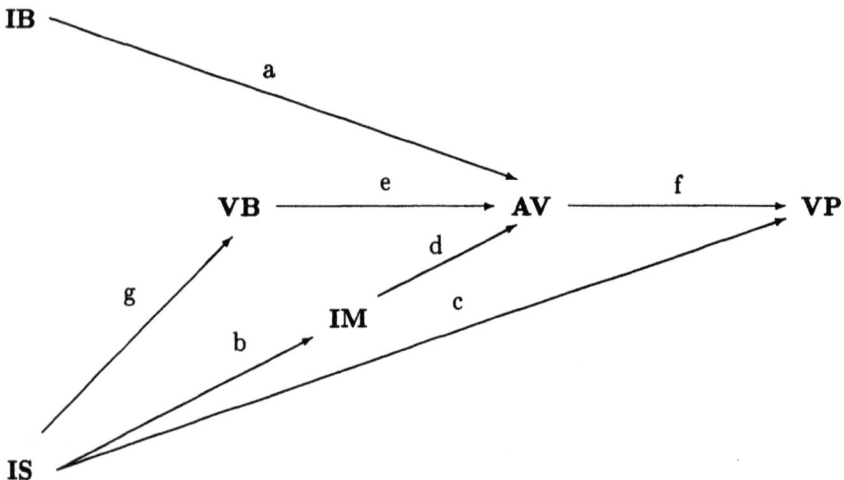

Das in Abbildung 2.3 vorgestellte Modell soll weiter vereinfacht und präzisiert werden, so daß eine Operationalisierung und empirische Prüfung mit der in Teil III beschriebenen Untersuchung möglich wird. Der Zusammenhang zwischen Protokollierungshandlung des Interviewers (VP) und Befragtenverhalten (AV) kann nur durch Laborexperimente und Tobandaufzeichnungen

überprüft werden. Ebenso ist die Befragtenbeeinflussung (VB) nur durch Anwesenheit von Beobachtern protokollierbar. Das in Abbildung 2.4 gezeigte
Modell enthält nunmehr vier Modellvariablen, wobei die Interviewermerkmale
(IM) nicht mehr im Ablauf des Meßprozesses enthalten sind, sondern als variierende Merkmale über verschiedene Interviewsituationen fungieren. Unter
der Situationsbedingung (Situation 1), daß ein junger Interviewer die Befragung durchführt, kann der Einfluß einer Interviewereinstellung (IS) auf das
Antwortverhalten (AV) *niedrig* und die Beziehung zwischen der Befragteneinstellung (IB) und dem Antwortverhalten (AV) *hoch* sein. Unter der Situationsbedingung (Situation 2), daß ein alter Interviewer die Befragung durchführt,
kann der Einfluß einer Interviewereinstellung (IS) auf das Antwortverhalten
(AV) *hoch* und die Beziehung zwischen der Befragteneinstellung (IB) und dem
Antwortverhalten (AV) *niedrig* sein.

Abbildung 2.4: Theoretisches Modell zur Erklärung von Interviewereinflüssen
nach Variation von Interviewermerkmalen

Situation 1: Junger Interviewer
$$\overset{.80}{}\qquad\overset{.20}{}$$
IB———>AV<———IS

Situation 2: Alter Interviewer
$$\overset{.20}{}\qquad\overset{.80}{}$$
IB———>AV<———IS

(Erklärungen der Abkürzungen im Text. Die Pfadkoeffizienten sind fiktive Größen.)

Genauso ist es denkbar, daß situationsbezogene Bedürfnisse nach sozialer Anerkennung (soziale Erwünschtheit) als variierende Merkmale über verschiedene Interviewsituationen modelliert werden können (vgl. Abbildung 2.5). Unter der Situationsbedingung (Situation 1), daß ein *niedriges* Bedürfnis nach
sozialer Anerkennung seitens des Befragten besteht, kann der Einfluß einer
Interviewereinstellung (IS) auf das Antwortverhalten (AV) *niedrig* und die
Beziehung zwischen der Befragteneinstellung (IB) und dem Antwortverhalten
(AV) *hoch* sein. Unter der Situationsbedingung (Situation 2), daß ein *hohes*
Bedürfnis nach sozialer Anerkennung seitens des Befragten besteht, kann der

Einfluß einer Interviewereinstellung (IS) auf das Antwortverhalten (AV) *hoch*
und die Beziehung zwischen der Befragteneinstellung (IB) und dem Antwortverhalten (AV) *niedrig* sein.

Abbildung 2.5: Theoretisches Modell zur Erklärung von Interviewereinflüssen
nach Variation des Bedürfnisses nach sozialer Anerkennung

Situation 1: niedriges Bedürfnis nach soz. Anerkennung

$$IB \xrightarrow{\;.80\;} AV \xleftarrow{\;.20\;} IS$$

Situation 2: hohes Bedürfnis nach soz. Anerkennung

$$IB \xrightarrow{\;.20\;} AV \xleftarrow{\;.80\;} IS$$

(Erklärungen der Abkürzungen im Text. Die Pfadkoeffizienten sind fiktive Größen.)

Bei beiden Modellen wird eine inhaltliche Befragteneinstellung vorausgesetzt,
die es dem Befragten ermöglicht, Situationsmerkmale mit Konsequenzen-
befürchtungen durch eine eventuelle "wahre" Antwort in Verbindung zu bringen. Die Situationsvariabilität nach Interviewermerkmalen und Tendenzen zu
sozial erwünschtem Antwortverhalten gibt die Möglichkeit, Unterschiede in
den im vorigen Abschnitt verdeutlichten Handlungsalternativen A_i und A_j
auch empirisch transparent zu machen, ohne auf "gänzlich andere Perspektiven der Verbindung von Theorie und empirischer Überprüfung in den Sozialwissenschaften" (Esser 1986a: 334) zurückzugreifen.

2.2 Die Theorie der geplanten Entscheidungen

Im folgenden soll der Theorieansatz von Fishbein und Ajzen (1975, 1980) und Ajzen (1988) dargestellt werden, der sich m. E. auf Grund seiner Absicht, Persönlichkeitsmerkmale, Attitüden und situationale Komponenten integrativ miteinander zu verknüpfen, eignet, einerseits einen allgemeinen Erkenntnisfortschritt innerhalb des Forschungsprogramms "Rational Choice"[4] zu leisten und andererseits auch einen konkreten Beitrag zur Entwicklung einer Instrumententheorie (d. h. einer Fehlertheorie der Befragung) zu bieten (vgl. die Abschnitte 2.2.1 bis 2.2.4).

In diesem Zusammenhang soll der hier vorzustellende Theorieansatz um situative Variablen des Interviews erweitert und ein empirisch überprüfbares Erklärungsmodell abgeleitet werden (vgl. Abschnitt 2.2.5).

2.2.1 Ausgangspunkt

Ausgangspunkt für die Entwicklung einer Theorie der geplanten Entscheidungen war die Tatsache, daß in verschiedenen Untersuchungen über Einstellungs-Verhaltensbeziehungen nur ein geringer Zusammenhang zwischen Einstellungen und Verhalten festgestellt wurde (z. B. Wicker 1969; für einen Überblick vgl. Ajzen/Fishbein 1977).[5] Die erste Ursache für den geringen Zusammenhang zwischen Einstellung und Verhalten liegt in der Mehrdimensionalität des Einstellungskonzeptes. Einstellungsmessungen beinhalten nach Fishbein/Ajzen sowohl *kognitive, affektive* als auch *konative* Kategorien (vgl. Fishbein 1967a: 257; Ajzen/Fishbein 1980: 20; Ajzen 1988: 5).[6] Ein einziger Punktwert kann daher nicht alle drei Kategorien adäquat wiedergeben und damit auch Verhalten nicht gut vorhersagen (Ajzen/Fishbein 1978: 405). Die zweite Ursache ist in der Relevanz anderer Variablen zu suchen (z. B. Normen, Persönlichkeitseigenschaften), die einen nicht unerheblichen Einfluß auf Verhalten haben können und deshalb mit in die Vorhersage einbezogen werden müssen. Hier bemängeln Ajzen und Fishbein, daß die meisten Einstellungs-

---

4 Der Erkenntnisfortschritt innerhalb eines Forschungsprogramms soll hier im Sinne von Lakatos (1974: 150) verstanden werden, der die Geschichte der Wissenschaften als eine Geschichte des Wettstreits von Forschungsprogrammen (Paradigmen) ansieht und sich für einen "theoretischen Pluralismus" und gegen einen "theoretischen Monismus" einsetzt. Zum Begriff "Rational Choice" vgl. die Ausführungen in Simon (1985).

5 Zum Begriff Einstellungen vgl. die Ausführungen von Allport (1967).

6 Zu empirischen Überprüfungen der Mehrdimensionalität von Einstellungen vgl. Bagozzi/Burnkrant (1985) und Dillon/Kumar (1985).

untersuchungen die Relevanz anderer Variablen nicht systematisch untersucht haben (Ajzen/Fishbein 1978: 405).

Die beiden Autoren versuchten diese ernüchternden Resultate jahrzehnte-langer sozialpsychologischer Forschungstradition (vgl. Wicker 1969, Fishbein 1973, Ajzen/Fishbein 1977) mit einem eigenen Theorieansatz systematischer zu untersuchen. Nach ihrem eigenen Anspruch sollte dieser Ansatz es ermögli-chen, daß

1. die Vorhersage spezifischer Verhaltensweisen bei einer Menge von gege-benen Bedingungen aufgestellt werden können, und

2. eine Erklärung für das Fehlen systematischer Beziehungen zwischen traditionellen Einstellungsmaßen und Verhalten gefunden werden kann (vgl. Ajzen/Fishbein 1978: 405/406).

2.2.2 Das Grundmodell

Das Wesen bzw. das Dasein von Verhalten basiert nach ihrer Theorie auf vier verschiedene Elemente (Ajzen/Fishbein 1977: 889; Ajzen/Fishbein 1980: 39):

1. der Handlung (action)

2. dem Ziel, auf das das Verhalten gerichtet ist (target)

3. dem Kontext, in dem das Verhalten gezeigt wird (context)

4. der Zeit, in der das Verhalten gezeigt wird (time)

Jedes dieser Elemente kann mehr oder weniger spezifisch für ein bestimmtes Verhalten sein. So kann ein spezifisches Verhalten auf ein Ziel gerichtet sein, aber in verschiedenen Kontexten und zu verschiedenen Zeitpunkten auftre-ten. Einstellung korrespondiert nur dann mit Verhalten, wenn eine Beziehung zwischen Einstellung und den vier o. a. Elementen von Verhalten besteht. Als Beispiel führen Ajzen/Fishbein an, daß eine Einstellung z. B. gegenüber der Kirche (d. h. wenn von "meiner Kirche" gesprochen wird) zu einem entspre-chendem Verhaltenskriterium in Beziehung steht, basierend auf verschiedenen Verhaltensbeobachtungen (Kirchenbesuch, Spendenverhalten), die in verschie-denen Kontexten und zu verschiedenen Zeitpunkten auftreten können (vgl. Ajzen/Fishbein 1977: 890). Verhaltenskriterien können unterschieden werden in "Single-Act Criterion" und "Multiple-Act Criterion" (vgl. Ajzen/Fishbein 1977: 891).

Mit "Single-Act Criterion" ist das Auftreten bzw. Nicht-Auftreten eines einzelnen Verhaltens, beobachtet bei einer einzelnen Gelegenheit, gemeint. "Multiple-Act Criterion" bezieht sich auf das Auftreten bzw. Nicht-Auftreten mehrerer Verhaltensweisen, bezogen auf die Beobachtung bei einer einzelnen Gelegenheit.[7]

Wie ist nun das Verhältnis zwischen Einstellung und Verhalten so in eine empirisch zu interpretierende Theorie zu bringen, daß die Prozesse von der Einstellungsbildung bis zur Verhaltensausführung, also mit allen "intervenierenden" Variablen, erklärbar werden. Es wird davon ausgegangen, daß der größte Teil des für den Forscher interessanten Verhaltens unter willentlicher Kontrolle ist und in einer gegebenen Situation eine Person eine spezifische Absicht hat oder bildet, die das folgende Verhalten beeinflußt (vgl. Ajzen/Fishbein 1978: 406).[8] Diese Annahme besagt, daß die spezifische Absicht, ein konkretes Verhalten zu zeigen, also die *Verhaltensintention* (behavioral intention), overtes *Verhalten* (behavior) beeinflußt.[9] Es existieren nun zwei Konstrukte, die das Verhältnis zwischen Verhaltensintention und Verhalten determinieren: *Einstellung gegenüber bestimmten Verhalten* (Attitude Toward the Behavior) und *subjektiv empfundene Normen gegenüber bestimmten Verhalten* (Subjective Norm). Formalisiert als lineare Gleichung ergibt sich folgendes Modell (Ajzen/Fishbein 1978: 407; vgl. Abbildung 2.6):[10]

$$B \sim BI = (Att)w_0 + (Norm)w_1$$

B ist das overte Verhalten (Behavior), BI die Verhaltensintention (Behavioral Intention), Att die Einstellung gegenüber bestimmten Verhalten (Attitude Toward the Behavior), Norm die subjektive Norm (Subjective Norm) und w_0 bzw. w_1 sind empirische Gewichte, die die Stärke des Einflusses von Einstellung bzw. Norm anzeigen.[11]

---

7 Die spaltenweise Aufsummierung von "Single-Act Criterion" zu "Multiple-Act Criterion" und die zeilenweise Aufsummierung derselben zu Verhaltenstendenzen verdeutlicht Ajzen (1988: 49).

8 Diese Annahme unterscheidet sich nicht von den Annahmen der in Abschnitt 2.2.1 vorgestellten Ansätze, nur das dort die "Rationalität" der handelnden Personen stärker hervorgehoben wird. Hier wie dort wird die Ausbildung einer spezifischen Absicht unter Kosten-Nutzen-Kalkülen betrachtet.

9 Problematisch wird die empirische Überprüfung zwischen Verhaltensintention und overtem Verhalten bei Querschnittsmessungen, da zwischen Absicht und Ausführung ein bestimmter Zeitabstand liegen kann. Strenggenommen kann diese Beziehung nur mit Paneluntersuchungen geprüft werden.

10 Es wird hier versucht eine selbstgewählte, aber dafür einheitliche Notation der Konstrukte beizubehalten, da in den Arbeiten von Fishbein und Ajzen die Notationen stark variieren.

11 Zur Herkunft dieses Theorieansatzes vgl. Dulanys (1961) "Theory of Propositional Control".

Abbildung 2.6: Grundmodell der Theorie der geplanten Entscheidungen

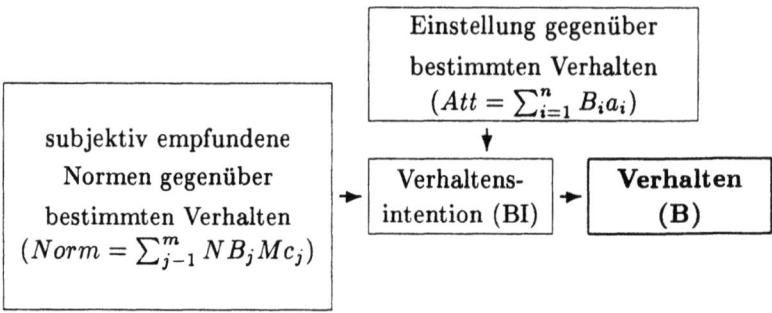

Die Variable Att und die Variable Norm werden analytisch als Wert∗Erwartungprodukte gebildet (vgl. Ajzen/Fishbein 1978: 407 und Abbildung 2.6):[12]

$$Att = \sum_{i=1}^{n} B_i a_i \; ; \; Norm = \sum_{j=1}^{m} NB_j Mc_j$$

B_i steht für die Wahrscheinlichkeit (Erwartung), daß ein zu zeigendes Verhalten zum Ergebnis i führt (Beliefs that the Behavior Leads to Certain Outcomes), a_i ist die Bewertung des Ergebnisses i (Evaluation of the Outcomes) und n ist die Anzahl der Kognitionen.

NB_j ist die Wahrscheinlichkeit, daß Mitglieder einer Bezugsgruppe die Ausführung des zu zeigenden Verhaltens erwarten (Beliefs that Specific Referents Think I Should or Should not Perform the Behavior), Mc_j die Motivation zur Konformität mit wahrgenommenen Erwartungen der Bezugsgruppe (Motivation to Comply with Specific Referents) und m ist die Anzahl der Bezugsgruppen (vgl. Ajzen/Fishbein 1980: 8ff).[13] Wenn Einstellung (Att) sich

---

12 M. E. ist auch der normative Faktor ein Produkt von Erwartungen (als normative Vorstellungen) und Werten (als Motivation, mit Bezugspersonen übereinzustimmen), während Ajzen/Fishbein dies nur für den Einstellungsfaktor betonen.
13 Motivation zur Konformität heißt:
   1. Motivation, sich der Bezugsgruppe zu fügen, und
   2. Motivation, sich auf spezifische Erwartungen der Bezugsgruppe einzulassen.

nicht nur auf eine Kognition und subjektive Normen (Norm) sich nicht nur auf eine Bezugsgruppe beziehen, wird die Theorie folgendermaßen formalisiert (Ajzen/Fishbein 1978: 408):

$$B \sim BI = (\textstyle\sum_{i=1}^{n} B_i a_i)w_0 + (\textstyle\sum_{j=1}^{m} NB_j Mc_j)w_1$$

Unter diesen theoretischen Gesichtspunkten ergeben sich vier Konklusionen für die empirische Umsetzung (vgl. Ajzen/Fishbein 1980; Fishbein 1967b):

1. Verhaltensintention (BI) ist ein direkter Prädiktor von beobachtbarem Verhalten (B). Dabei muß die Messung von Intentionen mit dem Verhalten in "Action", "Target", "Context" und "Time" korrespondieren und darf sich vor einer Verhaltenbeobachtung nicht ändern.

2. Einstellung (Att) und subjektive Norm (Norm) stehen nicht in direkter Beziehung zu Verhalten (B).

3. Einstellung (Att) und subjektive Norm (Norm) sind als Konstrukte zu verstehen, die analytisch gebildet werden, einmal aus der Aufsummierung der Produkte $B_i a_i$, zum anderen aus der Aufsummierung der Produkte $NB_j Mc_j$.

4. Einstellung (Att) und subjektive Norm (Norm) stehen in linearer Beziehung zur Verhaltensintention, d. h. w_0 und w_1 sind Regressionskoeffizienten, die durch multiple Regression ermittelt werden können.

2.2.3 Die Erweiterung des Grundmodells

Nach dem oben dargestellten Konzept einer Theorie der geplanten Entscheidungen ist bis jetzt verdeutlicht worden, daß das Verhalten einer Person (B) direkt abhängig ist von der Verhaltensabsicht (BI). Diese wird wiederum durch die Einstellung gegenüber diesem Verhalten (Att) und durch die von der Person subjektiv empfundenen Norm (Norm) bestimmt.

Für ein tieferes Verständnis der Faktoren, die Verhalten beeinflussen, ist es nach Ajzen und Fishbein notwendig, daß auch die Determinanten von Einstellung und subjektiver Norm mit in die Theorie einbezogen werden (vgl. Ajzen/Fishbein 1980: 62).

Im Unterschied zu anderen theoretischen Ansätzen gehen sie davon aus, daß es keinen direkten Effekt von Persönlichkeitsvariablen, allgemeinen Einstellungsvariablen oder demographischen Variablen auf Verhalten gibt (vgl. Ajzen/Fishbein 1980: 82 und Abbildung 2.7). Diese externen Variablen stehen nur dann in einer Beziehung zum Verhalten, wenn sie auch in einer Beziehung zu den Variablen stehen, die Verhalten direkt beeinflussen.

Abbildung 2.7: Erweitertes Modell der Theorie der geplanten Entscheidungen

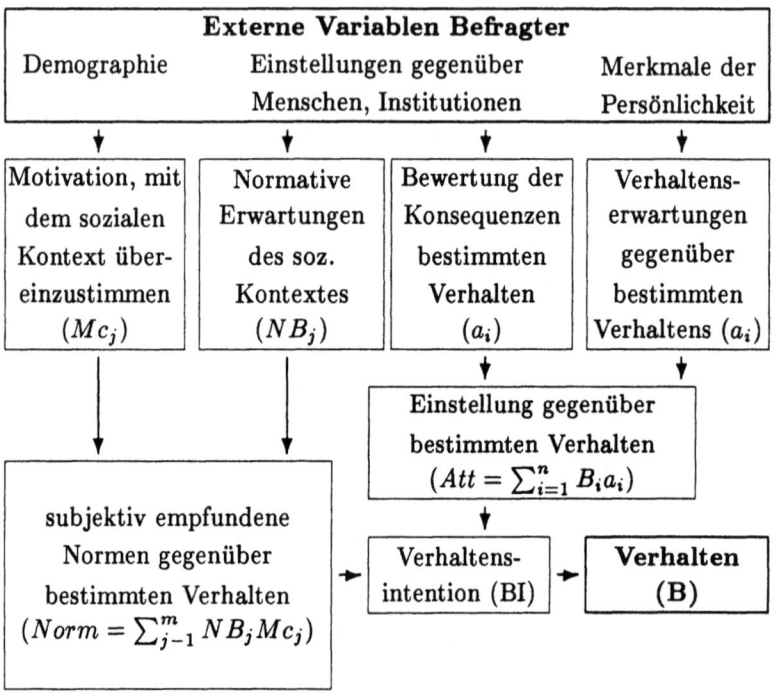

Ajzen/Fishbein argumentieren, daß nach ihren Untersuchungen externe Variablen eine Beziehung zu bestimmten Verhaltenskategorien haben können, die in bezug auf Ziele, Kontexte und Zeit unspezifisch sind, aber keine Beziehung zu einem einzelnen Verhalten (zum Begriff "Single Action" vgl. Ajzen/Fishbein 1980: 87). Die Berücksichtigung externer Variablen ermöglicht es,

1. Erklärungen für die Bildung von Vorstellungen (beliefs), Erwartungen und Wertzuweisungen zu erhalten, und

2. einen indirekten Test dieses Theorieansatzes vorzunehmen (z. B. durch eine Sekundäranalyse), wenn die Wert*Erwartungsprodukte von Einstellung und Norm wegen fehlender oder unzureichender Messung nicht gebildet werden können.

Im folgenden Abschnitt sollen empirische Überprüfungen des vorgestellten Theorieansatzes aufgezeigt werden, die auch zu leichten Modifikationen des von Ajzen/Fishbein aufgestellten Grundmodells geführt haben.

2.2.4 Empirische Überprüfungen und Differenzierungen

Der theoretische Ansatz von Ajzen/Fishbein ist von den Autoren selbst und anderen Forschern aus der Psychologie, Soziologie und der Marktforschung über verschiedene Themengebiete und mit verschiedensten Techniken überprüft worden.

Die empirischen Studien von Ajzen/Fishbein richteten sich auf Forschungsgebiete wie Diätverhalten (vgl. Ajzen/Fishbein 1980: 102ff), die berufliche Orientierung von Frauen (vgl. Ajzen/Fishbein 1980: 114ff), die Familienplanung (vgl. Ajzen/Fishbein 1980: 131ff), Konsumverhalten (vgl. Ajzen/Fishbein 1980: 149ff), Wahlverhalten (vgl. Ajzen/Fishbein 1980: 173ff und 179ff) und Alkoholkonsum (vgl. Ajzen/Fishbein 1980: 225ff).

Die Meßinstrumente bestanden in der Regel aus Items mit Likert-Skalierung.[14] Die Überprüfung des Modells erfolgte auf der Grundlage von Korrelationsmatrizen, wobei die Stärke der Beziehung zwischen den Variablen über Regressionsanalysen ermittelt wurden. Dies liegt nahe, da das theoretische Modell in Form von linearen Gleichungen (vgl. Abschnitt 2.2.2) formalisiert wurde. In den meisten Fällen ist eine reduzierte Form des Modells benutzt worden, d. h. in der Regel sind die Beziehungen zwischen Einstellung (Att), subjektiver Norm (Norm), Intention (BI) und Verhalten (B) Gegenstand der Überprüfung. Zur Vorhersage von Wahlverhalten beispielsweise wurden auch externe Variablen (z. B. Bildung) mit in den Modelltest aufgenommen (vgl. Ajzen/Fishbein 1980: 185).

---

14 Als Beispiel sei hier ein Item zur Messung von Verhaltensintention genannt:
  "Ich beabsichtige in den nächsten zwei Monaten mein Gewicht zu reduzieren."
       wahrscheinlich - : − : − : − : − : - unwahrscheinlich
  Vgl. Ajzen/Fishbein (1980: 111) und den Standardfragebogen im Anhang des Buches (Ajzen/Fishbein 1980: 261ff.).

Differenzierungen des Grundmodells wurden insofern vorgenommen, daß verschiedene "intervenierende" Variablen (z. B. unterschiedliche, aber in kausaler Folge stehende Intentionen) berücksichtigt wurden (vgl. Ajzen/Fishbein 1980: 108) oder daß Einstellung und subjektive Norm als Variablen konzeptualisiert wurden, die Differenzen zwischen Einstellungsalternativen bzw. Normalternativen ausdrücken (vgl. Ajzen/Fishbein 1980: 123).

Bei vielen überprüften Modellen sind m. E. einige Inkonsistenzen zwischen der theoretischen Formulierung und der Operationalisierung festzustellen. Während nach den Ausführungen in den Abschnitt 2.2.2 und 2.2.3 die Variablen Einstellung (Att) und subjektive Norm (Norm) als Resultate von Wert∗Erwartungsprodukten hergeleitet werden, sind in verschiedenen empirischen Modellen korrelative Beziehungen zwischen Wert/Erwartungsvariablen und Einstellung bzw. subjektiver Norm angegeben (vgl. Ajzen/Fishbein 1980: 141, 181, 210). Dies bedeutet, daß z. B. Beziehungen zwischen normativen Vorstellungen (NB_i) und subjektiver Norm (Norm) *empirisch geprüft* und nicht, wie theoretisch formuliert, als *analytische Beziehung* in die empirische Überprüfung einbezogen wurden.

Eine zweite Kritik bezieht sich auf die unzureichende Formulierung der Meßtheorie. Oft sind für theoretische Konstrukte nur jeweils ein Indikator vorgesehen, so daß die Gefahr des Auftretens unsystematischer Meßfehler gegeben ist. Alternative Meßkonzepte, die sich auf die Skalierung der Items beziehen, sind m. E. bis jetzt nicht zur Anwendung gekommen. Hier hat sich der von Ajzen und Fishbein vorgeschlagene Standardfragebogen (Ajzen/Fishbein 1980: 261ff) auch in anderen Forschungsbereichen durchgesetzt.

Ein dritter Kritikpunkt bezieht sich auf die unzureichende Überprüfung der Meßtheorie. In keiner der bis jetzt angesprochenen Untersuchungen ist das Verhältnis zwischen theoretischer Variable (z. B. Verhaltensintention) und Itemformulierung überprüft worden, um

1. unsystematische Meßfehler kontrollieren zu können, und

2. systematische Meßfehler zu identifizieren oder evtl. zu modellieren (d. h. mit in die Meßtheorie aufzunehmen).[15]

Eine Formalisierung des theoretischen Ansatzes von Ajzen und Fishbein mit Hilfe von Strukturgleichungsmodellen ermöglicht eine empirische Überprüfung (vgl. Jöreskog/Sörbom 1988), die die im letzten Kritikpunkt angesprochenen Probleme angemessener lösen kann.

---

15 Die Identifikation systematischer Meßfehler zeigen Costner (1969), Blalock (1969) und zusammenfassend Blalock (1985).

So sind auch verschiedene Versuche unternommen worden, das Grundmodell von Ajzen/Fishbein in ein Strukturgleichungsmodell zu überführen, um z. B. Verhalten gegenüber dem Anlegen von Autogurten (vgl. Bentler/Speckart 1979, 1981) oder Verhalten gegenüber Blutspenden (vgl. Bagozzi 1981) zu erklären. Gleichzeitig wurden hierbei auch Panelmodelle getestet, wobei die wichtigsten Ergebnisse die Prädiktion von jetzigem Verhalten durch früheres Verhalten betrafen: Verhalten zum Teitpunkt t_1 beeinflußt Verhalten zum Zeitpunkt t_2 direkt als auch vermittelt über die Intentionsvariable (Bentler/Speckart 1979, 1981; Fredricks/Dosett 1983; Bagozzi 1981). In der Regel ist das Grundmodell von Ajzen/Fishbein immer wieder empirisch bestätigt worden. Da die Verbindung zwischen Verhaltensabsicht und Verhalten implizit eine Zeitspanne enthält, sind mit Paneluntersuchungen auch genauere Prädiktionen von Verhalten möglich. Dies ist hier leider nicht möglich, da die Datengrundlage in dieser Arbeit eine Querschnittsuntersuchung ist.

Die Diskussion um eine adäquate Modellierung der Theorie von Ajzen/Fishbein konzentriert sich auf drei Punkte:

1. Ist eine direkte Beziehung zwische Einstellung und Verhalten empirisch nachweisbar oder verläuft diese Beziehung nur *indirekt* über Verhaltensintention (wie von Ajzen und Fishbein postuliert)?

   Direkte Beziehungen zwischen Einstellung und Verhalten dokumentieren Zuckerman/Reis (1981) und Bentler/Speckart (1979), während indirekte Beziehungen von Bagozzi (1981) und Fredricks/Dosett (1983) festgestellt wurden. Modelle, die die direkte oder indirekte Beziehung zwischen Norm und Verhalten untersuchen, sind m. E. bisher nicht bekannt.

2. Welche Dimensionen hat die Variable bzw. das Konstrukt Einstellung (Att) und wie können diese Dimensionen im theoretischen Modell berücksichtigt werden?

   Einerseits wurde faktorenanalytisch untersucht, ob Einstellung ein- oder zweidimensional ist (z. B. die Unterscheidung in eine "affektive" und in eine "kognitive" Komponente, vgl. Bagozzi/Burnkrant 1979; Burnkrant/Page 1982)[16], andererseits entzündete sich nach den Hinweisen auf die Mehrdimensionalität des Einstellungskonstrukts die Diskussion über Konvergenz und Diskriminanz von Meßmodellen, über

---

16 Hier ist anzumerken, daß Ajzen von einem tripartiten, hierarchischen Modell der Einstellung nach Rosenberg/Hovland (1960) ausgeht. Der Faktor 2. Ordnung ist bei diesem Modell ein allgemeines Einstellungskonstrukt, die Faktoren 1. Ordnung sind die Konstrukte Kognition, Affekt und Konation (vgl. Ajzen 1988: 20). Nach der Operationalisierung von Ajzen entsprechen Kognitionen Vorstellungen (Beliefs), Affekte dem Ausdruck von Gefühlen (Feelings) und Konationen den Verhaltenstendenzen (Action Tendencies, vgl. Ajzen 1988: 22).

mögliche Multikollinearitätseffekte, instabile Strukturkoeffizienten und "interpretational confounding" (vgl. Bagozzi/Burnkrant 1979; Dillon/Kumar 1985; Bagozzi/Burnkrant 1985, zum "interpretational confounding" vgl. auch Burt 1973).

3. Neuere Diskussionen richten sich nun auf folgende Fragen:

   (a) Wenn das Einstellungskonstrukt im Ajzen/Fishbein-Modell schon mehrdimensional ist, trifft dies nicht auch auf das Normkonstrukt zu (vgl. Burnkrant/Page 1988)?

   (b) Wie kann die Mehrdimensionalität von Einstellung und Norm handlungstheoretisch (und nicht meßtheoretisch wie z. B. bei Burnkrant/Page 1979) begründet werden?

Burnkrant und Page (1988) untersuchten aber im Unterschied zu den vorhergenannten Autoren nicht die Mehrdimensionalität von Einstellung und Norm, sondern die Mehrdimensionalität der Wert/Erwartungsvariablen (vgl. Abbildung 2.7). Burnkrant und Page konnten bezüglich des Verhaltens zum Blutspenden die Mehrdimensionalität des Konstruktes subjektive Norm nachweisen: Eindimensionale NB_iMc_i-Konstrukte wurden von den Daten widerlegt und die besten Fits erhalten Modelle mit Wert*Erwartungsvariablen als mehrdimensionale Konstrukte (vgl. Burnkrant/Page 1988: 84).

Nach Ajzen/Fishbeins Theorie und wie weiter vorne dargestellt, werden die Wert*Erwartungsprodukte (B_ia_i) für ein Einstellungskonstrukt (Att) und die Wert*Erwartungsprodukte (NB_jMc_j) für ein Normkonstrukt (Norm) aufsummiert. Hierbei wird aber unterstellt, daß die einzelnen Produkte seperate Repräsentationen einer eindimensionalen Einstellungs- bzw. Normkomponente sind. Ist diese Annahme nicht erfüllt, kann es zu invaliden Prädiktionen kommen. Mit mehrdimensionalen Operationalisierungen (z. B. die unterschiedlichen normativen Vorstellungen von Ehegatte, Freund und Arbeitgeber) können invalide Prädiktionen verhindert werden. In diesem Sinne verfolgen Burnkrant/Page eine etwas genauere Modellierung des Grundmodells von Ajzen/Fishbein unter Beibehaltung der zentralen Thesen.

Im weiteren wird versucht, an diesen Forschungsstand bei der Konstruktion eines kerntheoretischen Modells anzuknüpfen und die für die Interviewsituation relevanten Variablen in dem Modell von Ajzen und Fishbein zu berücksichtigen.

2.2.5 Abgeleitetes Erklärungsmodell (Kerntheorie II)

In Abschnitt 2.2.2 und Abschnitt 2.2.3 ist die Einstellung gegenüber bestimmten Verhalten und die subjektive Norm jeweils nach einem Wert/Erwartungsmodell hergeleitet worden. Für subjektive Norm wurde die Wahrscheinlichkeit, daß Mitglieder einer Bezugsgruppe die Ausführung des Verhaltens erwarten, als Erwartungskomponente NB_i spezifiziert, und die Motivation zur Konformität mit wahrgenommenen Erwartungen der Bezugsgruppe Mc_i als Wertkomponente angegeben.

Fishbein konnte schon in seinen frühen Schriften zeigen, daß die Erwartungskomponente NB_i nach zwei Typen unterschieden werden muß (Fishbein 1967b: 489):

Typ 1: Individuelle Vorstellung, die eine Person über das, was sie tun soll, besitzt, d. h. die Vorstellung über eine eigene Norm oder Verhaltensregel.

Typ 2: Individuelle Vorstellung, die eine Person darüber hat, was sie nach Meinung der Gesellschaft tun soll, d. h. die Vorstellung über eine Norm oder Verhaltensregel von anderen (dritten) Personen.[17]

Die Typenbildung nach Fishbein (1967b) soll nun hier um einen weiteren Typus erweitert werden, wobei diese Erweiterung als eine Art Anschlußtheorie verstanden werden kann, die sich auf den Einfluß der Situation Interview und der handelnden Personen bezieht:

Typ 3: Individuelle Vorstellung, die eine Person davon besitzt, was sie nach Meinung bzw. Interpretation der Situation tun soll, d. h. die Vorstellung über eine Norm oder Verhaltensregel nach situationalen Gesichtspunkten (wozu auch der Interviewer zählt).

---

17 Die Unterscheidung nach *ich* und *anderen* kann durch die Untersuchung von Schuessler (1982) belegt werden, wo sich Dimensionen in den "Social Life Feeling Scales" nach den Itemformulierungen "I" und "Most People" unterscheiden. In der genannten Untersuchung sind "Attitudes About Me and Others in Society" abgefragt worden, die genau der Typenbildung nach Fishbein entsprechen. Demgegenüber argumentieren Ajzen/Fishbein, daß empirische Daten gezeigt hätten, daß die Einbeziehung von persönlichen normativen Vorstellungen keinen Beitrag zum Verständnis der Determinanten von Verhaltensintentionen leisten. Sie führen u. a. auch Operationalisierungsprobleme an, die m. E. aber durch Itemformulierungen, wie sie Schuessler benutzt hat, ansatzweise gelöst werden können (vgl. Ajzen/Fishbein 1978: 408, Fußnote 7).

Diese Ergänzung läßt sich in das Modell von Ajzen/Fishbein insofern gut integrieren, da hier nur eine Unterscheidung nach spezifischen Referenzgruppen vorgenommen wird, die Determinanten von Verhalten und die Wert/Erwartungskonstrukte aber beibehalten werden (d. h. die Theorie nicht verändert wird). Die Unterscheidung nach spezifischen Referenzgruppen beinhaltet die Zusatzhypothese, daß für die Bildung von subjektiver Norm die Referenzgruppen *unterschiedliches Gewicht* haben können. Diese unterschiedliche Gewichtung ergibt für die Formalisierung folgende Änderung der Formel aus Abschnitt 2.2.2:

$$B \sim BI = (\sum_{i=1}^{n} B_i a_i) w_0 + (\sum_{j=1}^{m} NB_j Mc_j) w_1 + (\sum_{k=1}^{o} NB_k Mc_k) w_2 + (\sum_{l=1}^{p} NB_l Mc_l) w_3$$

Die Summenbildung $j \ldots m$ bezieht sich auf Typ 1 (ich), die Summenbildung $k \ldots o$ bezieht sich auf Typ 2 (z. B. Eltern, Arbeitskollegen, Freunde) und die Summenbildung $l \ldots p$ bezieht sich auf Typ 3 (Interviewer).[18] Das in Abbildung 2.7 erläuterte Modell kann nun um Interviewervariablen erweitert werden, die nach den o. a. Überlegungen einen zusätzlichen Einfluß auf die subjektive Norm der befragten Person ausüben (vgl. Abbildung 2.8).

---

18 Empirisch ist es natürlich denkbar, daß Typ 2 und Typ 3 gleiches Gewicht haben und die o. a. Formel um einen Term verkürzt werden kann. Die Unterscheidung soll hier hervorgehoben werden, um die instrumententheoretische Bedeutung dieses Ansatzes zu verdeutlichen und die Interviewsituation von alltäglichen Gesellschaftssituationen zu unterscheiden.

Abbildung 2.8: Erweitertes Modell der Theorie der geplanten Entscheidungen
und Interviewervariablen

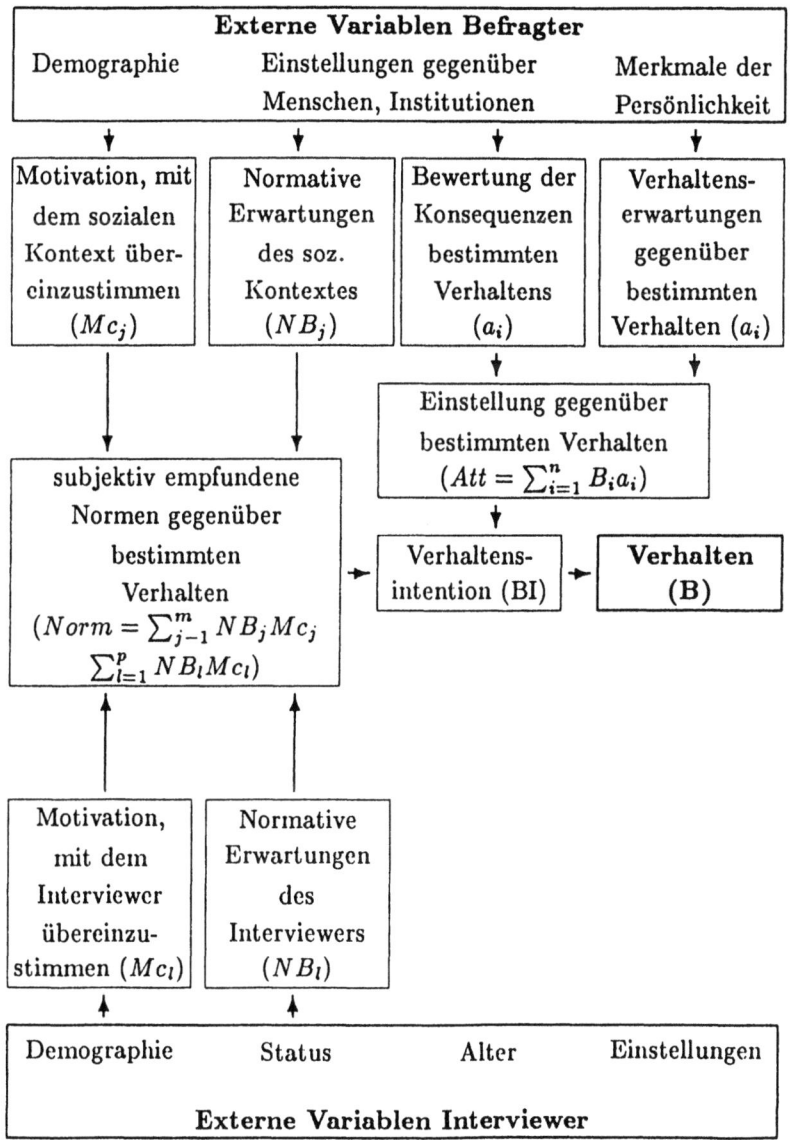

Die Wert/Erwartungsbildung für die persönlichen normativen Vorstellunge (Typ 1) ist
aus Übersichtsgründen weggelassen worden.

Im empirischen Teil dieser Arbeit (vgl. insbesondere die Kapitel 3 auf Seite 137 und 4 auf Seite 165) werden die abgeleiteten Modelle (Kerntheorien) operationalisiert und mit ihren jeweiligen Methodentheorien empirisch überprüft. Ein Vergleich der Begrifflichkeiten über die einzelne theoretische Konzepte erfolgt in Teil IV in Zusammenhang mit der Diskussion der empirischen Ergebnisse.

Teil III

EMPIRIE

Kapitel 1

Die empirische Analyse von Befragteneffekten unter besonderer Berücksichtigung der sozialen Erwünschtheit von Einstellungen

Die Analyse und Identifikation von Strategien, in sozial erwünschter Weise zu antworten, umfaßt im Prinzip drei Fragestellungen:

1. Steht sozial erwünschtes Antwortverhalten in Beziehung zu Personen (Befragten und Interviewer) oder zur Fragestellung (Item)?

2. Was beinhaltet das Konstrukt soziale Erwünschtheit?

3. Wer setzt die Standards zur Erklärung von sozialer Erwünschtheit?[1]

Die erste Fragestellung steht in Zusammenhang mit der Diskussion, ob soziale Erwünschtheit

---

[1] Vgl. die historische Zusammenstellung der unterschiedlichen Forschungsstrategien in DeMaio (1985).

1. als stabile Persönlichkeitscharakteristik oder

2. als "instabiles" situationales Anerkennungsbedürfnis zu behandeln ist.

Zum ersteren soll der Forschungsstand beginnend mit den Untersuchungen von Edwards (1957a, 1957b) aufgearbeitet werden (vgl. Abschnitt 1.1). Zum zweiten soll der Forschungsstand beginnend mit den Arbeiten von Crowne und Marlowe (1960, 1964) erörtert werden (vgl. Abschnitt 1.2).

Diesen Forschungsergebnissen schließt sich eine Analyse der instrumenten-theoretischen Bedeutung der sozialen Erwünschtheit innerhalb der empirischen Sozialforschung an (vgl. Abschnitt 1.3). Hier soll exemplarisch die methodologisch orientierte Untersuchung von Schuessler (1982) und die deutsche Replikation von Krebs/Schuessler (1987) erwähnt werden, die erstmals systematisch versucht haben, die methodische Qualität von Einstellungsskalen anhand größerer Umfragen zu überprüfen und insbesondere Verzerrungsanfälligkeiten für akquieszentes und sozial erwünschtes Antwortverhalten zu bestimmen.

Abschließend soll eine eigene, innerhalb einer Sekundäranalyse erfolgte Arbeit referiert werden, in der versucht wurde, mit Hilfe von Strukturgleichungsmodellen soziale Erwünschtheit als latente Variable zu modellieren und in ein inhaltliches Kausalmodell zu integrieren (vgl. Abschnitt 1.3.3).

1.1   Soziale Erwünschtheit als stabile Persönlichkeitscharakteristik

1.1.1   Die Bestimmung unterschiedlicher Erwünschtheitsgrade durch Skalierungen und der Zusammenhang zu Selbstbeurteilungen

Die Möglichkeit von wissenschaftlich begründbaren, wenn auch problematischen Einstellungs- und Persönlichkeitsmessungen führten in den vierziger und fünfziger Jahren in den USA zu einer forcierten Entwicklung von Erhebungs- und Meßtechniken sowohl in der experimentellen, persönlichkeitsorientierten als auch in der klinischen Psychologie. Herausragend sind die von kalifornischen Wissenschaftlern - im Gefolge des zweiten Weltkrieges - konzeptualisierten Arbeiten über die "autoritäre Persönlichkeit"(vgl. Adorno et al. 1950; Adorno 1973), die erstmals die Möglichkeit einer fruchtbaren Zusammenarbeit zwischen Vertretern der psychoanalytischen Persönlichkeitstheorie und

Psychometrikern aufzeigen. Es wurde u. a. versucht, inhaltlich hypothetische Begriffe durch Operationalisierungen zu meßbaren Dimensionen zu transformieren, um so besser autoritäre Charakterzüge in den untersuchten Populationen feststellen zu können. Die operationalisierte Messung einer autoritären Persönlichkeit durch die Autoritarismusskala (F-Skala) riß aber auch die schon länger zu Diskussionen führende Frage nach der Gültigkeit und Notwendigkeit derartiger Meßmethoden auf. Es wurde u. a. nachgewiesen, daß die F-Skala auf Grund ihrer Darbietungsform stark anfällig für inhaltsunabhängige Zustimmungstendenzen (Akquieszenz) war (vgl. Bass 1955, 1956), die Vermutungen über eine persönlichkeitsbezogene Verbindung zwischen Autoritarismus und Akquieszenz aufkommen ließen (vgl. Gage et al. 1957; Peabody 1966). Zur gleichen Zeit sind innerhalb der experimentellen Sozialpsychologie, die in zunehmenden Maße Persönlichkeitsskalen entwickelte (z. B. den Minnesota Multiphasic Personality Inventory, im folgenden abgekürzt MMPI, vgl. Hathaway/McKinley 1951), auch Fragen aufgeworfen worden, die die Anfälligkeit solcher Skalen für systematische Antworttendenzen thematisierten.

Anfang bis Mitte der fünfziger Jahre präsentierte Edwards bezüglich der Tendenz, sozial erwünscht zu antworten (Social Desirability Response Set, im folgenden abgekürzt SD-RS) die ersten systematischen Forschungsarbeiten (Edwards 1957a, Edwards 1957b). Er versuchte, die Anfälligkeit von Persönlichkeitsitems für sozial erwünschtes Antwortverhalten zu ergründen und Ursachen für die konsistente Abweichung von inhaltsbezogenen, eigentlich "wahren" Einstellungen zu benennen. Der inhaltliche Bezug des sozial erwünschten Antwortverhaltens und die zur inhaltsunabhängigen Zustimmungstendenz (Acquiescence Response Set, im folgenden abgekürzt ACQ-RS) ähnliche methodische Vorgehensweise zur Identifikation von inhaltlich richtigen und sozial erwünschten Antworten haben kontrovers geführten Diskussionen und gegenteiligen Standpunkten breiten Raum gelassen (vgl. Abschnitt 1.1.3).

Edwards kennzeichnete den Begriff soziale Erwünschtheit durch zwei miteinander in Beziehung stehende Interpretationen:

1. Der Erwünschtheitswert eines Items (sogenannte Social Desirability Scale Value, im folgenden abgekürzt SDSV), ermittelt durch Personenbeurteilungen (sogenannte judgements), drückt die soziale Erwünschtheit oder die soziale Unerwünschtheit dieses Items aus (vgl. Edwards 1957b: 7ff).

2. Die Tendenz, sich über Selbstbeschreibung und Persönlichkeitsstatements zu charakterisieren erfolgt mit Hilfe der Zustimmung sozial erwünschter Items und der Ablehnung sozial unerwünschter Items (vgl. Edwards 1957b: vi).

Die Strategie, sozial erwünschte Antworttendenzen zu identifizieren, erfolgt nach den o. a. Interpretationen. Der erste Schritt dafür ist die Ermittlung der SDSV für die abzufragenden Persönlichkeitsitems.

Edwards ließ zunächst eine Reihe von Persönlichkeitsitems nach den üblichen psychologischen Skalierungsmethoden auf einer 9-Punkte-Skala schätzen.[2] Die Untersuchungspersonen wurden angewiesen, die Items so einzuordnen, wie sie bei anderen Leuten als erwünscht bzw. unerwünscht gehandhabt würden. Neben der neutralen Kategorie waren jeweils vier Abstufungen in Richtung der Extremwerte vorhanden. Hohe Skalenwerte bedeuten eine hohe Einschätzung nach sozialer Erwünschtheit und niedrige Skalenwerte eine niedrige Einschätzung nach sozialer Erwünschtheit. Die so erhaltenen SDSV werden definiert "as a value that is obtained as a result of performing certain operations upon a set of observations made under specified conditions"(Edwards 1957b: 7). Die empirischen Ergebnisse wiesen darauf hin, daß diese Einschätzungen sich nach kulturell akzeptierten und etablierten Normen richteten und nach sozioökonomischen Merkmalen, Geschlecht und Alter der Untersuchungspersonen variierten. Seine empirischen Ergebnisse zeigten aber auch, daß Unterschiede zwischen den Geschlechtern nicht signifikant waren und sogar fast deterministische Beziehungen zwischen Einschätzungen amerikanischer und japanischer Studenten die Vermutung aufkommen ließ, daß soziale Erwünschtheit geschlechtsunabhängig und überkulturell meßbar sei (vgl. Edwards 1957b: 9ff).[3] Die Validität der Ergebnisse ist vorsichtig zu beurteilen, da - abgesehen von den in der Psychologie durchweg verwendeten Studenten als Untersuchungspersonen - nicht unbedingt von kulturellen Wertunterschieden zwischen den an amerikanischen Universitäten studierenden Japanern und Amerikanern ausgegangen werden kann.

In einer neueren Untersuchung wird über die nach Persönlichkeitsmerkmalen unterschiedlichen SDSV berichtet. Tholey (1976) faßt in ihrer Studie den Forschungsstand und die wichtigsten Ergebnisse über die Populationsspezifität der SDSV zusammen. Danach ist von einer Konstanz der SDSV nach dem Alter der beurteilenden Personen auszugehen. Soziale Wertmaßstäbe entwickeln sich nach ihren Analysen schon im Vorschulalter und verändern sich nicht wesentlich bis ins Erwachsenenalter (vgl. Tholey 1976: 82 und die dort angegebenen Untersuchungen).[4] Desweiteren ist von einer Variabilität der Beur-

---

2 Edwards verwendete hauptsächlich die Methoden des Paarvergleichs und der sukzessiven Intervalle.

3 Die Geschlechtsunabhängigkeit der sozialen Erwünschtheit wird durch weitere Untersuchungen gestützt, vgl. Bochner/van Zyl (1984).

4 Hierbei ist zu beachten, daß die Stabilität von sozialen Wertmaßstäben aus dem Vergleich von Urteilen von Schulkindern und Urteilen von Collegstudenten abgeleitet wird. Über die Herkunft der Schulkinder und die Problematik, Collegstudenten als repräsentativ für die sozialen Wertmaßstäbe der erwachsenen Bevölkerung anzusehen, gibt es bei Tholey keine Aussagen.

teilungen nach unterschiedlicher ethnischer Zugehörigkeit auszugehen. Nach den in Tholey (1976: 95) berichteten Untersuchungen sind die Streuungen der Beurteilungen nach sozialer Erwünschtheit bei westlichen Nationalitäten (z. B. Amerikaner, Franzosen) größer als bei östlichen Nationalitäten (z. B. Japaner, Inder).[5] Der Einfluß des Geschlechts kann folgendermaßen zusammengefaßt werden: Die Beurteilungen von Männern variieren stärker als die von Frauen. "Wünschenswertes" Verhalten wird von Frauen positiver und "unerwünschtes" Verhalten negativer beurteilt als von Männern. Die letztgenannte Differenz ist aber auch abhängig von den einzuschätzenden Inhalten. Während Frauen bei der Bewertung einzelner Persönlichkeitsdimensionen zwischenmenschliche Beziehungen für wünschenswerter erachten, sind dies bei Männern leistungs- und agressionsbezogene Verhaltensweisen (vgl. Tholey 1976: 96ff). Als letztes sollen die Beurteilungsunterschiede nach sozioökonomischen Status erwähnt werden. Während bei einigen Untersuchungen keine signifikanten Differenzen ermittelt werden konnten, waren bei anderen Untersuchungen Differenzen nur in Zusammenhang mit dem Alter festzustellen. Persönlichkeitsdimensionen mit autoritärem Charakter (z. B. Agression) sind von Unterschichtsangehörigen als eher wünschenswert eingestuft worden (vgl. Tholey 1976: 100).

In einem zweiten Schritt (siehe Punkt 2 oben) wurde derselbe nach SDSV beurteilte Set von Statements einer neuen, unabhängigen Gruppe von Versuchspersonen vorgelegt, die die üblichen Instruktionen erhielt, nur jetzt dort Zustimmung/Ablehnung geben sollte, wo Übereinstimmung/Nicht-Übereinstimmung mit Eigenschaften der eigenen Person vorhanden war bzw. die Items diese Eigenschaften bestätigten. Die so gemessenen Items ließen sich nach Prozentsätzen ihres jeweiligen Zustimmungsgrades abstufen und mit den zuerst ermittelten SDSV vergleichen. Es stellte sich heraus, daß Items mit hoher Zustimmungsrate auch einen hohen SD-Wert besaßen. Denn je höher die Einstufung nach sozialer Erwünschtheit, desto höher die Zuschreibungsrate zur eigenen Persönlichkeit (vgl. Edwards 1957b: 13ff).[6] Geschlechtseffekte konnten nicht nachgewiesen werden. Der Zustimmungsgrad hatte bei Männern wie bei Frauen die gleiche Tendenz.

Ähnliche Untersuchungen wurden mit drei Persönlichkeitsskalen des Minnesota Multiphasic Personality Inventory (MMPI) vorgenommen. Das Item mit dem niedrigsten Erwünschtheitswert hatte eine Zustimmungsrate von 1%, das Item mit dem höchsten Erwünschtheitswert eine Zustimmungsrate von 93%. Die Zusammenhänge zwischen "probability of endorsement" und SDSV waren ähnlich zu den o. a. Ergebnissen (vgl. Hanley 1956: 324ff). Nach Meinung

---

5 Die untersuchten Populationen sind aber wiederum überwiegend Studenten.

6 Diese Hypothese wird im allgemeinen auch als die Edwards-Hypothese bezeichnet. Rosen kommt zu ähnlichen Ergebnissen, allerdings läßt er soziale Erwünschtheit dichotom kategorisieren (vgl. Rosen 1956: 157).

der genannten Autoren konnte ein Zusammenhang zwischen Persönlichkeit und der Tendenz, sozial erwünscht zu antworten, bestätigt bzw. zumindestens die Neigung von Untersuchungspersonen nachgewiesen werden, kulturell und sozial akzeptablen Wertvorstellungen ihren eigenen den Vorzug zu geben.

Tholey (1976) hat versucht, den von Edwards gefundenen Zusammenhang zwischen den SDSV von Items und der Häufigkeit von sozial erwünschten Antworten durch eigene Untersuchungen zu replizieren.[7] Für die Ermittlung von SDSV (hier bezeichnet als Skalierungsversuch) standen 221 Versuchspersonen zur Verfügung.[8] Für die Zuschreibung von Persönlichkeitseigenschaften (hier bezeichnet als Selbstbeurteilungsversuch) zur Ermittlung von sozial erwünschten Antworten standen 179 Versuchspersonen zur Verfügung (vgl. Tholey 1976: 113).[9] Die Ermittlung von SDSV führte zu folgenden Ergebnissen: Es gab eine starke Übereinstimmung in der Beurteilung der Items über alle Gruppen sowohl bei Items mit unerwünschtem Inhalt, als auch bei Items mit erwünschtem Inhalt. Auch bei den Streuungen der Urteile waren kaum Unterschiede zu verzeichnen. Ein kleinerer Teil der Items verzeichnete höhere Streuungen, die auf Grund von Situationsspezifizität, Ambivalenz und Irrelevanz in bezug auf allgemeines soziales Verhalten zurückzuführen waren (vgl. Tholey 1976: 120ff). Der Selbstbeurteilungsversuch führte zu folgendem Ergebnis: Männliche und weibliche Versuchspersonen zeigten sowohl bei Items mit erwünschtem als auch bei Items mit unerwünschtem Inhalt keine Unterschiede (vgl. Tholey 1976: 124).

Beim Zusammenhang zwischen SDSV und Zustimmungshäufigkeit ermittelt Tholey folgende Resultate:

- Sowohl bei Items mit unerwünschtem Inhalten, als auch bei Items mit erwünschten Inhalten steigt die Häufigkeit zustimmender Beantwortung mit steigendem SD-Wert. Sowohl bei Items mit unerwünschten Inhalten, als auch bei Items mit erwünschten Inhalten gibt es eine Reihe Items,

---

7 Tholey (1976: 100) weist darauf hin, daß mögliche Abweichungen dieses Zusammenhangs in der Literatur nicht diskutiert werden. Die Annahme einer linearen Beziehung zwischen SDSV und sozial erwünschten Antworten ist aber nicht zwingend, da es einerseits als wünschenswert angesehen werden kann, ein bestimmtes Persönlichkeitsmerkmal zu besitzen, andererseits kann die Behauptung, dieses Persönlichkeitsmerkmal tatsächlich zu besitzen als höchst unerwünscht angesehen werden.

8 Die Versuchspersonen waren in drei Gruppen aufgeteilt. Die erste Gruppe bestand aus 88 Studenten einer Berufsschullehrerausbildung, die zweite Gruppe aus 59 Pädagogik-Studenten und die dritte Gruppe aus 74 Pädagogik-Studentinnen. Zu den Items vgl. Tholey (1976: 170ff).

9 Die Versuchspersonen waren in zwei Gruppen aufgeteilt. Die erste Gruppe bestand aus 68 Pädagogik-Studenten, die zweite Gruppe aus 111 Pädagogik-Studentinnen. Die Skalierung der Items erfolgte im Unterschied zu Edwards dichotom, vgl. Tholey (1976: 180ff).

die von diesem Trend mehr oder weniger stark abweichen. Solche Abweichungen sind häufiger bei Items mit wünschenswerten Inhalten zu beobachten.

- Bei einer Linearitätsüberprüfung der Regressionslinien des Datensatzes ergab sich zwar Linearität für die Regression der SD-Werte auf die Zustimmungshäufigkeiten, aber keine Rechtfertigung für die Schätzung der SD-Werte aus den Zustimmungshäufigkeiten.

- Der korrelative Zusammenhang zwischen SD-Wert und Zustimmungshäufigkeit bestätigt die Ergebnisse von Edwards (je höher der SD-Wert eines Items, umso häufiger wird das betreffende Item als zutreffend gekennzeichnet). Allerdings wurde eine niedrigere Korrelation ermittelt (vgl. Tholey 1976: 129).

Bei der Interpretation der Ergebnisse bezogen auf den o. a. Zusammenhang kommt Tholey zu folgenden Schlußfolgerungen:

- Die lineare Beziehung zwischen dem SDSV von Items und der erwünschten Selbstbeschreibung ist abhängig von der Auswahl der Items. Es existiert eine Reihe von Items, die diesen Zusammenhang nicht bestätigen.[10]

- Wenn Items, die der Edwards-Hypothese nicht entsprechen, mit Items verglichen werden, die diese Hypothese bestätigen, dann lassen sich folgende Unterschiede feststellen (vgl. Tholey 1976: 135):

  - Items, die der Edwards-Hypothese nicht entsprechen, zielen inhaltlich auf Verhaltensweisen, deren konsequente Ausübung unwahrscheinlich ist (z. B. das Item "nie resignieren").

  - Items, die bedingungslose Aussagen beinhalten, werden häufig nicht zustimmend beantwortet, auch wenn die Iteminhalte als wünschenswert gelten.

  - Items, die inhaltlich zwar wünschenswert sind, bei denen man sich aber nicht unmittelbar angesprochen fühlt, werden häufig nicht zustimmend beantwortet.

In Abschnitt 3.2.4.1 auf Seite 151 wird eine selbst durchgeführte Untersuchung referiert, die anhand einer nicht nur aus Studenten zusammengesetzten Population einen möglichen Zusammenhang zwischen SDSV und sozial erwünschten Antworttendenzen aufzeigen soll.

---

10 Hierbei ist anzumerken, daß sich die Auswahl der Items bei Tholey nicht wie bei Edwards auf psychopathologischen oder den körperlichen Zustand betreffende Inhalte beschränkt. Ein niedrigerer Zusammenhang ist hier auf die größere Heterogenität in den Iteminhalten zurückzuführen.

1.1.2   Die Entwicklung der Edwards-SD-Skalen

Im letzten Abschnitt konnte die Existenz individueller Unterschiede in den SD-Einschätzungen aufgezeigt werden. Auf der Basis unterschiedlicher SDSV ist es nach Edwards möglich, die Verzerrungstendenz jeder Persönlichkeitsmessung festzustellen. Dies beinhaltet die Möglichkeit der Entwicklung eines Meßinstrumentes zum Nachweis von Erwünschtheitsverzerrungen. Aus den Einschätzungen (judgements) und den persönlichen Eigenschaftszuweisungen einer Reihe von MMPI-Items entwickelte Edwards eine SD-Skala[11]: Items mit sozial erwünschten Werten und positiver Beurteilung wurde der Wert 1 zugeordnet, ebenso Items mit sozial unerwünschten Werten und negativer Beurteilung. Die mit 1 gewichteten Antworten deklarierte Edwards als sozial erwünschte Antworten (vgl. Edwards 1957b: 28). Die Anzahl von sozial erwünschten Antworten, die eine Person in Selbstbeschreibung von sich gibt, bestimmt die Punktwerte auf der Skala. Je stärker die Tendenz sozial erwünscht zu antworten, desto höher der Punktwert.

Die erste von Edwards entwickelte SD-Skala umfaßt 79 inhaltlich heterogene Items. Diese Skala wurde später noch einmal analysiert und 39 Items für eine zweite SD-Skala ausgesondert, die die größten Differenzen bezogen auf den gesamten SD-Scores der 79-Item Skala besaßen (vgl. Edwards 1957b: 30).[12] Korrelationen mit dem MMPI sollten die Anfälligkeit von Persönlichkeitsskalen auf SD-RS aufzeigen. Korrespondieren hohe Werte auf der Persönlichkeitsskala mit sozial erwünschten Charakteristika, dann wird die Korrelation zwischen Persönlichkeits- und SD-Skala positiv sein (z.B. bei Status- oder Dominanzskalen). Korrespondieren hohe Werte auf der Persönlichkeitsskala mit sozial unerwünschten Charakteristiken, dann wird die Korrelation zwischen Persönlichkeits- und SD-Skala negativ sein (z.B. bei Introversions- oder Angstskalen; vgl. Edwards 1957b: 32 und 41ff und Tabelle 1.1).

---

11 Taylor geht differenzierter vor. Er versuchte neben einer "personal SD-Scale" eine "attitudinal SD-Scale" zu konstruieren, um Zusammenhänge zwischen Persönlichkeitsmerkmalen und Einstellungen nachzuweisen, vgl. Taylor (1961).

12 Die 79-Item-Skala wurde von Fordyce (1956) verwendet. Eine deutsche Übersetzung der 39-Item-Skala lieferten Lück/Timaeus (1969), wobei sie Unterschiede zwischen deutscher und amerikanischer Skala auf das unterschiedliche Konstruktionsprinzip (z. B. Instruktionen, Skalenwerte) zurückführten.

Tabelle 1.1: Korrelationen zwischen MMPI-Skalen und 39-Item-SD-Skala

MMPI- Skala	Korrelation
Gough's Dominance Scale	.49
Gough's Responsibility Scale	.52
Gough's Status Scale	.61
Drakes's Social Introversion Scale	-.90
Taylor's Manifest Anciety Scale	-.84
Winne's Neuroticism Scale	-.50
Cook's Hostility Scale	-.75
Cook's P-V Scale	-.80
Navran's Dependency Scale	-.73

Die Gültigkeit der SD-Skalen ist von Edwards nicht ausdrücklich kontrolliert worden. Darüberhinaus wurde die Mehrdimensionalität der SD-Items durch Faktorenanalysen nachgewiesen (vgl. Messick 1960). Die 39-Item-SD-Skala wurde nicht (wie bei Response-Sets-Skalen eigentlich üblich) zwischen positiv und negativ gedrehten Items ausbalanciert. Die Wahrscheinlichkeit, inhaltsunabhängige Zustimmungstendenzen zu erhalten, ist zwar durch die geringe Anzahl von positiv gedrehten Items so gut wie ausgeschlossen (9 der Items sind positiv, 30 negativ), aber die Möglichkeit konsistenter inhaltsunabhängiger Neinsagungen kann die Korrelationen zwischen SD-Skala und MMPI-Skalen inflationieren. Dies bedeutet, daß Skalen mit überwiegend positiv gedrehten Items negativ mit der SD-Skala korreliert sind und Skalen mit überwiegend negativ gedrehten Items positiv mit der SD-Skala korreliert sind. Die SD-Skala würde dann auf Grund ihrer Konstruktionsmethode fehlerhafte Ergebnisse erzielen, d.h. Zusammenhänge auf Grund von Itemdrehungen anzeigen. Um diesem Dilemma zu entgehen und die empirische Korrektheit der SD-Skala nachzuweisen, entwickelte Edwards zwei Kontrollskalen: einmal eine nach Drehung der Items ausbalancierte Skala (im folgenden abgekürzt BSD), die aus 44 Items bestand (je 22 positiv und negativ gedreht), und zum anderen eine nur aus positiv gedrehten Items zusammengesetzte Skala (im folgenden abgekürzt TSD). Sowohl BSD als auch TSD korrelierten positiv mit der 39-Item-SD-Skala als auch negativ mit der Schizophrenia-Skala (abgekürzt Sc-Skala) und der Dominanz-Skala (abgekürzt D-Skala) aus dem MMPI.[13] Die letzteren korrelierten ebenfalls negativ mit der SD-Skala (vgl.

---

13 78% der Items der Sc-Skala sind positiv gedreht, während 66% der Items der D-Skala negativ gedreht sind, vgl. Hathaway/McKinley (1951). Bei inhaltsunabhängigen Ant-

Tabelle 1.2). Daraus folgerte Edwards, daß beide Skalen (BSD und TSD), unabhängig von ihrer methodischen Konstruktion, die Ergebnisse der SD-Skala
reproduzierten, Ja- oder Neinsagertendenzen nicht nachwiesen und die Stabilität der SD-Messung untermauerten (vgl. Edwards 1957b: 37).

Tabelle 1.2: Korrelationen zwischen SD-Skalen und SC- und D-Skala des
MMPI

MMPI-Skalen	BSD	TSD	39-Item-SD-Skala
Sc-Skala	-.86	-.64	-.80
D-Skala	-.52	-.57	-.61
39-Item-SD-Skala	.85	.70	

Die Tatsache, daß die überwiegende Anzahl von Items der Sc-Skala positiv
gedreht sind und trotzdem negativ mit der TSD-Skala korrelierten, stärkte
Edwards in der Überzeugung, daß Korrelationen und ihre Richtungen jeweils
von den sozial erwünscht oder sozial unerwünscht kodierten Items in den
Persönlichkeitsskalen abhängen, unbeeinflußt davon, ob sie positiv oder negativ gedreht sind. Negative Korrelationen deuten demnach an, daß die Items der
Sc-Skala überwiegend sozial unerwünscht kodiert sind (vgl. Edwards 1957b:
39 und Hanley 1956: 326).[14] Zur Kontrolle von SD-RS kennzeichnete Edwards
mehrere Möglichkeiten:

1. Zur Persönlichkeitsmessung nur die Items zu verwenden, deren neutraler
   Charakter gegenüber SD-Effekte erwiesen ist.

2. Mit Hilfe von SD-Skalen zu versuchen, Verzerrungen der Persönlichkeitsskalen zu identifizieren.

3. Auf der Basis beobachteter Mittelwerte einen Erwartungswert nach der
   durchschnittlichen Wahrscheinlichkeit einer sozial erwünschten Antwort
   zu schätzen.

---

worttendenzen wären z. B. positive Korrelationen zwischen Sc-Skala und TSD-Skala
aufgetreten.

14 Demgegenüber wurde an anderer Stelle aufgezeigt, daß auch Skalen, die angeblich frei
von sozial erwünschten Items sind, hoch mit der SD-Skala korrelierten, vgl. Block (1965:
94).

Die zuletzt genannte Möglichkeit wird im folgenden beispielhaft dargestellt. Angenommen der Mittelwert der 39-Item-SD-Skala beträgt 30.79; dann ist die Wahrscheinlichkeit einer sozial erwünschten Antwort nach dem beschriebenen Aufbau der Skala 79%:

$$30.79/39 = 0.79$$

Die Wahrscheinlichkeit einer nicht sozial erwünschten Antwort beträgt 21%:

$$1 - 0.79 = 0.21$$

Der erwartete Schätzwert läßt sich dann folgendermaßen bestimmen:

$$E = n(P * p + Q * q)$$

wobei:

- E = erwarteter Mittelwert (Schätzwert)

- n = Anzahl der Items in der Skala

- P = geschätzte Wahrscheinlichkeit sozial erwünschter Antworten

- p = Anteil der Items in der Persönlichkeitsskala, die sozial erwünscht kodiert sind.

- Q = 1 - P

- q = 1 - q[15]

Hanley skalierte 32 Items der aus 78 Items bestehenden Sc-Skala. Davon sind 24 als sozial unerwünscht, 4 als neutral und 2 als sozial erwünscht eingeschätzt worden (vgl. Hanley 1956: 327). Faßt man die neutralen und sozial unerwünscht formulierten Items zusammen, ergibt sich mit einem SD-Skalenmittelwert von 30.79 folgender Erwartungswert:

$$E = n(P * p + Q * q) = 32 * (.79 * .125 + .21 * .875) = 9.09$$

---

15 Vgl. Edwards (1962: 72ff)

Bei der geringen Anzahl an sozial erwünscht formulierten Items ist ein relativ niedriger Mittelwert zu erwarten. Auf der Basis einer konstruierten SD-Skala wird die Wahrscheinlichkeit von sozial erwünschten Antworten vorhergesagt, d.h. unter der Linearitätsannahme zwischen beobachteten und erwarteten Ergebnissen ein Erwartungswert prognostiziert, der auf Einschätzungen nach sozialer Erwünschtheit beruht.[16] Zusammenfassend lassen sich folgende Schlüsse ziehen:

- Personen, die Persönlichkeitsitems beantworten, versuchen überwiegend einen guten Eindruck zu hinterlassen. Es werden eher Items zugestimmt, mit denen sich die befragten Personen identifizieren können und die in Übereinstimmung mit allgemein gesellschaftlich akzeptierten Normen stehen. Sozial unerwünschte Items bleiben eher unbeantwortet als sozial erwünschte (vgl. Edwards/Diers 1962a: 354).

- Beziehungen zwischen Persönlichkeitsskalen (MMPI) und SD-RS lassen nach Edwards zwei Erklärungen zu: Einmal wird die Persönlichkeit durch die inhaltliche Zuordnung abgefragter Stimuli tatsächlich gemessen und zum anderen ist diese Messung Resultat eines sozial erwünschten Persönlichkeitsbildes. Dies setzt voraus, daß "the tendency to give socially desirable responses in self-description is a fairly stable personality characteristic" (Edwards 1957b: 39).

1.1.3   Empirische Zusammenhänge zwischen Edwards-SD-Skalen, Persönlichkeitsskalen und Akquieszenz

Mit der Entwicklung von Response-Set-Skalen und der Identifikation einzelner Response-Set-Arten wurde neben der Ursachenfindung auch nach Abgrenzungs- und Definitionsmöglichkeiten gesucht. Nach Edwards sollte eine sozial erwünschte Antwort die Bejahung eines sozial erwünscht kodierten Items sein oder die Verneinung eines sozial unerwünscht kodierten Items (vgl. die vorherigen Abschnitte). Edwards Definition unterstellt eine inhaltliche Reaktion auf Items, die real nicht immer gegeben sein muß. Couch/Keniston (1960) versuchten, in einer umfangreichen Studie eine allgemeine Antworttendenz (Response Set) in den bisherigen Akquieszenz-Forschungen (z. B. bei Bass 1956) nachzuweisen, die sowohl konsistente Bejahungen (Yeasayers), als auch konsistente Verneinungen (Naysayers) enthielt und sich nach ihrer Auffassung als Teil eines Persönlichkeitsbildes erklären ließ. Ähnlich wie Edwards

---

16 Dazu sollte erwähnt werden, daß Schätzungen nach der Gleichung von Edwards denen nach einer Regressionsgleichung entsprechen (vgl. Fox 1967: 391ff). Die Umformung der hier genannten Gleichung in eine Regressionsgleichung zeigt Wahler (1968: 417).

analysierten und definierten Couch und Keniston "ihren" Response Set als Persönlichkeitsvariable: "...the best single characterisation of the traits associated with agreeing Response set ist 'Stimulus Acceptance' vs. 'Stimulus Rejection'. The yeasayer accepts stimuli both by admitting them to conciousness without censorship, alteration, or assimilation and by agreeing with, acting out, and otherwise yielding to the pressures of stimuli exerted on him" (Couch/Keniston 1960: 170). Der Hauptunterschied im Antwortverhalten wird aus dem Gebrauch des "ego functioning" erklärt: "...yeasayers have relatively 'passive' (releasing) egos, as contrasted with the more 'active' (controlling) egos of the naysayers ...these differences in ego functioning might best be characterized in terms of the psychological inertia of secondary processes. High inertia characterizes the active egos for naysayers who have a high resistance to movement and change, a slowness in their response, a strong tendency toward equilibrium in their inner world, and an ego domination that frequently appears in excessive control and inhibition. On the other hand, yeasayers are low in psychological inertia, reacting quickly and overtly to emotional pressures without the 'dampening' effect of inhibiting and delaying mechanisms" (Couch/Keniston 1960: 170/171). Potentiell bedeutet dies, daß sowohl Ja-Sager als auch Neinsager auf Grund ihrer Persönlichkeitscharakteren akquieszent auf Items antworten, unabhängig davon, nach welcher Richtung sie inhaltlich gedreht sind. Couch und Keniston entwickelten einen "Overall Agreement Score" (im folgenden abgekürzt OAS), mit dem sie derartig konsistente Antworttendenzen feststellen wollten.[17] Die Korrelationen zwischen OAS und MMPI-Skalen ergaben folgendes: Skalen, die nach Zustimmungen einen hohen Score aufwiesen, korrelierten positiv mit OAS; Skalen die nach Verneinungen einen hohen Score aufwiesen, korrelierten negativ mit OAS. Demzufolge ist jede der Skalen mit hohen negativen oder positiven Korrelationen dem "agreement response set" unterworfen und verdeutlichen nach ihrer Meinung "pervasive psychological differences between yeasayers and naysayers" (Couch/Keniston 1960: 154).

Der Versuch, jeglichen inhaltlichen Response Set auszuschließen, brachte die Autoren aber in Widerspruch zu den Ergebnissen von Edwards. Einerseits sollte der OAS nicht nur Akquieszenz, sondern auch die Tendenz messen, sozial unerwünschten Items zuzustimmen.[18] Andererseits wurde nach faktorenanalytischen Untersuchungen der MMPI-Skalen und der Response-Set-Skalen (OAS und 39 Item-SD-Skala) auf die Unabhängigkeit beider Response Sets hingewiesen und die Meßqualitäten der jeweiligen Response-Sets-Scores bestätigt.[19] Obwohl andere Autoren das Vorhandensein von Akquieszenz und

---

17 Auf die Konstruktion des OAS soll hier nicht näher eingegangen werden, vgl. Couch/Keniston (1960: 152-153).

18 Diese Argumentation führten auch Edwards/Walker. Sie ermittelten hohe Korrelationen zwischen sozial unerwünschten Antworten und OAS (r=.77) und "true responses" und OAS (r=.85), vgl. Edwards/Walker (1961a: 173ff).

sozialer Erwünschtheit in den MMPI-Skalen aufzeigten und damit sowohl Couch/Keniston als auch Edwards/Walker recht gaben, blieb ungeklärt, bei welchen gedrehten und kodierten Items der jeweilige Response Set nachzuweisen war (vgl. Jackson/Messick 1961). Im Sinne der Edwards SD-Hypothese wären jegliche Korrelationen zwischen MMPI-Skalen und SD-Skala interpretierbar als Variation des Verhältnisses zwischen sozial erwünscht und sozial unerwünscht kodierten Items, im anderen Sinne als Variation des Verhältnisses zwischen positiv und negativ gedrehten Items (vgl. Edwards 1961). Während Edwards u.a. die Kodierung nach sozialer Erwünschtheit als wesentliche Verzerrungsursache sahen, blieb für Couch und Keniston der Persönlichkeitscharakter des Respondenten das immanente Erklärungsmoment für inhaltsunabhängiges Zustimmen.[20]

Weitere Ergebnisse belegten, daß durch sozial erwünschte Antworttendenzen ein hoher Anteil an Fehlervarianz in den MMPI-Skalen verursacht wird.[21] Aber unsystematische Auswertungspraktiken und die mangelhafte Forschung nach den Ursachen des Auftretens von Response Sets haben die Bedeutung dieser Diskussion eher geschmälert. Die Analyse vieler einzelner Forschungsarbeiten im Bereich der experimentellen Sozialpsychologie und der klinischen Psychologie zeigt, daß ein krasses Mißverhältnis zwischen den theoretisch-explorativen Ausführungen und den Anwendungen der zum Teil problematischen statistischen Instrumente besteht. Die Analyse von Response Sets, betrachtet als ein Problem, daß nur mit Meßinstrumenten (Skalen) und statistischen Verfahren alleine zu lösen ist, läßt die situationalen Bedingungen und das Handeln der Akteure in den Experimental- oder Interviewsituationen völlig außer acht.

1.1.4   Kritik am Persönlichkeitskonzept des SD-RS

Die ausschließliche Betrachtung des SD-RS als Persönlichkeitscharakteristik von Versuchspersonen, die damit verbundene Eingrenzung und Problematisierung, sowie die daraus resultierenden empirischen Ergebnisse provozierten kritische Äußerungen, die neue Möglichkeiten in der Ursachenfindung

---

19 Couch/Keniston und Edwards/Walker versuchten unter ihren jeweiligen Forschungsgesichtspunkten die Bedeutungen der jeweiligen Response Sets hervorzuheben. Allerdings unterblieb eine theoretische Erörterung. Vielmehr wurden ausschließlich induktiv-statistische Hypothesenüberprüfungen durchgeführt (vgl. Couch/Keniston 1961: 175-179; Edwards/Walker 1961b: 180-183).

20 Hiermit stehen Couch/Keniston auch deutlich im Widerspruch zu Cronbach, der Situationsambiguität und Itemambiguität als wesentliche Situationscharakteristik bezüglich der Response Sets sieht, vgl. Cronbach (1946).

21 Faktorenanalysen von MMPI-Skalen, OAS und SD-Skalen ließen eine Interpretation des 1. Faktors als SD-Dimension und des 2. Faktors als ACQ-Dimension zu, vgl. Edwards/Diers (1962b), Edwards/Diers/Walker (1962) und Edwards/Walsh (1962).

von Befragteneffekten aufkommen ließen. Die schon von Cronbach zusammengefaßten Studien verdeutlichen, daß neben Persönlichkeitskriterien auch gesellschaftlich kontextuelle und situative Faktoren zur Erklärung des SD-RS berücksichtigt werden müssen (vgl. Cronbach 1950: 3ff).[22] Zudem stellten empirische Arbeiten über den mehrdimensionalen Charakter des SD-RS die bisherige Response-Set Betrachtung in Frage (vgl. Messick 1960; McGee 1962a). Selbst die Anhänger des Persönlichkeitskonzeptes kritisierten nach Replikation verschiedener Studien die Vernachlässigung empirischer Validierung und verlangten systematisiertere Messungen zur Analyse der Beziehungen zwischen Persönlichkeitstheorie und Persönlichkeitseinschätzung (vgl. Jackson/Messick 1958). Die Hauptargumentation richtete sich gegen die Unterschätzung von alternativen und ergänzenden Erklärungsansätzen. Beinhaltet das "stimulus acceptance-rejection concept" von Couch und Keniston und deren personalisierende Zuordnung zu "Yeasayers" und "Naysayers" nicht auch die Möglichkeit, Stimulusakzeptanz, Konformität etc. als akquieszentes Verhalten und Stimuluszurückweisung, Unabhängigkeit etc. als nicht akquieszentes Verhalten zu deuten?

Die starke Verbindung zwischen Response Sets und Persönlichkeitsvariablen ließ eigentlich nur induktive Schlüsse zu. Die hohen Korrelationen der Edwards-SD-Skalen mit einigen Persönlichkeitsskalen psychopathologischen Inhalts (z.B. Pt-Psychasthenia) könnten auch auf inhaltliche Zusammenhänge zurückzuführen sein. Immerhin leitete Edwards die Items für seine SD-Skalen aus den MMPI-Skalen ab und gab anderen Forschern wie z. B. Crowne und Marlowe, Anlaß zur Kritik an seinen empirischen Ergebnissen und zur Entwicklung eines anderen Meßinstrumentes für die Erfassung sozial erwünschter Antworttendenzen (vgl. Crowne/Marlowe 1960).

Nach den vorliegenden Ergebnissen korreliert die Edwards-SD-Skala (39 Items) positiv mit MMPI-Skalen, die sozial erwünscht kodiert sind und negativ mit MMPI-Skalen, die sozial unerwünscht kodiert sind. Negative Korrelationen mit sozial unerwünscht kodierten MMPI-Items lassen auch die Interpretation zu, daß die Edwards-SD-Skala eine universell verkürzte Persönlichkeitsskala ist und kein Instrument zur Messung sozial erwünschter Antworttendenzen (vgl. Crowne/Marlowe 1964).[23]

Der SD-RS als Persönlichkeitsvariable wird sich dann als ein zu eng gefaßtes

---

22 Das Ignorierung der Cronbachschen Argumentation kann auf die verstärkte Fokussierung der Akquieszenzforschung auf Persönlichkeitsmerkmale (z. B. Autoritarismus) zurückgeführt werden, die dann auf die Forschung zum SD-RS übertragen wurde.

23 Die Kritik von Crowne und Marlowe gegenüber Edwards richtet sich hier vor allem gegen die mangelhafte Trennung von inhaltlichen und methodischen Effekten. Die Konstruktion der Edwards-SD-Skala aus verschiedenen Skalen des MMPI und die daraus resultierende inhaltliche Homogenität dieser Skala ist für sie die Ursache der ermittelten hohen Zusammenhänge (vgl. Tabelle 1.1 und Crowne/Marlowe 1960: 349/350).

Konzept erweisen, wenn nach McGee folgende Möglichkeiten genutzt werden: "...that techniques are actually available for measuring a 'pure' response style tendency, and that this response style variable can be used to predict behavior in an independent situation on the basis of some theoretical interpretation of that variable" (McGee 1962a: 293).

1.2   Soziale Erwünschtheit als ein generelles Bedürfnis nach sozialer Anerkennung

Unter Replikation verschiedener Studien über den SD-RS und lerntheoretischen Theorieansätzen haben Marlowe und Crowne soziale Erwünschtheit als Handlungsweise zur Erlangung sozialer Anerkennung und Akzeptanz theoretisiert, die unter einer bestimmten situativen Angemessenheit vollzogen wird. Vorgehensweise und empirische Begründungen ihres Konzeptes des "Need for Social Approval" sollen im folgenden erörtert, analysiert (vgl. Abschnitt 1.2.1) und in Zusammenhang mit anderen Verhaltensweisen (z. B. Konformität, Einwilligung etc.) betrachtet werden (vgl. Abschnitt 1.2.2).

Interessante Gesichtspunkte bezüglich der "sozialisierenden" Entwicklung eines "Approval"-Verhaltens sollen anhand einiger psychologischer Kinder/Jugendlichen-Studien belegt werden (vgl. Abschnitt 1.2.3). Inwieweit das von Crowne und Marlowe analysierte Anerkennungsverhalten als eigenständige Messung des SD-RS einzuschätzen ist, wird in Abschnitt 1.2.4) erörtert.

1.2.1   Das Konzept des "Need for Social Approval"

Der in Abschnitt 1.1 erörterte Ansatz ging der Frage nach, welche Gründe Personen haben (abgesehen von inhaltlichen, eigentlich "wahren" Gründen), einem Item zuzustimmen, bzw. es abzulehnen. Die Evaluierung von Reaktivitätsverhalten in Interviewsituationen mündet nach den bisher erfolgten Ausführungen in der Differenzierung von Persönlichkeiten mit mehr oder weniger sozial erwünschten Verhaltenscharakteristiken. Die höhere Zustimmungsrate zu sozial erwünscht eingeschätzten Items, die Anfälligkeit dieser, eher im Sinn gesellschaftlich akzeptierter Normen reflektiert zu werden, erklärt aber nicht das Verhalten der Befragten und verfehlt damit auch die eigentliche Intention: Die Feststellung von Ursachen für die Strategie, sozial erwünscht zu antworten.

Crowne und Marlowe sehen als Ursachen für den mangelnden Erfolg und die widersprüchlichen Ergebnisse der Reaktivitiätsforschung (vgl. Abschnitt 1.1.3) die Identifikations- und Interpretationsproblematik des SD-RS im Sinne von Edwards: "One problem concerns whether the dispositions to agree, to dissimulate, or to respond in a socially desirable fashion are restricted to situations involving self-evaluation, or whether these propensities are reflections of more general personality characteristics of the individual. A second problem is how to interpret the correlation between response-set measures and personality inventories" (Crowne/Marlowe 1964: 17).[24] Aus den bisherigen Überlegungen, das Konzept des SD-RS auf die Persönlichkeit des Befragten zurückzuführen, ziehen beide Autoren folgende Konsequenzen:

1. Persönlichkeit und Antwortverhalten können nicht voneinander abgeleitet werden. Die Beantwortung von Persönlichkeitsitems erfolgt unter Reflektion bestimmter an gesellschaftlichen Normen orientierten Verhaltensstrategien oder unter Reflektion situational bedeutsamer Elemente (z.B. die Person des Interviewers): "What is required is the attempt to relate response-set measures to theoretically relevant and methodologically independent behavioral criteria" (Crowne/Marlowe 1964: 20).

2. Die Befragungssituation muß als eine Person-Situations-Interaktionsbeziehung angesehen werden und die Bedeutung individueller Ziele und Erwartungen in der Untersuchungssituation ist in die Analyse miteinzubeziehen.[25]

Wird eine SD-Skala mit starken Erwünschtheitsimplikationen und gleichzeitig pathologischen Effekten gebildet, dann wird eine Unterscheidung zwischen inhaltlichen Effekten und methodischen Effekten nicht möglich sein. Die Forderung nach Trennung zwischen inhaltlichen, auf Items bezogene Reaktionen und den auf die Interviewsituation bezogenen Reaktionen ist zentraler Ausgangspunkt für die Entwicklung einer neuen Skala zur Messung sozialer Erwünschtheit: die Marlowe-Crowne-SD-Skala (im folgenden abgekürzt MCSD, vgl. Crowne/Marlowe 1960: 350ff).

In bezug auf die Itemwahl der MCSD-Skala sind die Autoren von bestimmten Grundüberlegungen ausgegangen: Es gibt eine Klasse von Statements, die positiv kulturell sanktionierte Sachverhalte wiedergeben und wahrscheinlich für die meisten Personen inhaltlich nicht zutreffen. Dies führte zur

---

24 Auf die Interpretationsschwierigkeiten bei Itemüberlappungen und inhaltlichen Ähnlichkeiten hat McGee (1962a) hingewiesen.

25 Hier kommen Crowne und Marlowe den in dieser Arbeit erörterten theoretischen Ansätzen sehr nahe. Auch wenn sie einen Wert/Erwartungsansatz nicht explizit formulierten, dürften derartige Überlegungen für die Entwicklung ihres Konzeptes eine Rolle gespielt haben.

Wahl einerseits kulturell akzeptierter, aber unwahrer Items, andererseits wahrer, aber unerwünschter Items. Die so ausgewählten Items ließen die Autoren auf einer 10-Punkte-Skala nach sozialer Erwünschtheit/Unerwünschtheit einschätzen. Items, die "psychopathologischen" Inhalts verdächtig waren, wurden ausgesondert.[26] Signifikante Unterschiede zwischen "high" und "low scorers" ergaben sich für 33 Items (18 positiv und 15 negativ gedreht). Die möglichst gleich große Anzahl negativ und positiv gedrehter Items sollte den Einfluß von Akquieszenz ausschließen. Der Vergleich zwischen den Korrelationen der MCSD-Skala und der Edwards-SD-Skala verdeutlicht den Ausschluß pathologischer Effekte: Die Zusammenhänge zwischen MCSD-Skala und verschiedenen MMPI-Skalen sind zum Teil nur halb so groß wie die zwischen Edwards-SD-Skala und MMPI-Skalen (vgl. Tabelle 1.3). Ein Teil der Varianz in den MMPI-Skalen kann auch mit der MCSD-Skala als Verzerrung interpretiert werden. Die inhaltliche Heterogenität der MCSD-Skala gewährleistet trotzdem die inhaltlichen Relevanzen der betreffenden MMPI-Skalen. Es stellt sich nun die Frage, wie im Gegensatz zum Konzept von Edwards sozial erwünschtes Verhalten bezeichnet und interpretiert werden kann.

Tabelle 1.3: Korrelationen zwische MMPI-Skalen und SD-Skalen

Abk.	MMPI-Skalen	MCSD	Edwards-SD
K	Suppressor-Scale	.40	.65
L	Lie-Scale	.54	.22
F	Validity-Scale	-.36	-.61
Hs	Hypochondriasis	-.30	-.62
D	Dominance	-.27	-.72
Hy	Hysteria	.15	.09
Pd	Psychopathy	-.41	-.73
Pa	Paranoia	-.21	-.02
Pt	Psychastenia	-.30	-.80
Sc	Schizophrenia	-.40	-.77
Ma	Mania	-.24	-.42
Pr	Prejudice	-.27	-.58
St	Social Status	.16	.14
Es	Ego Strength	.17	.46
MAS	Manifest Anxious Scale	-.25	-.75
A	Anxious	-.23	-.61
R	Repression Denial	.28	.07

26 Der Ausschluß von Items psychopathologischen Inhalts schließt die Messung anderer inhaltlicher Konstrukte nicht aus. Es bleibt festzuhalten, daß jede SD-Skala auch Inhalte mißt, da die Neigung sozial erwünscht zu antworten eine *inhaltsabhängige* und/oder *situationsabhängige* Tendenz ist.

Nach Crowne und Marlowe geben Personen mit hohem Score auf der MCSD-Skala mit Hilfe stereotyper Aussagen ein akzeptables Selbstbild von sich und bekunden damit ein hohes Maß an situationalem Anerkennungsbedürfnis. Diesem Anerkennungsbedürfnis liegen folgende Annahmen zugrunde:

1. Personen unterscheiden sich generell in dem Bedürfnis, von anderen akzeptiert zu werden, bzw. in der Notwendigkeit, daß andere positiv von ihnen denken.

2. Personen mit hohen Bedürfnissen halten die Erwartung aufrecht, daß Anerkennung durch kulturell akzeptables Verhalten erreicht werden kann. (vgl. Crowne/Marlowe 1964: 27; Crowne 1979: 160).[27]

1.2.2   Verhaltensstrategien zur Situationsbewältigung

In diesem Abschnitt geht es um die Frage, welche Verhaltensstrategien Befragte anwenden, um die Erhebungssituation bewältigen zu können und welche relevanten Variablen hierbei berücksichtigt werden müssen.

Crowne und Marlowe sehen Untersuchungsergebnisse im wesentlichen durch zwei Variablen beeinflußt:

1. Bedürfnisse (needs), die zur Persönlichkeitsbeurteilung und -darstellung dienen, und

2. Erwartungen (expectations) über die Konsequenzen von Reaktionen (vgl. Crowne/Marlowe 1964: 31; Crowne 1979: 155)

Bedürfnisse bezüglich des Verhaltens von Befragten sind nach Crowne und Marlowe auf nutzenorientierte Ziele gerichtet: "Thus if I (the subject) want warmly nurturant sympathy from you (the tester), the response I give to your questions may very well reflect my need". Diese Ziele sind unterscheidbar in: "the need for recognition and status, the need for achievement, needs for approval and affection and the need for dependence" (Crowne 1979: 156).[28] Die

---

27 Es sei hier noch einmal der Hinweis auf die Wert*Erwartungstheorie gestattet. Dem Bedürfnis nach Anerkennung wird ein bestimmter *Wert* zugeordnet, womit gleichzeitig die *Erwartung* verbunden ist, daß dieses Bedürfnis über "kulturell" akzeptables Verhalten erreicht werden kann. Welches Verhalten nun akzeptabel ist, wird wiederum situationsabhängig sein. Situationsabhängige Wert*Erwartungsprodukte werden empirisch in unterschiedlichen Skalenwerten auf der MCSD-Skala wiedergegeben.
28 Dieser Erklärungsansatz basiert auf den lerntheoretischen Konzepten von Rotter et al. (1972).

Erwartungen in der Untersuchungssituation konstituieren die andere Determi-
nante von Verhalten. Sie werden als subjektiv wahrscheinliche Handlung einer
Person gedeutet, die zielgerichtet auf ein positives oder negatives Ergebnis ist.
Trotz hoher Bedürfnisse muß die Zielrichtung einer Handlung nicht auf direkte
Befriedigung abgestimmt sein. Über bestimmte Erwartungshaltungen werden
die Kosten-Nutzen-Kalküle unterschiedlicher Handlungsalternativen abgewo-
gen: "Alternatively, if I (the subject) want your (the tester's) approval and
I expect you to withhold it if I admit to 'bad' things about myself, my test-
responses will be influenced by my need and by my expectancy" (Crowne 1979:
156). Die Untersuchungssituation bestimmt demnach sowohl die Bewertung
subjektiver Erwartungen in bezug auf die zu erlangenden Ziele, als auch die
Wahrscheinlichkeit ihrer Erreichung. Eine motivationale Determinante erklärt
Verhalten im Forschungskontakt: Das Bedüfnis nach sozialer Anerkennung als
Strategie der sozial erwünschten Selbstbeurteilung und als antizipierte Option
der Situationsbewältigung (vgl. Crowne/Marlowe 1964: 35).

Individuelle Unterschiede im Bedürfnis nach Anerkennung implizieren Ver-
haltensunterschiede in anderen Situationen (z. B. Einwilligungsbereitschaft,
Tendenz zur Konformität, Meinungsänderung, defensives Verhalten etc.). Mit
steigendem Bedürfnis nach sozialer Anerkennung steigen auch Konformitäts-
und Einwilligungsverhalten (vgl. Marlowe/Crowne 1961: 111ff). Dies verstärkt
sich noch durch Anwesenheit dritter Personen. Die Anfälligkeit für Überzeugungen sowie die undifferenzierte Reflektion von Statements und Argumenten
unterstützen die Thesen einer ausschließlich nutzen- und zielorientierten Strategie. Ein hohes Maß an Zurückhaltung und Selbstschutz ist bei Personen mit
"approval need" zu verzeichnen. Dieses defensive Verhalten rekurriert sich aus
dem Unwillen etwas einzugestehen oder sich zu bekennen und führt zu stereo-
typen und konventionell akzeptierten Äußerungen. Anerkennungsbedürfnisse
bedingen ebenso Verteidigungsverhalten zur Bewahrung der Selbstachtung
vor negativ sanktionierenden sozialen Reaktionen (vgl. Crowne 1979: 175),
wie Vermeidung jeglicher Agressions- und Erregungshandlungen. Die Anerkennung vom Interviewer soll damit nicht gefährdet und das eigene "sichere"
Auftreten gewährleistet werden. Der Nachweis derartiger antizipierter Verhaltensweisen läßt deren Internalisierung in kognitiven Prozessen während
einzelner Entwicklungs- und Sozialisationsstadien vermuten. Durch Sozialisation erklärbares sozial erwünschtes Verhalten in Forschungskontaktsituationen kann neue Differenzierungen in der Benennung von Ursachen reaktiver
Reaktionen zulassen.

1.2.3 Die Entwicklung von Anerkennungsverhalten

Mit der Betrachtung des SD-RS als "Need for Social Approval" hat zunächst nur eine Orientierung von situational bedingten Erwartungen und Zielen stattgefunden. Neben Konformitäts-, Einwilligungs- und defensiven Verhaltenstendenzen konnten auch mangelnde Selbstachtung und niedriges Durchsetzungsvermögen bei Personen mit Anerkennungsbedürfnissen festgestellt werden (vgl. Crowne/Marlowe 1964: 113ff). Fehlende Möglichkeiten der Erlangung kognitiver Potentiale und des Erwerbs nötiger Selbstsicherheiten können langfristig die Ausprägung des Bedürfnisses nach Anerkennung fördern. Sozialisationsfaktoren üben hierbei einen intervenierenden Einfluß aus.

Mit der Konstruktion einer sozialen Erwünschtheitsskala für Kinder und Jugendliche ("Children Social Desirability Scale", im folgenden abgekürzt CSD)[29] in Anlehnung an die MCSD-Skala sollte nachgewiesen werden, daß Einflußfaktoren im mikrosozialen und makrosozialen Kontext sich entwickelnder Individuen, (d.h. Interdependenz in den Interaktionen zwischen Kindern bzw. Jugendlichen und Erwachsenen in der Familie sowie in den Interaktionen mit anderen Kindern bzw. Jugendlichen), das Ausmaß von Annerkennungsbedürfnissen fördern.

Schon in frühen Sozialisationsstadien werden bestimmte Verhaltensweisen internalisiert, die im Zusammenhang zum Bedürfnis nach sozialer Anerkennung stehen. Selbstkontrolle und das Bemühen um einen guten Eindruck korrelieren deutlich positiv mit der CSD-Skala, Soziabilität, Soziale Präsenz und Selbstakzeptanz deutlich negativ (vgl. Crandall 1966: 478). Bedeutende geschlechtsspezifische Unterschiede wurden hierbei nicht festgestellt. Der Mittelwert der CSD-Skala ist für Mädchen höher als für Jungen. Auch unterschiedlich ausgeprägte Verhaltensweisen im "Free-Play Behavior" korrelieren signifikant mit CSD-Skalenwerten: Mädchen neigen eher zu unsozialem Verhalten, während bei Jungen eine deutlich Tendenz zu Leistungseinbrüchen bzw. verminderter Leistungserwartung zu verzeichnen ist (vgl. Crandall 1966: 480-482).[30] Diese Ergebnisse verdeutlichen (insbesondere für Jungen) antizipierte Ängste vor Leistungsversagen und möglichen Selbstachtungsverlusten. Die unterschiedliche Sensibilisierung im Sozial- und Leistungsverhalten in Verbindung mit bestimmten Erziehungszielen können mögliche Erklärungen für die unterschiedlichen Ergebnisse von Jungen und Mädchen sein. Bestimmte Erwartungshaltungen in der Kindheit und dem jugendlichem Alter prägen er-

---

29 Diese Skala besteht aus 48 Items. Davon sind 26 positiv und 22 negativ kodiert. Zwei Versionen dieser Skala sind für verschiedene Altersgruppen konstruiert worden: für 6-12jährige Versuchspersonen eine Version mit Wahr/Falsch-Kategorien, für 3-6jährige eine Version mit Ja/Nein-Kategorien, vgl. Crandall et al. (1965: 28ff).

30 Zu Beobachtungsverfahren des "Free-Play Bahavior" und den methodischen Verfahren zur Ermittlung von Leistungserwartungen, vgl. Crandall (1966: 479ff).

wachsene Persönlichkeiten mit bestimmten Anerkennungs-, Selbstschutz- und Defensivverhalten. Die feste Internalisierung von Anerkennungsbedürfnissen wird durch zwei Längsschnittstudien belegt (vgl. Allamann et al. 1972).

In der ersteren zeigt sich ein deutlicher Zusammenhang zwischen elterlichem Verhalten und Anerkennungsbedürfnissen der Kinder: Fehlende mütterliche Zuneigung in frühester Kindheit (0-3 Jahre) bewirkt bei Kindern zwischen 6 und 12 Jahren ein starkes Bedürfnis nach sozialer Anerkennung, im Vorschulalter ist das Kontrollverhalten der Mütter stärkste Vorhersagevariable für 9-12 jährige. In der zweiten Studie zeigten sich ähnliche Zusammenhänge bei jungen Erwachsenen: fehlende mütterliche Zuneigung erzeugt im Vorschulalter, mütterliche Kontrolle nach dem Vorschulalter die stärksten Effekte.[31] Um den stärksten Prädikator für Anerkennungsverhalten zu ermitteln, wurden die Werte der Jungen aus der ersten Studie und die der Mädchen aus der zweiten Studie einer multivariaten, schrittweisen Regressionsanalyse unterzogen. Fehlende mütterliche Zuneigung während frühester Kindheit (0-3 Jahre) erklärte 60% der Varianz des Annerkennungsverhaltens bei den 6-9jährigen Jungen und 80% der Varianz bei den 9-12jährigen Jungen. Ein geringerer Varianzanteil wird für die Mädchen der zweiten Studie aufgeklärt.

Die unterschiedlichen Ergebnisse dieser Studien lassen kaum generalisierbare Schlüsse zu, belegen aber dennoch, daß im Bereich der Sozialisationserfahrungen interessante Analysemöglichkeiten über die Entwicklung von Anerkennungsverhalten zur Verfügung stehen. Ihre Ergebnisse zusammenfassend, sehen die Autoren einen Zusammenhang zwischen repressiven Erziehungsmethoden und dem Bedürfnis nach sozialer Anerkennung, das sich in sozial erwünschten Antwortverhalten äußert. Die Randbedingungen dafür lassen in Zusammenhang mit den o. a. Ergebnissen einige Schlußfolgerungen in bezug auf die Prozesse der Sozialisation von Anerkennungsverhalten zu: "It appears that parental child-rearing practicies which communicate overt disapproval, threat, and rejection sensitize the child to the tenuousness off parental positive regard." "As a history of parental rejection and negative evaluation accrues, the child may develop both a generalizes concern with others' evaluations of him and a low expectancy that those evaluations will be approving (or conversly, a high expectancy that they will be disapproving)" (Alamann et al. 1972: 1156). Die Autoren unterstreichen dabei, daß ihre Ergebnisse eher einem Konzept der Vermeidung von Mißbilligung (avoidance-of-disapproval) näher kommen als dem Konzept des Bedürnisses nach sozialer Anerkennung.[32] Diese

---

31 In der ersten Studie werden 96 Kinder untersucht (46 Jungen und 50 Mädchen im Alter von 6-12 Jahren). Signifikante Ergebnisse wurden nur bei Jungen erzielt. Die zweite Studie umfaßt 65 Versuchspersonen (38 Männer und 27 Frauen im Alter von 18-26 Jahren). Signifikante Ergebnisse wurden nur bei Frauen erzielt, vgl. Allamann et al. (1972: 1140ff).
32 Die Messung und Interpretation des SD-RS als "avoidance-of-disapproval" zeigt Ford (1964).

Frage berührt auch das grundsätzliche Problem einer einheitlichen Definition des SD-RS. Ohne gründliche theoretische Erörterung mit Bezug auf die zur Verfügung stehenden Erhebungsinstrumente ist sie m. E. nicht entscheidbar. Die nachdrücklichen Verweise auf die Notwendigkeit weiterer Studien[33] wirken daher eher problemausweichend als problemlösend.

1.2.4 Kritik am Konzept des "Need for Social Approval"

Crowne und Marlowe haben mit ihrem motivationalen Konzept zur Erklärung von SD-RS in Forschungskontaktsituationen eine wesentliche Alternative zu den Persönlichkeitsansätzen geschaffen. Bestimmte Erwartungshaltungen und Bedürfnisorientierungen determinieren im wesentlichen "reaktive" Handlungsreaktionen. Durch Befragungen und Experimente konnten einige Verhaltenscharakteristiken nachgewiesen werden, über die jene Personen verfügen, die in Sekundärkontakten hoch beeinflußbar sind und sich selbst in sozial erwünschter Weise darstellen. Die Entwicklung des Konstruktes "Need for Social Approval" sollte theoretisch die Messung der MCSD-Skala untermauern und die Lücke zwischen getesteten Antworten und nichtgetestetem Verhalten überbrücken (vgl. Crowne/Marlowe 1964: 191). Problematisch bleibt einerseits die Frage der Validität der MCSD-Skala und andererseits die Meßtheorie, d.h. die theoretische Beziehung zwischen Konstrukt und meßbarem Indikator.[34] Folgende Annahme wurde dazu getroffen: Die Untersuchungspersonen antworten auf den Inhalt der Items und sehen ihn in Zusammenhang mit dem gesamten Untersuchungsmaterial. In Zustimmung/Ablehnung spiegeln sich individuelle Attribute, Merkmale oder habitualisierte Strategien des Antwortens (vgl. Crowne/Marlowe 1964: 193). Edwards et al. stehen der Konstruktvalidität der MCSD-Skala kritisch gegenüber. Sie sehen inhaltlich auf Grund der positiven Korrelationen zwischen Lügenskalen und MCSD-Skala eher einen Bezug zur Lügentendenz als zur sozialen Erwünschtheit. Mit Faktorenanalysen konnten sie neben sozialer Erwünschtheit und Akquieszenz eine "Lügendimension" identifizieren und entsprechend interpretieren (vgl. Edwards/Diers/Walker 1962: 224).[35] In dieser etwas heuristisch anmutenden Bestandsaufnahme liegt aber eine wesentliche Feststellung: Die Edwards-SD-

---

33 Diese Forderung wird auch von Crowne ausgesprochen, vgl. Crowne (1979: 183).

34 Innerhalb einer Untersuchung zur Validität von Kontrollskalen stellen Amelang/Burkenau (1981) folgendes fest:
   1. Testwerte von Versuchspersonen mit hohen Scores auf SD-Kontrollskalen haben eine besonders niedrige Validität.
   2. Hohe Werte auf der Lügenskala enstehen durch Orientierung am Stereotyp des sozial erwünschten, niedrige Werte auf der Lügenskala enstehen durch Orientierung an unerwünschten Eigenschaften im Sinne extremer Selbstkritik.

Skala und die MCSD-Skala messen zwei unterschiedliche Dimensionen und damit evtl. auch zwei unterschiedliche Reaktivitätseffekte. Die unterschiedlichen Meßabsichten bezüglich der Skalen unterstreichen diese Feststellung: "The SD-Scale was designed to measure the tendency of subjects to give socially desirable responses under the usual or standard instructions of administration of personality scales" (Edwards et al. 1962: 224). "The scale is assumed to measure a person's approach to self- and socially evaluated situations and the meaning that such situations have for him" (Crowne/Marlowe 1964: 194).[36]

Bradburn und Sudman weisen innerhalb ihrer Reinterpretation der MCSD-Skala darauf hin, daß es kaum zuverlässige Ansätze über die Validität der MCSD-Skala gibt, sowie kaum Diskussionen über Verhaltens- und Einstellungsdifferenzen zwischen Personen mit hohem MCSD-Score und Personen mit niedrigem MCSD-Score. Es wird von ihnen der Ansatz vertreten, daß Verhalten und Einstellungen von Personen mit hohem MCSD-Score mehr rigide und normengeleitet sind, während Personen mit niedrigem MCSD-Score mehr relativistische und tolerierbare Verhaltensweisen haben (vgl. Bradburn/Sudman 1979: 88).

Um diese Unterschiede zwischen den Personengruppen zu evaluieren, setzten Bradburn und Sudman die MCSD-Skala in Abhängigkeit verschiedener demographischer Variablen, wie Alter, Einkommen, Bildung, Stadtgröße, Rasse und Familienstand. Der stärkste Zusammenhang besteht zu Alter (positiv) und zu Bildung (negativ), dagegen ein weniger starker Zusammenhang zu Einkommen und Wohnlage (beides negativ, vgl. Bradburn/Sudman 1979: 90ff). Beide Autoren konstatieren, daß ältere, weniger gebildetere Personen eine unkritische Akzeptanz zu einmal internalisierten Normen entwickeln. In Interviewsituationen wird ein normengeleitetes Verhalten bei Personen mit hohem MCSD-Score damit eher zu erwarten sein. Hier sehen Bradburn und Sudman im Unterschied zu Crowne und Marlowe weniger den situationalen Effekt während des Interviewverlaufes, als vielmehr die unterschiedlichen Lebenserfahrungen und Sozialisationserlebnisse. Bradburn und Sudman interpretieren die Gruppenunterschiede in Abhängigkeit von Alter und Bildung eher als Kohorteneffekte (vgl. Bradburn/Sudman 1979: 99ff).

---

35 Die MCSD-Skala liegt mit den MMPI-Skalen Selbstkontrolle und Anpassungsvermögen (Cn), Lügen (L), Maskulinität-Femininität (Mf), Simulation (Mp) und Originalität (Or) auf einer Dimension, vgl. Edwards/Diers/Walker (1962: 222). Crowne und Marlowe erwähnen selbst den Bezug ihrer Skala zu Lügentendenzen, vgl. Crowne/Marlowe (1960: 350).

36 In einer neueren Untersuchung wird der Bezug der beiden Skalen zu unterschiedlichen Konstrukten ausdrücklich betont, vgl. Edwards et al. (1988: 528ff). Innerhalb der klinischen Psychologie gibt es kaum verläßliche Hinweise auf Konstruktvalidität der MCSD-Skala. Darauf weist z. B. Ellis (1985: 638) hin.

Es bleibt festzuhalten, daß unterschiedliche Blickwinkel in bezug auf die Messung des SD-RS zu unterschiedlichen Erklärungen führen. Inwieweit SD-Skalen geeignete Operationalisierungen des SD-RS sind oder psychopathologisches Verhalten, "need für social approval", "avoidance-of-disapproval" als "reaktive" Bezugsdimensionen messen, ist ohne Bezug zu theoretischen Konstrukten und deren meßbaren Indikatoren sowie ohne theoretisch fundierte instrumententheoretische Konzepte nicht entscheidbar.

1.3   Die instrumententheoretische Bedeutung der sozialen Erwünschtheit

1.3.1   Die Bedeutung von "Persönlichkeit" und "Situation"

Die theoretisch noch wenig fundierten Erörterungen sowie die mangelnde praktische Handhabung begrenzt aussagefähiger Untersuchungsdesigns psychologischer Erklärungskonzepte haben in der soziologisch-theoretischen Auseinandersetzung über die Funktionserfüllung empirischer Sozialforschung stimulierende Wirkung auf einige wissenschaftstheoretische Positionen (vgl. z. B. Phillips 1971, 1973) hinterlassen. In der soziologisch-praktischen Auseinandersetzung über die Genauigkeit ermittelter Daten führte dies zum verstärkten Gebrauch von Kontrollskalen (Response-Set-Skalen) in repräsentativen Stichproben. Als Beispiel kann hier die Allgemeine Bevölkerungsumfrage der Sozialwissenschaften (abgekürzt ALLBUS) aus dem Jahre 1980 genannt werden, die u. a. auch eine Kurzskala der MCSD-Skala enthält (zur Skala vgl. ZUMA-Skalenhandbuch 1983, Skala P03 und die dort angegebenen Literaturhinweise).

Das Forschungsinteresse richtete sich innerhalb der empirischen Sozialforschung nicht nur auf Artefaktlokalisation und -kontrolle, sondern darüber hinaus auf Ursachenfindung und soziologisch-theoretische Erklärungsansätze. Ähnlich den Arbeiten über Verzerrungen in den MMPI-Skalen stützten sich soziologische Untersuchungen auf abhängige Variablen, die sich in hohem Maße als artefaktanfällig erwiesen: "mental health" (vgl. Phillips/Segal 1969; vgl. Phillips/Clancy 1970) und "psychological disorder" (vgl. Dohrenwend 1966). In nach Repräsentativität ausgewählten Samples konnten SD-verzerrte abhängige Variablen zu miterhobenen soziodemographischen Variablen in einen kausalen Zusammenhang gesetzt werden. Dabei interessierte hauptsächlich die Frage, ob der SD-RS als systematische Fehlergröße die empirische Korrektheit beeinflußte oder zufällig unsystematisch (und damit inferenzstatistisch berechenbar) in den Daten auftrat. Die Prädiktoren für die abhängigen Variablen waren Alter, Geschlecht, Bildung, sozioökonomischer Status etc. Die methodischen Variablen rekurrierten sich aus psychiatrischen Skalen, die nach sozialer Erwünschtheit beurteilt wurden (hier als "Trait Desirability" bezeichnet) und ausgewählten Items der MCSD-Skala (hier als "MC-Desirability"bezeichnet).[37] Phillips und Segal untersuchten den Zusammen-

---

37 In vielen soziologischen Studien wird der SD-RS unterschieden in "Trait Desirability" und "MC-Desirability", wobei das letztere gleichbedeutend ist mit dem "Need for Social Approval". Die einen gehen davon aus, daß trotz unterschiedlicher Dimensionen dasgleiche Phänomen gemessen wird (vgl. Phillips/Clancy 1972: 923). Andere betrachten "MC-

hang zwischen Geschlecht und psychiatrischen Symptomen zur Feststellung von systematischen Erwünschtheitsangaben in der "Langner 22-Item Mental Health Inventory". Der Einfluß der "Trait Desirability" bewirkte höhere Ratings bei weiblichen Untersuchungspersonen. Die Validität der Messung von psychiatrischen Symptomen und die vermuteten Kausalbeziehungen waren daraufhin in Frage gestellt worden (vgl. Phillips/Segal 1969: 70). Ähnliche Ergebnisse schienen im Verhältnis von sozioökonomischer Position und Langner-Ratings reproduziert zu werden: Unterschichten gaben eine höhere Anzahl an Symptomen an und ordneten jenen einen höheren Erwünschtheitsgrad zu als Mittel- und Oberschichten. Aber "...the relationship between socioeconomic position and mental health is affected by people's evaluations as to the desirability of the mental health inventory items" (Phillips/Clancy 1970: 512). Und die Tendenz, sozial erwünscht zu antworten "may be related to people's location in the social structure" (Phillips/Clancy 1970: 512).

Kontextvariablen, Sozialisationsvariablen primärer und sekundärer Art etc., d. h. die individuell unterschiedliche Ausbildung eines normativen Werterahmens, bestimmen Verhalten und Reaktionen in Sekundärkontakten. Darüber gibt u. a. ein Vergleich der Studien von Dohrenwend und Phillips und Clancy Aufschluß.

Phillips und Clancy konnten die Hypothese belegen, daß je mehr Befragte ein Item als unerwünscht einstuften, desto größer die Abneigung wurde, diesem Item zuzustimmen. Einen schlechten Gesundheitszustand und Krankheiten einzugestehen, ist für den Befragten unweigerlich mit hohen sozialen Kosten und individuellen Integritätsverlusten verbunden. In seiner ethnisch ausgerichteten Studie ermittelte Dohrenwend für untere soziale Schichten zum Teil widersprüchliche Ergebnisse. Während Schwarze aus der Unterschicht den psychiatrischen Items ähnlich abgeneigt gegenüberstanden, schätzten zur gleichen Schicht gehörende Puerto Ricaner jene weniger unerwünscht ein (vgl. Dohrenwend 1966: 24; Dohrenwend/Dohrenwend 1969: 82ff). Ein überdurchschnittlicher Rapport bezüglich schlechter Gesundheitszustände hat hiernach seine Ursachen in Handlungen, die positiv sanktioniert und "wünschbar" zu internalisierten bzw. sozialisierten Werten stehen. Ethnische Differenzierung und Werterahmen mit unterschiedlicher Decodierung gesellschaftlicher Normen schlagen sich in unterschiedlichen Arten von Präsentationsverhalten nieder: "A matter of great importance here is the motive of the relationship between people's ethnicity and their evaluation of the desirability of the items in the mental health inventory" (Phillips 1971: 41).[38] Die Evaluation richtet

---

Desirability" eher als inhaltliche Messung, die nicht Fehlervarianz, sondern "wahre" Varianz in den Daten erklärt (vgl. Bradburn/Sudman 1979: 89). Zusammenhänge zwischen "MC-Desirability" und soziodemographischen Variablen zeigen Klassen et al. (1975) und Bradburn/Sudman (1979).

38 Zum SD-RS als Funktion eines Lernprozesses, vgl. Heilbrun (1964).

sich nach individuellen Erfahrungshorizonten. Zeigen Personen mit niedrigen sozialen Lebensbedingungen und mangelnden sozioökonomischen Ressourcen eine höhere Rate an "psychiatric disorder", läßt sich dies durch ein verstärktes Zustimmungsverhalten zu sozial unerwünschten (aber mit ihrem Werterahmen übereinstimmenden) Statements begründen: Einmal *extern* über sozialen Druck, Diskriminierung etc., und zum zweiten, *intern* über die Wahrnehmung gleicher Symptome bei Mitgliedern der gleichen sozialen Gruppe bzw. Ethnie (vgl. Phillips 1971: 41). Zeigen Personen mit hohen sozialen Lebensbedingungen und ausreichenden sozioökonomischen Ressourcen eine niedrige Rate an "psychiatric disorder", läßt sich dies durch ein verstärktes Ablehnungsverhalten zu sozial unerwünschten (mit ihrem Werterahmen nicht übereinstimmenden) Statements begründen.

Der nur scheinbare Zusammenhang von sozioökonomischer Position und SD-RS wird von beiden Studien auf verschiedene Weise bestätigt: Bei Dohrenwend sehen schwarze Unterschichtsangehörige die Untersuchungsitems als unerwünscht an, bei Phillips und Clancy verteilt sich die Subgruppe mit hohen SD-Ratings auf der Langner-Skala nach der Häufigkeit der Symptome unabhängig von der sozioökonomischen Position (vgl. Dohrenwend/Dohrenwend 1969: 84; Phillips/Clancy 1970: 511). Phillips und Clancy vermuten zwar, "that middle-class individuals are more aware than lower-class persons as to what are considered the most socially desirable responses ..." (Phillips/Clancy 1970: 513), verfügen Unterschichtsangehörige aber über entsprechende Sets an Mittelschichtsnormen, sind sie in der Lage, Präsentationsstrategien zur Situationsbewältigung zu entwickeln und einzusetzen (vgl. Esser 1975a: 338).

Inwieweit diese empirischen Ergebnisse theoretisch fundiert sind und als empirische Unterstützung für instrumententheoretische Überlegungen gelten können, ist hier noch nicht entscheidbar. Auswirkungen der Einflüsse durch sozial erwünschtes Verhalten können aber eingegrenzt werden. Drei Möglichkeiten der Verzerrung durch SD-RS lassen sich zusammenfassen (vgl. Zerbe/Paulhus 1987: 251):

1. Der SD-RS korreliert mit einer Prädiktorvariablen (unabhängige Variable) und einer Kriteriumsvariablen (abhängige Variable). Dies hat zur Folge, daß der Zusammenhang zwischen Prädiktor und Kriterium beeinträchtigt wird.[39]

2. Der SD-RS wirkt als Suppressorvariable, d. h. er wirkt als eine weitere unabhängige Variable, die irrelevante Teile der Kriteriumsvariablen unterdrückt und die Vorhersagefähigkeit erhöht.

---

39 Bei Vorliegen von SD-RS wird dieser Zusammenhang auch als "spurious correlation" bezeichnet, vgl. Nederhof (1985).

3. Der SD-RS wirkt als Moderatorvariable, d. h. er wirkt durch die Interaktion zwischen Prädiktor und Response Set auf das Kriterium.

Nun haben die vorangegangenen Ausführungen gezeigt, daß eine eindimensionale Betrachtung des SD-RS als unrealistisch eingeschätzt werden muß. Hierbei zeigen sich Parallelen zwischen den Ergebnissen von Phillips und Clancy (1970), Paulhus (1984) sowie Zerbe und Paulhus (1987). Nach den letztgenannten Autoren unterscheiden sich Skalen zur Messung des SD-RS nach zwei Komponenten: individuelle Selbstbeschreibung und Eindruckskontrolle (vgl. Zerbe/Paulhus 1987: 253). Im Unterschied zu Phillips und Clancy fanden sie heraus, daß die MCSD-Skala durch beide Komponenten repräsentiert wurde, während die Edwards-SD-Skala nur die individuelle Selbstbeschreibung mißt. Eindruckskontrolle wird nach ihren Ergebnissen auch durch die Lügenskalen (Eysenck's Lie-Scale und Lügenskala des MMPI) erfaßt. Insbesondere in der Organisationsforschung hat sich diese zweidimensionale Unterscheidung des SD-RS bewährt (vgl. Arnold et al. 1985).

Es bleibt festzuhalten, daß der SD-RS selbst sowie die Ursachen dieser Art der Antworttendenz nach den hier aufgeführten Ergebnissen mehrdimensionaler Art sind. Außerdem sind systematische Verzerrungen durch SD-RS in unterschiedlichen Forschungsbereichen aufgezeigt worden. Damit können folgende Aussagen generalisiert werden:

- Der SD-RS ist nach zwei Dimensionen zu unterscheiden. Die Interpretation dieser Dimensionen variieren nach "Trait Desirability" und "MC-Desirability" bzw. individuelle Selbstbeschreibung und Eindruckskontrolle.

- Der SD-RS wird größtenteils durch mittelschichtsorientiertes Verhalten (Präsentationsstrategien) ausgelöst.

- Der SD-RS beeinflußt kausale Zusammenhänge zwischen Prädiktor und Kriterium.

Die Analyse empirischer Regelmäßigkeiten im Forschungskontakt soll in Zusammenhang mit bestimmten situationalen und individuellen Voraussetzungen im folgenden anhand einer repräsentativen Studie näher erläutert werden.

1.3.2 Eine methodisch-systematische Untersuchung: Die Messung sozialer Empfindungen

In nur wenigen repräsentativen Untersuchungen sind systematisch Skalen zur Erfassung und Kontrolle von Response Sets eingesetzt worden. Zu den wichtigsten Untersuchungen zählen die in den USA durchgeführte Befragung von Schuessler (1982) und die deutsche Replikation von Krebs/Schuessler (1987).

Die amerikanische Untersuchung wurde 1974 durchgeführt und umfaßt 1522 repräsentativ ausgewählte Befragte über 18 Jahre. Schuesslers Forschungskonzept zielte auf die generelle Fragestellung ab, inwieweit Einstellungstests und -skalen das messen, was sie zu messen beanspruchen. Darüber hinaus sollte mit der Studie geklärt werden, ob die mit der klassischen Testtheorie gestellte Forderung nach Validität und Reliabilität von Untersuchungsergebnissen wirklich erfüllt wird oder ob nicht bestimmte methodische Effekte (Fragebogenaufbau, Direction-of-Wording, Response Sets) die inhaltlichen Resultate verzerren. Die Untersuchung bezog ihre Items aus einem Pool von mehr als 1000 Items aus über 100 Tests, die Einstellungen zu *Selbst* und *Anderen* in der Gesellschaft wiedergeben sollten.[40] Der entgültige Fragebogen umfaßte 237 Items aus 31 "Social Life Feeling Scales" (im folgenden SLF-Skalen genannt), 29 Fragen zur Soziodemographie (z. B. Einkommen, Familienstand, Beruf, Bildung) und 30 Items aus Response-Set-Skalen.[41] Die 30 Response-Set-Items teilen sich in 10 Items der Jackson-SD-Skala (im folgenden abgekürzt JSD-Skala), 10 Items der Jackson/Messick-ACQ-Skala (im folgenden abgekürzt ACQ-Skala) und 10 Items der Marlowe/Crowne-SD-Skala (im folgenden abgekürzt MCSD-Skala) auf. Die 10 Items der JSD-Skala teilen sich in 5 positiv gepolte und 5 negativ gepolte Items auf (vgl. Schuessler 1982: 96), die 10 Items der ACQ-Skala sind alle positiv gepolt und neutral bezogen auf soziale Erwünschtheit (vgl. Schuessler 1982: 98). Die 10 Items der MCSD-Skala bestehen aus 5 Items, die die Selbstzuschreibung sozial erwünschter Eigenschaftszuweisungen enthalten und 5 Items, die die Selbstzuschreibung sozial unerwünschter Eigenschaftszuweisungen enthalten (vgl. Schuessler 1982: 100).

Neben diesen 30 Items versuchte Schuessler eine eigene SD-Skala aus den in der Untersuchung enthaltenen Items zu konstruieren. Diese Skala sollte, ähnlich zur JSD-Skala, Tendenzen zu sozial erwünschten Antworten messen. Schuessler geht davon aus, daß sozial erwünschtes Antwortverhalten das Resultat einer durch Gewohnheit oder Konvention gesteuerten kollektiven Re-

---

40 Die Unterscheidung zwischen *Selbst* und *Anderen* ist von Schuessler gewählt worden, um die unterschiedliche Bedeutung der Items im Hinblick auf direkte Betroffenheit (sog. personal items) und gesellschaftliche Betroffenheit (sog. impersonal items) deutlich werden zu lassen. Zur Auswahl der Items und zum Fragebogenaufbau vgl. Schuessler et al. (1978) und Schuessler (1982).

41 Zur Zugehörigkeit von Skalen und Items, vgl. Schuessler/Freshnock (1982).

aktion ist (vgl. auch Krebs/Schuessler 1987: 96). Schuessler grenzt sich hier deutlich von individualpsychologischen Ansätzen ab und betont die situationsbezogene Existenz von Verhaltensregelmäßigkeiten.[42]

Zur Entwicklung dieser Skala wurden 195 Items in der hier schon erläuterten Technik von Edwards 750 Studenten zur Einschätzung nach sozialer Erwünschtheit auf einer 9-Punkte-Skala vorgelegt. Daraufhin nahm Schuessler eine Itemselektion nach folgenden Kriterien vor (vgl. Schuessler et al. 1978: 228):

- Jedes Item wurde ausgesondert, daß eine höhere Standardabweichung als der Median aller 195 Standardabweichungen hatte.

- Alle Items, die um den neutralen SDSV schwankten, wurden ausgesondert.

- Nach einer Kreuzklassifikation "items by key" wurde eine Zuordnung der Items zu 14 inhaltlichen Kategorien durchgeführt.

16 Items blieben übrig, die nach Schuessler eine Skala (im folgenden RD16 genannt) zur Messung der Tendenz, sozial erwünschte Antworten zu geben, bilden sollten. Die eine Hälfte der Items sind "personal items", die andere Hälfte "impersonal Items". Desweiteren unterscheiden sich die Items nach niedrigen SDSV und nach hohen SDSV. Eine Faktorenanalyse (Varimax-Rotation) klassifizierte die Items nach vier Dimensionen, wobei die erste Dimension als die Tendenz, sozial erwünscht zu antworten und die restlichen Dimensionen als Einstellungen, die nicht neutralisiert werden konnten, interpretiert wurden.

Die inhaltliche Heterogenität der Skala RD16 ist eine Folge des Vorgehens bei der Konstruktion dieser Skala. Die Items beziehen sich nicht nur auf soziale Überzeugungen sondern auch auf Beschreibungen individueller emotionaler Zustände. Diversifikation inhaltlicher Bereiche hat hier eine größere Bedeutung als Eindimensionalität der Skala (zu einem ähnlichen Vorgehen vgl. Jackson/Messick 1961).

Die Korrelationen von RD16 mit der JSD-Skala, der JMAC-Skala und der MCSD-Skala haben folgende Richtungen: RD16 korreliert am höchsten mit JSD (.54), geringer mit MCSD (.17) und negativ mit JMAC (-.23).[43] Die hohe

---

42 Allerdings grenzt er sich auch von handlungstheoretischen Ansätzen (z. B. Esser 1986a) ab, da für ihn Antworten nicht nur Resultat eines "wohlabgewogenen" Entscheidungsprozesses sein müssen, sondern auch Resultat "habitueller" Reaktionen.

43 Die These, daß bei Auftreten hoher sozialer Erwünschtheit niedriges akquieszentes Antwortverhalten zu erwarten ist, und umgekehrt, bei Auftreten von hohem akquieszenten Antwortverhalten niedrige soziale Erwünschtheit, wird von Esser (1977) diskutiert.

Korrelation zwischen RD16 und JSD-Skala ist durch die Verwendung von Persönlichkeitsitems in beiden Skalen zu erklären. Die niedrige Korrelation zwischen RD16 und MCSD-Skala bestätigen weitere empirische Ergebnisse in der Reaktivitätsforschung mit dem Ergebnis, daß zwischen item-bezogener sozialer Erwünschtheit und einem situationalen "Need for Social Approval" unterschieden werden kann (vgl. Phillips/Clancy 1972a: 926ff).[44] In der deutschen Replikation der amerikanischen Methodenstudie von Schuessler ist eine auf 10 Items reduzierte Kurzform der RD16-Skala verwendet worden (vgl. Krebs/Schuessler 1987: 100).[45] In beiden Studien ergaben sich ähnliche Mittelwerte. Die in der amerikanischen Studie ermittelten höheren Summenwerte weisen auf eine dort stärkere Tendenz, sozial erwünscht zu antworten, hin (vgl. Krebs/Schuessler 1987: 102). Um die Beziehung zwischen soziodemographischen Variablen und Antworttendenzen zu prüfen, sind ein-, zwei- und dreifaktorielle Varianzanalysen durchgeführt worden.

In der amerikanischen Stichprobe sind Einkommen und Schulbildung die beiden besten Prädiktoren für die Tendenz, sozial akzeptierte Antworten zu geben (RD16-Skala) und dem Bedürfnis nach sozialer Anerkennung (MCSD-Skala). In der deutschen Stichprobe kommen Familienstand und Alter als weitere Prädiktoren hinzu (vgl. Krebs/Schuessler 1987: 125). Interessant ist der Zusammenhang zwischen SD-Skalen und Alter. Während die Beziehung zwischen Alter und RD16 U-förmig ist, d. h. junge und alte Befragte niedrige Mittelwerte aufweisen, ist die Beziehung zwischen Alter und MCSD-Skala linear. Ältere Befragte haben ein höheres Bedürfnis nach sozialer Anerkennung als jüngere (vgl. Krebs/Schuessler 1987: 115ff und zur U-förmigen Beziehung auch Amelang/Borkenau 1981).

Für die lineare Beziehung wird folgende Erklärung geboten: Das Bedürfnis nach sozialer Anerkennung hat sich im Laufe des Lebens entwickelt und ist zur Bewältigung alltäglicher Frustrationen notwendig. Die Folge ist eine Aufnahme dieser Verhaltenstendenz in das "normale" Verhaltensrepertoire. Für die U-förmige Beziehung wird folgende Erklärung geboten: Die jüngeren Befragten zeigen wenig Bereitschaft, sozial akzeptierte Antworten zu geben, weil sie noch wenig Erfahrungen mit gesellschaftlichen Zuständen haben. Die älteren Befragten zeigen ebenso wenig Bereitschaft, sozial akzeptierte Antworten zu geben, weil sie die entsprechenden Erfahrungen gemacht haben und es nicht nötig haben, sozial erwünschte Äußerungen abzugeben (vgl. Krebs/Schuessler 1987: 117).

---

44 Zur statistischen Modellierung beider Erwünschtheitseffekte vgl. den folgenden Abschnitt und Reinecke (1985a, 1985b).

45 Die JSD-Skala und die ACQ-Skala aus der amerikanischen Untersuchung sind in der deutschen Replikation nicht verwendet worden. Für die Messung von Akquieszenz wurde eine Skala aus dem zur Verfügung stehenden Item-Pool entwickelt, vgl. Krebs/Schuessler (1987: 107).

Diese Erklärungen sind plausibel und geben Aufschluß über subgruppenspezifisches Antwortverhalten. Der Bezug zur theoretischen Annahme, daß Antworttendenzen ein Resultat habitueller Reaktionen seien, wird zwar hergestellt, allerdings unterbleibt die Erörterung dieses Konzeptes in Relation zu anderen, z. B. handlungstheoretischen Konzepten des Befragten- und Interviewerverhaltens. Der Versuch, ein handlungstheoretisches Modell des Antwortverhaltens zu operationalisieren und mit Hilfe der Daten der amerikanischen Stichprobe zu testen, soll im folgenden erörtert werden.

1.3.3 Ein eigenes Kausalmodell zur Erklärung von sozial erwünschten Antworttendenzen

Die in den vorherigen Abschnitten referierten Untersuchungen haben verdeutlicht, daß unter Betrachtung einer situationsbezogenen Existenz von Antwortverzerrungen, zwei Richtungen des SD-RS unterschieden werden können: die Tendenz, sozial akzeptable Antworten zu geben (auch genannt "Trait Desirability") und die Tendenz, in der Befragungssituation soziale Anerkennung zu erhalten (auch genannt "need for social approval").[46] Im folgenden ist versucht worden, diese beiden Antworttendenzen aus den SD-Skalen der Studie von Schuessler (1982) zu operationalisieren und als latente Variablen in ein inhaltliches Kausalmodell (Kerntheoriemodell) zu integrieren.

Zur Operationalisierung des Konstruktes "Trait Desirability" wurden alle Items der Skala RD16 und JSD einer Faktorenanalyse (Varimax-Rotation) unterzogen. Es wurden 8 Faktoren nach dem Eigenwertkriterium extrahiert, von denen die ersten beiden als Response-Set-Faktoren (Methodenfaktoren) und der Rest als inhaltliche Dimensionen interpretiert werden konnten. Diejenigen Items, die auf den Methodenfaktoren keine nennenswerte Ladungen aufwiesen, wurden ausgesondert. Die restlichen Items wurden nach Form (personal/impersonal) und nach Polung (positiv/negativ) geordnet und möglichst ausgewogen nach folgenden Kriterien auf drei Gruppen verteilt (vgl. Reinecke 1985a: 393):

1. Das Verhältnis der positiven und negativen Items sollte in allen Gruppen gleich sein.

2. Das Verhältnis der peronal und impersonal Items sollte in allen Gruppen gleich sein.

---

46 Nach Paulhus (1984), Zerbe/Paulhus (1987) und Paulhus (1991) können diese Richtungen auch als "individuelle Selbstbeschreibung" und "Eindruckskontrolle" unterschieden werden, vgl. auch Abschnitt 1.3.1.

3. Das Verhältnis von Items der Skala RD16 und der JSD-Skala sollte in allen Gruppen gleich sein.

4. Die Summe der Kommunalitäten sollte in allen Gruppen gleich sein.[47]

Aus diesen drei Gruppen mit je 6 Items konnten drei nach Kommunalitäten gleichgewichtete Indizes konstruiert werden, die als Operationalisierung der Tendenz, sozial akzeptable Antworten zu geben, akzeptiert wurden.

Zur Operationalisierung des "Need for Social Approval" wurden die Items der MCSD-Skala einem ähnlichen Verfahren unterzogen. Die Faktorenanalyse (Varimax-Rotation) der 10 Items ergab zwei signifikante Faktoren, die auf die Polung der Items zurückzuführen waren: negativ gepolte Items luden hoch auf dem 1. Faktor, positiv gepolte Items hatten ihre höchsten Ladungen auf dem 2. Faktor. Da alle Items mit persönlichem Pronomen (ich) formuliert sind, erfolgte eine ausgewogene Verteilung nur nach Polung der Items und nach Größe der Kommunalitäten. Aus den beiden Faktoren mit je 5 Items konnten zwei nach Kommunalitäten und Drehung der Items gewichtete Indizes konstruiert werden, die als Operationalisierung der Tendenz, soziale Anerkennung zu erhalten, akzeptiert wurden (vgl. Reinecke 1985a: 393).

Auf der einen Seite war nun ein Konstrukt "Trait Desirability" mit drei gemessenen Indizes und auf der anderen Seite "Need for Social Approval" mit zwei gemessenen Indizes vorhanden, die Einflüsse dieser Reaktionstendenzen in den inhaltlichen Konstrukten aufdecken konnten. Die inhaltlichen Konstrukte sind die "persönliche Situation", operationalisiert über die Skalen "Externe Kontrollorientierung" (SLF-Skala 1), "Feeling Down" (SLF-Skala 3), "Feeling Demoralized" (SLF-Skala 11) und die "Einstellung zu Gesellschaft und Staat", operationalisiert über die Skalen "Future Outlook" (SLF-Skala 9) und "Disillusionment with Government" (SLF-Skala 8).[48]

Ohne auf die inhaltlichen Beziehungen näher einzugehen, konnte gezeigt werden, daß Varianz in den SLF-Skalen durch das Konstrukt "Trait Desirability" erklärt werden konnte. Dies traf insbesondere auf die Indikatoren des Konstrukts "persönliche Situation" zu. Dagegen konnte auf der latenten Ebene zusätzlich Varianz in den abhängigen Konstrukten durch "Need for Social Approval" aufgeklärt werden. Dies betraf wiederum mehr das Konstrukt "persönliche Situation" als das Konstrukt "Einstellung zu Gesellschaft und Staat" (vgl. Reinecke 1985a: 396).

---

47 Die Anzahl der Gruppen hat sich durch die Anzahl der zur Verfügung stehenden Items ergeben. Außerdem sollten für das Kausalmodell möglichst drei Operationalisierungen pro theoretischem Konstrukt zur Verfügung stehen.

48 Zur inhaltlichen Zusammensetzung der SLF-Skalen, siehe Schuessler (1982: 16ff).

Liegen also Skalen zur Messung sozialer Empfindungen vor, die hauptsächlich aus "personal items" bestehen, können auf gemessener wie auf latenter Ebene Verzerrungen durch soziale Erwünschtheit festgestellt werden. Die Konstruktion von SD-RSs als latente Variablen und der Einbau derselben in inhaltlich konstruierte Kausalmodelle eröffnete die Möglichkeit, inhaltliche Zusammenhänge trotz der Präsenz von Verzerrungseffekten zu identifizieren und über eine Methodentheorie mitzuerklären.

Die Vorgehensweise, die zur Konstruktion der Indizes führte und damit Operationalisierungen der Konstrukte "Trait Desirability" und "Need for Social Approval" ermöglichten, ist von Schmidt (1986) kritisiert worden. Ausgangspunkt seiner Kritik ist die Feststellung, daß sich alle Items der o. a. Indizes bezüglich mehrerer Facetten unterscheiden.[49] Eine Facette bildet die Polung der Items, eine weitere Facette bildet die Formulierung der Items mit persönlichem Pronomen (ich) bzw. unpersönlichem Pronomen (man). Außerdem unterscheiden sich die Items noch bezüglich ihren inhaltlichen Dimensionen. Nach diesem Facettendesign wurde von Schmidt (1986: 198) ein vierfaktorielles Muster für die Items des Konstruktes "Trait Desirability" und ein zweifaktorielles Muster für die Items des Konstruktes "Need for Social Approval" erwartet. Im Unterschied zu Reinecke (1985a) sind dann alle Items einer Faktorenanalyse (und nicht für jeden Response Set getrennt) unterzogen worden, wobei nach dem Eigenwertkriterium sieben Faktoren ermittelt wurden (vgl. Schmidt 1986: 199).

Aus den Koeffizienten der Faktorenladungsmatrix (vgl. Tabelle 1.4) folgerte Schmidt, daß die von Reinecke zugrundegelegte Operationalisierung der Konstrukte "Trait Desirability" und "Need for Social Approval" widerlegt ist, weil die Items der jeweiligen Indizes nicht mit den höchsten Koeffizienten auf demselben Faktor laden (vgl. Schmidt 1986: 200). Demgegenüber wird hier die Auffassung vertreten, daß mit der simultanen Analyse der Response-Set-Items die Operationalisierung von Reinecke nicht widerlegt werden kann.

---

49 Der Begriff Facette sowie Analyse und Konstruktion von Instrumenten mit einem Facettendesign wird diskutiert in Mellenbergh et al. (1979).

Tabelle 1.4: Faktorenladungsmatrix der Skalen RD16, JSD und MCSD nach
Schmidt (1986)

Abk.	Pronomen	Polung	F 1	F 2	F 3	F 4	F 5	F 6	F 7
C22	i	-	.02	-.06	.02	**-.34**	.05	-.19	.08
D7	p	-	**.68**	-.07	.08	.06	.11	-.02	-.03
D	p	-	**.45**	.02	-.00	-.06	-.12	-.01	-.02
H1	p	+	.09	.05	.00	-.04	**.44**	.07	.01
H13	p	+	-.10	-.09	-.13	-.01	**.52**	-.03	-.04
J9	i	-	-.00	-.03	.03	**.39**	.01	.06	.01
I11	i	-	.06	-.03	-.02	-.15	-.06	**-.34**	.06
J20	i	-	-.01	.14	-.04	**-.32**	.05	-.11	-.22
J26	i	-	-.01	.08	-.02	**-.66**	-.04	-.01	-.07
K22	p	-	.11	-.01	-.07	-.07	-.11	**-.38**	.00
L1	p	-	.17	.04	.09	-.12	-.08	-.06	**-.28**
L3	p	+	-.08	.23	.04	.03	**.17**	.03	.06
L4	p	-	.01	.06	.22	.05	.03	**-.37**	-.14
L5	p	-	.07	.15	.26	-.17	-.06	-.13	**-.24**
L6	p	+	-.17	.11	.08	.08	**.35**	-.09	.17
L7	p	+	-.03	.01	.05	.13	.16	-.02	**.21**
L8	p	+	-.05	.13	.11	-.04	.01	-.01	**.53**
L10	p	-	.17	.16	.15	-.03	-.14	**-.25**	-.15
L21	p	-	.12	-.00	**.53**	-.00	-.06	.02	-.00
L22	p	+	-.03	**.47**	-.11	-.04	.01	-.06	.04
L23	p	+	-.01	**.44**	.05	-.03	.02	.08	-.00
L24	p	-	.01	-.22	**.35**	.03	.01	-.22	-.00
L25	p	-	.01	-.16	**.46**	.04	.04	.10	-.02
L26	p	+	.13	**.34**	-.21	.02	.01	-.07	.05
L27	p	-	-.01	.01	**.42**	-.07	-.05	-.08	-.03
L28	p	+	.08	**.29**	-.20	.03	-.02	-.08	.10
L29	p	-	.05	-.05	**.59**	.00	-.02	.12	.11
L30	p	+	-.07	**.57**	-.06	.03	-.03	-.03	-.01

Fn = Faktor n

p = persönliches Pronomen   i = unpersönliches Pronomen

- = negativ gepoltes Item

+ = positiv gepoltes Item

Die Polungen und Pronomenbezeichnungen sind hier in dieser Tabelle ergänzt worden.

Die Faktorenstruktur in Tabelle 1.4 zeigt nach der hier vertretenen Auffassung
folgendes:

1. Faktor 1, 4 und 5 sind Dimensionen, die nach der Facette Polung und
   nach der Facette Pronomen klassifiziert werden können. Dabei kann

festgestellt werden, daß Drehung der Items und Pronomen keine eigenständigen Dimensionen bilden, sondern in Kombinationen identifizierbar sind (z. B. der erste Faktor wird durch Items mit negativer Polung und persönlichem Pronomen repräsentiert).

2. Faktor 6 und 7 sind inhaltliche Dimensionen, in denen Items mit allen Facettenkombinationen auftreten können.

3. Faktor 2 und 3 sind Dimensionen des "Need for Social Approval", die nach der Facette Polung der Items unterschieden werden können.

Die Gruppierung der Items zu Indizes sollte die Neutralisierung der von Schmidt (1986) angesprochenen Facetten bewirken. Mit einer Zuordnung nach Facette Polung und der Facette Pronomen wäre m. E. keine adäquate Operationalisierung der Indizes für die Dimension "Trait Desirability" erfolgt. Die Faktorenstruktur in Tabelle 1.4 zeigt allerdings, daß entgegen den Annahmen von Reinecke auch noch inhaltliche Dimensionen in ihr enthalten sind. Dies trifft aber nur für die Indizes des Konstruktes "Trait Desirability"zu. Die zwei Indizes des Konstruktes "Need for Social Approval" enthalten auch nach den von Schmidt durchgeführten Analysen keine weiteren inhaltlichen Dimensionen und die von ihm postulierte Facette (Drehung der Items) läßt sich in der Faktorenstruktur (siehe Faktoren 2 und 3 in Tabelle 1.4) eindeutig wiederfinden.

Nach der hier erörterten modellhaften Berücksichtigung von Tendenzen, in sozial erwünschter Richtung zu antworten, wird mit der empirischen Untersuchung in Kapitel 3 (Seite 137) versucht, an diese Ergebnisse anzuknüpfen und eine Methodentheorie der sozialen Erwünschtheit zu entwickeln.

Kapitel 2

Die empirische Analyse von Interviewereffekten unter besonderer Berücksichtigung des Intervieweranwesenheits- und Interviewererwartungseffektes

Wie in Teil I dieser Arbeit bereits skizziert, wird bei der empirischen Analyse von Interviewereinflüssen nach sichtbaren und nichtsichtbaren Merkmalen des Interviewers unterschieden.[1] Zu den sichtbaren Merkmalen zählen das Geschlecht, das Alter und die ethnische Zugehörigkeit des Interviewers (vgl. die Abschnitte 2.1.1, 2.1.2 und 2.1.3).[2] Als sichtbar werden darüber hinaus Merkmale gewertet, die aus den unmittelbar beobachtbaren Verhaltensweisen des Interviewers abgeleitet werden können: Die soziale Distanz zwischen

---

[1] Die sichtbaren Merkmale des Interviewers werden an anderer Stelle auch zu den Befragteneffekten gezählt, vgl. Esser (1983c: 47).

[2] Die ethnische Zugehörigkeit des Interviewers bezieht sich hier auf eindeutig identifizierbare sichtbare Merkmale, die die Andersartigkeit in der Befragungssituation kennzeichnen, wie z. B. die Hautfarbe.

Interviewer und Befragtem, der Status des Interviewers und die Interviewer-erfahrung (vgl. die Abschnitte 2.1.4 und 2.1.5). Im weiteren sollen empirische Befunde zu diesen Einflußgrößen aufgearbeitet und diskutiert werden.

Die nichtsichtbaren Merkmale beziehen sich einerseits auf bewußtes oder un-bewußtes Fehlverhalten (z. B. falsche Protokollierungen) des Interviewers (vgl. Abschnitt 2.2.1) und andererseits auf die bewußte oder unbewußte Beeinflus-sung des Befragten durch Einstellungen oder Erwartungshaltungen des Inter-viewers (vgl. Abschnitt 2.2.2). Auch zu diesen Einflußgrößen sollen empiri-sche Befunde aufgearbeitet und diskutiert werden. Für alle hier diskutierten Merkmale werden Ergebnisse über systematische Effekte durch Gruppenun-terschiede zwischen Interviewer und Befragten erörtert (vgl. Hyman et al. 1954:153ff).

Abschließend werden einige Studien zum Handlungsablauf im Interview vor-gestellt, die in die allgemeinen theoretischen Ansätze zur Behandlung von Interviewer- und Befragtenreaktionen integriert werden können (vgl. Ab-schnitt 2.3).

2.1   Interviewereinflüsse durch sichtbare Merkmale

2.1.1   Geschlecht des Interviewers

Folgt man der Argumentation von Hagenaars und Heinen (1982: 107), so wird ein systematischer Einfluß durch die Anwesenheit des Interviewers vorhanden sein, wenn Beziehungen zwischen dem Inhalt der Befragung und den Merkma-len des Interviewers bestehen. Die Auswirkung des Geschlechtseffektes auf die Befragungsergebnisse sind in der Regel gering. Johnson und Delamater (1976) können in einer Studie über sexuelles Verhalten bei Jugendlichen nur einen signifikanten Unterschied feststellen: Weibliche Interviewer erhielten mehr Be-richte über aktuelles sexuelles Verhalten als männliche Interviewer. Dieser Effekt war bei weiblichen Befragten stärker als bei männlichen (vgl. John-son/Delamater 1976: 173ff). Der geringe Einfluß des Interviewergeschlechts kann hier aber auch auf das spezielle Sample von Johnson und Delamater (ausschließlich jugendliche Befragte) zurückgeführt werden. Die in Hyman et al. (1954: 166) aufgeführten Ergebnisse belegen - zwar nur schwach signifikant - auch einen Einfluß durch das Interviewergeschlecht. In der Tendenz variieren bei gleichgeschlechtlichen Befragungen die Befragungsergebnisse stärker, als bei Befragungen mit gegengeschlechtlicher Zusammensetzung. Hyman führt dies darauf zurück, daß der männliche Interviewer die weiblichen Befragten in Richtung typisch männlicher Anwortmuster beeinflußt und umgekehrt, die weiblichen Interviewer den männlichen Befragten veranlaßt, typisch weibliches Anwortverhalten zu zeigen (vgl. Hyman et al. 1954: 165). Unbedingte Voraussetzung für das Auftreten von Geschlechtseffekten ist der unmittelbare Bezug des Fragethemas zu geschlechtsspezifischen Rollen und Verhaltensweisen. Dies trifft innerhalb der empirischen Sozialforschung auf die hier schon erwähnten Sexualstudien zu, wie auch auf Studien, die sich z. B. mit Haushalts- und Familienentwicklungen sowie mit Fragestellungen der Haushaltsführung bzw. Haushaltsorganisation befassen.[3]

2.1.2   Alter des Interviewers

Systematische Einflüsse verursacht durch das Alter der Interviewer sind für verschiedene Befragungsinhalte denkbar und wahrscheinlich. Die methodologische Literatur zum Einfluß des Intervieweralters ist jedoch dürftig und zum Teil widersprüchlich (vgl. Hagenaars/Heinen 1982: 112). Dies mag zum einen daran liegen, daß bezüglich des Alters Interviewergruppen äußerst homogen zusammengesetzt sind. Interviewer, die älter als 45 Jahre alt sind, existieren kaum. Zum anderen konfundiert der Effekt des Intervieweralters oft mit dem Effekt der Interviewererfahrung. Jüngere Interviewer sind in der Regel nicht erfahrene Studenten (oder Collegeangehörige, vgl. Hagenaars/Heinen 1982: 112), ältere Interviewer üben diese Tätigkeit eher professionell aus.[4] Eine Identifikation des Alters als Variable für den Interviewereinfluß wird durch diese Konfundierung erheblich beeinträchtigt. Selbst bei Hyman et al. finden sich kaum Berichte über Studien, die den Einfluß des Intervieweralters thematisieren. Bei Sudman und Bradburn (1974) existiert nur ein Hinweis auf Verzerrungseffekte, die durch durch ältere Interviewer verursacht werden. Freeman und Butler zeigen, daß ältere Interviewer, die ältere Personen befragten, mehr Antwortvarianz produzierten, als jede andere Alterskombination. Jüngere Interviewer, die jüngere Personen befragten, erzeugten die geringste Varianz (vgl. Freeman/Butler 1976: 88).[5] Zusammenhänge zwischen der Variabilität der Interviewer und ihr Einfluß auf das Antwortverhalten werden hier allerdings nicht erwähnt. Trotzdem bleibt zu vermuten, daß - insbesondere nach

---

3 Die Frage: "Die meisten wichtigen Entscheidungen im Leben einer Familie sollten vom Mann als Haushaltsvorstand getroffen werden" ist deutlich häufiger gegenüber einer Interviewerin abgelehnt worden (vgl. Hoag/Allerbeck 1981: 417). Eine feinere log-lineare Analyse ergab hier, daß das Geschlecht des Interviewers wie auch das des Befragten einen Einfluß auf die Meinungsäußerung hatte (vgl. Hoag/Allerbeck 1981: 422).

4 Von einer hohen Korrelation zwischen Alter und Interviewererfahrung berichtet auch Dworschak (1985: 111).

5 Zu der Gruppe der älteren Interviewer werden bei Freeman und Butler Personen ab 32 Jahre, zu der Gruppe der jüngeren Interviewer Personen, die jünger als 31 Jahre sind, gezählt.

den Hinweisen von Sudman und Bradburn (1974) - die größere Variabilität in
den Antworten bei älteren Interviewern auf einen geringeren Verzerrungsein-
fluß zurückzuführen ist. Die geringere Varianz bei den jüngeren Interviewern
deutet auf eine systematische Verzerrung hin, wobei hier gezeigt werden muß,
ob dieser Effekt nicht mit der Tendenz, sozial erwünscht zu antworten, in
Zusammenhang steht.

2.1.3   Ethnische Zugehörigkeit

Der Einfluß der ethnischen Zugehörigkeit auf das Befragungsergebnis ist in
fast allen Untersuchungen durch signifikante Effekte geprägt. Hervorzuheben
sind hier die amerikanischen Untersuchungen über den Einfluß der Hautfarbe
des Interviewers (Schwarz/Weiß) auf die Antwort der befragten Person, insbesondere bei Statements, die sich auf ethnische Unterschiede beziehen. Da
schwarze Interviewer seltener für die Befragung von Weißen eingesetzt werden
als umgekehrt weiße Interviewer für die Befragung von Schwarzen, basieren
die meisten Studien auf Befragungen von schwarzen Personen.

Hyman et al. erörtern eine Studie, bei der jeweils weiße und schwarze Interviewer die gleiche Anzahl von weißen und schwarzen Personen befragten.
Signifikante Unterschiede waren bei Fragen, die Rassenunterschiede betreffen
zu verzeichnen (vgl. Hyman et al. 1954: 159ff.). Da diese Ergebnisse sich auf
Daten beziehen, die in einer eher konservativ geprägten Stadt (Memphis) erhoben wurden, führen Hyman et al. zum Vergleich eine Studie an, die in einer
mehr liberalen Stadt(New York) durchgeführt wurde. Sie zeigen, daß viele signifikante Differenzen nicht repliziert werden können und es somit auch eine
Rolle spielt wie das Verhältnis zwischen Weißen und Schwarzen in dem jeweiligen sozialen Kontext beschaffen ist (vgl. Hyman et al. 1954: 170).

Schumann und Converse fanden heraus, daß Fragen, die militanten Pro-
test und Feindschaft gegenüber Weißen betreffen, die größte Anfälligkeit für
den Einfluß des Interviewers und seiner Hautfarbe aufweisen (vgl. Schu-
man/Converse 1971: 44). Bei einigen stark militant formulierten Items war
jedoch kein Effekt festzustellen, da - so die Argumentation der Forscher - dem
Befragten keine Antwortalternative übrig blieb, die den Interviewer aus der
Sicht des Befragten zufrieden gestellt hätte (vgl. Schuman/Converse 1971:
53). Anders ausgedrückt: Der Befragte hatte kein Motiv, seine wahre Einstellung zu verschweigen. Ein weiterer Einflußfaktor ist hier die Tendenz, sozial
erwünscht zu antworten. Es kann für einen schwarzen Befragten erwünscht
sein, gegenüber einem schwarzen Interviewer eine militante Einstellung zu
äußern. Umgekehrt kann es für einen schwarzen Befragten erwünscht sein, gegenüber einem schwarzen Interviewer nicht militant zu antworten. Es wird hier

deutlich, daß der Einfluß der Hautfarbe des Interviewers nicht unabhängig von bestimmten Befragtentendenzen betrachtet werden kann. Da die Studie von Schuman und Converse keine Messung zur sozialen Erwünschtheit enthielt, konnten entsprechende Interaktionseffekte nicht untersucht werden. Zusammenhänge zwischen Merkmalen des Befragten und Hautfarbe des Interviewers wurden nur für den sozialen Status ermittelt. Schwarze Unterschichtsangehörige waren anfälliger für derartige Interviewereffekte als andere (vgl. auch Williams (1964) und Abschnitt 2.1.4).

Hinweise auf die Wirkung von erwünschtem Antwortverhalten findet sich in der Untersuchung von Hatchett und Schuman (1975). Sie führten eine Befragung bei weißen Personen mit Hilfe von schwarzen und weißen Interviewern durch. Schwarze Interviewer erhielten signifikant mehr liberale oder pro - schwarze Einstellungsäußerungen als weiße Interviewer. Die Effekte waren bei höhergebildeten weißen Befragten am stärksten, was darauf zurückzuführen ist, daß sie bei schwarzen Interviewern Liberalität in Rassenfragen als sozial erwünscht angesehen haben (vgl. Hatchett/Schumann 1975: 527ff). Die Analyse des "General Social Survey"der Jahre 1972 bis 1977 nach Interviewereffekten aufgrund der Hautfarbe erbrachte ähnliche Ergebnisse. Diese Ergebnisse müssen aber mit Vorsicht interpretiert werden, da die Gruppen zum Teil sehr klein sind (vgl. Schaeffer 1980: 421ff).

In einer Befragung von "High-School"-Absolventen konnte Campbell (1981) ebenfalls Effekte aufgrund der Hautfarbe nachweisen und zwar auch dann, wenn weiße Interviewer Schwarze befragten (vgl. Campbell 1981: 234ff). Analog zu Hatchett und Schumann sah er Verbindungen zu sozial erwünschten Verhaltensweisen: "The direction of bias is consistently toward difference; the respondent will answer in ways favourable to the interviewers race" (Campbell 1981: 241).[6]

Die Übertragbarkeit der bisherigen Ergebnisse von "Schwarz/Weiß-Interviews" auf andere ethnische Interviewsituationen zeigt sich in den von Hyman et al. aufgeführten Untersuchungen zum Einfluß von Handlungen der jüdischen Bevölkerung auf Wirtschaft und Gesellschaft. Je mehr sich die Interviewer als Juden zu erkennen gaben (z.B. durch Nennen ihrer jüdisch klingenden Namen), desto stärker nahm antisemitisches Antwortverhalten ab (vgl. Hyman et al. 1954: 164). Die Wahrnehmung des Befragten und das darauf ausgerichtete Antwortverhalten verläuft hier, im Unterschied zur Hautfarbe, differenzierter ab, da erst über verschiedene nicht immer eindeutige Merkmale

---

6 Auch Einflüsse der Hautfarbe des Interviewers auf Fragen, die sich nicht mit Rassen-unterschieden beschäftigten (z.B. zum Wahlverhalten), sind festgestellt worden, vgl. Anderson et al. (1988). Den Zusammenhang zwischen Einflüssen durch die Hautfarbe und Konformität zeigt Hare (1960). Eine Möglichkeit zur Identifikation dieser Einflüsse mittels "unobstrusive measurement" zeigt Veltmann (1971).

der ethnische Unterschied festgestellt werden konnte.[7] Da in der in Kapitel 3
auf Seite 137 vorgestellten Untersuchung keine Interviewer anderer ethnischer
Zugehörigkeit eingesetzt wurden, können Einflüsse auf das Antwortverhalten
diesbezüglich nicht weiter verfolgt werden.[8]

2.1.4　Status des Interviewers und Statusdifferenz zum Befragten

Der Status des Interviewers wird im allgemeinen über Bildung, Beruf, Einkommen oder einen sozioökonomischen Index operationalisiert. Ähnlich wie
beim Alter des Interviewers ist der Status ein in Interviewergruppen auftre-
tendes homogenes Merkmal, daß mit Alter und Erfahrung konfundiert. Dazu
kommt der Umstand, daß der Status im Unterschied zum Geschlecht, zum
Alter und zur ethnischen Zugehörigkeit kein direkt wahrnehmbares Merkmal
ist. Dies führte dazu, daß signifikante Verzerrungseffekte, die auf den Status des Interviewers zurückzuführen sind, kaum nachgewiesen wurden (vgl.
Hagenaars/Heinen 1982: 113).

Innerhalb der methodologischen Literatur wird auch mehr die Frage gestellt,
unter welchen situativen Bedingungen der Status einen Einfluß auf das Antwortverhalten ausübt. Bei diesen situativen Bedingungen handelt es sich um
die Statuskongruenz beziehungsweise Statusdifferenz zwischen Interviewern
und Befragten. Einflüsse können dann festgestellt werden, wenn Interviewerstatus und Befragtenstatus frei variieren. Um herauszufinden, ob Statusdifferenz zwischen Interviewern und Befragten einen Einfluß auf das Antwortverhalten hat, schulte Katz (1942) Industriearbeiter zu Interviewern um. Als
Kontrollgruppe benutzte er Mittelschichtsinterviewer, die etwa je zur Hälfte
aus erfahrenen und nicht erfahrenen Interviewern bestanden. Die Befragten
tendierten bei Unterschichtsinterviewern zu mehr radikaleren Äußerungen.
Katz faßte seine Ergebnisse folgendermaßen zusammen (vgl. Hyman et al.
1954: 167):

1. Mittelschichtsinterviewer erhalten mehr konservative Einstellungen als
   Interviewer aus der Unterschicht.

2. Die radikaleren Äußerungen gegenüber Unterschichtsinterviewern konzentrieren sich auf Statements zur Arbeit.

7　Auch neuere Untersuchungen bestätigen die Übertragbarkeit auf andere interethnische
　　Interviewsituationen, vgl. Weeks/Moore (1981).
8　Es sei hier angemerkt, daß ursprünglich beabsichtigt war, ausländische Arbeitnehmer
　　als Interviewer für die mündliche Befragung einzusetzen. Wegen der zu erwartenden
　　Verständnisschwierigkeiten und der Gefahr großer Ausfälle im Hinblick auf die ohnehin
　　kleine Stichprobe wurde darauf aber verzichtet.

3. Die Differenz in den Meinungen (Mittelschichtsinterviewer einerseits, Unterschichtsinterviewer andererseits) erhöht sich bei Gewerkschaftsangehörigen.

4. Unterschichtsinterviewer erhalten mehr Zustimmungen zu "isolationists sentiments" bei Unterschichtsbefragten als Mittelschichtsinterviewer.

Neben der Statusdifferenz können die aufgeführten Effekte aber auch durch die Erfahrung der Interviewer verursacht sein. Katz hebt hervor, daß die Ergebnisse der geschulten Unterschichtsinterviewer näher an den Ergebnissen erfahrener Mittelschichtsinterviewer liegen als an den Resultaten unerfahrener Mittelschichtsinterviewer. Da der Befragtenstatus nur wenig variiert (die Befragung fand in einer Gegend mit niedrigem Einkommen statt), sind die Ergebnisse jedoch nicht eindeutig interpretierbar. Desweiteren wurde durch eine Befragung der Interviewer festgestellt, daß Unterschichtsinterviewer mehr radikalere Statements bejahten als Mittelschichtsinterviewer. Damit können die ermittelten Differenzen auch auf die unterschiedlichen Erwartungshaltungen der Interviewer zurückgeführt werden. Immerhin ist bei Statuskongruenz im Interview mehr Gleichheit in den Interessen, im Sprachgebrauch und in der Lebenswelt zu verzeichnen. Diese Gleichheit führt zur Verringerung der Antwortverzerrungen (vgl. Hyman et al. 1954:168).

Weiss kommt zu dem Ergebnis, daß bei Statuskongruenz zwischen Interviewern und Befragten sowie gleichzeitig hoher Antwortbereitschaft, die Tendenz zu sozial erwünschten Antworten zunimmt (vgl. Weiss 1968: 631). Sie setzte nur schwarze Interviewer ein, die weibliche schwarze Personen aus der Unterschicht (welfare mothers) befragten. Damit ist zwar der Effekt über die Hautfarbe kontrolliert, aber die Ergebnisse sind trotzdem mit Vorbehalt zu interpretieren, da der Status der befragten Person nicht frei variiert.

Williams zeigt, daß weiße Interviewer mehr Einfluß auf das Antwortverhalten von schwarzen Befragten mit hohem Status haben, als auf das Antwortverhalten von schwarzen Befragten mit niedrigem Status (vgl. Williams 1964: 347ff.). Dieser Effekt ist nach Williams auf Statusdifferenzen zwischen Interviewern und Befragten zurückzuführen, die wiederum durch die gegenseitige Wahrnehmung in der Interviewsituation ermittelt wurden. In einer weiteren Studie ermittelte Williams Einflüsse des Rollenverhaltens der Interviewer auf die Antworten der Befragten, wenn Statusdifferenz und Bedrohungspotential der Fragen konstant gehalten wurden (vgl. Williams 1968: 293). In beiden Studien konnte der Status des Interviewers allerdings nicht frei variieren; es wurden nur Interviewer mit gleichem sozialem Status eingesetzt (vgl. Williams 1964: 341 und Williams 1968: 289).

Aufbauend auf diesen Ergebnissen untersuchte Dohrenwend et al. die Hypothese, ob weiße Interviewer aus der Mittelschicht mit negativen Einstellungen zu Unterschichtspersonen das Antwortverhalten von schwarzen und von weißen Unterschichtsbefragten mehr beeinflussen, als weiße Interviewer ohne negative Einstellung (vgl. Dohrenwend et al. 1968: 411). Die Hypothese konnte nur für weiße Unterschichtsangehörige bestätigt werden. Schwarze Unterschichtsangehörige zeigten keine Unterschiede im Antwortverhalten, was die Ergebnisse von Williams zum Teil widerlegte (vgl. Dohrenwend et al. 1968 : 414). Hier wirkte aber auch die Interaktion zwischen Interviewereinstellung und sozialer Distanz auf das Antwortverhalten (vgl. Dohrenwend et al. 1968: 417), die ebenfalls für schwarze Unterschichtsbefragte nicht nachweisbar war. Dies führte Dohrenwend et al. zu einem Modell, in dem bei niedriger sozialer Distanz - wahrgenommen durch den Befragten - und hoher sozialer Distanz die Einflüsse des Interviewers am größten, bei wahrgenommener mittlerer sozialer Distanz die Einflüsse des Interviewers am geringsten sind (vgl. Dohrenwend et al. 1968: 420). In einer vergleichenden Diskussion zwischen Dohrenwend et al., Williams und Weiß werden die Unterschiede in den jeweiligen Ergebnissen transparent. Während bei Williams mit zunehmender Statusdifferenz die Verzerrungseinflüsse steigen und bei Weiß genau umgekehrt mit abnehmender Statusdifferenz die Verzerrungseinflüsse steigen, heben Dohrenwend et al. die kurvilineare Beziehung zwischen Statusdifferenz und Einfluß des Interviewers hervor (vgl. Dohrenwend et al. 1969: 122ff). Auch bei Dohrenwend et al. (1968) konnte der Status des Interviewers nicht frei variieren, da alle Interviewer über statushomogene Merkmale verfügten.

Aufgrund der methodischen Einschränkungen in den bis jetzt erörterten Studien ist eine vergleichende Diskussion kaum bzw. nur sehr deskriptiv möglich. Die Erfassung der Einflüsse von Statusdifferenz bzw. -kongruenz im Interview erfordert eine freie Variation von soziodemographischen Charakteristiken, die in den oben angegebenen Studien nur eingeschränkt zu finden ist. Hagenaars und Heinen präsentieren demgegenüber drei Regressionsmodelle, die Statusmerkmale von Interviewer und Befragten unterschiedlich berücksichtigen (vgl. Hagenaars/Heinen 1982: 144):

1. $Y = b * (I - R)$
   wobei Y das abhängige Merkmal ist, I das sozioökonomische Merkmal des Interviewers, R das sozioökonomische Merkmal des Befragten und b der Regressionskoeffizient. Bei diesem Modell wird nur der Einfluß der Statusdifferenz berücksichtigt. Eine sinnvolle Anwendung ist dann gewährleistet, wenn eine der beiden Merkmale konstant gehalten werden kann.

2. $Y = b1 * I + b2 * R + b3 * (I - R)$
   Bei diesem Modell wird das einzelne Statusmerkmal wie auch die Statusdifferenz berücksichtigt. Der Koeffizient b3 kann nicht unabhängig

von den Koeffizienten b1 und b2 ermittelt werden.

3. $Y = b1 * I + b2 * R + b3 * I * R$

   Im Unterschied zum zweiten Modell wird statt der Statusdifferenz die Interaktion beider Statusmerkmale berücksichtigt.

Wenn auch die empirische Analyse (z.B. mit Hilfe eines log-linearen Modells, vgl. Hagenaars/Heinen 1982: 119) aufgrund von methodologischen Problemen unzureichend blieb, konnte mit den oben angegebenen Modellen der Einfluß von Statusdifferenzen im Interview dargestellt werden. Hagenaars und Heinen geben jedoch zu bedenken, daß in der von ihnen angeführten Panelstudie die Befragten durch die häufige Teilnahme am Interview für Interviewereinflüsse empfänglich waren und die Stichprobe kein randomisiertes Erhebungsdesign enthielt. Die Resultate können damit auch durch Umgebungseffekte beeinflußt worden sein (vgl. Hagenaars/Heinen 1982: 120).

In der empirischen Analyse der vorliegenden Arbeit wurde versucht, diesen Sachverhalt zu berücksichtigen und eine Unterscheidung zwischen statusdifferenten und statuskongruenten Gruppen zu treffen. Dabei wird verdeutlicht, welche Richtung der Zusammenhang zwischen Statusdifferenz und Interviewereinfluß besitzt (vgl. die empirischen Ergebnisse der Subgruppenanalysen in Abschnitt 4.2.2.4 auf Seite 212).

2.1.5   Erfahrung des Interviewers

Über den Einfluß der Interviewererfahrung gibt es bis heute nur eine sehr geringe Anzahl von methodologischen Untersuchungen.

In einer Studie zur Ermittlung unterschiedlicher Haushalts- und Familieneinkommen konnten Bailar et al. zeigen, daß Interviewererfahrung mit "Non-Response" auf Angaben zum Einkommen zusammenhängt. Je mehr Interviewererfahrung vorhanden war, desto höher war die Angst, durch eine Frage nach Einkommen die Durchführung des gesamten Interviews zu gefährden (vgl. Bailar et al. 1977: 342). Unterstützt wurde dieses Ergebnis durch die Nachfrage bei den Interviewern, ob sie Fragen nach dem Einkommen für unangemessen hielten. Ein Zusammenhang zwischen Unangemessenheit der Fragen und "Non-Response" konnte festgestellt werden (vgl. Bailar et al. 1977: 343).[9] Vernachlässigt wurde hierbei aber, inwieweit die befragten Personen ausschließlich durch die Erfahrung der Interviewer beeinflußt wurden.

---

9 Einige der erfahrenen Interviewer aus der in Teil 3 auf Seite 137 vorgestellten Untersuchung gaben dem Autor zu verstehen, daß sie Einkommensfragen in bestimmten Interviewsituationen auslassen würden.

Dworschak berücksichtigte in seiner Studie über Interviewereinflüsse bei der Befragung von Ausländern die Erfahrung des Interviewers, operationalisiert durch die Anzahl der durchgeführten Interviews. Er stellte vereinzelt Effekte (z.B. beim Berufsstatus) fest, die aber auch in Zusammenhang mit dem Alter der Interviewer stehen (vgl. Dworschak 1985: 82). Den stärksten Effekt hat die Erfahrung bei der Frage nach Konflikten zwischen Ausländern und Deutschen. Hier bewirkt die Interviewererfahrung "einen Interviewstil, dem geringeres Nationalgefühl und eine verringerte Wahrnehmung der Diskriminierung als Ausländer geäußert wird." (Dworschak 1985: 103). Auch hier spielt das Alter der Interviewer eine Rolle: Je älter der Interviewer, desto geringer die angegebene Konfliktwahrnehmung.

Zusammenfassend kann festgestellt werden, daß die Schwierigkeiten, Einflüsse durch Interviewererfahrung festzustellen, darin liegen, daß

1. Das Intervieweralter mit der Erfahrung hoch korreliert, und daß

2. Die Erfahrung des Interviewers als Effekt der Anwesenheit über verschiedene Verhaltensmerkmale vermittelt wird (z.B. über Seriösität, Gelassenheit), die alle auf den Befragten wirken können.

Der Nachweis von Interviewererfahrung muß darüber hinaus die unterschiedlichen Herkunfts-, Primär- und Sekundärmilieus der Befragten berücksichtigen. Dies bedeutet, daß "reine" Effekte nach Interviewererfahrung nur dann ermittelt werden können, wenn Erfahrung und Alter des Interviewers frei variieren können und wenn Informationen darüber vorliegen, nach welchen Kriterien die befragten Personen in den unterschiedlichen Milieus Erfahrung beurteilen. Auch mit den in Abschnitt 4.2.2 auf Seite 189 durchgeführten Subgruppenanalysen werden die hier aufgeworfenen Fragen nur mit Einschränkung beantwortet werden können.

2.2   Interviewereinflüsse durch nichtsichtbare Merkmale

2.2.1   Bewußtes oder unbewußtes Fehlverhalten des Interviewers

Unter dem bewußten oder unbewußten Fehlverhalten des Interviewers wird eine Handlung verstanden, die unabhängig von den Befragtenreaktionen ist (z.B. falsche Protokollierung auf einem Fragebogen). Ausgehend von Hyman et al. gibt es für den Interviewer zwei Grundmotivationen für die Durchführung von Interviews (vgl. Hyman et al. 1954: 74):

1. "Task Involvement"

2. "Social Involvement"

"Task Involvement" ist das Ausmaß der Sachorientierungen, die der Interviewer der Durchführung des Interviews entgegenbringt. "Social Involvement" ist die Orientierung, bei der andere Interessen (z.B. ökonomische) am Interviewausgang eine Rolle spielen. Dabei kann ein Zusammenhang zwischen diesen Grundmotivationen und dem Auftreten von Interviewereffekten hergestellt werden: Je stärker die Motivation der Interviewer ist, ihre Aufgaben zu erfüllen, desto weniger verfälschen Interviewerhandlungen das Befragungsergebnis, und je stärker die Motivation des Interviewers ist, andere Interessen zu verfolgen, desto mehr werden Interviewerhandlungen das Befragungsergebnis verfälschen.

Ein Typ von bewußtem Fehlverhalten ist die absichtliche Fälschung von Antworten des Befragten während der Protokollierung. Die Gefahr für derartige Fälschungen ist dann am größten, wenn die Aufgabenorientierung für den Interviewer gering ist und äußere Reize (z. B. aus ökonomischen Gründen in möglichst kurzer Zeit möglichst viele Interviews zu erheben) die Feldarbeit bestimmen. Vielfach gefördert werden bewußte Fälschungen auch durch Bedingungen des Auftraggebers (z.B. wenn nur vollständige Interviews bezahlt werden). Wirksamste Kontrolle gegen die Fälschung ganzer Interviews und zugleich ein Mittel mit vorbeugender Wirkung ist die Nachbefragung der vom Interviewer angeblich befragten Personen. Aus Kostengründen beschränken sich solche Maßnahmen auf gezielte Stichproben. Die Fälschung ganzer Interviews ist relativ selten und die Gefahr der Entdeckung ist selbst für erfahrene Interviewer recht hoch. Viel häufiger ist die teilweise Fälschung von Interviews, z.B. mit der Absicht ausgelassene Fragen nachträglich zu vervollständigen. Zur erfolgreichen Fälschung gehört allerdings eine hohe Interviewererfahrung, da die mögliche Antwortbreite ohne diese Erfahrung kaum glaubhaft wiedergegeben werden kann. Experimente zur Entdeckung solcher Fälschungen haben gezeigt, daß mit zunehmender Interviewererfahrung die Identifikation von Fälschungen abnimmt (vgl. Scheuch 1973: 100ff).

Ein weiterer Typ von Fälschungen, der hier angesprochen werden soll, ist die erwartungsgemäße Fehlvercodung (vgl. Hyman et al. 1954: 99ff). Sie liegt dann vor, wenn der Interviewer - nach gewissen Vorstellungen über den Befragten - die Vercodung, unabhängig von der tatsächlichen Befragtenreaktion, nach seinen privaten Erwartungen vornimmt. Vorausgesetzt wird, daß der Typ des Befragten vom Interviewer genau identifiziert werden kann (z.B. reaktionärer Nationalist). Ein Beispiel für eine erwartungsgemäße Fehlvercodung ist bei Hyman et al. (1954: 103ff) zu finden. Einer Menge von Personen wurden die jeweils identischen Protokolle von offenen Antworten auf eine Frage zur amerikanischen Außenpolitik vorgelegt, wobei es inhaltlich darum ging, ob die USA sich nach dem zweiten Weltkrieg in Europa am Wiederaufbau mehr oder weniger engagieren sollte. Die amerikanische Öffentlichkeit war in dieser Frage gespalten: Die "Isolationisten" waren für eine Verringerung, die "Interventionisten" für eine Erhöhung des Engagements. Den Teilnehmern an dem Experiment waren Transkripte von Interviews vorgelegt worden, aus denen hervorging, ob der Befragte eher Isolationist oder eher Interventionist war. Die Teilnehmer waren in zwei Gruppen geteilt. Einen Interviewereffekt im Sinne der erwartungskonformen Vercodung würde dann vorliegen, wenn die "Isolationisten"-Gruppe, denen ein Isolationist bzw. Interventionist nahegelegt wurde, die gleiche offene Reaktion anders vercodet als die "Interventionisten"-Gruppe. Das Ergebnis bestätigte den erwarteten Interviewereffekt (vgl. Hyman et al. 1954: 105): 53% der Experimentteilnehmer vercodeten die Kategorie "zu großes Engagement der Amerikaner in Europa" für den Isolationisten, während dies nur 9% für den Interventionisten taten.

Daraus kann geschlossen werden, daß die Experimentteilnehmer sich unbewußt dagegen sträubten, dem Interventionisten eine isolationistische Antwort zuzugestehen und daraufhin eine erwartungsgemäße Vercodung vornahmen.

2.2.2   Einstellungen und Erwartungshaltungen des Interviewers

Neben den bewußten oder unbewußten Fehlverhalten des Interviewers sind Einstellungen, Überzeugungen und Erwartungshaltungen ein wichtiger Einflußfaktor für die Interviewertätigkeit (vgl. Rice 1929). Insbesondere wird angenommen, daß der Interviewer seine eigenen Ansichten nur unzureichend verbergen kann und daß der Befragte schon auf sehr subtile Zeichen, die Einstellung des Interviewers spiegelnd, mit Anwortübereinstimmungen reagiert (vgl. Scheuch 1973: 103).

In der psychologischen Experimentalforschung sind derartige Beeinflussungen unter dem Namen Versuchsleitereffekte (vgl. Jung 1971) bekannt geworden. Darunter versteht man den Sachverhalt, daß ein Experimentergebnis dadurch zustande kommt, in dem der Versuchsleiter die Versuchsperson dazu bringt in einer, für den Versuchsleiter erwünschten, Weise zu reagieren. Eine spezielle Form der Versuchsleitereffekte sind Hypothesen des Versuchsleiters über den Ausgang des Experimentes. Diese Effekte (bezeichnet nach dem Sozialpsychologen R. Rosenthal als Rosenthal-Effekte, vgl. Rosenthal 1971) gehen von der Annahme aus, daß der Versuchsleiter im allgemeinen bestimmte Ergebnisse erwartet und eventuell auch die Bestätigung einer bestimmten Hypothese wünscht. Im Verlauf des Experiments wird nun die Erwartung des Versuchsleiters auf indirekte Weise auf die Versuchspersonen übertragen und diese werden in ihren Reaktionen so beeinflußt, daß die im Ergebnis erwartete Hypothese empirisch bestätigt wird. Allerdings werden solche Effekte erst dann relevant, wenn das Verhalten des Versuchsleiters zur Determinante des Verhaltens der Versuchsperson wird.[10] Vielfach ist die Übertragbarkeit dieser Versuchsleitereffekte auf die Interviewsituation diskutiert worden (z.B. bei Esser 1975a). Dies bedeutet, daß Interviewer ihre Überzeugungen und Erwartungen auf den Befragten übertragen und sich diese auch bei korrekten Protokollierungen im Ergebnis zeigen können.

Aufgrund von verschiedenen Interviewerprotokollen konnte Hyman et al. eine Differenzierung der Erwartungshaltungen des Interviewers vornehmen (Hyman et al. 1954: 59ff):[11]

1. *Attitüdenstrukturierte Erwartungen* (attitude-structure expectations)

   Diese Art von Erwartungen haben ihre Grundlage in der Vorstellung, daß die Einstellung eines Befragten einheitlich oder in einer organisierten Struktur zusammengefaßt sind. Der Interviewer erwartet, daß der Befragte spätere Antworten während der Befragung ähnlich konsistent beantwortet wie vorhergehende. Die Existenz solcher Erwartungen wird durch die Aussage eines erfahrenen Interviewers deutlich: "... it isn't much use asking them - after a while i can guess the answer" (zitiert nach Bauske 1984: 97).

2. *Rollenerwartungen* (role expectations)

   Hiermit wird die Überzeugung von Interviewern zusammengefaßt, zu glauben, daß sich Einstellungen und Verhalten von Befragten aus bestimmten Gruppenzugehörigkeiten entwickeln. Der Interviewer richtet seine Erwartungen nach der von ihm wahrgenommenen Gruppenzugehörigkeit des Befragten aus. Kommen diese Erwartungen zum Tragen, dann kann sich das in einer hohen Korrelation der erhobenen Daten von Mitgliedern einer Gruppe ausdrücken (vgl. Bauske 1984: 97). Äußert ein

---

10 Vgl. zu den unsystematischen Auftretensweisen von Vesuchsleitereffekten die Diskussionen in Rosenthal/Rosnow (1969), Bungard/Lück (1974) und Bungard (1984).

11 Hyman et al. fassen die Ergebnisse der Interviewerprotokolle folgendermaßen zusammen: "... that special believes and perceptions about the respondent might operate upon the interviewer to produce expectations about how his respondent will answer questions. These expectations might well be a potent source of bias if they were to guide the interviewer at various choice points and affect his decisions on probing, recording, classifications of answers, etc." (Hyman et al. 1954: S. 58).

Befragter durch bestimmte Verhaltensweisen z. B. seine nationalistische
Einstellung, so wird der Interviewer von ihm eine ausländerfeindliche
Einstellung erwarten.

3. *Wahrscheinlichkeitserwartungen* (probability expectations)

Diese Erwartungen entwickeln sich im Verlauf der Befragung und beziehen sich auf vorhergehende Antworttendenzen. Auf Grund dieser
Antworttendenzen (und eventueller Annahmen über die Gruppenzugehörigkeiten des Befragten) entwickelt der Interviewer Vorstellungen
über die "wahrscheinliche" Antwort eines Befragten. Für die Berechti-
gung des Einflusses solcher Erwartungen sprechen Studien, die zeigen,
daß Schätzungen der Interviewer über die wahrscheinlich zu erwartende
Antwortverteilung ziemlich genau mit den später erhobenen Verteilungen übereinstimmen (vgl. Bauske 1984: 97 und die dort angegebene
Literatur).

Die Gefahr der Beeinflussung und Einstellungsübertragung durch den Interviewer ist lange Zeit überbetont und zu stark generalisiert worden (vgl.
Erbslöh 1972: 59). In diesem Zusammenhang muß aber beachtet werden, daß
diese Beeinflussung nicht unabhängig von der Wahl der Frageformulierung,
dem Standardisierungsgrad der Befragung (vgl. Haedrich 1964: 98) und der
Sensitivität des Befragungsinhaltes ist. Gerade zum letzteren können einige
neuere Untersuchungsergebnisse angeführt werden.

Zur Ermittlung von Interviewererwartungseinflüssen bei "Threatening Questions" (Fragen zum Alkohol- und Drogenkonsum sowie zum Sexualverhalten)
wurden von Sudman et al. Interviewer vor der Durchführung der Befragung
nach ihren Erwartungen befragt (vgl. Sudman et al. 1977: 174).[12] Es konnten zwar nur geringe Effekte nachgewiesen werden (7% der erklärten Varianz
im Antwortverhalten war auf die Erwartung des Interviewers zurückzuführen,
vgl. Sudman et al. 1977: 175), die Autoren bestritten dennoch nicht die Relevanz solcher Erwartungen für die Befragungsergebnisse.

In einer ergänzenden Studie zu Sudman et al. fanden Singer et al. heraus, daß

1. Interviewer, die keine Schwierigkeiten erwarteten, bessere Antwortraten
   (weniger "Non-Response") aufwiesen, und

---

12 Beispielsweise wurden folgende Fragen gestellt:
   - In general, how easy or difficult to ask do you expect this survey to be?
   - How difficult to ask do you expect each section to make most respondents?
   - How uneasy do you expect each section to make respondents?

2. Interviewer, die die Befragung insgesamt als sehr leicht einstuften, höhere Antwortraten erhielten und daß

3. Interviewer, die einen Befragungsteil als schwierig erwarteten, geringere Antwortraten erhielten (vgl. Singer et al. 1979: 252ff).

Insgesamt sind die Einflüsse durch Interviewererwartungen, ähnlich zu den Ergebnissen von Sudman et al., gering. Es muß jedoch auf die Gefahr hingewiesen werden, den Einfluß durch die Erwartung des Interviewers zu unterschätzen (vgl. Singer et al 1979: 258).[13]

Bei einem Experiment zum Einfluß von Erwartungen und Einstellungen des Interviewers versuchte Bauske die Wirkung von "induzierten Erwartungen" zu ermitteln (vgl. Bauske 1984: 110).[14] Die Induzierung von Erwartungen erfolgte durch Nennung der Namen der Befragten und der jeweiligen Zugehörigkeit zu bestimmten politisch orientierten Hochschulgruppen. Die für dieses Experiment verwendeten Items beinhalteten politische Statements. Zeigten die Interviewer nun ein unterschiedliches Verhalten bei sich tatsächlich identisch verhaltenden Befragten, so mußte dies auf die jeweilige induzierte Erwartungshaltung der Interviewer zurückgeführt werden. Ein Einfluß der induzierten Erwartung war bei den Interviews deutlich nachweisbar, in denen sich die Befragten bezogen auf unterschiedliche hochschulpolitische Richtungen gleich verhielten. Die Interviewer selegierten das vorgegebene Stimulusmaterial entsprechend der jeweils induzierten Erwartung (vgl. Bauske 1984: 112).

Abschließend kann resümiert werden, daß nach den hier erörterten Studien die Wirkung von Interviewererwartungen auf das Antwortverhalten eher gering einzustufen ist. Dies liegt aber nicht zuletzt daran, daß - ähnlich den Untersuchungen zu den Versuchsleitereffekten - eine systematische Erfassung der "Arten" von Erwartungseffekten bis jetzt fehlt. Darüberhinaus gibt es keine systematisch getestete Meßtheorie von Interviewererwartungen, worauf Singer et al. (1979: 258) bereits hinwiesen ("... it would be impossible to detect such effects without a special experimental design."). Ein möglicher Anfang zur Entwicklung einer eigenen Meßtheorie für Interviewererwartungen kann in der Studie von Bauske (1984) gesehen werden.

Die Evaluation des Einflusses von Interviewereinstellungen sieht, was die Ent-

---

13 In einer weiteren Studie zum Einfluß von Interviewererwartungen bei Telefoninterviews sind auch geringe und zudem auch noch inkonsistent auftretende Effekte festgestellt worden, vgl. Singer et al. (1983). Zu ähnlichen Ergebnissen kommt Tucker (1983). Zum Einfluß des Interviewers bei Telefoninterviews vgl. die Studien von Groves/Malkiometz (1984) und Groves/Magilavy (1986) sowie die Arbeiten im Reader von Groves (1988).

14 Das Experiment ist im Rahmen einer Versuchsreihe zur Analyse von Forschungsartefakten im Institut für Sozialpsychologie der Universität zu Köln durchgeführt worden. Interviewer und Befragte waren Studenten.

wicklung von Meßtheorien betrifft, deutlich anders aus. Obwohl die ersten Studien hierzu schon lange zurückliegen, sind in jüngerer Zeit Diskussionen über die Wirkung von Interviewereinstellungen auch im Hinblick auf die Entwicklung von Modellen zur Erklärung von Interviewerverhalten enstanden (vgl. Schanz/Schmidt 1984). Zu berücksichtigen ist, daß Einstellungen und Meinungen des Interviewers sowie seine Einstellungserwartungen nicht nur die Registrierung der Antworten beeinflussen, sondern daß sie auch zu einer Veränderung des Antwortverhaltens beim Befragten führen. Nimmt der Befragte beim Interviewer derartige Einstellungen wahr (z.B. durch unbewußtes oder bewußtes Kopfnicken), kann er darauf mit einem veränderten Antwortverhalten reagieren (vgl. Mayntz et al. 1971: 119).

Schanz und Schmidt (1984) konnten mit Hilfe einer multivariaten Analyse die Wirkung von Interviewereinstellungen auf die Befragteneinstellung nachweisen. In ihrem multiplen Regressionsmodell versuchten sie u.a. die erklärte Varianz von Einstellungen zu liberalen Erziehungszielen durch Interviewermerkmale zu erhöhen. Während der Einfluß der sichtbaren Merkmale nicht signifikant war (bis auf berufliche Stellung), liegt der Anteil der zusätzlich erklärten Varianz durch die Einstellung des Interviewers zu liberalen Erziehungszielen bei 8% (vgl. Schanz/Schmidt 1984: 98).

In einer weiteren Arbeit versuchte Hermann das Modell von Schanz und Schmidt differenzierter zu analysieren, indem er

1. das multiple Regressionsmodell auf unsystematische Meßfehler kontrollierte (LISREL-Modell) und

2. Subgruppen nach der Einstellung der Interviewer und Befragten bildete und das eben erläuterte Modell an den Subgruppen mit folgenden Hypothesen testete (vgl. Hermann 1983: 243ff):

   (a) Je geringer für den Interviewer die Priorität eines Fragethemas ist, desto geringer ist der Interviewereffekt bezüglich der Fragen zu diesem Thema.

   (b) Je geringer für den Befragten die Priorität eines Fragethemas ist, desto größer ist der Interviewereffekt bezüglich der Frage zu diesem Thema.[15]

---

15 Die Subgruppen wurden nach den ersten beiden Quartilen der Einstellungskontinua gebildet: Nach Interviewern bzw. Befragten, deren durchschnittliche Einstellung zu den Erziehungszielen kleiner oder gleich dem ersten Quartil dieser Variablen war und nach Interviewern bzw. Befragten, deren durchschnittliche Einstellung zu den jeweiligen Erziehungszielen kleiner oder gleich dem zweiten Quartil dieser Variablen war (vgl. Hermann 1983: 245, Fußnote 6 und 8.)

Bei Betrachtung der Gesamtstichprobe konnten 12.8% Varianz (4.8% mehr als bei Schanz und Schmidt) in den liberalen Erziehungszielen der Befragten durch die entsprechende Interviewereinstellung erklärt werden (vgl. Hermann 1983: 247). Die Nichtberücksichtigung zufälliger Meßfehler bei Schanz und Schmidt führte zu einer Unterschätzung des Interviewereffektes. Dies mag als Beleg dafür dienen, die Analyse von derartigen Verzerrungseffekten und von systematischen Meßfehlern immer mit der Kontrolle von unsystematischen Meßfehlern und der Berücksichtigung von Meßniveaus durchzuführen (vgl. die Vorgehensweise bei der empirischen Analyse in Abschnitt 4.2 auf Seite 181).

Die o.a. Hypothesen wurden mit Hilfe der Subgruppenanalysen weitgehend bestätigt.[16] Die Befragten orientierten sich vorwiegend an der Einstellung des Interviewers. Bei sehr geringer Priorität des Fragethemas für den Interviewer setzte er keine Einflußmechanismen ein, die dem Befragten seine Einstellung vermittelte. Der Befragte konnte sein Antwortverhalten nur an sichtbaren Merkmalen des Interviewers ausrichten. Wurde eine Person von einem Interviewer befragt, der dem abgefragten Thema eine hohe Priorität beimaß, dann orientierte sich der Befragte vorwiegend an der Interviewereinstellung. Bei geringer Priorität des Interviewers gegenüber dem abgefragten Thema orientierte sich der Befragte vorwiegend an sichtbaren Merkmalen des Interviewers als Indikator für seine Einstellung (vgl. Hermann 1983: 248). Mit der empirischen Untersuchung in Kapitel 3 (Seite 137) wird gezeigt, inwieweit die Wirkung von Interviewereinstellungen und die Tendenz, sozial erwünscht zu antworten, in Zusammenhang stehen. Die hier vorgestellten richtungsweisenden Ergebnisse von Herrmann, insbesondere die Bildung von Subgruppen nach bestimmten Einstellungsprioritäten, werden auch hier bei der Behandlung des Befragten- und Interviewerverhaltens eine wichtige Rolle spielen.[17]

2.3   Empirische Studien zum Interaktionsablauf im Interview

In einigen Untersuchungen sind verschiedene Aspekte der formalen Besonderheiten verbaler Sequenzen in Forschungsinterviews aufgezeigt worden. Unter-

---

16 Im Gegensatz zu den in Abschnitt 4.2.2 auf Seite 189 vorgenommenen multiplen Gruppenvergleichen wurden bei Hermann (1983) die Modelle nach Subgruppen getrennt berechnet.

17 Die Analyse von Interviewereffekten nach bestimmten Befragten oder Untersuchungsgruppen wird selten vorgenommen. Ein weiteres Beispiel aus der Medizinsoziologie ist die Studie von Siegrist u.a. (1972), die den gleichzeitigen Einfluß von Interviewereffekten auf die Angabe von psychosozialen Belastungen und Gruppenunterschieden untersuchten.

sucht wurde u.a. die Verteilung der verbalen Aktivitäten in der Zeitdimension, die Interaktionsmuster der Gesprächsteilnehmer und die Rahmenbedingungen der Interviewsituation. Derartige Untersuchungen beschränken sich häufig auf die Interaktion in Laborexperimenten und sind auf soziologisch orientierte Interviews in größerem Umfang nur mit Einschränkungen übertragbar. Auch wenn sich die vorliegende Arbeit hauptsächlich mit der Wirkung von Verzerrungseffekten auf die Antworten der Befragten befaßt, sollen hier einige Forschungsergebnisse zum Verlauf des Interaktionsprozesses zwischen Interviewer und Befragten erörtert werden.

Erbslöh bezieht sich in seiner Arbeit über den Interaktionsprozeß im Forschungsinterview auf Studien, die am Survey Research Center in Michigan in den 60iger und 70iger Jahren durchgeführt wurden (vgl. Erbslöh 1973: 98ff). Z. B. wurde in der Studie von Cannell et al. ein Beobachtungsverfahren entwickelt, das dazu diente, Verhaltensweisen der Interaktionspartner zu erfassen, ohne andererseits den Beobachter zu überfordern (vgl. Erbslöh 1973: 106). Dafür wurde das Interview in Sequenzen aufgeteilt, innerhalb derer bestimmte Verhaltensweisen registriert wurden. Der erste Abschnitt bezog sich auf die Kontaktphase der ersten fünf Minuten, der zweite Abschnitt auf Verhaltensweisen während des Frage - und Antwortprozesses und der dritte Abschnitt erfaßte das Verhalten nach Abschluß der Fragen. Die Datenanalyse ergab, daß trotz des Beobachtungsverfahrens ein Teil des aufgabenbezogenen Interviewerverhaltens auf nicht erwünschte Verhaltensweisen (directive probing) zurückzuführen war. Die Befragten zeigten ein sehr kooperatives Verhalten mit eher bekräftigenden Reaktionen, während für die Interviewer überwiegend neutrale Reaktionen erfaßt wurden (vgl. Erbslöh 1973: 110). Bei der Aufschlüsselung des Verhaltens nach demographischen Merkmalen konnte eine negative Korrelation zwischen Alter und Aufgabenorientierung und eine positive Korrelation zwischen Schulbildung und Aufgabenorientierung festgestellt werden. Bei Statusunterschieden zwischen Interviewer und Befragten wurde ein anderes Aufgabenverhalten der Interviewer beobachtet als bei Statusgleichheit zwischen den Interaktionspartnern. Hier wurden auch alters- und schichtspezifische Strategien des Interviewers, insbesondere bei älteren Befragten deutlich, die durch Eingriffe in die Befragtenrolle gekennzeichnet waren.[18]

Während die hier aufgeführte Studie einige methodische Mängel aufweißt (z.B. die nur teilweise durchgeführte Aufzeichnung des aufgabenorientierten Verhaltens), ist mit weiteren experimentellen Anordnungen versucht worden, verschiedene Interviewtechniken durch z.B. Verstärkungsverhaltens des Interviewers ("reinforcement technique", vgl. Marquis/Cannell 1971 und Cannell et al. 1979: 109ff) auf ihre Brauchbarkeit zu überprüfen. Desweiteren wurde versucht, für die Verhaltensweisen der Interaktionspartner Kategoriensysteme

---

18 Zu den Effekten bei Statusunterschieden vgl. Abschnitt 2.1.4.

zu entwickeln, die den speziellen Anforderungen des Interaktionsablaufes in Feldinterviews gerecht werden sollten (vgl. die Ausführungen über die Studie von Dekoning in Erbslöh 1973: 127ff). In diesem Zusammenhang ist eine von Cannell et al. (1975) vorgestellte Technik von Interesse, die Interviewerverhalten systematisch in differenzierter Form registriert, analysiert und bewertet: die sogenannte "Interaction-Coding-Technique". Mit der "Interaction-Coding-Technique" wird nicht der gesamte Interaktionsprozeß zwischen Befragtem und Interviewer analysiert, sondern nur das Verhalten des Interviewers während der Erhebung. Die Kontaktaufnahme, Befragtenreaktionen und andere Einflüsse gehen in die Bewertung nicht mit ein (vgl. Prüfer/Rexroth 1984: 2).[19] Voraussetzung zur Anwendung der Technik ist die Aufzeichnung der Interviews auf Tonträger. Beim Abhören werden die verbalen Aktivitäten des Interviewers nach einem detaillierten Codesystem bewertet.[20] Dadurch wird eine Bewertung von Interviewerverhalten nach weitgehend objektiven Kriterien möglich und die Leistungen der Interviewer in einzelnen Verhaltensbereichen (z.B. korrekte Fragestellung) sowie über alle Verhaltensbereiche vergleichbar. Der Leistungsstand der Interviewer kann so erhoben werden und aufgrund der systematischen Erfassung von Verhaltenscharakteristiken durch gezielte Schulungsmaßnahmen verbessert werden (vgl. Prüfer/Rexroth 1984: 12).

Die Anwendung dieser Technik konnte sich bis heute kaum durchsetzen (Ausnahmen stellen Pilotstudien dar, vgl. Prüfer/Rexroth 1986). Dies liegt an verschiedenen, kaum behebbaren Problemen bei den Vercodungsarbeiten. Dazu gehören:

1. Unterschiedliche Einschätzungen über angemessene oder unangemessene Verhaltensweisen des Interviewers.

2. Die Tatsache, daß ein und dieselbe Verhaltensweise abhängig vom Kontext sowohl richtig wie auch falsch sein kann.

3. Die Schwierigkeit der Identifikation von Verhaltenseinheiten im Sinne des Codesystems.

4. Der hohe Zeitaufwand für das Abhören und Vercoden der Tonbänder (vgl. Prüfer/Rexroth 1984: 19).

Weiterhin wirken sich auch die Schulungsmaßnahmen der Interviewer problematisch aus, da die Interviewer - bedingt durch das Wissen über Ton-

---

19 Weiterführende Techniken, die die "Interaction-Coding-Technique" modifizieren und z.B. auf das Befragtenverhalten erweitern zeigt Brenner (1981, 1985).

20 Auf dieses Codesystem soll hier nicht weiter eingegangen werden, vgl. Prüfer/Rexroth (1984: 5ff).

bandaufzeichnungen - extreme Fehlervermeidungstendenzen verfolgen (vgl. Prüfer/Rexroth 1984: 24).

Zusammenfassend betrachtet, ist über den Einsatz solcher Techniken ein besserer Einblick in den Interaktionsprozeß zwischen Interviewer und Befragten möglich. Zwangsläufig muß aber das Befragtenverhalten mit in die Bewertung aufgenommen werden. Für die methodologische Diskussion über die Wirkung von Interviewereinflüssen und Befragtentendenzen ist eine systematische Analyse des Interaktionsablaufes im Interview dann notwendig, wenn - mehr als bisher - die Handlungsabläufe der Interaktionspartner theoretisch und empirisch differenziert analysiert werden sollen. Der Schwerpunkt der hier angesprochenen Studien liegt in den forschungspraktischen Konsequenzen von Interviewerfehlverhalten und den Möglichkeiten, derartiges Fehlverhalten durch Schulungen zu beheben.

In dieser Arbeit wird davon ausgegangen, daß Fehlverhalten der Interaktionspartner nicht alleine durch Schulungen vermieden werden kann. Vielmehr ist ein solches Verhalten in ein hinreichend theoretisch komplexes Modell einzubinden und empirisch zu überprüfen. Dazu können einerseits Studien, die den Interaktionsablauf nach Kategorien ordnen, herangezogen werden, andererseits sind Modelle zur Bestimmung der Determinanten des Interviewer- und Befragtenverhaltens notwendig, um Interaktionsabläufe im Interview einschätzen und bewerten zu können.

Kapitel 3

Die mündliche Befragung zum Interviewer- und Befragtenverhalten unter der inhaltlichen Thematik "Bedingungen für die Eingliederung ausländischer Arbeitnehmer im Ruhrgebiet"

Die im theoretischen Teil (Teil II) erörterten Ansätze zur Erklärung von Interviewer- und Befragtenverhalten sollen im weiteren anhand einer dafür konzipierten Untersuchung empirisch überprüft werden.

Die jeweiligen Kerntheorien (vgl. Abschnitt 3.1) werden nach inhaltlich-theoretischen Überlegungen operationalisiert, wobei als abhängiges Konstrukt für das Modell der Kerntheorie I (vgl. Abschnitt 2.1.3 auf Seite 58) der Ethno-zentrismus der befragten Person steht und für das Modell der Kerntheorie II (vgl. Abschnitt 2.2.5 auf Seite 73) das Kontaktverhalten gegenüber ausländischen Mitbürgern.

Die Operationalisierung der Methodentheorie gliedert sich in vier Teile (vgl. Abschnitt 3.2):

1. *Intervieweranwesenheit:* Hierbei sollen die Effekte von Geschlecht, Alter, Status und Erfahrung des Interviewers berücksichtigt werden.

2. *Interviewereinstellungen:* Hier soll auf den Ethnozentrismus des Interviewers zurückgegriffen werden.

3. *Interviewsituation:* Ein Persönlichkeitsprofil des Befragten, ermittelt durch die Einschätzungen der Interviewer (Befragteneinschätzung) und eine Einschätzung des Interviewers über seine Wahrnehmung durch den Befragten (Interviewerwahrnehmung) sollen Auskunft über die situationalen Bedingungen im Interview geben.

4. *Soziale Erwünschtheit:* Die Ermittlung von Einschätzungen zur sozialen Erwünschtheit von Ethnozentrismusitems durch eine Voruntersuchung (vgl. Abschnitt 3.2.4.1) dient hier der Auswahl verzerrungsanfälliger Items, während über das Bedürfnis nach sozialer Anerkennung (need for social approval) das Ausmaß der situational erwünschten Antworttendenzen ermittelt werden soll (vgl. Abschnitt 3.2.4.2).

Der inhaltliche Aufbau des Fragebogens (vgl. Abschnitt 3.2.5) und die Darstellung der Erhebungsphase mit den Verfahren zur Auswahl von Interviewern und Befragten werden im Anschluß an die Operationalisierungen erörtert (vgl. Abschnitt 3.3).

3.1 Die Operationalisierung der Kerntheorien

Typisierungen von Minderheiten, "Vorurteile" und soziale Distanzierungen können als ein ganz besonders vielversprechender Gegenstand von Methodenuntersuchungen angesehen werden. Einerseits existiert eine elaborierte Theorie der Vorurteilsbildung, aus der sich ein praktikables Modell der kausalen Zusammenhänge verschiedener Faktoren ableiten läßt. Dieses Modell wurde bereits teilweise empirisch untersucht (vgl. z. B. Hill 1984a, 1984b). Andererseits wird die Äußerung von Vorurteilen in einer *öffentlichen* Situation - wie es das Interview ist - sowohl durch Erwünschtheitseffekte wie auch Interviewereffekte beeinflußt.

Die traditionellen Theorien der Vorurteile lassen sich auf drei unterschiedliche Ansätze reduzieren: Die "scapegoat"-Theorien des Ethnozentrismus (vgl. Bettelheim/Janowitz 1950; Kirscht/Dillehay 1967); die "normative" Theorie der Vorurteile (vgl. z. B. Westie 1964) und die "situationale" Theorie (vgl. besonders Kohn/Williams 1956).

Nach den "scapegoat"-Theorien sind Vorurteile Resultat einer sozialen Wahrnehmung, die selektiv und strukturiert erfolgt. Die Wahrnehmungen von Individuen orientieren sich allgemein an deren soziale Eingebundenheit und den sich hieraus ergebenden Interessen und Zielen (vgl. Hill 1984a: 3). Es wird versucht mit vorstrukturierten und faktisch nicht abgesicherten Einstellungen komplexe Situationen (z. B. die Überfremdung in bestimmten Stadtteilen) zu bewältigen. Die Differenz zwischen subjektiver Vereinfachung und objektiven Gegebenheiten drückt sich über die Äußerung von Vorurteilen aus.

Die "normative" Theorie geht davon aus, daß Vorurteile soziale Eigenschaften sind, d. h. sie sind ein Teil subkultureller Verhaltensnormen, die auf gemeinsamen Wertvorstellungen beruhen und das Handeln von Individuen innerhalb von Kollektiven reglementieren. Durch die Abgrenzung von ethnischen Minderheiten wird das kollektive Zugehörigkeitsgefühl erhöht und Vorurteile werden Bestandteil der individuellen Identität (vgl. Hill 1984a: 5).

Die "situationale" Theorie übernimmt im Grunde diese Überlegung, erweitert sie aber dahingehend, daß normativ geprägte Verhaltensweisen durchaus abhängig von situationalen Gegebenheiten variabel sein können. Ein und dieselbe Person kann je nach Situation zu unterschiedlichen Einschätzungen von Minderheiten kommen.

Diese Theorien basieren auf einer gemeinsamen Grundstruktur. Für den Handelnden sind Vorurteile kognitive Handlungsparameter, die er zuvor erlernt hat und die er nun rational in seine Handlungsplanung einbezieht, um ein bestimmtes Ziel zu erreichen. Dabei können andere Determinanten diese Handlungsplanung beeinflussen. Die autoritäre Persönlichkeit wählt eine ethnozentristische Einstellung, wenn in einer speziellen Situation (Interview) eine spezielle Öffentlichkeit (Interviewer) eine Typisierung erwartet. Sie wählt diese Einstellung nicht, wenn es die Situation nicht erfordert und wenn damit die angestrebten Ziele (z. B. Identitätserhalt) nicht erreicht werden können.

Die inhaltliche Konzeption der Kerntheorien hebt nicht nur auf theoretische Erklärungen von Vorurteilen ab, sondern auch auf die Benennung von relevanten theoretischen Konstrukten, die in einem theoretischen und empirischen Zusammenhang stehen. Dabei wurde erstens das Primärmilieu der befragten

Personen berücksichtigt[1], zweitens das Ausmaß interethnischer Kontakte[2], drittens die Konkurrenzbefürchtungen der befragten Personen[3] und viertens das Sekundärmilieu.[4] Aus diesen theoretischen Konstrukten läßt sich ein relativ unkompliziertes theoretisches Modell zur Erklärung von Vorurteilen bzw. ethnozentristischen Einstellungen ableiten (vgl. Abbildung 3.1).

Abbildung 3.1: Theoretisches Modell zur Erklärung von Vorurteilen

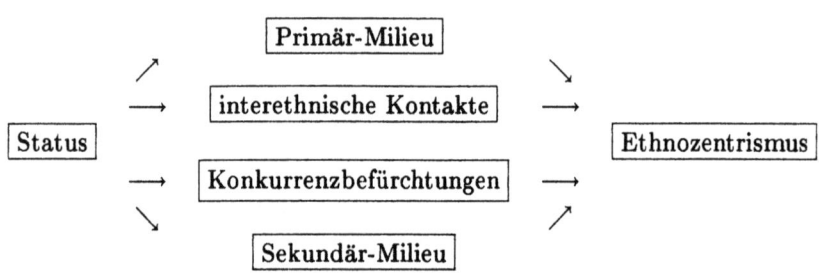

Das Modell beinhaltet außerdem ein soziodemographisches Merkmal (Status), das aber nicht unmittelbar auf die ethnozentristischen Einstellungen wirkt, sondern vermittelt über die o. a. theoretischen Konstrukte. Der Einfluß von Primär- und Sekundärmilieu ist durch Studien, die insbesondere die Kontextmerkmale mitberücksichtigen (vgl. z. B. Esser/Hill/v. Oepen 1982) hinreichend belegt worden. Die interethnischen Kontakte wurden gemäß den Überlegungen der sogenannten "Kontakthypothese"[5] mit in das Modell aufgenommen. In der Betrachtung der Diskriminierungsbereitschaft ge-

---

1 Das Primärmilieu wurde bei Esser (1985b) durch Angaben des Befragten operationalisiert, die sich darauf beziehen, ob seine Verwandten und Freunde mit der Freundschaft eines Türken einverstanden wären.

2 Die interethnischen Kontakte werden bei Esser (1985b) über wechselseitige Wohnungsbesuche und Bekanntschaften mit Ausländern erfaßt, bei Krauth/Porst (1984) wurden die Kontakte in der Familie bzw. Verwandtschaft, am Arbeitsplatz, in der Nachbarschaft, zu Freunden und Bekannten zu einem Index zusammengefaßt.

3 Dieses Konstrukt ist bei Esser (1985b) als Index gebildet worden, der die generelle Abwehr von ethnischen Minderheiten zusammenfaßt. Bei Krauth/Porst (1984) existiert nur eine indirekte Operationalisierung über die Definition von Teilstichproben, die sich nach aktueller Arbeitslosigkeit, Furcht vor und Erfahrung von Arbeitslosigkeit gliedern.

4 Bei Hill (1984a: 12) sind neben objektiv ökologischen Merkmalen, die subjektiv wahrgenommene Ausländersegregation im Wohngebiet Merkmale dieses Konstrukts.

5 Diese Hypothese besagt, daß Vorurteile abgebaut werden
  1. durch Kontakte zwischen Mitgliedern verschiedener ethnischer Gruppen mit gleichem Status;

genüber Ausländern als Folge von Wettbewerb oder Wettbewerbserwartung gewinnen die Konkurrenzbefürchtungen der befragten Personen zunehmende Erklärungskraft (vgl. Esser 1980: 146; Krauth/Porst 1984: 240). Dies bedeutet: Je stärker eine Konkurrenzsituation wahrgenommen wird und je stärker diese Konkurrenz erwartet wird, umso stärker wird eine diskriminierende Haltung bzw. eine ethnozentristische Einstellung gegenüber Ausländern ausgeprägt sein. Hier werden wiederum interethnische Kontakte bedeutsam. Ob diese Kontakte Vorurteile, Diskriminierungen und Ethnozentrismus vermindern, hängt von der Art, Intensität und Wichtigkeit dieser Kontakte ab. Die Beliebigkeit von Kontakten läßt eine Reduzierung der Diskriminierungsbereitschaft nicht ohne weiteres erwarten, sondern schafft zuerst die Voraussetzungen von Einstellungsänderungen. Die wahrgenommene Konkurrenzsituation ist eine von mehreren ungünstigen Bedingungen, unter denen Kontakte zur Verstärkung von Diskriminierungen führen (vgl. Amir 1969: 338; Krauth/Porst 1984: 241).

Es gibt eine Reihe von Hinweisen darauf, daß ausländerfeindliche Äußerungen in der Interviewsituation stark von Verzerrungseffekten geprägt sind. Auf der anderen Seite bieten Vorurteilslosigkeit und ein "open mind" gerade bei höher ausgebildeten Personen in der Interviewsituation eine wichtige Richtschnur für das Präsentationsverhalten (vgl. z. B. Cook/Selltitz 1964; Lipsitz 1965). Es wird vermutet, daß die in der Regel belegten Beziehungen zwischen Mittelschicht und Vorurteilslosigkeit zu einem gewissen Teil auf dieses schichtspezifische Präsentationsverhalten zurückzuführen sein können. Andererseits bilden die an rassische und ethnische Merkmale geknüpften Interviewereffekte einen festen Bestandteil der klassischen Forschungen zu diesem Thema (vgl. Abschnitt 2.1.3 auf Seite 120). Der Grund dafür ist höchst plausibel: Wenn in einer Situation bestimmte Merkmale eine eindeutig identifizierbare Beziehung zu möglichen Reaktion der Interviewpartner zulassen und wenn diese Merkmale erkennbar mit entsprechenden Inhalten der Befragung verbunden sind, dann sind die entsprechenden Bedingungen für situationsspezifische Einflüsse des Interviewers und das daraus resultierende Befragtenverhalten erfüllt.

Im folgenden sollen die aus Teil II abgeleiteten kerntheoretischen Modelle (Kerntheorie I und Kerntheorie II) operationalisiert werden, die einerseits die

---

2. durch Kontaktaufnahme zwischen Mitgliedern der Mehrheitsgruppe und den statushöheren Mitgliedern der Minderheitsgruppe;

3. durch ein soziales Klima, daß den Aufbau von interethnischen Kontakten fördert;

4. durch Kontakte, die mehr vertraut als fremd bzw. selten sind;

5. durch Kontakte, die mehr Freude hervorrufen als unbedingtem Nutzen unterliegen und

6. durch Mitglieder zweier Gruppen, die in wichtigen Aktivitäten gemeinsame Ziele verfolgen, die einen höheren Rang haben als die gruppenspezifischen Ziele (vgl. Amir 1969: 338).

o. a. aufgestellten Konzepte (vgl. Abbildung 3.1), andererseits die theoretischen Überlegungen aus Abschnitt 2.1 (Seite 50) und Abschnitt 2.2 (Seite 63) berücksichtigen.

3.1.1   Kerntheorie I (Handlungstheorie)

Das in Abbildung 3.1 erörterte Modell ist - die instrumententheoretische Absichten hervorhebend - für die Kerntheorie I um einige Konstrukte verkürzt worden. So wird im folgenden auf die Variablen Sekundär-Milieu und Konkurrenzbefürchtungen aus praktischen Gründen verzichtet, da in dieser Arbeit weniger die inhaltlichen Beziehungen als vielmehr die methodischen Effekte im Vordergrund stehen. Die in Form eines Strukturgleichungsmodells formulierte Kerntheorie enthält damit vier inhaltliche Konstrukte: Status (STATUS), Primärmilieu (PRIMMIL), interethnische Kontakte (KONTAKT) und Ethnozentrismus (ETHNO, vgl. Abbildung 3.2).[6]

Abbildung 3.2: Operationalisiertes Modell der Kerntheorie I

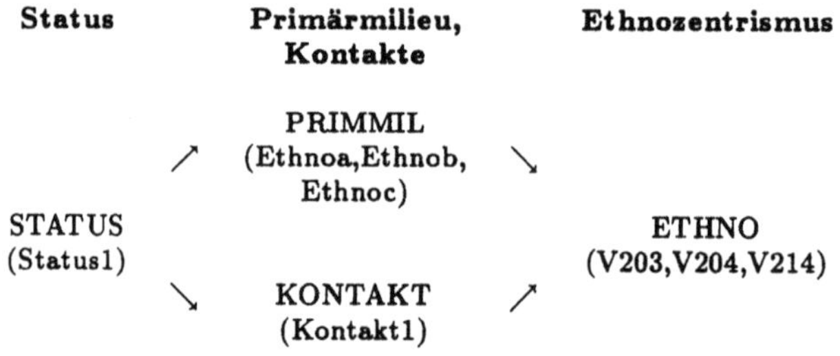

Status	Primärmilieu, Kontakte	Ethnozentrismus
	PRIMMIL (Ethnoa,Ethnob, Ethnoc)	
STATUS (Status1)		ETHNO (V203,V204,V214)
	KONTAKT (Kontakt1)	

xxx = Verwendete Konstrukte nach dem inhaltlichen Konzept
XXX = Inhaltlich zugeordnetes Konstrukt (latente Variable)
(xxx) = Gemessener Indikator (manifeste Variable)

Aus meßtheoretischen Gründen besitzen zwei Konstrukte (STATUS, KONTAKT) nur jeweils einen Indikator (Status1, Kontakt1), die beiden ande-

---

6 Die in Klammern angegebenen Abkürzungen werden im weiteren als Kurzbezeichnungen der theoretischen Konstrukte und der gemessenen Indikatoren verwendet, wobei die Konstrukte in Großbuchstaben formuliert werden.

ren Konstrukte (PRIMMIL und ETHNO) bestehen aus jeweils drei Indikatoren (Ethnoa, Ethnob, Ethnoc und V203, V204, V214). Status1 ist ein additiver Index, der aus den Fragen nach Schulabschluß und Berufstätigkeit
besteht, Kontakt1 ist ein additiver Index, der aus den Fragen nach privaten Kontakten zu Ausländern im Arbeits- und Wohnbereich besteht. Ethnoa, Ethnob und Ethnoc sind ebenfalls additive Indizes, die sich aus den
Fragen über die Einstellung der drei nächsten Freunde bzw. Bekannte zu
Ausländern zusammensetzen.[7] Hierbei ist zu beachten, daß die subjektiv antizipierte Wahrnehmung des Befragten von der Einstellung der Freunde bzw.
Bekannte gemessen wurde.[8] V203, V204 und V214 sind Einstellungsitems,
die sich auf die Vertrauensbereitschaft (V203), auf das Unangenehme bei
Ausländern (V204) und auf die Zerstörung der Wohngebiete (V214) bezie-
hen (zum Wortlaut der Items, vgl. Anhang ab Seite 319).

3.1.2 Kerntheorie II (Entscheidungstheorie)

Die zweite Kerntheorie lehnt sich einerseits an die inhaltlichen Überlegungen des Abschnitts 3.1 an, andererseits sollen die Konstrukte in ihren Beziehungen untereinander nach der Theorie der geplanten Entscheidungen (vgl.
Abschnitt 2.2 auf Seite 63) angeordnet werden. Die Übertragung von Komponenten dieser Theorie in inhaltlich-spezifische Konstrukte führte hier zu
Schwierigkeiten, da die hier vorliegenden Meßinstrumente ursprünglich nicht
für eine Modellierung dieser Theorie konzipiert waren. Daher können hier
auch nur die Modellkomponenten berücksichtigt werden, für die in der Untersuchung Operationalisierungen vorliegen.[9] Ein verkürztes Modell der Theorie
der geplanten Entscheidungen diente als Grundlage für die inhaltliche Spezifizierung der Kerntheorie II.

---

7 Die Bildung der Indizes wird in Abschnitt 4.1 auf Seite 166 erläutert. Zu den Frageformulierungen vgl. Abschnitt 3 auf Seite 319.

8 Zu perzipierten Einstellungen der Familienangehörigen und des Freundeskreises vgl. Hill
(1984a: 12).

9 Ergänzend sei noch erwähnt, daß sich die Idee der Überprüfung eines kerntheoretischen
Modells nach der Theorie der geplanten Entscheidungen erst nach Abschluß der Erhebung der Daten entwickelte. Die hier diskutierte Modellierung muß als Sekundäranalyse
an den eigenen Daten betrachtet werden.

Abbildung 3.3: Operationalisiertes Modell der Kerntheorie II

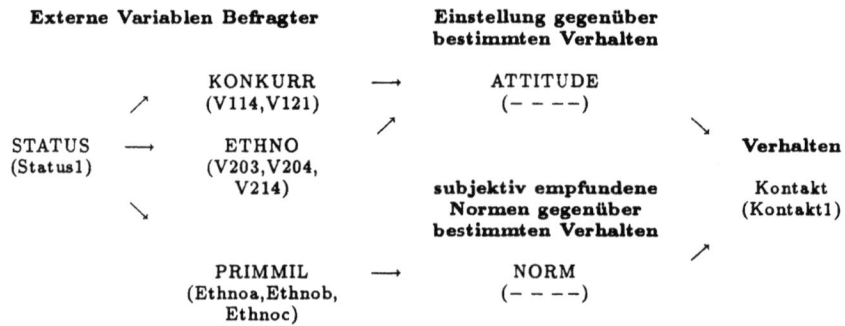

xxx = Verwendete Konstrukte nach dem Ajzen/Fishbein-Modell

XXX = Inhaltlich zugeordnetes Konstrukt (latente Variable)

(xxx) = Gemessener Indikator (manifeste Variable)

Nach diesem Modell sind folgende Zuordnungen zwischen Konstrukten des Ajzen/Fishbein-Modells und inhaltlich-spezifischen Konstrukten vorgenommen worden (vgl. Abbildung 3.3):

- Der private Kontakt zu Ausländern (KONTAKT) in unterschiedlichen Situationen (Arbeitsplatz, Wohnen etc.) soll das Konstrukt Verhalten repräsentieren. Der Indikator von Kontakt ist der Index Kontakt1 (wie in Kerntheorie I).

- Die wahrgenommene Konkurrenzsituation gegenüber Ausländern (KONKURR) und die ethnozentristische Einstellung gegenüber Ausländern (ETHNO) sollen externe Variablen im Sinne von Ajzen/Fishbein repräsentieren. Die Indikatoren der wahrgenommenen Konkurrenzsituation beziehen sich auf Einstellungsitems zum Arbeitsplatz (V114) und zum Lebensraum (V121, zum Wortlaut der Items, vgl. Anhang ab Seite 319). Die Indikatoren von Ethnozentrismus werden aus denselben Items gebildet wie in Kerntheorie I (V203, V204 und V214).

- Die wahrgenommene Ausländerfeindlichkeit im Primärmilieu (PRIMMIL) soll ebenfalls eine externe Variable im Sinne von Ajzen/Fishbein repräsentieren. Die Indikatoren von PRIMMIL sind die additiven Indizes Ethnoa, Ethnob und Ethnoc (wie in Kerntheorie I).

• Der bildungs- und berufsbezogene Status (STATUS) der befragten Person soll eine weitere externe Variable repräsentieren. Der Indikator von STATUS ist ein aus Schulbildung und Beruf gebildeter Index Status1 (wie in Kerntheorie I).

Das reduzierte Modell der Theorie der geplanten Entscheidungen beinhaltet weitere Konstrukte, die aber mit den hier vorliegenden Meßinstrumenten nicht operationaliert werden konnten (vgl. Abbildung 3.3). Dies betrifft die Einstellungen gegenüber bestimmtem Verhalten (ATTITUDE) und die subjektiv empfundenen Normen (NORM). Sie werden im zu überprüfenden Strukturgleichungsmodell als MIMIC-Variablen behandelt.[10] Diese Art der Modellierung ist ein Spezialfall der Einführung sogenannter Phantomvariablen[11], mit denen generell Konstrukte beliebiger Art eingeführt und getestet werden können, sofern das Identifikationsproblem gelöst ist. Die hier gewählte Formulierung (ηs als MIMIC-Variable) bezieht sich auf das verallgemeinerte lineare Modell (vgl. Graff/Schmidt 1982) und erlaubt, bei nicht direkter Messung der Konstrukte, handlungstheoretische Modelle zumindestens indirekt zu testen.

Für beide kerntheoretischen Modelle ergibt sich das Problem der eindeutigen kausalen Richtung zwischen einigen Variablen. Da Angaben zu Verhalten, erhoben mittels Fragebogen, immer vergangenes Verhalten erfassen, ist die Richtung der Kausalität zwischen diesem vergangenen Verhalten und den Einstellungen bzw. den Merkmalen, die die Einstellungen bestimmen, nicht eindeutig festgelegt. Es ist darum nicht auszuschließen, daß die Kontaktrate wiederum bereits Einfluß auf den Ethnozentrismus des Befragten und sein Konkurrenzempfinden hat.[12] Hier liegt, wie in vielen Querschnittsuntersuchungen, ein Problem uneindeutiger Kausalitätsrichtung vor. Auf Grund der Daten kann nicht eindeutig zwischen verschiedenen kausalen Modellen zur Erklärung der empirischen Kovarianzstruktur entschieden werden (zum Problem der Äquivalenz von Kausalmodellen vgl. Jöreskog/Sörbom 1988: 221ff und die dort angegebene Literatur).

---

10 MIMIC ist die Kurzbezeichnung für "Multiple Indicators Multiple Causes". Solche Variablen sind linear additive Kombinationen anderer latenter Variablen, ohne das sie selbst gemessenen Variablen direkt zugeordnet werden (vgl. Jöreskog/Sörbom 1988: 142ff; Bollen 1989: 331).

11 Zu den Modellierungsmöglichkeiten von Strukturgleichungsmodellen mit Phantomvariablen vgl. Rindskopf (1984a, 1984b).

12 Die Richtung der Beziehung zwischen Kontakthäufigkeit und ethnozentristischen Einstellungen ist auch nicht eindeutig vorhersagbar. Auch wenn hier von einer negativen Beziehung zwischen den beiden Konstrukten ausgegangen wird, können Vorurteile und Diskriminierungsbereitschaft auch mit zunehmenden interethnischen Kontakten steigen (vgl. Amir 1969: 331)

3.2 Die Operationalisierung der Methoden-
theorie

Die für die Identifikation von Verzerrungseinflüssen notwendige Methodentheorie gliedert sich in vier Teile. Zunächst soll die Subgruppenbildung über
die Intervieweranwesenheitsmerkmale Geschlecht, Alter, Status und Erfahrung erörtert werden (vgl. Abschnitt 3.2.1). Daran schließt sich die Operationalisierung der Interviewereinstellungen als zweites Merkmal für den Einfluß
des Interviewers auf das Antwortverhalten der Befragten an (vgl. Abschnitt
3.2.2). Die Kennzeichnung der Interviewsituation - eine für methodologisch
orientierte Untersuchungen eher ungewöhnliche Operationalisierung - bezieht
sich als drittes auf Einschätzungen und Wahrnehmungen des Interviewers, die
Befragungssituation und den Befragten (vgl. Abschnitt 3.2.3). Der vierte me-
thodentheoretische Teil behandelt die Tendenz zum sozial erwünschten Antwortverhalten (Social Desirability Response Set) der befragten Personen. Dieser vierte Teil gliedert sich in zwei Unterabschnitte (Abschnitte 3.2.4.1 und
3.2.4.2). Zum einen werden - mit Hilfe einer Vorstudie - Einschätzungen über
die soziale Erwünschtheit oder Unerwünschtheit von Ethnozentrismusitems
ermittelt (vgl. zur Technik Abschnitt 1.1.1 auf Seite 80), um so ein Auswahl-
kriterium für die Erwünschtheitsanfälligkeit der inhaltlichen Einstellungsitems
zu erhalten. Zum anderen wird eine Kurzform der Marlowe-Crowne-Skala in
der Untersuchung verwendet, um so das Bedürfnis nach sozialer Anerkennung
zu ermitteln und in Bezug zu den drei o. a. Interviewermerkmalen zu setzen.

3.2.1   Intervieweranwesenheit: Geschlecht, Alter, Sta-
tus und Erfahrung

Intervieweranwesenheitseffekte werden operationalisiert über

1. das Geschlecht des Interviewers (IGL)

2. das Alter des Interviewers (IAL bzw. ALTERI)

3. den Status des Interviewers (ISTATUS) bzw. die Statusdifferenz zwischen Interviewer und Befragten (STATKONS), und

4. die Interviewererfahrung (IERF)[13]

---

13 Die in Klammern angegebenen Kurzbezeichnungen werden in den folgenden Ausführungen bzw. Abbildungen verwandt.

Abbildung 3.4: Operationalisiertes Modell der Kerntheorie I und Methodentheorie (Interviewerethnozentrismus)

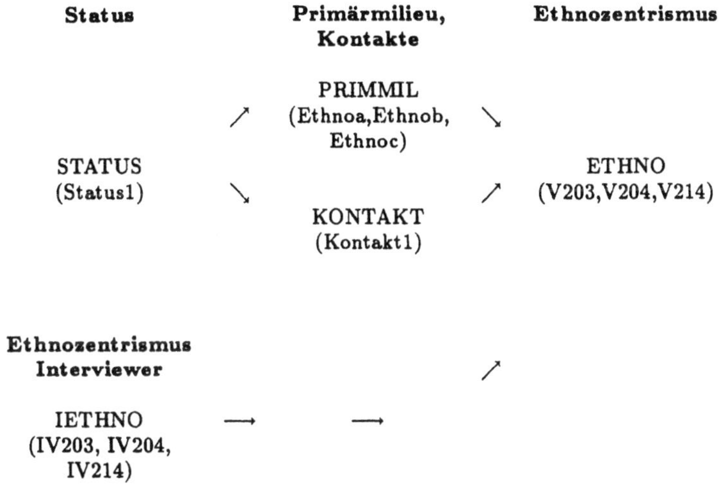

Status	Primärmilieu, Kontakte	Ethnozentrismus
	PRIMMIL (Ethnoa,Ethnob, Ethnoc)	
STATUS (Status1)	KONTAKT (Kontakt1)	ETHNO (V203,V204,V214)

Ethnozentrismus
Interviewer

IETHNO
(IV203, IV204,
IV214)

xxx = Verwendete Konstrukte nach dem inhaltlichen Konzept
XXX = Inhaltlich zugeordnetes Konstrukt (latente Variable)
(xxx) = Gemessener Indikator (manifeste Variable)

Der ersten Gruppe der Befragten wurden männliche Interviewer (IGL=1), der
zweiten Gruppe weibliche Interviewer (IGL=2) zugewiesen. Die erste Gruppe
der Interviewer ist unter 30 Jahre (IAL=1), die zweite Gruppe über 40 Jahre
(IAL=2) alt. Das Alter des Interviewers wird hier auch über die Gruppierung
in Altersklassen operationalisiert (Konstrukt IALTER und Indikator Alteri in
Abbildung 3.5).

Der Status des Interviewers ist als bildungs- und berufsbezogener Index ope-
rationalisiert worden und entspricht in seiner Konstruktion dem Status des
Befragten (Konstrukt ISTATUS und Indikator Istatus1). Für die Aufteilung
der Befragten nach Statusdifferenz ist mit Hilfe der Indikatoren Status1 und
Istatus1 eine Gruppenvariable gebildet worden, bei der die erste Gruppe aus
Befragten mit niedrigem und Interviewer mit hohem Status (STATKONS=1),
die zweite Gruppe aus Befragten und Interviewer mit gleichem Status (STAT-
KONS=2) und die dritte Gruppe aus Befragten mit hohem und Interviewer
mit niedrigem Status besteht (STATKONS=3).

Zur Operationalisierung der Interviewerfahrung wurden die Interviewer wiederum in zwei Gruppen aufgeteilt, erfahrene Interviewer (IERF=1) und nichterfahrene Interviewer (IERF=2). Erfahren bezieht sich hier auf den Sachverhalt, jeweils vor dieser Untersuchung Interviews durchgeführt zu haben. Nicht erfahren bedeutet, vor dieser Untersuchung noch nie Interviews durchgeführt zu haben.

Alle Gruppenvariablen (IGL, IAL, IERF und STATKONS) werden als Kovariate für den Test der Kerntheorie I verwendet (vgl. Abbildung 3.4). Die beiden Konstrukte IALTER und ISTATUS werden mit ihren jeweiligen Indikatoren für die Erweiterung der Kerntheorie II verwendet (vgl. Abbildung 3.5).

Abbildung 3.5: Operationalisiertes Modell der Kerntheorie II und Methodentheorie (Interviewerstatus und -alter)

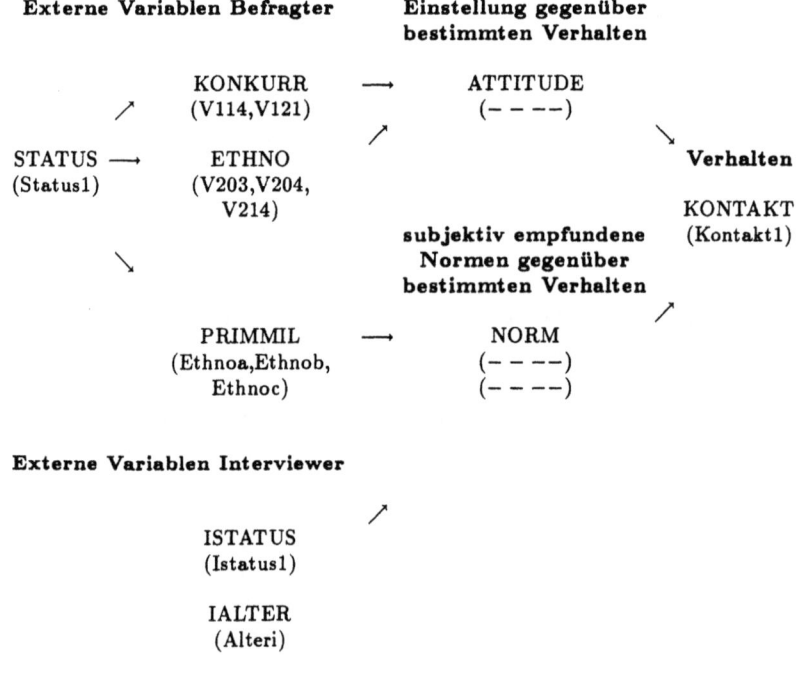

xxx = Verwendete Konstrukte nach dem Ajzen/Fishbein-Modell

XXX = Inhaltlich zugeordnetes Konstrukt (latente Variable)

(xxx) = Gemessener Indikator (manifeste Variable)

3.2.2   Interviewereinstellungen: Befragung der Interviewer mit gleichem Fragebogen

Die Operationalisierung der Interviewereinstellungen erfolgt über die Diskriminierungsbereitschaft des Interviewers (Konstrukt IETHNO). Die Indikatoren dieses Konstruktes sind IV203, IV204 und IV214, inhaltlich dieselben Indikatoren wie für das Konstrukt ETHNO (vgl. Abschnitt 3.1.1).

Kerntheorie I wird um das Konstrukt IETHNO erweitert, so daß der Einfluß der Interviewereinstellungen simultan mit den kerntheoretischen Beziehungen überprüft werden kann (vgl. Abbildung 3.4). Die Erweiterung der Kerntheorie I um ein Methodenkonstrukt (IETHNO) lehnt sich an die Konzeption des Modells von Schanz und Schmidt (1984) und Hermann (1983) an. Hier wurde versucht, über die Priorität eines Fragethemas für den Interviewer wie für den Befragten die Größe des Interviewereinflusses festzustellen. In dem Modell von Hermann bzw. Schanz und Schmidt sind die "liberalen Erziehungsziele" das abhängiges Konstrukt (vgl. die Studie des ALLBUS 1980), dessen Varianz neben inhaltlich bedeutsamen Variablen (z. B. Bildung) auch durch die Einstellung der Interviewer zu dieser Thematik erklärt werden soll.

Innerhalb der Kerntheorie I soll Varianz des Befragtenethnozentrismus und der interethnischen Kontakte durch den Interviewerethnozentrismus erklärt werden. Inwieweit der Einfluß der Interviewereinstellungen auf die Befragteneinstellungen nach den Intervieweranwesenheitsmerkmalen differieren, werden die Subgruppenanalysen aufzeigen (vgl. Abschnitt 4.2.2 auf Seite 189).

Innerhalb der Kerntheorie II soll Varianz der subjektiv empfundenen Normen (NORM) durch den Interviewerethnozentrismus erklärt werden. Es wird davon ausgegangen, daß subjektiv empfundene Normen durch situationale Gegebenheiten im Interview beeinflußt werden und so indirekt auf verzerrungsanfällige Konstrukte (wie die Angabe zu interethnischen Kontakten) Einfluß ausüben.

3.2.3   Interviewsituation: Subjektive Einschätzungen der Interviewer über die Wahrnehmung des Befragten und das Persönlichkeitsprofil des Befragten

Steinert (1984) hat in den Untersuchungen des Gallup-Instituts (Wien) über delinquentes und abweichendes Verhalten versucht herauszufinden, wie nach Einschätzung der Interviewer der Befragte die Interviewsituation erlebt hat.

Für diese Einschätzung mußte der Interviewer nach Abschluß des Interviews zunächst die antizipierte Wahrnehmung seiner Person durch den Befragten nach verschiedenen Kategorien benennen (z. B. Interviewer ist Vertreter einer Behörde, die Auskünfte fordert[14]). Diese subjektive Einschätzung durch den Interviewer läßt allerdings nur bedingt Rückschlüsse auf die Interviewsituation zu. Auf der anderen Seite kann eine Einschätzung des Befragten (anstatt des Interviewers) über die Interviewsituation und den Interviewer wiederum von anderen Effekten beeinflußt sein.[15] Scholl hat durch eine nach dem Interview vorgenommene Einschätzung des Befragten über die Interviewsituation (ohne Anwesenheit des Interviewers) überwiegend positive Einschätzungen über den Interviewer erhalten. Dies kann als Indiz dafür gewertet werden, daß aus Rücksichtnahme gegenüber antizipierten negativen Folgen für den Interviewer, die Interviewersituation über Gebühr positiv bewertet wurde (vgl. Scholl 1989: 12). Andere Techniken zur Ermittlung von Situationseinschätzungen lassen sich m. E. nur durch Laborexperimente ermitteln, die aber der experimental-psychologischen Erhebungssituation näher kommen als der Situation in Umfrageinterviews (vgl. Bungard 1984).

Neben der Einschätzung des Befragten über die Rolle des Interviewers sind Einschätzungen über Verhaltenscharakteristiken des Befragten abgegeben worden. Diese Verhaltenscharakteristiken waren nach verschiedenen Gegensatzpaaren aufgeschlüsselt (z.B. verschlossen - auskunftsbereit[16]), wobei die Interviewer die Befragten auf einer Likert-Skala jeweils zwischen den Polen einordnen konnten.

Beide Instrumente sind hier in dieser Untersuchung unverändert übernommen worden und werden im folgenden als "Interviewereinschätzung" und "Befragtenwahrnehmung" bezeichnet.[17]

---

14 Zu den Formulierungen vgl. die Variablen V275 bis V280 in Anhang ab Seite 319.

15 Steinert weist selbst auf die Interpretationsschwierigkeiten der Situationseinschätzung hin. Er rechtfertigt eine nur vom Interviewer vorgenommene Einschätzung mit der Annahme, daß zwischen Interviewer und Befragten Übereinstimmung in der Situationsdefinition bestehen wird (Steinert 1984: 35, Fußnote 1). Diese Annahme kann aber mit der hier beschriebenen Untersuchung nicht überprüft werden.

16 Zu den Formulierungen vgl. die Variablen V264 bis V274 in Abschnitt 3 auf Seite 319.

17 Zu den Ergebnissen der Instrumente in den Umfragen des Gallup-Instituts, vgl. Steinert (1984: 36/37).

3.2.4 Soziale Erwünschtheit

3.2.4.1 Die Ermittlung von Einschätzungen zur sozialen Erwünschtheit von Ethnozentrismusitems

Für die hier erörterte Untersuchung ist zur Ermittlung von Einschätzungen zur sozialen Erwünschtheit ein Einschätzungsbogen entwickelt worden, mit dem nach der Technik von Edwards (1957a, 1957b) der Grad der sozialen Erwünschtheit von Einstellungsitems ermittelt werden sollte. Entsprechend dem inhaltlichen Konzept der Untersuchung sind Items u. a. aus Skalen, die das Konstrukt Ethnozentrismus messen sollten, ausgewählt worden (zu den Itemformulierungen, vgl. Anhang ab Seite 313):

- 4 Items der Skala E01 (vgl. ZUMA-Skalenhandbuch 1983, Item E0101 bis Item E0104)

- 5 Items der Skala E02 (vgl. ZUMA-Skalenhandbuch 1983, Item E0201 bis Item E0205)

- 6 Items der Skala D21 (vgl. ZUMA-Skalenhandbuch 1983, Item D2101 bis Item D2106)

- 11 Items aus der Studie "Lebens- und Arbeitssituation der deutschen Bevölkerung und der ausländischen Arbeitnehmer in der Bundesrepublik" (vgl. Kremer/Spangenberg 1980, Item BMF01 bis Item BMF11)

- 11 Items aus der Studie "Sozialökologische Bedingungen der Eingliederung ausländischer Arbeitnehmer im Ruhrgebiet" (vgl. Esser/Hill/v. Oepen 1983, Item KVR04 bis KVR14)[18]

Von den 37 Items sind 24 in Richtung ethnozentristische Einstellung gepolt (d. h. Zustimmung zu diesen Items gibt eine ausländerfeindliche Einstellung wieder). Die restlichen 13 Items sind in Richtung nicht-ethnozentristischer Einstellung gepolt (d. h. Zustimmung zu diesen Items gibt eine ausländerfreundliche Einstellung wieder). Wie o. a. sollten die Items nach Unerwünschtheit bzw. Erwünschtheit eingeschätzt werden.[19] Mit dieser Einschätzung sollte nicht nur die Auswahl der Ethnozentrismusitems für die mündliche Befragung erleichtert werden, sondern auch folgende Fragestellungen überprüft werden:

---

18 Die Itembezeichnungen sind aus dem ZUMA-Skalenhandbuch (1983) übernommen worden. Für die Items aus den Studien sind eigene Bezeichnungen verwendet worden.
19 Edwards konstruierte für seine Einschätzungsbögen eine Likert-Skala mit 9 Abstufungen (von extrem unerwünscht bis extrem erwünscht), vgl. Edwards (1957a: 4). Für den hier verwendeten Einschätzungsbogen ist eine Likert-Skala mit 5 Stufen (von sehr unerwünscht bis sehr erwünscht) verwendet worden. Die neutrale Kategorie hat den Wert 3, vgl. Anhang ab Seite 313.

- Läßt sich die Technik von Edwards auch auf Items, die keinen Bezug zu psychopathologischem Verhalten haben, anwenden?

- Ergibt sich für die meisten Items eine zweigipflige Häufigkeitsverteilung, d. h. werden die Items deutlich als erwünscht oder unerwünscht klassifiziert und selten als neutral eingestuft (vgl. Mummendey 1987: 164)?

- Sind Differenzen in den Mittelwerten (SDSV) nach demographischen Merkmalen (Alter und Status) festzustellen?

Für die letzte Fragestellung sind am Ende des Einschätzungsbogens das Alter, der Schul- und Berufsabschluß abgefragt worden. Im Unterschied zu Edwards wurden die Items nicht ausschließlich Studenten vorgelegt. Der Bogen wurde an ausgewählte Personen aus unterschiedlichen Statusgruppen verteilt, die ihn dann schriftlich ausgefüllt zurückgaben. Die Anzahl der befragten Personen beträgt 33. Die soziodemographischen Merkmale der befragten Personen sind in Tabelle 3.1 zu finden. Die Verteilung nach den Statusgruppen ist relativ ausgewogen, während beim Alter die Gruppe der jüngeren Befragten mit einem Anteil von 48.5% deutlich überwiegt.[20]

Tabelle 3.1: Soziodemographische Merkmale der befragten Personen

Alter		Status	
19-30 Jahre	16 (48.5%)	niedrig	11 (33.3%)
31-45 Jahre	10 (30.3%)	mittel	10 (30.3%)
46-60 Jahre	4 (12.2%)	hoch	10 (30.3%)
fehlende Werte	3 (9.1%)		2 (6.1%)
Summe	33 (100 %)		33 (100 %)

Nach Tabelle 3.2 ist zu erkennen, daß die positiv gepolten Items in der Regel SDSV (Mittelwerte) über der neutralen Kategorie (Wert 3) aufweisen, während die SDSV (Mittelwerte) der negativ gepolten Items unterhalb der neutralen Kategorie der Skala liegen. Dies bedeutet, daß in der Regel ausländerfeindliche Äußerungen von den Befragten als erwünscht eingeschätzt wurden, ausländerfreundliche Äußerungen dagegen als unerwünscht.

---

20 Die Variable Status ist hier eine kombinierte Variable des Schul- und Berufsabschluß, die Variable Alter ist nach den Geburtsjahren gruppiert worden.

Tabelle 3.2: Mittelwerte, Standardabweichungen und Verteilungsform der Ethnozentrismusitems nach den SDSV

Variablenbezeichnungen		Pol	Unterschiede nach		Deskriptive Statistik		Verteilungs-form
Ein schätzungs- bogen	mündl. Befra- gung		Status	Alter	$\bar{x}$ (SDSV)	s	
E0101	V199	+			4.21	0.74	rechtsschief
KVR10	V208	+			4.18	0.98	rechtsschief
E0102	V205	+			3.91	0.77	rechtsschief
KVR13		+			3.82	1.01	rechtsschief
BMF02	V206	+			3.79	1.22	rechtsschief
BMF09		+			3.73	1.07	rechtsschief
D2105	V204	+			3.72	0.92	rechtsschief
D2103		+			3.72	1.17	rechtsschief
E0103	V200	+			3.70	1.07	rechtsschief
KVR05	V211	+			3.70	1.13	rechtsschief
E0104	V212	+	x		3.61	1.03	rechtsschief
KVR14		+			3.61	0.99	rechtsschief
D2106		+			3.50	0.98	rechtsschief
KVR11	V202	+	x	x	3.48	1.12	bimodal
BMF01		+		x	3.42	0.94	rechtsschief
KVR08		+		x	3.42	1.30	rechtsschief
E0201		-			3.33	0.92	normalverteilt
KVR09		+			3.31	0.90	normalverteilt
E0203		+		x	3.31	1.03	bimodal
BMF03		+		x	3.21	0.96	bimodal
BMF07		-			3.09	0.95	gleichverteilt
E0205		+			3.09	0.88	gleichverteilt
KVR04	V214	+			3.06	0.97	bimodal
D2102		+			3.06	1.11	normalverteilt
KVR06		+			3.03	1.07	bimodal
BMF05		-			2.76	0.97	normalverteilt
BMF08		+	x		2.72	1.08	linksschief
BMF04		-			2.65	1.17	gleichverteilt
KVR07	V207	-		x	2.59	1.01	bimodal
BMF06		-			2.52	1.12	linksschief
D2104		-			2.37	0.87	linksschief
D2101	V203	-		x	2.25	0.80	linksschief
KVR12	V213	-	x	x	2.24	1.03	linksschief
BMF11	V210	-		x	2.18	0.98	linksschief
E0202	V201	-			2.12	0.86	linksschief
E0204		-			2.03	0.86	linksschief
BMF10	V209	-			1.97	0.81	linksschief

Die von Mummendey (1987: 164) ermittelte bipolare Verteilung der Items konnte hier bis auf sechs Ausnahmen nicht nachgewiesen werden. Diese Items sind bis auf ein Item positiv gepolt und haben das Wohnen mit Ausländern (BMF03 und KVR04), die Ausführung schmutziger Arbeit (KVR06), die Moral (E0203), die soziale Unterstützung (KVR07) und die Bewahrung der deutschen Eigenart (KVR11) zum Inhalt. Die Möglichkeit der eindeutigen Zuordnung der Items als erwünscht bzw. unerwünscht läßt sich durch die ebenfalls eindeutige inhaltliche Ausrichtung begründen. Zu berücksichtigen ist jedoch die Skalierungsart und der geringe Stichprobenumfang.

Die Einschätzungsunterschiede nach der Variablen Status zeigen signifikante Mittelwertdifferenzen bei nur vier Items. Diese Unterschiede sind auf die statusbezogenen Inhalte der Items zurückzuführen. In Item E0104 geht es um Ehe, in Item BMF08 um Geld, in den Items KVR11 und KVR12 um Tradition und (Ge)Bräuche. Da die überwiegende Anzahl der Items keine Differenzen aufweist, kann gefolgert werden, daß relativ statusunabhängige Erwünschtheitseinschätzungen vorliegen.

Die Einschätzungsunterschiede nach der Variablen Alter geben ein anderes Bild wieder: Signifikante Mittelwertdifferenzen sind hier bei neun Items zu verzeichnen. Diese Unterschiede können nicht direkt auf altersbezogene Inhalte der Items zurückgeführt werden (außer bei Item E0203), sondern vielmehr auf die Polung der Items. An den Mittelwertdifferenzen (hier nicht weiter aufgeführt) ist zu erkennen, daß die jüngeren Befragten die höchsten Mittelwerte bei den positiv gepolten Items haben, während die älteren Befragten bei den negativ gepolten Items die höchsten Mittelwerte aufweisen. Zu beachten ist bei diesem Ergebnis, daß die Fallzahl für die älteren Befragten (vgl. Tabelle 3.1) äußerst niedrig ist und die Ergebnisse darum mit Vorsicht zu interpretieren sind. Hier scheint sich, unabhängig vom Inhalt der Items, ein systematischer Einschätzungsunterschied zu zeigen. Während die jüngeren Befragten ausländerfeindliche Äußerungen als erwünscht bezeichnen, steht bei den älteren Befragten eine "anzustrebende" ausländerfreundliche Haltung als wünschenswert im Vordergrund.

Für die mündliche Befragung (vgl. Abschnitt 3.2.5) wurden zehn positiv und sechs negativ gepolte Items ausgewählt. Bis auf zwei Items (V214 und V207) haben die positiv gepolten Items Mittelwerte (SDSV) über 3.4 und die negativ gepolten Items Mittelwerte (SDSV) unter 2.2. Nach den hier vorliegenden Ergebnissen wird bei den ausgewählten 16 Items davon ausgegangen, daß sie in der mündlichen Befragung anfällig für sozial erwünschtes Antwortverhalten sind.

Insgesamt hat sich gezeigt, daß die Technik von Edwards auch auf andere Iteminhalte übertragbar ist. Zu berücksichtigen ist jedoch, daß die Repräsentativität durch eine kritische Auswahl der Personen verbessert wird und - wie hier aufgezeigt - mit Hilfe von unabhängigen Variablen normengeleitete

Einschätzungsunterschiede identifiziert werden können.

3.2.4.2   Die Messung des Bedürfnisses nach sozialer Anerkennung

Für die Operationalisierung des Antwortverhaltens nach sozialer Erwünschtheit wurde die 10-Item umfassende Kurzform der Marlowe-Crowne-SD-Skala
von Schuessler (1982) in der Übersetzung von Krebs und Schuessler (1987)
verwendet (Items V121 bis V130, zu den Itemformulierungen vgl. Anhang ab
Seite 319).

Im Unterschied zu Schuessler (1982) sowie Krebs und Schuessler (1987) liegen
die Kategorien der Items nicht in dichotomisierter Form vor (Agree/Disagree),
sondern in Form einer 4-stufigen Likert-Skala (stimme voll zu bis stimme überhaupt nicht zu). Die Skala wird hier in erster Linie dazu benutzt, um die Untersuchungspersonen nach ihrer Tendenz, sozial erwünscht zu antworten, zu
gruppieren und so mögliche Bedingungen für die Aktualisierung von situationalen Verzerrungseffekten herauszufinden. Soziale Erwünschtheit wird nicht
als Konstrukt definiert und zusätzlich in das Kerntheoriemodell integriert (vgl.
Reinecke 1985a, Hermann/Streng 1986), sondern fungiert als Parameter der
Situationsbedingungen. Konkret bedeutet dies, daß die Stichprobe in Bezug
auf die Tendenz zur sozialen Erwünschtheit in Gruppen aufgeteilt wird und
an diesen Subgruppen die Kern- und Methodentheorien überprüft werden (zu
der Subgruppenbildung vgl. Abschnitt 4.2.2.5 auf Seite 224).

3.2.5   Die inhaltliche Konstruktion des Fragebogens

Für die hier durchgeführte Methodenuntersuchung ist ein Fragebogen entwickelt worden, der die Meßinstrumente der Kern- und Methodentheorien
enthält.[21]

Die mündliche Befragung wurde inhaltlich unter dem Thema "Bedingungen
für die Eingliederung ausländischer Arbeitnehmer im Ruhrgebiet" konzeptualisiert und ist als Begleituntersuchung zum Forschungsprojekt "Kulturelle
und ethnische Identität bei Arbeitsmigranten im interkontextuellen und intergenerationalen Vergleich" (vgl. Esser u. a. 1986) durchgeführt worden. Der
Fragebogen gliedert sich in folgende Bereiche:

- Demographie

---

21 Dies trifft für die Kerntheorie II nur in eingeschränktem Maße zu.

- Berufliche Situation/Ausbildung

- Familiäres Milieu/Sozialisation

- Lebenssituation/Konkurrenzempfinden

- Ethnozentrismus

- Sekundärmilieu

- Primärmilieu

- Interethnische Kontakte

- Soziale Erwünschtheit

- Interviewereinschätzung/Befragtenwahrnehmung

Demographie beinhaltet neben Geschlecht, Alter, Familienstand und Schulabschluß den Berufsabschluß und die Berufstätigkeit von Befragten und evtl. Ehepartnern, sowie die familiäre Haushaltssituation (Anzahl Kinder, Alter der Kinder und Anzahl der Personen im Haushalt).

Die Fragen nach Beruf bzw. Ausbildung sind jeweils in Filterführungen gesplittet (nach ehemaligen Berufstätigen, ganztags oder halbtags Beschäftigten und Personen in der Ausbildung, wobei die letzteren nur ihr Ausbildungsziel angeben mußten). Die zum Zeitpunkt der Befragung Berufstätigen beantworteten zusätzlich Fragen zur aktuellen oder vergangenen Arbeitssituation, um Zusammenhänge zur Wahrnehmung von Ausländern als Konkurrenten auf dem Arbeitsmarkt feststellen zu können (vgl. Krauth/Porst 1984).

Die Fragen zu den ausgeübten Berufen wurden "offen" gestellt, um den Aufwand einer direkten Kategorisierung zu vermeiden. Für die Datenanalyse wurden den alphanumerischen Ausprägungen ISCO-Codes (International Standard Code of Occupation) zugeordnet.

Sozialisationserfahrungen wurden über ein von Österreich (1974) entwickeltes Inventar ermittelt, das sich nach seiner Untersuchung auf fünf Faktoren reduzieren läßt (vgl. Skala F03 im ZUMA-Skalenhandbuch 1983). Die fünf Faktoren gliedern sich inhaltlich in:

1. konventionell strenge Erziehung

2. Normanpassung

3. Restriktivität

4. Kälte

5. Behütende Kontrolle

10 Items mit den höchsten Ladungen wurden für die Befragung aus den beiden ersten Faktoren ausgewählt. Die inhaltliche Heterogenität sollte damit eingeschränkt werden. Das Problem der Erinnerungslücken bei retrospektiven Angaben ist, wie bei Österreich, durch ausführliche Testanweisung und der Kategorie "Weiß nicht mehr" eingegrenzt worden. Die Verzerrungen der Erziehungstatbestände in Richtung auf eine sozial erwünschte Selbstdarstellung wurden durch eine Beurteilung bezüglich der Sozialisationserfahrungen des Befragten aus heutiger Sicht ermittelt. Diese Beurteilungen dienen hinsichtlich des Problems der sozialen Erwünschtheit dazu, "daß sie über alle Fragen hinweg zeigen, ob ein Befragter die Tendenz hat, generell alles gut oder alles schlecht zu finden. Wenn er alles gut findet, ist anzunehmen, daß er seiner Erziehung kritiklos beschönigend gegenübersteht. Findet er alles schlecht, ist ebenfalls mit einer verzerrenden Darstellungstendenz zu rechnen, einem Sich-Abhebenwollen vom Elternhaus" (Österreich 1974: 86). In den operationalisierten Kerntheorien sind die Sozialisationserfahrungen aus Gründen der Modellkomplexität nicht integriert worden.

Die Items zum Konkurrenzempfinden und zur Lebenssituation sind der Studie "Sozialökologische Bedingungen der Eingliederung ausländischer Arbeitnehmer im Ruhrgebiet" (Esser u. a. 1983) entnommen, um die Einschätzung der jetzigen Lebenssituation, der jetzigen und zukünftigen Arbeitsmarktentwicklung und der Konkurrenz durch Ausländer zu erhalten.

Die Items zum Ethnozentrismus wurden verschiedenen Studien (z. B. Esser u. a. 1983) und Skalen (vgl. ZUMA-Skalenhandbuch 1983) entnommen. 10 Items sind positiv, d. h. in Richtung ethnozentristischer Einstellung, formuliert. 6 Items sind negativ formuliert. Die Itemauswahl richtete sich u. a. nach den Mittelwerten (SDSV) aus der "Einschätzungsuntersuchung" (vgl. Abschnitt 3.2.4.1). Die etwa gleichverteilte Auswahl positiv und negativ formulierter Items sollte inhaltsunabhängigen Zustimmungstendenzen (Akquieszenz) entgegenwirken.

Die Fragen zum Sekundärmilieu (Wohnsituation, Wohnzufriedenheit, Zufriedenheit mit der Wohnumgebung etc.) sind bis auf kleinere Abweichungen dem Fragebogen der o. a. Studie (vgl. Esser u. a. 1983) entnommen. Hierzu gehören auch Fragen zur Wohnungsausstattung, die aber in dem hier verfolgten methodischen Untersuchungsrahmen keine Bedeutung haben.

Die Fragen zum Primärmilieu entsprechen vom Erhebungsdesign denen des egozentrierten Netzwerkes innerhalb des ALLBUS 1980. Von den drei besten

Freunden/Bekannten/Verwandten außerhalb des eigenen Haushalts sind de-mographische Variablen (Geschlecht, Alter, Bildung), subjektive Einschätzun-gen über den Ethnozentrismus der Freunde/Bekannte/Verwandte, die Kon-taktrate zu diesen drei Personen und die Konnektivität dieses Netzwerkes (vgl. Schmidt/Wolf 1984) erhoben worden.

Die Fragen zu den interethnischen Kontakten unterteilen sich in zwei Kom-plexe: Kontakte am Arbeits- oder Ausbildungsplatz und Kontakte im Primär- und Sekundärmilieu. Die Frageformulierungen sind ähnlich zu denen in der o. a. Studie (vgl. Esser u. a. 1983), wobei kurze Filterführungen eingebaut wurden.

Die Items zur sozialen Erwünschtheit sind einer übersetzten Kurzform (vgl. Krebs/Schuessler 1987) der Marlowe-Crowne-SD-Skala (vgl. die Ausführun-gen in Abschnitt 3.2.4.2) entnommen.

Die Fragen, die der Interviewer ohne den Befragten im Anschluß an das durch-geführte Interview zu beantworten hatte, beziehen sich auf die Antwortbereit-schaft des Befragten, die Zuverlässigkeit der Angaben, die Anwesenheit und der mögliche Eingriff dritter Personen, die Dauer des Interviews, evtl. Beant-wortungsschwierigkeiten, die Interviewereinschätzung und die Befragtenwahr-nehmung (vgl. die Ausführungen in Abschnitt 3.2.3).

Der Fragebogenaufbau ist durch den methodischen Charakter der Studie be-stimmt. Der Aufwand an neu konstruierten und neu gestalteten Meßinstru-menten ist auch aus Replikationsgründen gering gehalten worden. Vielmehr wurde versucht, bewährte Instrumente aus bereits durchgeführten Studien zu berücksichtigen und bei der Verwendung von anderen Skalen insbesondere das ZUMA-Skalenhandbuch einzusetzen.

3.3   Die Erhebungsphase

3.3.1   Die Auswahl der Interviewer

Die Analyse von Verzerrungen in der Interviewsituation erfordert eine Aus-wahl der Interviewer bezogen auf die Art der zu untersuchenden methodischen Effekte. Sollen Intervieweranwesenheitseffekte untersucht werden, so kann der Interviewerstab nicht aus einer Altersgruppe oder einer "peer group" (z. B. Studenten) bestehen.

Wegen beschränkter finanzieller Mittel mußte die Auswahl der Interviewer nach bestimmten Merkmalen eingegrenzt werden. Nach der operationalisierten Methodentheorie sollten die sichtbaren Merkmale Geschlecht und Alter sowie die Erfahrung des Interviewers berücksichtigt werden. Die jüngeren Interviewer wurden durch Aushang an den Universitäten Duisburg und Essen rekrutiert. Die älteren Interviewer wurden über Anzeigen in den örtlichen Anzeigeblättern der Stadt Essen ermittelt. Tabelle 3.3 zeigt die Zusammensetzung des Interviewerstabes nach den Merkmalen Geschlecht, Alter, Bildung, Beruf und Interviewererfahrung.

Tabelle 3.3: Verteilung der Interviewermerkmale Geschlecht, Alter, Bildung, Beruf und Interviewererfahrung

Inter-viewernr.	Geschlecht	Alter	Bildung	Beruf	Interview-erfahrung
01	m	46	Hochschule	Soz. päd.	ja
04	w	51	Hauptschule	Hausfrau	ja
05	m	48	Hauptschule	LKW-Fahrer	nein
06	w	40	Hauptschule	Hausfrau	ja
07	w	29	Hochschule	Soz. päd.in	nein
08	m	26	Fachobersch.	*Soz. wiss.	ja
09	w	26	Abitur	*Soz. wiss.	nein
11	m	28	Abitur	*Soz. wiss.	nein
12	w	25	Abitur	*Architektin	nein
13	m	21	Abitur	Zivildl.	nein

* = Bei diesen Angaben handelt es sich um angestrebte Berufe.

Nach den Merkmalen teilen sich die Interviewer zu gleichen Teilen in männliche und weibliche Personen auf, 60% sind jüngere ($\leq$ 30 Jahre) und 40% ältere Personen ($\geq$ 40 Jahre). Wiederum sind 60% nicht erfahrene und 40% erfahrene Interviewer. Die Bildungs- und Berufsabschlüsse sind ähnlich zu anderen Interviewerstäben nach oben verschoben. Die älteren Interviewer haben eher niedrigere Bildungs- und Berufsabschlüsse, die jüngeren eher höhere Bildungs- und Berufsabschlüsse. Letzteres ist durch die Rekrutierung von Studenten sowie ehemaligen Studenten erklärbar.

3.3.2   Die Auswahl der Befragten

Mit Hilfe von Adressen des Einwohnermeldeamtes Essen wurde eine Zufalls-
auswahl in zwei Essener Stadtteilen durchgeführt.[22] Die so ausgewählten Befragten wurden mit einem Anschreiben über die bevorstehende Umfrage und
den Besuch eines Interviewers informiert.

Tabelle 3.4 zeigt die angeschriebenen Personen differenziert nach Geschlecht
und Alter.

Tabelle 3.4: Verteilung der angeschriebenen Personen nach Geschlecht und
Alter

Geschlecht			Alter in Jahren			
männlich	weiblich	$\sum$	18-30	31-45	46-60	61 u. ä.
172	211	383	115	97	91	80

Der hohe Anteil an älteren Personen (über 61 Jahre) und der höhere Anteil an weiblichen Personen ist bedingt durch die spezielle Sozialstruktur im
Ruhrgebiet (z. B. hohe Quote von Bergarbeiterwitwen).

Für die Erhebung erhielten die Interviewer die Adressen der Personen, die vorher mit Anschreiben informiert worden waren. Die Zuordnung von Adressen
zu den Interviewern war zufällig. Allerdings wurde aus praktischen Gründen
kein Interviewer in verschiedenen Stadtteilen eingesetzt, während die Verteilung nach Interviewergeschlecht und Intervieweralter auf die Stadtteile zu
möglichst gleichen Teilen erfolgte.

3.3.3   Der Verlauf der Befragung

Die Befragung wurde im Frühjahr 1986 durchgeführt. 125 Interviews sind rea-
lisiert worden. In Essen-Holsterhausen konnten insgesamt 51 Interviews und in

---

22 Essen-Holsterhausen ist der eine Stadtteil mit niedriger Ausländerkonzentration und
Essen-Altenessen-Nord der andere Stadtteil mit hoher Ausländerkonzentration. Die unterschiedliche Ausländerkonzentration sollte Varianz in den Konstrukten Ethnozentrismus und Primärmilieu gewährleisten.

Essen-Altenessen-Nord 74 Interviews durchgeführt werden. Auf die jüngeren Interviewer entfielen 79 Interviews, auf die älteren Interviewer 46 Interviews. Die bezogen auf die Stadtteile unterschiedliche Anzahl an Interviews hat für diese Arbeit keine Bedeutung, während die Vergleichbarkeit der Befragtengruppen nach Interviewermerkmalen durch unterschiedliche Gruppengrößen eingeschränkt ist.[23] In Tabelle 3.5 ist der Verlauf der Befragung nach den Befragtenmerkmalen Alter und Geschlecht aufgeführt.[24] Als Grundlage diente die Anzahl der angeschriebenen Personen. Der Verlauf wurde nach fünf Kategorien systematisiert (vgl. Tabelle 3.5):

- Realisiertes Interview (Kategorie 1)

- nicht durchgeführtes Interview (Kategorie 2)

- Befragte(n) nicht angetroffen (Kategorie 3)

- Verweigerung des Interviews, z. B. Angst, kein Interesse (Kategorie 4)

- Ausfall des Interviews, z. B. Montage, Schichtdienst (Kategorie 5)

Für das Merkmal Geschlecht fällt auf, daß Verweigerungen des Interviews (Kategorie 4) bei weiblichen Personen wesentlich häufiger sind als bei männlichen Personen, während die Ausfallgründe (Kategorie 5) bei männlichen Personen eine höhere Rate haben. Dies kann im wesentlichen durch eine "klassische" geschlechtsspezifische Rollenaufteilung erklärt werden, die in Arbeiterwohngebieten anzutreffen ist. Bei einer Verweigerung des Interviews stehen den weiblichen Personen meist keine beruflichen Begründungen zur Verfügung (Kategorie 4). Männliche Personen geben dagegen eher berufliche Gründe für die Verweigerung an (Kategorie 5).

Für das Merkmal Alter fällt auf, das jüngere Befragte überdurchschnittlich nicht anzutreffen waren und hohe Ausfallgründe hatten. Dies ist durch Abwesenheit (Kategorie 3) und durch berufliche Gründe zu erklären (Kategorie 5). Die Häufigkeit der Verweigerungen ist relativ gleich.

---

23 Was den Stichprobenumfang betrifft, war ich auf der einen Seite durch finanzielle Restriktionen eingeschränkt. Auf der anderen Seite ist es auf Grund der Fragestellung gerechtfertigt, mit einer kleinen Stichprobe zu arbeiten. Ein Teil der methodentheoretischen Konzeption kann mit einer repräsentativen Studie (z. B. mit der Methodenstudie des ALLBUS 1990) repliziert werden.

24 Die Daten hierzu wurden mir für die Stichprobenziehung freundlicherweise vom Amt für Statistik der Stadt Essen zur Verfügung gestellt.

Tabelle 3.5: Befragungsverlauf, differenziert nach Geschlecht und Alter der Befragten

	Geschlecht			Alter			
Kategorie	männlich	weiblich	Σ	18-30	31-45	46-60	61 u. ä.
1	56	69	125	31	34	35	25
2	27	33	60	19	12	20	9
3	14	13	27	12	7	3	5
4	48	76	124	33	30	27	34
5	27	20	47	20	14	6	7
Σ	172	211	383	115	97	91	80

Zu den Kategorien des Befragungsverlaufs vgl. die Erläuterungen im Text.

Folgenden Besonderheiten zeigen sich bei einer Gruppierung des Verlaufs der Befragung nach Interviewern (vgl. Tabelle 3.6).

Tabelle 3.6: Befragungsverlauf, differenziert nach Interviewern

	Ältere Interviewer				Jüngere Interviewer						
Kategorie	01	04	05	06	07	08	09	11	12	13	Σ
1	8	16	9	13	14	14	10	17	10	14	125
2	16		7	14					6		60
3	1	3	1	9		3	5	2	3		27
4	17	20	8	25	3	13	6	22	2	8	124
5	6	2	1	3	3	4	6	12	4	3	47
Σ	48	41	26	64	20	34	27	53	25	25	383

Die älteren Interviewer haben in der Regel mehr Adressen benötigt, um ihre Interviews durchzuführen als die jüngeren Interviewer. Die Anzahl der Verweigerungen war bei den älteren Interviewern ebenfalls höher. Über Gründe hierfür kann auf Grund fehlender Informationen nur spekuliert werden. Die beiden als Hausfrauen beschäftigten Interviewer hatten am Anfang der Befragung hohe Ausfälle trotz ihrer Erfahrung mit Marktforschungsarbeiten. Möglicherweise machten sich hier Unterschiede in den Interviewtechniken zwischen der Ermittlung von Produktinformationen und sozialwissenschaftlich orientierter Befragung bemerkbar. Die jüngeren Interviewer hatten durch ihre Studienrichtung (eher geisteswissenschaftlich) eine größere Affinität zum Thema und evtl. auch ein größeres Interesse an der Durchführung von Interviews.[25] Dies könnte zum Teil die niedrigeren Ausfälle bei den jüngeren Interviewern erklären.

Zur Ermittlung der demographischen Variablen der Interviewer und der Interviewereinstellungen hatten die Interviewer den Fragebogen in schriftlicher Form auszufüllen. Danach war es möglich, die Interviewdaten den Befragungsdaten zuzuordnen, um so einerseits bestimmte Befragtengruppen nach Interviewermerkmalen zu differenzieren und andererseits methodische Konstrukte operationalisieren zu können, die einen möglichen Zusammenhang zwischen methodischen und inhaltlichen Konstrukten aufdecken würden.

---

25 Vgl. hierzu die Unterscheidung von Hyman et al. (1954) bezüglich der Aufgabenorientierung der Interviewer (task involvement versus social involvement).

Kapitel 4

Die empirische Analyse von Befragten- und Interviewereffekte unter Berücksichtigung der Kern- und Methoden- theorien

Im folgenden sollen die im Theorieteil (Seite 49ff) aufgestellten und in Abschnitt 3.2 (Seite 146ff) operationalisierten Modelle empirisch überprüft werden.

Im ersten Schritt (vgl. Abschnitt 4.1) wird die Meßtheorie validiert und dann werden die deskriptive Zusammenhänge zwischen Befragtenvariablen und Interviewervariablen aufgezeigt.

Im zweiten Schritt (vgl. Abschnitt 4.2) werden die Ergebnisse der Kerntheorie I vorgestellt. Hierbei wird ein Modell ohne und ein Modell mit einem Interviewerkonstrukt (Interviewerethnozentrismus) gegenübergestellt. Im weiteren werden die Ergebnisse der multiplen Gruppenvergleiche erörtert (vgl. Abschnitt 4.2.2). Hierbei wird am Modell mit Interviewervariablen untersucht, ob unterschiedliche Beziehungen in den Modellen auftreten, wenn nach Intervieweranwesenheitsmerkmalen und nach sozial erwünschtem Antwortverhalten unterschieden wird. Anschließend werden die Ergebnisse bezüglich der Kerntheorie I zusammengefaßt und in Bezug zu den aufgestellten Hypothesen gestellt (vgl. Abschnitt 4.2.3).

Im dritten Schritt (vgl. Abschnitt 4.3) folgt die Darstellung der Ergebnisse der Kerntheorie II. Modelle mit Interviewervariablen (Interviewerstatus, Intervieweralter) werden einem Modell ohne Interviewervariablen gegenübergestellt. Im weiteren werden multiple Gruppenvergleiche nach unterschiedlichen Tendenzen sozialer Erwünschtheit jeweils für die Modelle mit Interviewervariablen durchgeführt (vgl. Abschnitt 4.3.3). Die Gruppenaufteilung erfolgt hier nach den Ergebnissen der multiplen Gruppenvergleiche für die Kerntheorie I. Anschließend werden die Ergebnisse bezüglich der Kerntheorie II zusammengefaßt und in Bezug zu den aufgestellten Hypothesen gestellt (vgl. Abschnitt 4.3.4).

4.1   Meßtheorie, Konstruktvalidierung und deskriptive Ergebnisse

4.1.1   Auswahl der Indikatoren und Bildung der Indizes

Im folgenden wird die Bildung der gemessenen Variablen und die Zuordnung zu den jeweiligen Konstrukten der Kerntheorien näher erörtert, die in Tabelle 4.1 zusammengestellt sind. Soweit nur ein Indikator pro theoretischem Konstrukt vorliegt, ist ein Index gebildet worden, bei mehreren Indikatoren pro theoretischem Konstrukt sind einzelne Items verwendet worden.

Der Index Status1 entstand aus den Fragen V7, V19 und V31.[1] Dazu wurden die ISCO-Codes dieser Variablen in acht Gruppen zusammengefaßt und jeweils drei neue Variablen entsprechend der zeitlichen beruflichen Situation (ehemaliger Beruf, Ausbildung und derzeitiger Beruf) gebildet. Die drei neuen Variablen wurden zu einer Variablen zusammengefaßt (hier nicht näher erläutert). Die Konstruktion des Index Status1 erfolgte dann aus den Kategorien dieser Variablen und der Variablen V4 (Schulabschluß). Der Index umfaßt sechs Kategorien, wobei die Kategorie 1 den niedrigsten sozialen Status anzeigt und Kategorie 6 den höchsten sozialen Status.

---

1 Zu den Formulierungen der im weiteren angesprochenen Variablen, vgl. Anhang ab Seite 319.

Tabelle 4.1: Indikatoren der Kerntheorien

Indikatorenbezeichnung	Indikatorenart	zugeordnetes Konstrukt
Status1	Index	STATUS
Ethnoa	Index	
Ethnob	Index	PRIMMIL
Ethnoc	Index	
Kontakt1	Index	KONTAKT
V114	Variable	KONKURR
V121	Variable	
V203	Variable	
V204	Variable	ETHNO
V214	Variable	
Istatus1	Index	ISTATUS
Alteri	Variable	IALTER
IV203	Variable	
IV204	Variable	IETHNO
IV214	Variable	

Der Index Kontakt1 ist in ähnlicher Weise konstruiert worden. Private Kontakte am Arbeitsplatz (Variable V8 und V35) und während der Ausbildung (Variable V20) sind zu einem Index zusammengefaßt worden. Die privaten Kontakte im Sekundärmilieu (Variablen V159 und V169) werden zu einem weiteren Index zusammengefaßt und die privaten Kontakte zu ausländischen Freunden und Bekannten (Variable V179) in einen dritten Index überführt. Der Index Kontakt1 ist dann aus der ungewichteten Addition dieser drei Indizes gebildet worden und umfaßt vier Kategorien, wobei Kategorie 1 keine privaten Kontakte anzeigt und Kategorie 6 hohe private Kontakte zu Ausländern.

Die Indizes Ethnoa, Ethnob und Ethnoc sind additiv aus jeweils vier Items gebildet worden, die eine subjektive Einschätzung des Ethnozentrismus der drei besten Freunde/Bekannte/Verwandte wiedergeben (Variable V232 bis V243).

Die Indizes haben fünf Kategorien, wobei Kategorie 4 niedrige Ausländerfeindlichkeit und Kategorie 8 hohe Ausländerfeindlichkeit der drei besten
Freunde/Bekannte/Verwandte bedeutet.

Die Variablen V114 und V121 wurden inhaltlich aus den jeweiligen Frage-
bogenkomplexen "Sicherheit Arbeitsplätze" und "Bedrohung Lebensraum"
(siehe Anhang ab Seite 319) ausgewählt, um die Wahrnehmung der Ausländer
als Konkurrenten zu erfassen.

Die Variablen V203, V204 und V214 wurden nach einer Faktorenanalyse von
16 Ethnozentrismusitems aus dem 1. Faktor ausgewählt. Die Auswahl richtete sich nach der Höhe der Faktorenladungen. Die Ethnozentrismusitems der
Interviewer (IV203, IV204 und IV214) entsprechen semantisch den Variablen
V203, V204 und V214.

Der Index Istatus1 wurde wie der Index Status1 gebildet, die Variable Alteri
enthält die Altersangaben der Interviewer.

4.1.2 Deskriptive Analysen der Indikatoren und Indi-zes

Die Tabellen 4.2 und 4.3 zeigen die Häufigkeitsverteilungen der gemessenen
Variablen und Indizes für die Befragten.

Tabelle 4.2: Prozentuale Häufigkeitsverteilung der Variablen (Befragte)

Variablen						
	V114	V121			V203	V204	V214
1	32.8	69.1	1	9.1	14.0	17.5
2	44.3	21.1	2	62.0	57.9	66.7
3	14.8	4.1	3	26.4	25.6	14.2
4	8.2	5.7	4	2.5	2.5	1.7

Niedrige Variablenwerte entsprechen niedrigen Ausprägungen in den Merkmalen.

Nach den Ergebnissen haben die befragten Personen einen überwiegend niedrigen bis mittleren Status. Über 50% der befragten Personen haben keine

privaten Kontakte zu Ausländern. Hier bestehen jedoch Differenzen nach Befragungsgebieten.[2]

Bemerkenswert ist, daß mehr Ethnozentrismus bei den drei besten Freunden/Bekannten bzw. Verwandten wahrgenommen wurde, als beim Befragten selber. Dies kann ein erster Hinweis darauf sein, daß die Äußerung einer ausländerfeindlichen Einstellung durch situationale Einflüsse während der Befragung beeinflußt wurde.

Tabelle 4.3: Prozentuale Häufigkeitsverteilung der Indizes (Befragte)

		Indizes						
	Status1		Ethnoa	Ethnob	Ethnoc		Kontakt1
1	8.1	4	8.4	7.5	9.9	3	53.2
2	32.4	5	9.3	13.2	15.8	4	30.6
3	26.1	6	23.4	28.3	26.7	5	14.5
4	22.5	7	28.0	30.2	24.8	6	1.6
5	6.3	8	30.8	20.8	22.8		
6	4.5						

Niedrige Variablenwerte entsprechen niedrigen Ausprägungen in den Merkmalen.

Tabelle 4.4 zeigt die Häufigkeitsverteilungen der gemessenen Indikatoren und Indizes für die Interviewer. Danach wird deutlich, daß ein zum Teil drastischer Statusunterschied zwischen Befragten und Interviewern besteht. Während über 70% der Befragten sich auf die Kategorien 2 bis 4 verteilen, sind über 60% der durchgeführten Befragungen von Interviewern mit hohem Status absolviert worden (vgl. hierzu die Ausführungen über die Auswahl der Interviewer in Abschnitt 3.3.1 auf Seite 158).

---

2 Es existieren mehr private Kontakte in Wohngebieten mit hohem Ausländeranteil als in Wohngebieten mit niedrigem Ausländeranteil. Der Zusammenhang zwischen dem Index Kontakt1 und den nach Ausländeranteil unterschiedenen Befragungsgebieten ist auf dem 5% - Niveau signifikant.

Tabelle 4.4: Prozentuale Häufigkeitsverteilung der Variablen und Indizes (Interviewer)

	Indizes				Variablen		
	Istatus1		Alteri		IV203	IV204	IV214
1	0.0	1	63.2	1	11.2	47.2	64.8
2	22.2	2	10.4	2	75.2	45.6	28.0
3	0.0	3	26.4	3	13.6	7.2	7.2
4	14.1	4	0.0	4	0.0	0.0	0.0
5	0.0						
6	63.6						

Niedrige Variablenwerte entsprechen niedrigen Ausprägungen in den Merkmalen.

Tabelle 4.5 zeigt die Korrelationen der Befragten- und Intervieweritems. Die Indikatoren der Konstrukte PRIMMIL, ETHNO und KONKURR weisen eine ausreichende Konstruktvalidität auf. Die Diskriminanz zwischen den Indikatoren von ETHNO und KONKURR ist gering, da Konkurrenzempfinden gegenüber Ausländern eine - wenn auch spezielle - Form von Ausländerfeindlichkeit ist. Alle Indikatoren, die Einstellungen zu Ausländern thematisieren (ETHNOA bis V121), korrelieren positiv untereinander. Zum Kontaktindex wie auch zum Index Status1 bestehen überwiegend negative Beziehungen. Allerdings bilden die Indikatoren V203, V204 und V214 in ihren Korrelationen zu Status1 eine Ausnahme. Hier wurde eher ein negativer Zusammenhang erwartet, hingegen weisen die Korrelationen Werte $\leq .10$ auf. Eine Erklärung kann an dieser Stelle nicht gegeben werden, zumal diese Ergebnisse den Befunden der Vorurteils- und Einstellungsforschung mit ethnischen Minderheiten eindeutig widersprechen. Der Status des Interviewer (Istatus1) korreliert am höchsten mit dem Kontaktindex, das Alter der Interviewer (Alteri) und der Ethnozentrismus der Interviewer (IV203, IV204 und IV214) am höchsten mit dem Ethnozentrismus der Befragten (V203, V204 und V214).

Tabelle 4.5: Korrelationsmatrix der Befragten- und Intervieweritems

| | Befragtenitems | | | | | | | | | |
	Status1	Ethnoa	Ethnob	Ethnoc	V203	V204	V214	V114	V121	Kontakt1
Status1	1.000									
Ethnoa	-.235	1.000								
Ethnob	-.419	.585	1.000							
Ethnoc	-.272	.521	.665	1.000						
V203	.043	.366	.295	.311	1.000					
V204	-.002	.340	.313	.302	.498	1.000				
V214	-.048	.241	.321	.301	.584	.394	1.000			
V114	-.157	.325	.438	.352	.480	.394	.421	1.000		
V121	-.176	.288	.392	.328	.370	.213	.372	.659	1.000	
Kontakt1	.119	-.138	-.346	-.233	-.302	-.246	-.272	-.275	-.266	1.000
Istatus1	.018	.020	-.021	-.125	-.007	-.009	.025	-.141	-.001	.205
Alteri	.196	.023	.071	.020	.234	.222	.307	.002	.055	-.117
IV203	.126	-.038	-.073	-.072	.077	.130	.137	-.126	-.057	-.081
IV204	.126	.015	.051	-.014	.282	.193	.281	.062	.052	-.272
IV214	.057	-.021	.009	-.028	.169	.104	.214	-.089	-.120	-.020

| | Intervieweritems | | | | |
	Istatus1	Alteri	IV203	IV204	IV214
Istatus1	1.000				
Alteri	-.514	1.000			
IV203	-.354	.516	1.000		
IV204	-.617	.700	.628	1.000	
IV214	-.092	.237	.638	.460	1.000

Zusammenfassend betrachtet vermitteln die Ergebnisse insgesamt ein plausibles Bild. Statushöhere Schichten besitzen geringere Ausländerfeindlichkeit im Freundesbereich und weniger Konkurrenzempfinden gegenüber Ausländern. Die eigene Ausländerfeindlichkeit ist davon unabhängig. Wird aber Ausländerfeindlichkeit im Primärmilieu wahrgenommen, so ist auch Ausländerfeindlichkeit beim Befragten zu verzeichnen. Und je mehr private Kontakte zu Ausländern bestehen, desto weniger ausgeprägt ist das Konkurrenzempfinden gegenüber Ausländern. Problematisch für die Konstruktvalidierung sind die ebenso hohen Korrelationen zwischen den Konkurrenz- und den Ethnozentrismusitems einerseits und die Interkorrelationen der Ethnozentrismusitems andererseits. Nach den Korrelationen zwischen Befragten- und Intervieweritems ist zu vermuten, daß der Einfluß des Interviewers hauptsächlich vom Alter und von der eigenen Einstellung gegenüber Ausländern ausgeht.

4.1.3   Konstruktvalidierung   durch   konfirmatorische Faktorenanalyse

Im weiteren sollen die kerntheoretischen Konstrukte mit Hilfe der konfirmatorischen Faktorenanalyse auf Konstruktvalidität (vgl. hierzu die Ausführungen in Abschnitt 2.3.2 auf Seite 17) geprüft werden. Die konfirmatorische Faktorenanalyse ist ein Instrument, mit dessen Hilfe getestet werden kann, ob die theoretisch postulierten Strukturen zu den empirisch erhobenen Informationen passen und eventuelle Abweichungen tolerierbar sind oder ob es zur Verwerfung bzw. Revision der theoretischen Postulate kommt. Die modellhafte Zuordnung von theoretischen Konstrukten zu gemessenen Indikatoren (vgl. Abbildung 4.1) kann durch Konfrontation mit empirischen Werten entweder bestätigt oder widerlegt werden (vgl. Weede/Jagodzinski 1977: 316). Folgende Annahmen müssen bei Anwendung dieses Instrumentes beachtet werden:

1. Indikatoren hängen linear mit Faktoren und Meßfehlern zusammen.

2. Meßfehler sind untereinander und von den Faktoren unabhängig (vgl. Weede/Jagodzinski 1977: 317).

Unter Betrachtung der in Abschnitt 3.1 auf Seite 138ff aufgestellten theoretischen Konstrukte läßt sich die Konstruktvalidität der Kerntheorien unter Vorgabe von fünf Faktoren testen. Die korrelativen Zusammenhänge lassen sich unter den Faktoren ermitteln, sowie die empirischen Korrelationen durch das Faktorenmodell reproduzieren, so daß eventuelle Abweichungen zwischen empirischen und modellimplizierten Korrelationen feststellbar werden. Die genaue Angabe der Beziehungen zwischen den theoretischen Konstrukten und gemessenen Variablen (vgl. Tabelle 4.1) wird als Meßtheorie in den Prüfungsprozeß einbezogen.[3] Es wird also exakt festgelegt, welche gemessene Variable zu welchem theoretischen Konstrukt in kausaler Beziehung steht. Alle übrigen möglichen Beziehungen werden auf 0 gesetzt.

Abbildung 4.1 verdeutlicht das konfirmatorische Faktorenmodell. Die Schätzung des Modells erfolgte über das Programm LISREL (vgl. Jöreskog/Sörbom 1986, 1988), das im Gegensatz zu den Prozeduren der Statistiksoftwarepakete (z. B. SPSS) eine explizite Zuordnung zwischen Konstrukt und Indikator zuläßt. Die Ergebnisse sind in Tabelle 4.6 zusammengestellt.

---

3 Die innerhalb der Meßtheorie aufgestellten Hypothesen werden als Korrespondenzhypothesen bezeichnet, d. h. je höher der Wert in PRIMMIL, desto höher der Wert in ETHNOA, vgl. Costner (1969). Im übrigen wird auch der Begriff Hilfstheorie (bei Blalock 1969 "auxiliary theory") synonym verwendet.

Abbildung 4.1: Konfirmatorisches Faktorenmodell der Kerntheorien

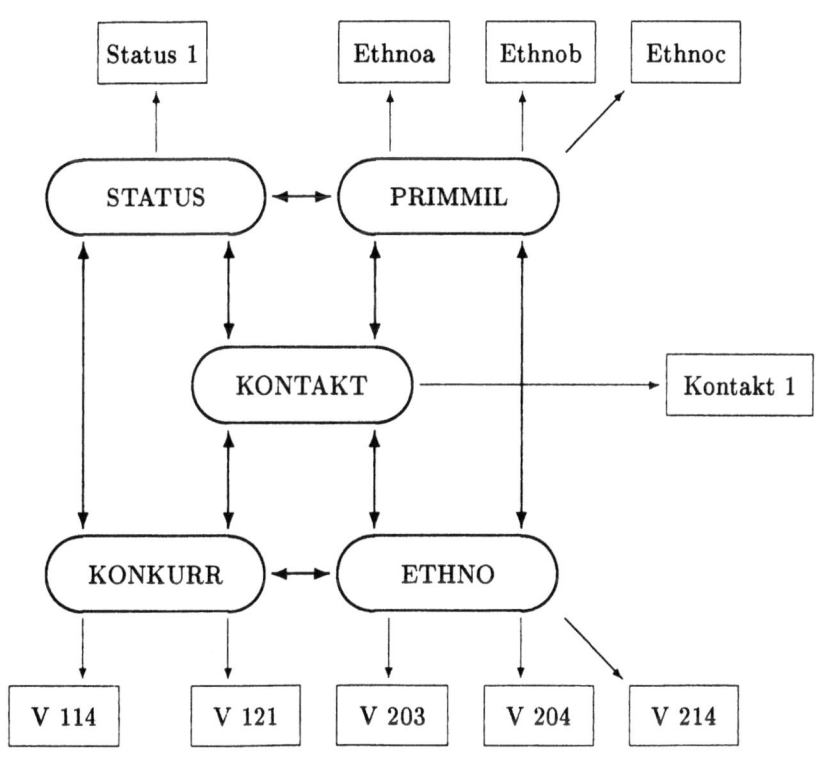

○ Konstrukte (latente Variable)   ☐ Indikatoren (manifeste Variablen)

Tabelle 4.6: Ergebnisse des konfirmatorischen Faktorenmodells

	Standardisierte Koeffizienten				
Λ_y	Messmodell				
	STATUS	PRIMMIL	KONTAKT	KONKURR	ETHNO
Status1	1.000				
Ethnoa		.661			
Ethnob		.899			
Ethnoc		.742			
Kontakt1			1.000		
V114				.893	
V121				.738	
V203					.818
V204					.609
V214					.699
Ψ	Faktorenmodell				
	STATUS	PRIMMIL	KONTAKT	KONKURR	ETHNO
STATUS	1.000				
PRIMMIL	-.433	1.000			
KONTAKT	.119	-.349	1.000		
KONKURR	-.190	.554	-.320	1.000	
ETHNO	.011	.504	-.380	.660	1.000

Da es sich bei den Konstrukten STATUS und KONTAKT um Ein-Indikatoren-Konstrukte handelt, mußte die Beziehung zwischen Konstrukt und Indikator aus statistischen Identifikationsgründen a priori auf den Wert 1.0 festgesetzt werden (vgl. Matrix Λ_y in Tabelle 4.6). Die übrigen meßtheoretischen Beziehungen konnten geschätzt werden und ergaben zufriedenstellende Ergebnisse (kein Wert der Matrix Λ_y ist $\leq$ .6).

Die korrelativen Beziehungen der Konstrukte untereinander unterstreichen die schon in der Korrelationsmatrix der gemessenen Variablen (vgl. den vorigen Abschnitt) ermittelten Ergebnisse: Die Konstrukte, die Ausländerfeindlichkeit thematisieren (PRIMMIL, KONKURR und ETHNO), korrelieren etwa in gleicher Größe positiv untereinander (.504, .554 und .660) und in unterschiedlicher Größe negativ zu STATUS (-.433, -.190 und .011) und KONTAKT (-.349, -.320 und -.380). Dies gilt nicht für die Korrelation zwischen ETHNO und STATUS, die nahe 0 liegt.

Die Modellanpassung ist zufriedenstellend (χ^2 = 23.67 bei df=23, GFI=.964). Das Q-Ratio beträgt bei diesem Modell 0.88.[4] Es ist nur eine Abweichung $\geq$ .10 zwischen empirisch ermittelten und durch das konfirmatorische Faktorenmodell geschätzten Korrelationen zu verzeichnen. Die Abweichung liegt aber in einem tolerierbaren Rahmen und weist nicht auf Fehlspezifikationen im Modell hin (vgl. o. a. GFI-Wert). Da hier streng nach den Modellen der Kerntheorien gearbeitet wird, ist auf eine Modellverbesserung im Sinne eines atheoretischen "model fittings" verzichtet worden.

Bevor auf der Grundlage der hier ermittelten Ergebnisse die kerntheoretischen Modelle mit ihren methodentheoretischen Erweiterungen an der Gesamtstichprobe und an den spezifischen Subgruppen getestet werden, folgt eine Erörterung der an Interviewereinschätzungen vorgenommenen Situationsbeschreibung (vgl. den methodentheoretischen Teil "Interviewsituation" in Abschnitt 3.2.3 auf Seite 149).

4.1.4 Befragteneinschätzung und Interviewerwahrnehmung

Im folgenden werden die Ergebnisse der Items V264 bis V280[5], die nach Auskunft des Interviewers die Situation Interview näher beschreiben sollen, dargestellt. Hierbei sollen auch die Ergebnisse von Steinert (1984) berücksichtigt und den hier ermittelten - soweit möglich - gegenübergestellt werden.

Tabelle 4.7 verdeutlicht eine durchweg positive Einschätzung der Interviewer im Hinblick auf bestimmte Befragteneigenschaften. Nicht ganz eindeutig sind die Ergebnisse der Items V265 und V274. Hier wurde die Mittelkategorie am häufigsten gewählt. Der Einbezug von Zusammenhängen zur Interviewerwahrnehmung und die Subgruppenergebnisse (vgl. Abschnitt 4.2) ergeben differenziertere Resultate.

---

4 Da die inferenzstatistischen Voraussetzungen des Likelihood-Ratio-Tests selten erfüllt sind und der χ^2-Wert mit der Samplegröße variiert, wird hier der Quotient von χ^2-Wert und Freiheitsgraden (Q-Ratio) als Testgröße angegeben: er sollte bei einer Testgröße von 900 unter 5 liegen (vgl. Jagodzinski 1981: 182).
5 Zu den Frageformulierungen vgl. Anhang 3 ab Seite 319.

Tabelle 4.7: Prozentuale Häufigkeitsverteilung der Indikatoren für Befragteneinschätzung

Var.	Eigenschaft	Kategorien					Eigenschaft
		1	2	3	4	5	
V264	leicht	21.0	**32.9**	20.2	16.9	8.1	mühsam
V265	kühl	0.8	22.4	**37.6**	32.8	6.4	Kontakt
V266	ängstlich	2.4	12.8	34.4	**40.0**	10.4	unbekümmert
V267	ungeduldig	1.6	10.4	28.8	**39.2**	20.0	hatte Zeit
V268	verschlossen	0.8	5.6	27.4	**41.9**	24.2	auskunftsfreudig
V269	intelligent	11.2	**39.2**	28.8	12.0	8.8	Verständnisschw.
V270	aggressiv	1.6	6.4	21.6	**49.6**	20.8	freundlich
V271	aufrichtig	21.3	**38.5**	29.5	9.8	0.8	'gut' darstellen
V272	sympathisch	19.4	**41.9**	29.8	8.9	0.0	unsympathisch
V273	hochmütig	1.6	6.5	35.5	**40.3**	16.1	bescheiden
V274	unterwürfig	2.4	13.6	**40.0**	33.6	10.4	selbstbewußt

Tabelle 4.8: Prozentuale Häufigkeitsverteilung der Indikatoren für Interviewerwahrnehmung

Variable	Eigenschaft	Kategorien			
		Zustimmung		Ablehnung	
V275	Spion	3.2	(5.0)	**96.8**	(95.0)
V276	Behörde	**52.0**	(41.0)	48.0	(59.0)
V277	Unbekannter	**60.0**	(29.0)	40.0	(71.0)
V278	Sorgen	15.2	(5.0)	**84.8**	(95.0)
V279	armer Hund	8.8	(12.0)	**91.2**	(88.0)
V280	Meinung sagen	16.0	(5.0)	**94.0**	(95.0)

Die Werte in Klammern sind die Ergebnisse von Steinert (1984: 36). Die Angaben für V275,
V278 und V280 sind Häufigkeiten jeweils um die 5%.

Tabelle 4.8 unterstreicht den Charakter der Interviewsituation als Se-
kundärkontakt (vgl. Esser 1975a). Der Interviewer wird überwiegend als Ver-

treter einer Behörde (V276) oder als freundlicher Unbekannter (V277) eingeschätzt. Weniger bedeutend sind die subjektiv ausgerichteten Attributionen (V275, V278, V279 und V280). In der Tendenz sind die Ergebnisse mit denen von Steinert vergleichbar. Dort haben ebenfalls die Items V276 und V277 die höchsten Zustimmungsraten. Die drei bei Steinert am wenigsten genannten Kategorien weisen auf Selbständigkeit und Autonomie des Befragten hin und deuten eine geringere Rollenübernahme des Befragten an. Im Gegensatz zu Steinert sind in dieser Untersuchung Befragte selbständiger eingeschätzt worden, was sich z. B. an der höheren Zustimmungsrate von Item V280 zeigt.

Die Bedeutung von Situationseinschätzungen wird durch den Zusammenhang zwischen der Interviewerwahrnehmung und der Beschreibung der Eigenschaften des Befragten hervorgehoben. In Übersicht 4.9 sind jeweils Eigenschaften des Befragten angegeben, die signifikant mit den jeweiligen Situationsdefinitionen zusammenhängen.

Tabelle 4.9: Signifikante Zusammenhänge zwischen Befragteneinschätzung und Interviewerwahrnehmung

Interviewerwahrnehmung	Befragteneinschätzung	Cramers V		
V275 (Spion)	V264 (mühsam)	.345	**	
	V265 (kühl)	.517	**	+
	V268 (verschlossen)	.510	**	+
	V270 (aggressiv)	.377	**	
	V273 (hochmütig)	.373	**	
V276 (Behörde)	V265 (kühl)	.327	**	
	V266 (ängstlich)	.333	**	+
	V268 (verschlossen)	.307	**	
V277 (Unbekannter)	V265 (kühl)	.379	**	
	V267 (hatte Zeit)	.315	*	
	V268 (auskunftsfreudig)	.360	**	+
	V270 (freundlich)	.267	*	+
V278 (Sorgen)	V264 (leicht)	.307	*	
	V266 (unbekümmert)	.274	*	
	V269 (Verständnisschw.)	.392	**	
	V272 (sympathisch)	.389	**	
	V274 (selbstbewußt)	.278	*	
V279 (armer Hund)	V271 ('gut' darstellen)	.367	**	
	V273 (hochmütig)	.286	*	+
V280 (Meinung sagen)	V264 (mühsam)	.361	**	
	V265 (Kontakt)	.275	*	
	V266 (unbekümmert)	.288	*	+

* = signifikant auf dem 5% - Niveau
** = signifikant auf dem 1% - Niveau
+ = Diese Zusammenhänge werden auch von Steinert (1984: 36) angegeben.

Die inhaltliche Beschreibung der Situation "Behörde" steht nach den vorliegenden Ergebnissen im Gegensatz zur Situation "freundlicher Unbekannter" und "Meinung sagen". Jeweils zwei Items zur Befragteneinschätzung (bei Situation "freundlicher Unbekannter" Item V265 und V268, bei Situation "Meinung sagen" Item V265 und V266) weisen eine entgegengesetzte Tendenz im Vergleich zur Situation "Behörde" auf: während bei der Situation "Behörde" die Befragten also eher kühl, ängstlich oder verschlossen eingeschätzt wurden, ist die Charakterisierung der Befragten bei der Situation

"freundlicher Unbekannter" und "Meinung sagen" eher kontaktfreudig, unbekümmert oder auskunftsbereit. Von den beiden letztgenannten Situationen
muß die Situation "Sorgen anvertrauen" unterschieden werden, für die auch
andere Befragteneinschätzungen relevant waren. Diese Unterscheidung kann
hier aber nur als Folge unterschiedlicher Rollenzuschreibungen ad hoc interpretiert werden. Ist der Interviewer "freundlicher Unbekannter" oder jemand,
dem man die "Meinung sagen" kann, dann wird der Befragte eine eher aktive
Rolle übernehmen und die Einflüsse des Interviewers werden eher gering sein
(vgl. Steinert 1984: 37). Wird der Interviewer dagegen eher als "Vertreter einer
Behörde" eingeschätzt, wird der Befragte eine eher passive Rolle übernehmen
und die Einflüsse des Interviewers werden eher hoch sein. Interessant ist in
diesem Zusammenhang, daß in der o. a. Verteilung der Befragteneinschätzungen die Modi bei den Kategorien 3 oder 4 liegen (vgl. Tabelle 4.8). Erst die
Situationsdefinitionen bewirken Einschätzungen jeweils zur einen oder anderen Richtung. Auf die Situation "Spion" und "armer Hund" wird hier nicht
näher eingegangen, da die Anzahl der eingeschätzten Situationen gering ist.

Ein weiterer Hinweis zur unterschiedlichen Situationsdefinition und der da-
mit verbundenen differierenden Rollenübernahme ist der Zusammenhang von
Interviewerwahrnehmung und demographischen Befragtenmerkmalen (Status,
Alter und Geschlecht).

Die Ergebnisse (vgl. Tabelle 4.10) zeigen, daß nur die Situation "freundlicher
Unbekannter" signifikant nach demographischen Befragtenmerkmalen unterschieden werden kann: Statusniedrigere, ältere oder weibliche Befragte erleben den Interviewer als einen "freundlichen Unbekannten". Bei der Situation
"Sorgen anvertrauen" spielt nur das Alter des Befragten eine Rolle, während
die Behördensituation unabhängig von den Befragtenmerkmalen ist.[6]

Zusammenfassend kann gesagt werden, daß unterschiedliche Situationseinschätzungen als Folge einer unterschiedlichen Gewichtung (aktiv versus
passiv) der jeweiligen Rolle (Interviewer und Befragter) angesehen werden
können. Die Beschreibung der Interviewsituation konnte zumindestens aus
der Wahrnehmung des Interviewers ermittelt und mit Befragtenmerkmalen in
Zusammenhang gebracht werden. Dabei zeigte sich, daß neben einer Charakterisierung des Interviewstils (hartes, weiches und neutrales Interview, vgl. z.
B. Scheuch 1973), eine situationale Beschreibung der Interviewsituation ein
differenzierteres Bild über mögliche Handlungsabläufe gibt. Eine Gegenüberstellung der hier beschriebenen Analysen mit Informationen, die die Interviewsituation aus der Wahrnehmung des Befragten wiedergeben, kann an dieser
Stelle nicht erfolgen (vgl. hierzu Scholl 1989).

---

6 Die Wirkung von demographischen Interviewermerkmalen wird bei den Subgruppenanalysen (vgl. Abschnitt 4.2.2) behandelt.

Tabelle 4.10: Zusammenhänge zwischen demographischen Befragtenmerkmalen und Interviewerwahrnehmung

Interviewerwahrnehmung	Befragtenmerkmal	Cramers V	
V275 (Spion)	Status	.175	
	Alter	.108	
	Geschlecht	.212	*
V276 (Behörde)	Status	.225	+
	Alter	.121	
	Geschlecht	.111	
V277 (Unbekannter)	Status	.322	* +
	Alter	.314	**
	Geschlecht	-.258	**
V278 (Sorgen)	Status	.182	
	Alter	.393	**
	Geschlecht	.088	
V279 (armer Hund)	Status	.240	+
	Alter	.076	
	Geschlecht	-.038	
V280 (Meinung sagen)	Status	.196	
	Alter	.154	
	Geschlecht	.200	* +

* = signifikant auf dem 5% - Niveau

** = signifikant auf dem 1% - Niveau

+ = Diese Zusammenhänge werden auch von Steinert (1984: 36) angegeben.[7]

---

7 Im Unterschied zu dieser Untersuchung dokumentiert Steinert Zusammenhänge zwischen Interviewerwahrnehmung und Schicht-Selbsteinstufung der Befragten.

4.2 Kerntheorie I

Im folgenden sollen die Ergebnisse des Modells der Kerntheorie I (vgl. Abbildung 3.2 in Abschnitt 3.1 auf Seite 138) vorgestellt und erörtert werden.

Nach Aufstellung der Hypothesen wird das Kerntheoriemodell ohne Interviewerethnozentrismus dem Modell mit Interviewerethnozentrismus gegenübergestellt und die Ergebnisse vergleichend diskutiert (vgl. Abschnitt 4.2.1).

Danach werden die Subgruppenanalysen bezüglich bestimmter Intervieweranwesenheitsmerkmale, Befragtenmerkmale und der Statusdifferenz zwischen Interviewer und Befragtem erörtert. Dies geschieht sowohl mit Mittelwertsvergleichen, dem Vergleich von Korrelationskoeffizienten, dem Vergleich von Ergebnissen der Befragteneinschätzungen bzw. Interviewerwahrnehmungen, wie auch mit multiplen Gruppenvergleichen des Kerntheoriemodells (vgl. Abschnitt 4.2.2). Die Zusammenfassung der Ergebnisse erfolgt in Abschnitt 4.2.3.

Die Ergebnisse des Modells der Kerntheorie I werden ohne sowie mit Interviewerethnozentrismus dargestellt und auf Subgruppenebene verglichen (vgl. Abbildung 4.2). Die Berechnung der einzelnen Modelle erfolgt mit dem Programm LISREL (vgl. Jöreskog/Sörbom 1986, 1988), wobei ausschließlich Kovarianzmatrizen als Eingabematrizen verwendet werden. Für die Modelle an der Gesamtpopulation werden standardisierte Koeffizienten und für die Subgruppenanalysen unstandardisierte Koeffizienten aufgeführt. Die Strukturkoeffizienten, die Residualvarianzen und -kovarianzen stehen im Vordergrund der Hypothesenprüfung. Auf die Darstellung der Ladungskoeffizienten (Meßtheorie) wird aus Gründen der Übersichtlichkeit (bis auf das Modell ohne Interviewervariablen) im weiteren verzichtet.

Abbildung 4.2: Schema über die Vorgehensweise der empirischen Überprüfung
der Kerntheorie I

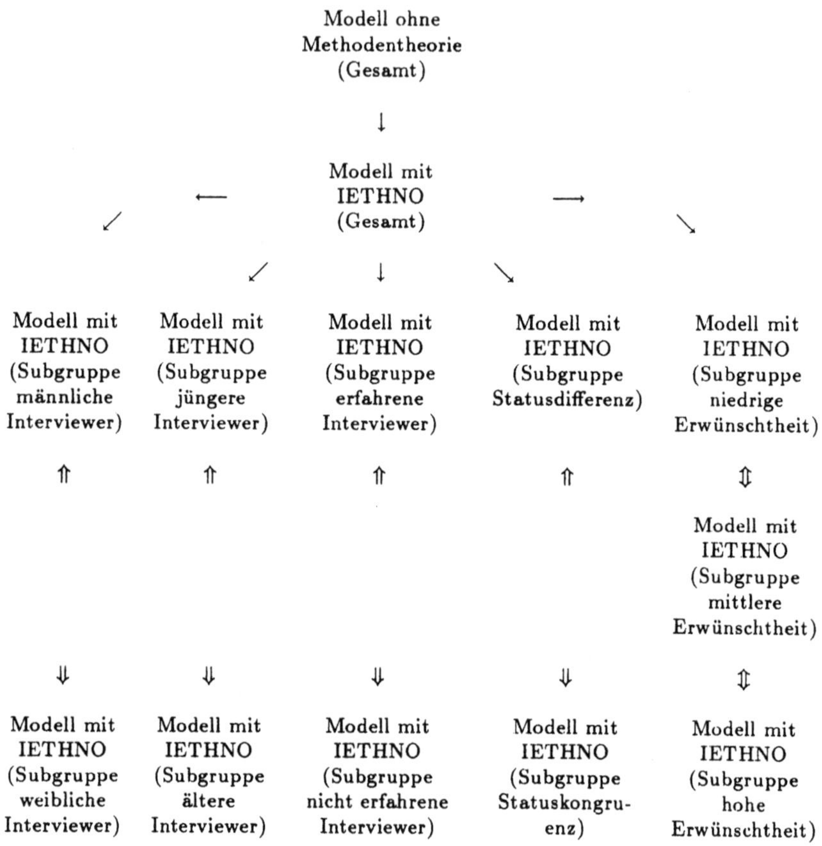

Modell ohne
Methodentheorie
(Gesamt)

$\downarrow$

Modell mit
IETHNO
(Gesamt)

Modell mit IETHNO (Subgruppe männliche Interviewer)	Modell mit IETHNO (Subgruppe jüngere Interviewer)	Modell mit IETHNO (Subgruppe erfahrene Interviewer)	Modell mit IETHNO (Subgruppe Statusdifferenz)	Modell mit IETHNO (Subgruppe niedrige Erwünschtheit)
⇑	⇑	⇑	⇑	⇕
				Modell mit IETHNO (Subgruppe mittlere Erwünschtheit)
⇓	⇓	⇓	⇓	⇕
Modell mit IETHNO (Subgruppe weibliche Interviewer)	Modell mit IETHNO (Subgruppe ältere Interviewer)	Modell mit IETHNO (Subgruppe nicht erfahrene Interviewer)	Modell mit IETHNO (Subgruppe Statuskongruenz)	Modell mit IETHNO (Subgruppe hohe Erwünschtheit)

⇑, ⇓, ⇕ = multiple Gruppenvergleiche.

4.2.1 Test des Kerntheoriemodells mit und ohne Interviewerethnozentrismus

4.2.1.1 Hypothesen

Nach dem Strukturgleichungsmodell in Abbildung 4.3 werden folgende Hypothesen aufgestellt (die Konstruktbezeichnungen in Großbuchstaben)[8]:

1. Je höher der STATUS, desto geringer die Ausländerfeindlichkeit im Primärmilieu (PRIMMIL).

2. Je höher der STATUS, desto niedriger die eigene Ausländerfeindlichkeit (ETHNO).

3. Je höher die Ausländerfeindlichkeit im Primärmilieu (PRIMMIL), desto höher die eigene Ausländerfeindlichkeit (ETHNO).

4. Je höher die Ausländerfeindlichkeit im Primärmilieu (PRIMMIL), desto weniger private Kontakte zu Ausländern (KONTAKT).

5. Je mehr private Kontakte zu Ausländern (KONTAKT), desto niedriger die eigene Ausländerfeindlichkeit (ETHNO).

Das Modell mit Interviewerethnozentrismus ist so aufgebaut, daß Varianz in ETHNO und KONTAKT durch IETHNO aufgeklärt werden soll. Für das Modell mit Interviewerethnozentrismus werden daher folgende Hypothesen zusätzlich postuliert:

6. Je höher der Interviewerethnozentrismus (IETHNO), desto höher die eigene Ausländerfeindlichkeit (ETHNO).

7. Je höher der Interviewerethnozentrismus (IETHNO), desto weniger Angaben von privaten Kontakten zu Ausländern (KONTAKT).

---

8 Die Hypothesen werden im folgenden fortlaufend numeriert.

Abbildung 4.3: Kausalmodell mit Indikatoren und Interviewerethnozentrismus

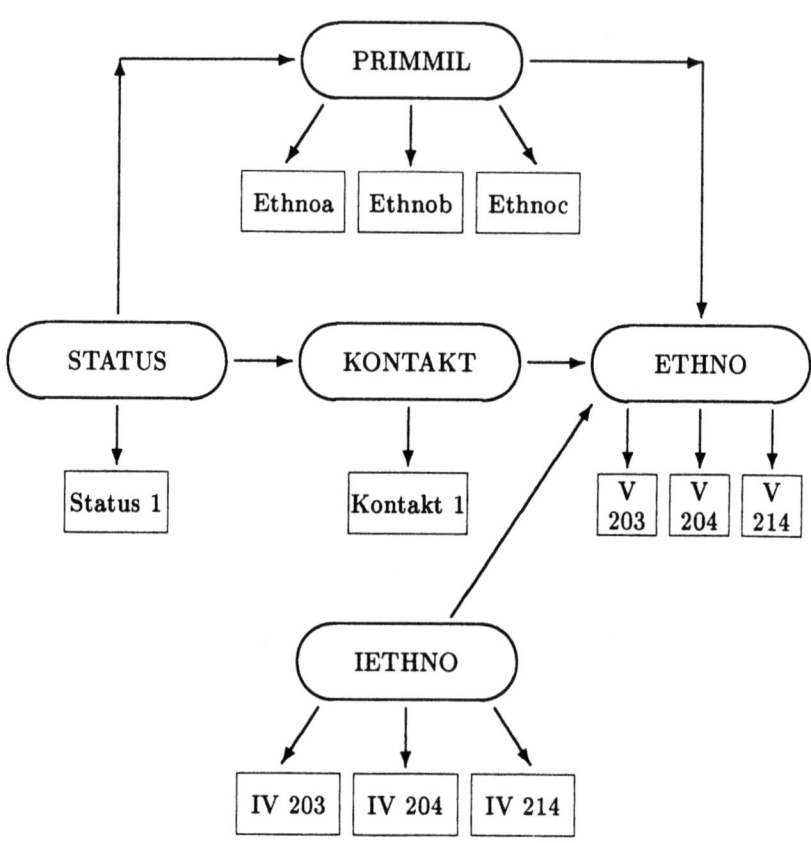

☐ Indikatoren (manifeste Variablen)   O   Konstrukte (latente Variablen)

4.2.1.2 Modellergebnisse

Tabelle 4.11: Modellergebnisse der Kerntheorie I ohne und **mit** Interviewerethnozentrismus (standardisierte Koeffizienten)

Λ_y	Messmodell							
	PRIMMIL		KONTAKT		ETHNO		IETHNO	
	ohne	**mit**	*ohne*	**mit**	*ohne*	**mit**	*ohne*	**mit**
Ethnoa	*.668*	**.668**						
Ethnob	*.880*	**.887**						
Ethnoc	*.749*	**.751**						
Kontakt1			*1.000*	**1.000**				
V203					*.818*	**.804**		
V204					*.611*	**.617**		
V214					*.693*	**.704**		
IV203								**.889**
IV204								**.706**
IV214								**.704**

Λ_z	STATUS							
	ohne	**mit**						
Status1	*1.000*	**1.000**						

Beta	Strukturmodell							
	PRIMMIL		KONTAKT		ETHNO		IETHNO	
	ohne	**mit**	*ohne*	**mit**	*ohne*	**mit**	*ohne*	**mit**
PRIMMIL								
KONTAKT	*-.345*	**-.351**						**-.150**
ETHNO	*.551*	**.569**	*-.224*	**-.187**				**.222**

Γ	STATUS							
	ohne	**mit**						
PRIMMIL	*-.429*	**-.430**						
KONTAKT								
ETHNO	*.274*	**.249**						

Ψ	Fehlervarianzen							
	PRIMMIL		KONTAKT		ETHNO		IETHNO	
	ohne	**mit**	*ohne*	**mit**	*ohne*	**mit**	*ohne*	**mit**
	.816	**.815**	*.881*	**.854**	*.634*	**.579**	*.000*	**1.000**

xxx = Modell ohne Interviewerethnozentrismus.

xxx = Modell mit Interviewerethnozentrismus.

Die Ergebnisse des Modells ohne Interviewerethnozentrismus und des Modells mit Interviewerethnozentrismus zeigt Tabelle 4.11. Die Hypothesen der Kerntheorie werden weitgehend bestätigt: STATUS hat einen negativen Effekt auf PRIMMIL (-.429 bzw. -.430), PRIMMIL hat einen positiven Effekt auf ETHNO (.551 bzw. .569) und einen negativen Effekt auf KONTAKT (-.345 bzw. -.351). KONTAKT hat einen negativen Effekt auf ETHNO (-.224 bzw. -.187).

Der Effekt von STATUS auf ETHNO ist entgegen den Erwartungen positiv, d. h. mit steigendem Status wird auch die Ausländerfeindlichkeit größer (.274 bzw .249). Dieses Ergebnis steht im Widerspruch zu den Resultaten anderer Studien, die immer wieder einen negativen Einfluß von Bildungs- und Berufsvariablen auf die Einstellung zu Ausländern ermittelten (vgl. z. B. Esser u. a. 1983). Eine statistische Erklärung kann hier für diese Vorzeichenumkehrung gegeben werden: Die indirekten Effekte über das Konstrukt PRIMMIL liegen bei -.236 für das Modell ohne und bei -.245 für das Modell mit Interviewerethnozentrismus und heben damit den direkten Effekt in Höhe von .274 bzw .249 fast wieder auf.[9] Inhaltlich kann auf Grund dieser Ergebnisse argumentiert werden, daß STATUS - nur vermittelt über Milieuvariablen - einen Einfluß auf die Einstellung zu Ausländern hat. Der geringe Anteil von statushöheren Gruppen läßt in dieser Untersuchung einen negativen direkten Effekt nicht zu.

Insgesamt verdeutlichen die inhaltlichen Zusammenhänge, daß durch ethnozentristische Einstellungen im Primärmilieu und eine geringe Anzahl interethnischer Kontakte die eigene Ausländerfeindlichkeit bestimmt wird. Statusniedrige Personen haben eher eine ausländerfeindliche Primärumgebung als statushöhere. Die Kontaktrate variiert mit der Ausländerfeindlichkeit im Primärmilieu, jedoch nicht mit dem Status des Befragten.

Die Hypothesen bezüglich des Einflusses von Interviewereinstellungen werden ebenfalls bestätigt: IETHNO hat einen positiven Effekt auf ETHNO (.222) und IETHNO hat einen negativen Effekt auf KONTAKT (-.150). Je stärker die Ausländerfeindlichkeit der Interviewer ist, desto stärker ist die Ausländerfeindlichkeit bei den befragten Personen und desto geringer sind die interethnischen Kontakte.[10]

---

9 Die empirischen Korrelationen zwischen den Indikatoren von STATUS und ETHNO liegen bei Null (vgl. Tabelle 4.5).

10 Der Effekt von IETHNO auf KONTAKT ist allerdings nicht signifikant.

4.2.1.3 Interpretation und Vergleich beider Modelle

Nach diesem Ergebnis kann konstatiert werden, daß insbesondere Einstellungen mit sensibler Thematik durch Einstellungen bzw. Erwartungshaltungen des Interviewers zur gleichen Thematik zu systematischer Beeinflussung des Befragten führen können. Variablen, die das Verhalten einer Person messen (hier: private Kontakte zu Ausländern) werden jedoch nicht so stark beeinflußt. Eine genaue Spezifikation, unter welchen Situationsbedingungen diese Interviewerbeeinflussungen stattfinden, wird die Analyse des Modells an den Subgruppen (siehe weiter unten) zeigen.

Der Vergleich beider Modelle verdeutlicht die Stabilität des Meßmodells und in weiten Teilen die des Strukturmodells. Während der Effekt von PRIMMIL auf ETHNO im Modell mit Interviewerethnozentrismus zunimmt, nimmt der Effekt von KONTAKT auf ETHNO im gleichen Modell ab. Der Vergleich der erklärten Varianzen (Tabelle 4.12) zeigt, daß durch die Einführung des Interviewerkonstrukts sich insgesamt der Anteil der erklärten Varianz erhöht hat.

Tabelle 4.12: Erklärte Varianzen in den abhängigen Konstrukten für die Modelle ohne und **mit** Interviewerethnozentrismus

	ohne	**mit**
PRIMMIL	.184	**.185**
KONTAKT	.119	**.146**
ETHNO	.366	**.421**

Die Anpassung des Modells an die empirisch ermittelten Korrelationen hat sich durch die Einführung des Interviewerkonstrukts augenscheinlich verschlechtert. Der χ^2-Wert liegt beim Modell ohne IETHNO bei 17.78 mit 18 Freiheitsgraden (GFI=.966), beim Modell mit IETHNO bei 47.22 mit 39 Freiheitsgraden (GFI=.939). Der Q-Ratio (χ^2/df) liegt beim Modell ohne IETHNO bei .98, beim Modell mit IETHNO bei 1.21. Hierbei ist aber zu beachten, daß beim erstgenannten Modell nur eine Abweichung $\geq$ .10 zwischen empirischen und durch das Modell geschätzten Korrelationen vorliegt. Beim zweiten Modell steigt durch theoretisch vorgegebene Restriktionen die Anzahl der Abweichungen $\geq$ .10 auf sieben an. Denn:

- Zwischen STATUS und IETHNO wird keine Beziehung angenommen. Dies verursacht zwei Abweichungen $\geq$ .10. Mögliche Konstruktkorrelationen bewegen sich allerdings im nicht-signifikanten Bereich.

- Zwischen den Indikatoren von ETHNO und IETHNO werden die Korrelationen unterschätzt. Dies verursacht vier Abweichungen $\geq$ .10. Hierbei ist es möglich, daß es zu Einstellungsübertragungen kommt, d. h. die Interviewer erinnern sich an ihre Antworten und übertragen die Antworten der Befragten im Sinn einer erwartungsgemäßen Fehlkodierung (vgl. Abschnitt 2.2 auf Seite 126).

- Die Abweichung zwischen der empirischen und geschätzten Korrelation von ETHNOA und V204 ist durch semantische Ähnlichkeiten zu erklären, die beim Befragten Erinnerungen hervorrufen und das Antwortverhalten beeinflussen.[11]

---

11 Üblicherweise können solche Erinnerungseffekte in Strukturgleichungsmodellen über die Einführung von Residuenkorrelationen modelliert werden. Dies trifft insbesondere bei Panelmodellen zu, wo der zeitliche Abstand zwischen den einzelnen Wellen kurz ist, vgl. hierzu die Modelle bei Jagodzinski/Kühnel/Schmidt (1987). Da sich die strukturellen Beziehungen durch die Einführung von Residuenkorrelationen hier nur wenig ändern, ist im weiteren darauf verzichtet worden.

4.2.2   Subgruppenanalysen

Im folgenden soll das in Abschnitt 4.2.1 erörterte und getestete Modell mit deskriptiven Verfahren (z. B. Mittelwertsvergleiche der Indikatoren) und mit simultanen multivariaten Verfahren (Multipler Gruppenvergleich, vgl. Jöreskog 1971, Sörbom 1979, 1982, Acock/Fuller 1985 und Jöreskog/Sörbom 1988: 227ff) analysiert werden.

Die Subgruppenbildung erfolgt über die Intervieweranwesenheitsmerkmale Geschlecht (IGL), Alter (IAL) und Interviewererfahrung (IERF). Außerdem soll versucht werden, Modelldifferenzen nach Statusdifferenz im Interview (STATKONS) nachzuweisen. Eine weitere Subgruppenbildung erfolgt über die Tendenz, in sozial erwünschter Weise zu antworten (SD). Hier wird insbesondere zu zeigen sein, inwieweit Beeinflussungen durch Interviewereinstellungen nach unterschiedlichen Antworttendenzen des Befragten stattfinden.

Für jede Subgruppe werden Mittelwertsvergleiche und Korrelationen der Indikatoren des Modells erörtert (vgl. Abschnitte 4.2.2.1.1, 4.2.2.2.1, 4.2.2.3.1, 4.2.2.4.1 und 4.2.2.5.1). Daran schließt sich jeweils eine Darstellung der Ergebnisse bezüglich der Befragten- und Situationsmerkmale an (vgl. Abschnitte 4.2.2.1.2, 4.2.2.2.2, 4.2.2.3.2, 4.2.2.4.2 und 4.2.2.5.2). Nach Aufstellung der auf den Einfluß der Subgruppenmerkmale bezogenen Hypothesen (vgl. Abschnitte 4.2.2.1.3, 4.2.2.2.3, 4.2.2.3.3, 4.2.2.4.3 und 4.2.2.5.3) werden die jeweiligen Modellergebnisse erörtert, diskutiert und ansschließend in Bezug zu den jeweils aufgestellten Hypothesen gesetzt (vgl. Abschnitte 4.2.2.1.4, 4.2.2.2.4, 4.2.2.3.4, 4.2.2.4.4 und 4.2.2.5.4).

Bevor auf die einzelnen Subgruppenergebnisse näher eingegangen wird, soll der Zusammenhang zwischen demographischen Befragtenmerkmalen (Status, Alter und Geschlecht) und die für die Subgruppenbildung verwendeten Interviewermerkmale verdeutlicht werden. Dies kann insofern von Bedeutung sein, da bestimmte Situationseinflüsse nicht auf Befragtenverhalten, Intervieweranwesenheitsmerkmale und Interviewereinstellungen zurückführbar sind, sondern auf eine durch den den Erhebungsverlauf zurückzuführende Konstellation bestimmter Befragten- und Interviewermerkmale. Im Idealfall sollte es keinen Zusammenhang zwischen demographischen Befragtenmerkmalen und Intervieweranwesenheitsmerkmalen geben, um einen eindeutigen Hinweis auf den Zusammenhang zwischen Antwortverhalten, Befragten- und Interviewermerkmalen zu erhalten.

Nach den in Tabelle 4.13 zusammengestellten Ergebnissen ist durch den Befragungsverlauf nur ein signifikanter Zusammenhang zwischen Status des Befragten und Interviewererfahrung ermittelt worden: Erfahrene Interviewer haben eher statushöhere Befragte interviewt als nicht erfahrene Interviewer. Alle übrigen Zusammenhänge sind zufällig, so daß Subgruppenergebnisse ohne systematischen Einfluß der demographischen Befragtenmerkmale interpretiert werden können.

Tabelle 4.13: Zusammenhang zwischen demographischen Befragtenmerkmalen und Interviewermerkmalen

	Befragtenmerkmal		
	Status	Alter	Geschlecht
IGL	5.321 (.378)	2.734 (.435)	.011 (.917)
	.219	.148	-.009+
IAL	8.512 (.130)	2.709 (.439)	.319 (.572)
	.277	.147	.050+
IERF	11.404 (.044)	2.491 (.477)	.257 (.612)
	.321	.141	.045+

In der ersten Zeile jedes Feldes steht der χ^2-Wert und die jeweilige Irrtumswahrscheinlichkeit. Bei den mit "+" gekennzeichneten Werten handelt es sich um Phi-Koeffizienten, bei den übrigen um Cramers V.

4.2.2.1 Interviewergeschlecht (IGL)

4.2.2.1.1 Deskriptive Ergebnisse Tabelle 4.14 zeigt die Mittelwertsvergleiche und Tabelle 4.15 zeigt die Korrelationen der Indikatoren nach der Gruppenbildung Interviewergeschlecht (IGL). Die Gruppe der Befragten, die von Interviewern befragt wurde, hat ein N von 63. Die Gruppe, die von Interviewerinnen befragt wurde, hat ein N von 62.

Tabelle 4.14: Mittelwertsvergleiche der Indikatoren nach Interviewergeschlecht

$\bar{x}$	Befragtenitems									
	Status1	Ethnoa	Ethnob	Ethnoc	V203	V204	V214	V114	V121	Kontakt1
Gesamt	3.00	6.64	6.43	6.35	2.22	2.17	2.00	1.98	1.46	3.65
männlich	3.00	6.61	6.47	6.29	2.17	2.16	1.92	1.87	1.33	3.69
weiblich	3.00	6.66	6.40	6.40	2.28	2.17	2.08	2.10	1.60	3.60
T-Wert	.000	-.219	.309	-.467	-.965	-.022	-1.475	-1.407	-1.834	0.682
Signif.	1.000	.827	.758	.642	.337	.983	.143	.162	.069	.500

$\bar{x}$	Intervieweritems				
	Istatus1	Alteri	IV203	IV204	IV214
Gesamt	4.82	33.49	2.02	1.60	1.42
männlich	4.97	31.19	2.05	1.42	1.69
weiblich	4.59	35.75	2.00	1.78	1.16
T-Wert	1.009	-2.476	.536	-3.337	5.245
Signif.	.317	.015	.594	.001**	.000**

* = signifikant auf mindestens 5% Niveau.

** = signifikant auf mindestens 1% Niveau.

Nach den Mittelwertsvergleichen gibt es keinen signifikanten Unterschied bei den Befragtenitems. Im Gegensatz dazu haben männliche und weibliche Interviewer je nach Item verschieden hohe Ethnozentrismuswerte. Diese Unterschiede sind signifikant.

Tabelle 4.15: Korrelationen der Indikatoren nach Interviewergeschlecht

	Befragtenitems									
	Status1	Ethnoa	Ethnob	Ethnoc	V203	V204	V214	V114	V121	Kontakt1
Status1	1.000									
Ethnoa	-.135 **-.321**	1.000								
Ethnob	-.398 **-.452**	.417 **.696**	1.000							
Ethnoc	-.198 **-.342**	.413 **.601**	.510 **.786**	1.000						
V203	.237 **-.145**	.243 **.453**	.220 **.356**	.112 **.471**	1.000					
V204	.060 **-.070**	.279 **.401**	.181 **.428**	.248 **.362**	.664 **.350**	1.000				
V214	.011 **-.101**	.229 **.263**	.356 **.311**	.317 **.276**	.558 **.600**	.529 **.283**	1.000			
V114	-.087 **-.226**	.281 **.355**	.447 **.438**	.220 **.455**	.249 **.651**	.449 **.353**	.213 **.584**	1.000		
V121	-.153 **-.199**	.177 **.355**	.313 **.450**	.206 **.411**	.149 **.513**	.335 **.128**	.172 **.502**	.620 **.670**	1.000	
Kontakt1	.145 **.086**	-.183 **-.094**	-.377 **-.378**	-.115 **-.371**	-.335 **-.267**	-.221 **-.282**	-.200 **-.351**	-.170 **-.397**	-.218 **-.315**	1.000
Istatus1	-.038 **.075**	.089 **-.069**	.127 **-.198**	.099 **-.427**	-.098 **.135**	.008 **-.311**	.087 **-.028**	.213 **.070**	.016 **.014**	.131 **.336**
Alteri	.159 **.245**	-.045 **.063**	.067 **.094**	-.154 **.128**	.295 **.153**	.209 **.245**	.426 **.153**	-.032 **-.020**	-.060 **.080**	-.243 **.062**
IV203	.175 —	-.060 —	.115 —	-.112 —	.125 —	.184 —	.214 —	-.186 —	-.078 —	-.147 —
IV204	.132 **.141**	-.070 **.116**	.013 **.141**	-.162 **.145**	.284 **.282**	.155 **.304**	.303 **.202**	-.099 **.223**	-.049 **.077**	-.254 **-.304**
IV214	.077 **.045**	-.016 **-.011**	.026 **-.049**	-.014 **-.001**	.263 **.217**	.236 **-.102**	.411 **.159**	-.181 **.186**	-.136 **.050**	-.048 **-.062**

	Intervieweritems				
	Istatus1	Alteri	IV203	IV204	IV214
Istatus1	1.000				
Alteri	-.348 **-.980**	1.000			
IV203	-.512 —	.777 —	1.000 —		
IV204	-.678 **-.574**	.922 **.350**	.774 —	1.000	
IV214	-.427 **.448**	.827 **.411**	.771 —	.808 **.232**	1.000

xxx = Subgruppe mit männlichen Interviewern.

xxx = Subgruppe mit weiblichen Interviewern.

Für Item IV203 konnten bei der zweiten Subgruppe keine Korrelationen berechnet werden.

Die Korrelationen von Items innerhalb eines Konstrukts sind bei der Gruppe mit männlichen Interviewern fast viermal so hoch wie gegenüber den Korrelationen bei der Gruppe mit weiblichen Interviewern. Die Korrelationen von Items zwischen den Konstrukten sind auch bei der Gruppe mit männlichen Interviewern in der Regel höher als bei der Gruppe mit weiblichen Interviewern. Dies deutet auf eine homogenere Interviewsituation bei Anwesenheit von männlichen Interviewern hin.

4.2.2.1.2 Befragteneinschätzung und Interviewerwahrnehmung

Die Tabellen 4.16 und 4.17 zeigen die Mittelwertsvergleiche der Situationsmerkmale "Befragteneinschätzung" und "Interviewerwahrnehmung".

Tabelle 4.16: Mittelwertsvergleiche der Befragteneinschätzungen nach Interviewergeschlecht

Var.	Eigenschaft	Mittelwerte			
		männl.	weibl.	T-Wert	Sig.
V264	leicht/mühsam	2.61	2.54	.092	
V265	kühl/Kontakt	3.19	3.24	.077	.781
V266	ängstlich/unbekümmert	3.69	3.17	10.534	.001 **
V267	ungeduldig/hatte Zeit	3.94	3.38	11.087	.001 **
V268	verschlossen/auskunftsfreudig	4.16	3.50	19.716	.000 **
V269	intelligent/Verständnisschw.	2.74	2.62	.385	.536
V270	aggressiv/freundlich	4.02	3.62	6.458	.012 *
V271	aufrichtig/'gut' darstellen	1.93	2.66	21.163	.000 **
V272	sympathisch/unsympathisch	1.98	2.57	15.477	.000 **
V273	hochmütig/bescheiden	3.84	3.42	7.270	.008 **
V274	unterwürfig/selbstbewußt	3.27	3.44	1.052	.307

* = signifikant auf mindestens 5%-Niveau.
** = signifikant auf mindestens 1%-Niveau.

Nach den Ergebnissen gibt es eine Reihe von signifikanten Unterschieden in den Befragteneinschätzungen: Männliche Interviewer schätzten die Befragten ängstlicher, weniger ungeduldig, mehr auskunftsfreudig, freundlich, aufrichtig, sympathisch und weniger hochmütig ein, d. h. sie tendierten zu einem positiven Bild vom Befragten. Weibliche Interviewer schätzten die Befragten dagegen mehr unbekümmert, ungeduldig, verschlossen, aggressiv, angepaßt und mehr hochmütig ein, d. h. sie tendierten zu einem eher negativen Bild vom Befragten.

Bei der Interviewerwahrnehmung konnte nur ein signifikanter Zusammenhang festgestellt werden: Weibliche Interviewer tendierten mehr zu der Aussage, daß sie vom Befragten als "armer Hund" angesehen wurden, dem man bei seinem Beruf behilflich sein muß. Dies deutet darauf hin, daß weibliche Interviewer für Befragte eher vertrauenswürdiger sind und die Befragten hierbei in eine "Helferrolle" geraten.

Tabelle 4.17: Zusammenhang zwischen Interviewergeschlecht und Interviewerwahrnehmungen

Variable	Eigenschaft	Phi-Koeffizient	
V275	Spion	.092	
V276	Behörde	-.072	
V277	Unbekannter	.059	
V278	Sorgen	.070	
V279	armer Hund	-.252	**
V280	Meinung sagen	.047	

** = signifikant auf mindestens 1%-Niveau.

4.2.2.1.3 Hypothese Die Mittelwertvergleiche haben gezeigt, daß nach den Befragtenitems keine signifikant unterschiedlichen Einstellungen zu Ausländern geäußert wurden. Die unterschiedliche Korrelationsstruktur bezüglich des Ethnozentrismus von Interviewern und Befragten deutet darauf hin, daß zwar bei männlichen Interviewern eher ein geschlossenes Meinungsbild geäußert wurde und männliche Interviewer die Interviewsituation eher positiv beurteilten, es aber darüber hinaus keine Hinweise auf unterschiedliche Einflüsse des Interviewerethnozentrismus gibt, die auf die Geschlechtszugehörigkeit des Interviewers zurückzuführen ist. Daher wird von folgender Hypothese ausgegangen:

8. Das Interviewergeschlecht (IGL) hat keinen Einfluß auf das Antwortverhalten. Das Kausalmodell hat in beiden Subgruppen (hier: Befragte,

die von männlichen Interviewern befragt wurden versus Befragte, die von weiblichen Interviewern befragt wurden) die gleiche Gültigkeit. Unterschiede in den meßtheoretischen Beziehungen und unterschiedliche Beziehungen nach den Hypothesen 1 bis 5 (Kerntheorie) existieren nicht. Die nach den Hypothesen 6 und 7 (Methodentheorie) vermuteten Einflüsse der Interviewereinstellung sind in beiden Gruppen gleich.

4.2.2.1.4 Multipler Gruppenvergleich Im folgenden wird die Berechnung des Strukturgleichungsmodells der Kerntheorie I entsprechend der oben vorgenommenen Gruppenaufteilung nach Interviewergeschlecht dargestellt. Die Berechnung dieses Modells erfolgte wiederum mit dem Programm LIS-REL, wobei aber die Zusammenhänge zwischen den Indikatoren nach Gruppen getrennt zur Berechnung berücksichtigt werden konnten und eine simultane Analyse des Modells über die Gruppen möglich wurde.

Die nach Gruppen getrennten Eingabeinformationen[12] werden simultan verarbeitet. Dies hat den Vorteil, daß Zusammenhänge zwischen den Variablen explizit nach bestimmten Kriterien getestet werden können. Das Kriterium hier ist das Geschlecht des Interviewers.

Ausgangspunkt bei der Vorgehensweise des multiplen Gruppenvergleichs ist ein sogenanntes "baseline-model" (vgl. Sobel/Bohrnstedt 1985: 161ff). Das hier verwendete "baseline-model" geht von gleicher Modellierung der Meßtheorie, der Kerntheorie und der Methodentheorie (d. h. der Einflüsse der Interviewereinstellung) aus (vgl. Modellvariante 1, Tabelle 4.18). Alle Parametermatrizen (außer den der Fehlervarianzen) sind über die drei Gruppen invariant, d. h. für alle drei Gruppen werden gleiche Koeffizienten (außer den Fehlervarianzen) geschätzt. Dieses Modell impliziert, daß es keine unterschiedlichen Effekte zwischen den inhaltlichen oder zwischen methodischen und inhaltlichen Konstrukten gibt. Im Falle einer Akzeptanz dieses Modells hat die Unterscheidung der Befragten nach dem Geschlecht der Interviewer keinen Einfluß auf inhaltliche Zusammenhänge in der Kerntheorie und keinen Einfluß auf die Wirkung von Interviewereffekten. Durch die schrittweise Freigabe[13] von Strukturkoeffizienten kann nun geprüft werden, ob diese Freigabe zu signifikanten χ^2-Verbesserungen führt.

Die Modellvarianten 2 bis 6 (sogenannte "nested-models", vgl. Sobel/Bohrnstedt 1985) in Tabelle 4.18 verdeutlichen diese Vorgehensweise mit

12 Bei multiplen Gruppenvergleichen ist dafür die Information über die unterschiedliche Variabilität der Items notwendig, so daß als Eingabematrizen immer Kovarianzmatrizen verwendet werden müssen.
13 Freigabe bedeutet, daß die entsprechenden Koeffizienten über alle Gruppen unterschiedlich geschätzt werden können, die Struktur des Modells aber erhalten bleibt.

den jeweils dazugehörigen Ergebnissen.[14] Beim Vergleich der Modellvarianten
(vgl. Tabelle 4.19 wird folgendermaßen vorgegangen: Das "baseline-model"
(Variante 1) ist der Ausgangspunkt für die Berechnung von χ^2-Differenzen. Ist
durch die Aufgabe von Restriktionen (d. h. die Freisetzung von Parametern)
eine signifikante χ^2-Verbesserung erreicht worden (Q-Ratio > 2), dann werden weitere Modellvarianten mit dem "neuen" signifikant verbesserten Modell
durchgeführt. Sind durch Aufgabe von Restriktionen (weitere Modellvarianten) keine signifikanten χ^2-Verbesserungen zu erreichen, ist das "neue" Modell
akzeptiert.

Nach den Ergebnissen gibt es keine signifikante χ^2-Verbesserung (Q-Ratio >
2) durch Modellvarianten 2 bis 6 (vgl. Tabelle 4.19). Dies bedeutet, daß durch
die Unterscheidung nach Interviewergeschlecht keine unterschiedlichen Beziehungen zwischen den Konstrukten spezifiziert werden mußten. Unterschiedliche Einflüsse des Interviewerethnozentrismus auf das Kontaktverhalten und
die Ausländerfeindlichkeit des Befragten ist nicht auf das Intervieweranwesenheitsmerkmal Geschlecht zurückzuführen. Damit ist Hypothese 8 bestätigt
und Modellvariante 1 akzeptiert.

Für beide Teilmodelle ergeben sich keine Abweichungen ≥ 2.0 bei den normalisierten Residuen.[15]

14 Beim multiplen Gruppenvergleich zeigt der χ^2-Wert den Gesamtfit des Modells bzw.
    der Modellvariante über die Gruppen an, während die GFI-Werte (Goodness-of-Fit-
    Index) die Anpassung des Modells an die jeweilige Subgruppe angeben (im weiteren
    Teilmodelle genannt, vgl. Jöreskog/Sörbom 1988: 227ff).
15 Da ein Vergleich von empirischer und modellimplizierter Kovarianzmatrix auf Grund
    der unstandardisierten Metrik nicht möglich ist, werden die Differenzen zwischen bei-
    den Matrizen standardisiert und als normalisierte Residuen bezeichnet (vgl. Jöres-
    kog/Sörbom 1988: 30ff).

Tabelle 4.18: Modellvarianten des multiplen Gruppenvergleichs nach Interviewergeschlecht

Modellvariante	χ^2	df	GFI_m	GFI_w
1: LY=IN BE=IN GA=IN	51.25	55	.893	.916
2: LY=IN BE=PS GA=IN NEQ: IETHNO - KONTAKT	50.02	54	.895	.921
3: LY=IN BE=PS GA=IN NEQ: IETHNO - KONTAKT NEQ: IETHNO - ETHNO	49.77	53	.897	.921
4: LY=IN BE=PS GA=IN NEQ: IETHNO - KONTAKT NEQ: IETHNO - ETHNO NEQ: KONTAKT - ETHNO	49.64	52	.896	.922
5: LY=IN BE=PS GA=IN NEQ: IETHNO - KONTAKT NEQ: IETHNO - ETHNO NEQ: KONTAKT - ETHNO NEQ: PRIMMIL - ETHNO	48.47	51	.901	.922
6: LY=IN BE=PS GA=IN NEQ: IETHNO - KONTAKT NEQ: IETHNO - ETHNO NEQ: KONTAKT - ETHNO NEQ: PRIMMIL - ETHNO NEQ: PRIMMIL - KONTAKT	46.87	50	.902	.924

PS = Matrix BEta, GAmma oder Lambda-Y sind von der Struktur über beide Gruppen
gleich, aber nicht von den Parameterwerten.

IN = Matrix BEta, GAmma oder Lambda-Y sind von der Struktur und von den Parameterwerten über beide Gruppen gleich.

NEQ = Not EQual, d. h. die dahinter angegebene Beziehung zwischen zwei Konstrukten
wird über beide Gruppen nicht gleichgesetzt.

Tabelle 4.19: Vergleich der Modellvarianten

Vergleich der Modellvarianten	χ^2-Diff.	df	Q-Ratio	Akz. Modell
Variante 1 versus Variante 2	1.23	1	1.23	1
Variante 1 versus Variante 3	1.48	2	0.74	1
Variante 1 versus Variante 4	1.61	3	0.54	1
Variante 1 versus Variante 5	2.78	4	0.70	1
Variante 1 versus Variante 6	4.38	5	0.88	1

Q-Ratio = Quotient aus χ^2-Differenz und Freiheitsgraden. Ist der Q-Ratio ≥ 2, liegt eine signifikante Verbesserung der Modellanpassung vor.

Tabelle 4.20: Ergebnisse der Modellvariante 1 (unstandardisierte Strukturkoeffizienten)

	männliche Interviewer							
Beta	STATUS		PRIMMIL		KONTAKT		IETHNO	
PRIMMIL	-.257	(-3.822)	.000		.000		.000	
KONTAKT	.000		-.330	(-3.174)	.000		-.276	(-1.759)
ETHNO	.063	(1.644)	.302	(3.417)	-.063	(-1.077)	.299	(2.899)
IETHNO	.000		.000		.000		.000	
	weibliche Interviewer							
Beta	STATUS		PRIMMIL		KONTAKT		IETHNO	
PRIMMIL	-.257	(-3.822)	.000		.000		.000	
KONTAKT	.000		-.330	(-3.174)	.000		-.276	(-1.759)
ETHNO	.063	(1.644)	.302	(3.417)	-.063	(-1.077)	.299	(2.899)
IETHNO	.000		.000		.000		.000	

In Klammern sind die T-Werte der Koeffizienten angegeben.

Nach den Strukturkoeffizienten (vgl. Tabelle 4.20) ändert sich - insbesondere bei den Vorzeichen - im Vergleich zu den Ergebnissen für die Gesamtstichprobe (vgl. Tabelle 4.11) nur wenig. Der Interviewerethnozentrismus hat einen positiven Effekt auf den Befragtenethnozentrismus (.299) und einen negativen

Effekt auf die privaten Kontakte zu Ausländern (-.276).[16] Die Hypothesen 1 bis 5 (Kerntheorie) sowie die Hypothesen 6 und 7 (Methodentheorie) können für dieses Gruppenvergleichsmodell bestätigt werden.

---

16 Auch hier ist der Effekt von IETHNO auf KONTAKT nicht signifikant.

4.2.2.2 Intervieweralter (IAL)

4.2.2.2.1 Deskriptive Ergebnisse Tabelle 4.21 zeigt die Mittelwertsvergleiche und Tabelle 4.22 zeigt die Korrelationen der Indikatoren nach der
Gruppenbildung Intervieweralter (IAL). Die Gruppe der Befragten, die von
jüngeren Interviewern befragt wurde, hat ein N von 79. Die Gruppe, die von
älteren Interviewern befragt wurde, hat ein N von 46.

Tabelle 4.21: Mittelwertsvergleiche der Indikatoren nach Intervieweralter

$\bar{x}$	Befragtenitems									
	Status1	Ethnoa	Ethnob	Ethnoc	V203	V204	V214	V114	V121	Kontakt1
Gesamt	3.00	6.64	6.43	6.35	2.22	2.17	2.00	1.98	1.46	3.65
jung	2.85	6.62	6.38	6.30	2.13	2.05	1.88	1.99	1.43	3.76
alt	3.28	6.67	6.56	6.44	2.37	2.36	2.20	1.98	1.52	3.46
T-Wert	-1.720	-.184	-.755	-.507	-2.026	-2.381	-2.905	.062	-.628	2.209
Signif.	.090	.855	.453	.614	.046*	.019*	.005**	.951	.532	.029*

$\bar{x}$	Intervieweritems				
	Istatus1	Alteri	IV203	IV204	IV214
Gesamt	4.82	33.49	2.02	1.60	1.42
jung	5.59	25.95	1.82	1.25	1.34
alt	3.07	46.43	2.37	2.20	1.56
T-Wert	7.377	-28.343	-6.514	-12.248	-1.712
Signif.	.000**	.000**	.000**	.000**	.092

* = signifikant auf mindestens 5% Niveau.
** = signifikant auf mindestens 1% Niveau.

Nach den Mittelwertsvergleichen gibt es signifikante Unterschiede bei den
Befragten- wie auch bei den Intervieweritems. Dies betrifft insbesondere die
Indikatoren der Ethnozentrismuskonstrukte. Demnach zeigen Befragte bei An-
wesenheit von älteren Interviewern eine höhere Ausländerfeindlichkeit als bei
Anwesenheit von jüngeren Interviewern. Ältere Interviewer dokumentieren
ebenfalls eine höhere Ausländerfeindlichkeit als jüngere Interviewer.

Tabelle 4.22: Korrelationen der Indikatoren nach Intervieweralter

	Status1	Ethnoa	Ethnob	Ethnoc	V203	V204	V214	V114	V121	Kontakt1
				Befragtenitems						
Status1	1.000									
Ethnoa	-.151	1.000								
	-.397									
Ethnob	-.418	.541	1.000							
	-.458	**.695**								
Ethnoc	-.215	.439	.625	1.000						
	-.367	**.671**	**.741**							
V203	.135	.317	.248	.319	1.000					
	-.169	**.470**	**.365**	**.292**						
V204	-.084	.202	.215	.262	.535	1.000				
	.055	**.615**	**.500**	**.362**	**.379**					
V214	-.050	.143	.293	.286	.455	.365	1.000			
	-.169	**.454**	**.347**	**.315**	**.785**	**.354**				
V114	-.210	.289	.476	.353	.459	.384	.372	1.000		
	-.026	**.426**	**.336**	**.362**	**.562**	**.464**	**.618**			
V121	-.140	.216	.367	.334	.354	.212	.285	.676	1.000	
	-.274	**.446**	**.442**	**.317**	**.394**	**.197**	**.561**	**.622**		
Kontakt1	.110	-.104	-.323	-.191	-.337	-.262	-.253	-.337	-.276	1.000
	.261	**-.220**	**-.394**	**-.320**	**-.153**	**-.107**	**-.194**	**-.116**	**-.223**	
Istatus1	-.065	.036	.126	.048	.223	.066	.426	.123	-.006	.023
	.297	**-.023**	**-.039**	**-.383**	**-.023**	**.075**	**.135**	**.265**	**-.027**	**-.057**
Alteri	-.078	.002	.046	.043	.076	.025	.336	-.026	-.046	.153
	.320	**.043**	**-.048**	**-.240**	**.340**	**.105**	**.129**	**.097**	**.077**	**.249**
IV203	.026	-.017	-.173	.019	-.080	.036	-.027	-.144	-.017	.144
	.060	**-.115**	**-.033**	**-.301**	**.054**	**-.003**	**.057**	**-.162**	**-.234**	**-.191**
IV204	.045	.048	.007	-.044	.262	.091	.210	.251	.118	-.251
	-.072	**-.096**	**-.024**	**-.148**	**.152**	**-.017**	**.024**	**-.284**	**-.199**	**-.094**
IV214	.031	.051	.025	.175	.191	.151	.322	.010	-.050	.148
	-.001	**.114**	**-.031**	**-.250**	**.108**	**-.010**	**.046**	**-.240**	**-.240**	**-.162**

	Istatus1	Alteri	IV203	IV204	IV214
			Intervieweritems		
Istatus1	1.000				
Alteri	.915	1.000			
	.337				
IV203	-.255	-.009	1.000		
	.527	**.108**			
IV204	.208	-.099	.270	1.000	
	-.395	**.175**	**.644**		
IV214	.405	.357	.334	.194	1.000
	.095	**.153**	**.925**	**.887**	

xxx = Subgruppe mit jüngeren Interviewern.

xxx = Subgruppe mit älteren Interviewern.

Die Korrelationen von Items innerhalb eines Konstrukts sind bei der Gruppe mit älteren Interviewern doppelt bis dreifach so hoch gegenüber den Korrelationen bei der Gruppe mit jüngeren Interviewern. Die Korrelationen von Items zwischen den Konstrukten sind dagegen bei der Gruppe mit älteren Interviewern geringer als bei der Gruppe mit jüngeren Interviewern. Die Ergebnisse deuten einen Einfluß des Interviewerethnozentrismus auf das Antwortverhalten der Befragten an.

4.2.2.2.2 Befragteneinschätzung und Interviewerwahrnehmung

Die Tabellen 4.23 und 4.24 zeigen die Mittelwertsvergleiche der Situationsmerkmale "Befragteneinschätzung" und "Interviewerwahrnehmung".

Tabelle 4.23: Mittelwertsvergleiche der Befragteneinschätzungen nach Intervieweralter

Var.	Eigenschaft	Mittelwerte			
		jung	alt	T-Wert	Signif.
V264	leicht/mühsam	2.92	1.96	20.836	.000 **
V265	kühl/Kontakt	3.10	3.41	3.608	.059
V266	ängstlich/unbekümmert	3.47	3.37	.328	.567
V267	ungeduldig/hatte Zeit	3.65	3.67	.025	.875
V268	verschlossen/auskunftsfreudig	3.77	3.93	1.001	.319
V269	intelligent/Verständnisschw.	2.91	2.28	10.120	.001 **
V270	aggressiv/freundlich	3.89	3.70	1.327	.251
V271	aufrichtig/'gut' darstellen	2.38	2.16	1.477	.226
V272	sympathisch/unsympathisch	2.30	2.24	.130	.719
V273	hochmütig/bescheiden	3.68	3.53	.820	.367
V274	unterwürfig/selbstbewußt	3.29	3.48	1.184	.278

* = signifikant auf mindestens 5%-Niveau.
** = signifikant auf mindestens 1%-Niveau.

Nach den Ergebnissen gibt es zwei signifikante Unterschiede in den Befragteneinschätzungen: Jüngere Interviewer schätzten die Befragten eher als Personen ein, die mühsam zu interviewen waren (V264) und eher Verständnisschwierigkeiten hatten (V269), d. h. sie tendierten zu einer Interviewsituationsbeschreibung, die schwierig war, während ältere Interviewer die Situation leichter einschätzten. Dieses Ergebnis kann u. a. auf die größere Erfahrung der älteren Interviewer zurückgeführt werden.

Bei der Interviewerwahrnehmung konnten zwei signifikante Zusammenhänge festgestellt werden: Jüngere Interviewer tendierten mehr zu der Aussage, daß sie vom Befragten als Vertreter einer "Behörde" wahrgenommen wurden (V276) und als jemand, dem man seine "Meinung sagen" kann (V280). Dies deutet darauf hin, daß jüngere Interviewer mehr Distanz zum Befragten wahrgenommen haben, als ältere.

Tabelle 4.24: Zusammenhang zwischen Intervieweralter und Interviewerwahrnehmungen

Variable	Eigenschaft	Phi-Koeffizient	
V275	Spion	.139	
V276	Behörde	.296	**
V277	Unbekannter	-.115	
V278	Sorgen	.000	
V279	armer Hund	-.120	
V280	Meinung sagen	.243	**

** = signifikant auf mindestens 1%-Niveau.

4.2.2.2.3 Hypothese Die Mittelwertvergleiche haben gezeigt, daß Befragte bei Anwesenheit von älteren Interviewern eine signifikant höhere Ausländerfeindlichkeit ausdrücken als bei Anwesenheit von jüngeren Interviewern. Die unterschiedlichen Korrelationen bezüglich der Ausländerfeindlichkeit von Interviewern und Befragten in Zusammenhang mit den Mittelwertdifferenzen deuten darauf hin, daß hier Einflüsse des Interviewers auf Grund seines Alters auftreten. Deswegen wird von folgender Hypothese ausgegangen:

9. Das Intervieweralter (IAL) hat einen Einfluß auf das Antwortverhalten. Das Kausalmodell führt in beiden Subgruppen (hier: Befragte, die von jüngeren Interviewern befragt wurden versus Befragte, die von älteren Interviewern befragt wurden) nicht zum gleichen Ergebnis. Es werden

auf Grund der vorliegenden Informationen keine Unterschiede in den meßtheoretischen Beziehungen und keine Unterschiede in den Beziehungen nach den Hypothesen 1 bis 5 (Kerntheorie) angenommen. Dagegen werden die nach den Hypothesen 6 und 7 (Methodentheorie) vermuteten Einflüsse der Interviewereinstellung in beiden Gruppen verschieden sein.

4.2.2.2.4 Multipler Gruppenvergleich Die schrittweise Berechnung von Gruppenvergleichsmodellen mit abnehmenden Restriktionen (Nested Models) konnte hier nicht durchgeführt werden, da die Schätzung über die Maximum-Likelihood-Methode (ML) nicht konvergierte. Dies kann u. a. darauf zurückgeführt werden, daß im Gegensatz zur Gruppenaufteilung nach Interviewergeschlecht, hier die Anzahl der befragten Personen in den Gruppen sehr unterschiedlich ist.[17] Darum mußte der multiple Gruppenvergleich mit der Unweighted-Least-Squares-Methode (ULS) durchgeführt werden. Wegen des fehlenden Gesamttests (χ^2-Test) können Gleichheitsrestriktionen über die Gruppen nur deskriptiv beurteilt werden. Die Ergebnisse des Modells mit Variation der beiden Pfade von IETHNO auf ETHNO und IETHNO auf KONTAKT über die Gruppen zeigt Tabelle 4.25.

Nach den Resultaten ist ein erheblicher Unterschied der Effekte der Interviewereinstellung festzustellen: während bei Anwesenheit von jüngeren Interviewern ein hoher Einfluß auf die Einstellung des Befragten zu verzeichnen ist (1.107), tritt kein Einfluß durch die Anwesenheit von älteren Interviewern auf (.019).[18] Aussagen zum privaten Kontaktverhalten zu Ausländern wird bei Anwesenheit von jüngeren Interviewern positiv, bei Anwesenheit von älteren Interviewern dagegen negativ beeinflußt.

Die beiden Teilmodelle weisen etwa gleich große Fitindizes ($GFI_j = 0.980$; $GFI_a = 0.978$) auf. Dies bedeutet, daß bei den übrigen Beziehungen keine Variation über die Gruppen vorgenommen werden muß. Für das erste Teilmodell ist eine Abweichung ≥ 2.0 bei den normalisierten Residuen, beim zweiten Teilmodell ist keine Abweichung zu verzeichnen.

---

17 Zur Berechnung von Strukturgleichungsmodellen mit kleinen Stichproben vgl. Boomsma (1982, 1983).

18 Es ist zu beachten, daß es sich hier um unstandardisierte Koeffizienten handelt, so daß auch Werte über 1.0 auftreten können.

Tabelle 4.25: Ergebnisse des akzeptierten Modells (unstandardisierte Strukturkoeffizienten)

	jüngere Interviewer			
Beta	STATUS	PRIMMIL	KONTAKT	IETHNO
PRIMMIL	-.297	.000	.000	.000
KONTAKT	.000	-.284	.000	**.324**
ETHNO	.084	.308	-.162	**1.107**
IETHNO	.000	.000	.000	.000
	ältere Interviewer			
Beta	STATUS	PRIMMIL	KONTAKT	IETHNO
PRIMMIL	-.297	.000	.000	.000
KONTAKT	.000	-.284	.000	**-.262**
ETHNO	.084	.308	-.162	**.019**
IETHNO	.000	.000	.000	.000

xxx = Koeffizienten variieren über beide Gruppen. Da es sich hier um ULS-Schätzer handelt, können keine T-Werte berechnet werden.

Insgesamt verdeutlichen die Ergebnisse eine Bestätigung der Hypothese 9: Die Befragten orientieren sich mit ihrem Antwortverhalten am Alter des Interviewers. Jüngere Interviewer provozieren nicht nur Ausländerfreundlichkeit, sondern verstärken diese noch durch ihre ausländerfreundliche Einstellung (vgl. die Mittelwerte in Tabelle 4.21). Dagegen findet diese Verstärkung bei Anwesenheit von älteren Interviewern nicht statt. Hier wird mit steigendem Interviewerethnozentrismus stärker private Kontaktabstinenz zu Ausländern dokumentiert (-.262), während bei jüngeren Interviewern mit steigendem Interviewerethnozentrismus mehr privates Kontaktverhalten angegeben wird (.324). Die Anwesenheit von jüngeren, eher ausländerfreundlichen Interviewern führt zu ausländerfreundlichen Verhaltensangaben. Die Hypothesen 1 bis 5 (Kerntheorie) können für dieses Gruppenvergleichsmodell bestätigt werden. Hypothese 6 (Methodentheorie) ist nur für die erste Subgruppe (jüngere Interviewer) und Hypothese 7 (Methodentheorie) ist nur die zweite Subgruppe (ältere Interviewer) bestätigt worden.

4.2.2.3 Interviewerfahrung (IERF)

4.2.2.3.1 Deskriptive Ergebnisse Tabelle 4.26 zeigt die Mittelwertvergleiche und Tabelle 4.27 zeigt die Korrelationen der Indikatoren nach der Gruppenbildung Interviewererfahrung (IERF). Die Gruppe der Befragten, die von erfahrenen Interviewern befragt wurde, hat ein N von 52. Die Gruppe, die von nicht erfahrenen Interviewern befragt wurde, hat ein N von 73.

Tabelle 4.26: Mittelwertsvergleiche der Indikatoren nach Interviewererfahrung

$\bar{x}$	Status1	Ethnoa	Ethnob	Ethnoc	V203	V204	V214	V114	V121	Kontakt1
Gesamt	3.00	6.64	6.43	6.35	2.22	2.17	2.00	1.98	1.46	3.65
erfahren	3.16	6.71	6.65	6.45	2.31	2.27	2.12	2.14	1.56	3.49
n. erfahren	2.90	6.59	6.30	6.28	2.17	2.10	1.92	1.88	1.40	3.75
T-Wert	1.062	.474	1.502	.650	1.192	1.297	1.824	1.643	1.072	-1.923
Signif.	.291	.637	.137	.518	.236	.198	.071	.103	.286	.057

$\bar{x}$	Istatus1	Alteri	IV203	IV204	IV214
Gesamt	4.82	33.49	2.02	1.60	1.42
erfahren	4.51	40.55	1.88	1.73	1.16
n. erfahren	5.00	28.62	2.12	1.51	1.61
T-Wert	-1.282	7.183	-2.415	2.046	-4.694
Signif.	.205	.000**	.018	.043	.000**

* = signifikant auf mindestens 5% Niveau. ** = signifikant auf mindestens 1% Niveau.

Nach den Mittelwertsvergleichen gibt es signifikante Unterschiede bei den Befragten- wie auch bei den Intervieweritems. Bei Anwesenheit von erfahrenen Interviewern zeigen die Befragten höhere Ausländerfeindlichkeit, während für die Ausländerfeindlichkeit der Interviewer keine einheitliche Interpretation möglich ist. Die Unterschiede sind nur bei den Intervieweritems signifikant.

Tabelle 4.27: Korrelationen der Indikatoren nach Intervieweererfahrung

	Befragtenitems									
	Status1	Ethnoa	Ethnob	Ethnoc	V203	V204	V214	V114	V121	Kontakt1
Status1	1.000									
Ethnoa	-.316	1.000								
	-.191									
Ethnob	-.475	.653	1.000							
	-.413	**.552**								
Ethnoc	-.358	.395	.637	1.000						
	-.206	**.607**	**.686**							
V203	-.082	.625	.348	.344	1.000					
	.117	**.210**	**.243**	**.272**						
V204	.062	.622	.445	.267	.430	1.000				
	-.068	**.158**	**.213**	**.319**	**.538**					
V214	-.212	.420	.378	.474	.776	.362	1.000			
	.019	**.119**	**.255**	**.157**	**.456**	**.385**				
V114	-.169	.337	.352	.106	.529	.445	.505	1.000		
	-.182	**.315**	**.462**	**.512**	**.438**	**.343**	**.350**			
V121	-.205	.326	.333	.206	.505	.356	.557	.660	1.000	
	-.171	**.264**	**.414**	**.407**	**.270**	**.084**	**.233**	**.656**		
Kontakt1	.062	-.112	-.436	-.360	-.194	-.141	-.303	-.275	-.252	1.000
	.192	**-.143**	**-.282**	**-.150**	**-.337**	**-.287**	**-.226**	**-.252**	**-.260**	
Istatus1	.161	-.019	.040	-.450	.185	-.082	-.027	.186	-.073	.083
	-.095	**.048**	**-.007**	**.116**	**-.102**	**-.096**	**.084**	**.147**	**.059**	**.236**
Alteri	.305	.040	-.117	.005	.180	.241	.226	-.051	.105	.096
	.040	**-.040**	**.066**	**-.052**	**.240**	**.138**	**.298**	**-.133**	**-.094**	**-.120**
IV203	.232	-.012	-.105	-.044	.012	.189	.189	-.080	-.008	-.094
	.073	**-.044**	**.052**	**-.076**	**.228**	**.138**	**.188**	**-.131**	**-.081**	**-.187**
IV204	.192	.022	-.108	.099	.052	.221	.197	-.109	.070	-.009
	.083	**.002**	**.076**	**-.092**	**.360**	**.167**	**.291**	**.099**	**.022**	**-.339**
IV214	.182	-.057	-.045	-.240	-.040	.067	.095	-.010	-.098	-.155
	.073	**.010**	**.097**	**.068**	**.325**	**.206**	**.383**	**-.053**	**-.095**	**-.068**

	Intervieweritems				
	Istatus1	Alteri	IV203	IV204	IV214
Istatus1	1.000				
Alteri	-.392	1.000			
	-.589				
IV203	-.170	.752	1.000		
	-.833	**.935**			
IV204	-.628	.908	.840	1.000	
	-.650	**.715**	**.788**		
IV214	-.418	.239	.746	.265	1.000
	-.413	**.788**	**.746**	**.635**	

xxx = Subgruppe mit erfahrenen Interviewern.

xxx = Subgruppe mit nicht erfahrenen Interviewern.

Die Korrelationen von Items innerhalb eines Konstrukts sind bei beiden Gruppen bezüglich der Befragtenitems unterschiedlich und uneinheitlich. Bei den Intervieweritems ist ein geschlossenes Meinungsbild zu verzeichnen. Die Korrelationen von Items zwischen den Konstrukten verdeutlichen, daß höhere Einflüsse durch die Interviewereinstellung bei der Gruppe mit nicht erfahrenen Interviewern zu erwarten sind.

4.2.2.3.2 Befragteneinschätzung und Interviewerwahrnehmung

Die Tabellen 4.28 und 4.29 zeigen die Mittelwertsvergleiche der Situationsmerkmale "Befragteneinschätzung" und "Interviewerwahrnehmung".

Tabelle 4.28: Mittelwertsvergleiche der Befragteneinschätzungen nach Interviewererfahrung

Var.	Eigenschaft	Mittelwerte		T-Wert	Sig.
		erfahren	n. erfahren		
V264	leicht/mühsam	2.57	2.58	.001	.976
V265	kühl/Kontakt	3.04	3.34	3.433	.066
V266	ängstlich/unbekümmert	3.22	3.58	4.831	.029*
V267	ungeduldig/hatte Zeit	3.53	3.74	1.479	.226
V268	verschlossen/auskunftsfreudig	3.69	3.93	2.303	.131
V269	intelligent/Verständnisschw.	2.57	2.76	.875	.351
V270	aggressiv/freundlich	3.65	3.93	3.140	.078
V271	aufrichtig/'gut' darstellen	2.22	2.36	.658	.418
V272	sympathisch/unsympathisch	2.20	2.34	.731	.394
V273	hochmütig/bescheiden	3.48	3.73	2.388	.124
V274	unterwürfig/selbstbewußt	3.27	3.42	.729	.394

* = signifikant auf mindestens 5%-Niveau.
** = signifikant auf mindestens 1%-Niveau.

Nach den Ergebnissen gibt es nur einen signifikanten Unterschied in den Befragteneinschätzungen: Erfahrene Interviewer schätzten die Befragten eher als ängstliche Personen ein (V266).

Bei der Interviewerwahrnehmung tendierten nicht erfahrene Interviewer mehr zu der Aussage, daß sie vom Befragten als jemanden, dem man seine Meinung sagen kann, wahrgenommen wurden (V280).

Beide Ergebnisse sind nicht unabhängig vom Alter der Interviewer. Da die erfahrenen meist auch die älteren Interviewer waren, deuten die Ergebnisse an, daß Befragte mehr Respekt vor erfahrenen Interviewern hatten.

Tabelle 4.29: Zusammenhang zwischen Interviewererfahrung und Interviewerwahrnehmung

Variable	Eigenschaft	Phi-Koeffizient	
V275	Spion	.127	
V276	Behörde	-.115	
V277	Unbekannter	.047	
V278	Sorgen	-.034	
V279	armer Hund	-.085	
V280	Meinung sagen	.318	**

** = signifikant auf mindestens 1%-Niveau.

4.2.2.3.3 Hypothese Nach den Ergebnissen der Subgruppenanalysen bezogen auf das Intervieweralter war bei jüngeren Interviewern, trotz niedrigerer Ausländerfeindlichkeit, ein höherer Einfluß auf die Einstellung des Befragten festzustellen als bei älteren Interviewern. Dieser offensichtliche Widerspruch könnte auf die Erfahrung der Interviewer zurückgeführt werden. Die jüngeren Interviewer waren in der Regel Studenten ohne Interviewererfahrung, die älteren Interviewer in der Regel Profis, die auch für Marktforschungsinstitute arbeiteten.

Die Mittelwertvergleiche haben gezeigt, daß Befragte bei Anwesenheit von erfahrenen Interviewern eine signifikant höhere Ausländerfeindlichkeit äußern als bei Anwesenheit von nicht erfahrenen Interviewern. Die unterschiedlichen Korrelationen zwischen der Ausländerfeindlichkeit von Interviewern und Befragten, im Zusammenhang mit den Mittelwertdifferenzen, deuten darauf hin, daß stärkere Einflüsse von nicht erfahrenen Interviewern auf das Antwortverhalten der Befragten zu erwarten sind. Deswegen wird von folgender Hypothese ausgegangen:

10. Die Interviewererfahrung (IERF) hat einen Einfluß auf das Antwortverhalten. Das Kausalmodell führt in beiden Subgruppen (hier: Befragte,

die von erfahrenen Interviewern befragt wurden versus Befragte, die von nicht erfahrenen Interviewern befragt wurden) nicht zum gleichen Ergebnis. Es werden auf Grund der vorliegenden Informationen keine Unterschiede in den meßtheoretischen Beziehungen und keine Unterschiede in den Beziehungen nach den Hypothesen 1 bis 5 (Kerntheorie) angenommen. Dagegen werden die nach den Hypothesen 6 und 7 (Methodentheorie) vermuteten Einflüsse der Interviewereinstellung in beiden Gruppen verschieden sein.

4.2.2.3.4 Multipler Gruppenvergleich

Die schrittweise Berechnung von Gruppenvergleichsmodellen mit abnehmenden Restriktionen (Nested Models) konnte auch hier nicht durchgeführt werden, da die Schätzung über die Maximum-Likelihood-Methode (ML) nicht konvergierte. Auch hier sind die Gründe u. a. darauf zurückzuführen, daß die Anzahl der befragten Personen in den Gruppen sehr unterschiedlich ist. Darum mußte der multiple Gruppenvergleich wiederum mit der Unweighted-Least-Squares-Methode (ULS) durchgeführt werden. Wegen des fehlenden Gesamttests (χ^2-Wert) können Gleichheitsrestriktionen über die Gruppen auch hier nur deskriptiv beurteilt werden. Die Ergebnisse des Modells mit Variation der beiden Pfade von IETHNO auf ETHNO und IETHNO auf KONTAKT über die Gruppen zeigt Tabelle 4.30.

Nach den Ergebnissen ist der Unterschied des Einflusses der Interviewereinstellung hoch, aber nicht so extrem wie im vorigen Modell mit Berücksichtigung des Intervieweralters: Bei nicht erfahrenen Interviewern übt deren Ausländerfeindlichkeit einen stärkeren Einfluß aus als bei erfahrenen Interviewern. Die Einflüsse auf das Kontaktverhalten sind jeweils positiv und bei nicht erfahrenen Interviewern dreimal so hoch gegenüber denen bei erfahrenen Interviewern.

Die beiden Teilmodelle weisen etwa gleich große Fitindizes ($GFI_e = 0.950$; $GFI_{ne} = 0.978$) auf. Dies bedeutet, daß bei den übrigen Beziehungen keine Variation über die Gruppen vorgenommen werden muß. Im ersten Teilmodell ergeben sich zwei Abweichungen ≥ 2.0 bei den normalisierten Residuen. Beim zweiten Teilmodell ergibt sich eine Abweichung.

Tabelle 4.30: Ergebnisse des akzeptierten Modells (unstandardisierte Strukturkoeffizienten)

Beta	erfahrene Interviewer			
	STATUS	PRIMMIL	KONTAKT	IETHNO
PRIMMIL	-.282	.000	.000	.000
KONTAKT	.000	-.280	.000	**-.200**
ETHNO	.091	.361	-.064	**.322**
IETHNO	.000	.000	.000	.000
Beta	nicht erfahrene Interviewer			
	STATUS	PRIMMIL	KONTAKT	IETHNO
PRIMMIL	-.282	.000	.000	.000
KONTAKT	.000	-.280	.000	**-.636**
ETHNO	.091	.361	-.064	**.529**
IETHNO	.000	.000	.000	.000

xxx = Koeffizienten variieren über beide Gruppen. Da es sich hier um ULS-Schätzer handelt, können keine T-Werte berechnet werden.

Insgesamt verdeutlichen die Ergebnisse eine Bestätigung der Hypothese 10: Der Einfluß des Interviewers durch sein Alter ist hier durch Interviewererfahrung substituierbar. Das Ergebnis zeigt, daß Beeinflussungen durch Interviewerethnozentrismus mit der Erfahrung von Interviewern zusammenhängen. Je unerfahrener der Interviewer ist, desto stärker ist der Einfluß der Interviewereinstellung. Dies trifft sowohl für den Einfluß auf den Befragtenethnozentrismus (.529), wie auch auf die privaten Kontakte zu Ausländern zu (-.636). Hypothese 1 bis 5 (Kerntheorie) und Hypothese 6 und 7 (Methodentheorie) sind damit für dieses Gruppenvergleichsmodell bestätigt. Ein Test des Modells für die Subgruppe mit jungen und unerfahrenen Interviewern hätte dieses Ergebnis unterstützt und einen Interaktionseffekt zwischen Alter und Erfahrung nachgewiesen. Auf Grund der dann sehr niedrigen Fallzahl und der möglicherweise fehlenden Varianzen in den Indikatoren mußte darauf aber verzichtet werden.

4.2.2.4 Statusdifferenz (STATKONS)

In vielen Untersuchungen besaß die Statusdifferenz zwischen Interviewern und Befragten einen starken situationalen Einfluß auf das Antwortverhalten der Befragten (vgl. z. B. Lenski/Legett 1960). Zur Analyse des Einflusses solcher Statusdifferenzen sind die Befragten/Interviewer in drei Gruppen aufgeteilt worden (vgl. Abschnitt 3.2.1 auf Seite 146):

- Befragte mit niedrigem und Interviewer mit hohem Status (STAT-KONS=1),

- Befragte und Interviewer mit gleichem Status (STATKONS=2),

- Befragte mit hohem und Interviewer mit niedrigem Status (STAT-KONS=3).

Tabelle 4.31 zeigt den Zusammenhang zwischen den Interviewermerkmalen Alter, Geschlecht, Erfahrung und der Statusdifferenz. Alle drei Zusammenhänge sind hoch signifikant. Demnach reagierten jüngere Interviewer eher auf eine statusinkonsistente Situation, die sich ergab, wenn der Befragte einen niedrigeren Status hatte als sie. Ältere Interviewer befragten häufiger statushöhere Personen. Männliche Interviewer waren häufiger als weibliche der Statusniedrigere und nicht erfahrene Interviewer waren in der Interviewsituation öfter als erfahrene der Statusniedrigere. Allerdings sind diese Ergebnisse auf Grund der sehr geringen Befragtenzahl (N=16) in der dritten Gruppe (STATKONS=3) nur eingeschränkt interpretierbar.

Tabelle 4.31: Zusammenhang zwischen Interviewermerkmalen und der Status-differenz im Interview (Cramers V)

	Statusdifferenz	
Intervieweralter	.405	**
Interviewergeschlecht	.307	**
Interviewererfahrung	.331	**

** = signifikant auf mindestens 1%-Niveau.

4.2.2.4.1 Deskriptive Ergebnisse Tabelle 4.32 zeigt die Mittelwertsvergleiche, Tabelle 4.33 und Tabelle 4.34 die Korrelationen der Indikatoren nach der Gruppenbildung Statusdifferenz (STATKONS). Die Gruppe, wo die Befragten einen niedrigen und die Interviewer einen hohen Status hatten, umfaßt 52 Personen. Die Gruppe, wo die Befragten und die Interviewer gleichen Status hatten, umfaßt 57 Personen. Die Gruppe, wo die Befragten einen hohen und die Interviewer einen niedrigen Status hatten, umfaßt 16 Personen.

Tabelle 4.32: Mittelwertsvergleich der Indikatoren nach Statusdifferenz

$\bar{x}$	Status1	Ethnoa	Ethnob	Ethnoc	V203	V204	V214	V114	V121	Kontakt1
				Befragtenitems						
Gesamt	3.00	6.64	6.43	6.35	2.22	2.17	2.00	1.98	1.46	3.65
STATKONS=1	2.23	6.65	6.53	6.39	2.14	2.08	2.02	2.06	1.52	3.75
STATKONS=2	3.20	6.74	6.56	6.50	2.31	2.20	1.98	1.95	1.46	3.53
STATKONS=3	4.50	6.21	5.62	5.62	2.19	2.31	2.00	1.88	1.31	3.75
F-Wert	32.795	.977	3.763	2.637	.945	.785	.049	.340	.386	1.204
Signif.	.000**	.380	.026	.077	.392	.459	.952	.712	.681	.304

$\bar{x}$	Istatus1	Alteri	IV203	IV204	IV214
		Intervieweritems			
Gesamt	4.82	33.49	2.02	1.60	1.42
STATKONS=1	5.81	28.29	1.90	1.23	1.50
STATKONS=2	4.00	35.11	2.11	1.79	1.40
STATKONS=3	2.00	44.63	2.13	2.13	1.25
F-Wert	41.404	21.356	2.656	23.982	1.034
Signif.	.000**	.000**	.074	.000**	.359

* = signifikant auf mindestens 5% Niveau.
** = signifikant auf mindestens 1% Niveau.

Bei gleichem Status weichen die Mittelwerte kaum von den Mittelwerten der Gesamtstichprobe ab. Bei gleichzeitig hohem Status des Interviewers und niedrigem Status des Befragten sind die Mittelwerte eher kleiner als bei gleichem Status, während bei gleichzeitig hohem Status des Befragten und niedrigem Status des Interviewers die Mittelwerte eher größer sind. Eine signifikante Differenz besteht für einen Indikator des Interviewerethnozentrismus (IV204) und für das Alter der Interviewer (Alteri).[19] In der ersten Gruppe sind die Interviewer eher jünger und ausländerfreundlich und in der dritten Gruppe

---

19 Die übrigen signifikanten Differenzen in den Mittelwerten werden durch die Subgruppenbildung verursacht.

eher älter und ausländerfeindlich. Dieses Ergebnis stimmt mit den Resultaten der vorhergehenden Analysen überein.

Tabelle 4.33: Korrelationen der Indikatoren nach Statusdifferenz

	Befragtenitems									
	Status1	Ethnoa	Ethnob	Ethnoc	V203	V204	V214	V114	V121	Kontakt1
Status1	1.000									
Ethnoa	-.125	1.000								
	-.304									
	-.447									
Ethnob	-.382	.680	1.000							
	-.503	.558								
	.088	**.352**								
Ethnoc	-.041	.415	.502	1.000						
	-.382	.615	.651							
	.088	**.394**	**.953**							
V203	.353	.332	.210	.171	1.000					
	-.147	.215	.294	.345						
	-.209	**.818**	**.527**	**.527**						
V204	.088	.389	.252	.148	.493	1.000				
	-.212	.156	.264	.303	.431					
	-.157	**.713**	**.689**	**.689**	**.707**					
V214	.247	.178	.227	.307	.620	.446	1.000			
	-.293	.130	.410	.291	.489	.218				
	-.144	**.667**	**.355**	**.355**	**.805**	**.724**				
V114	.107	.319	.509	.235	.540	.412	.360	1.000		
	-.279	.209	.348	.395	.425	.278	.432			
	-.227	**.668**	**.517**	**.517**	**.552**	**.817**	**.654**			
V121	.072	.251	.375	.187	.343	.161	.218	.645	1.000	
	-.333	.278	.359	.379	.418	.209	.581	.695		
	-.286	**.633**	**.799**	**.799**	**.438**	**.708**	**.440**	**.626**		
Kontakt1	.108	-.146	-.352	-.077	-.315	-.202	-.281	-.400	-.325	1.000
	.246	-.088	-.309	-.268	-.340	-.238	-.322	-.153	-.177	
	.354	**-.168**	**-.363**	**-.446**	**-.033**	**-.370**	**-.136**	**-.267**	**-.494**	
Istatus1	.306	.039	.086	.187	.285	.150	.404	.155	-.097	.140
	.802	-.153	-.368	-.462	-.100	-.135	-.220	.023	-.218	.243
	—	—	—	—	—	—	—	—	—	—
Alteri	.301	.035	.018	-.030	.171	.194	.264	.061	-.082	.050
	-.361	.155	.297	.173	.301	.242	.504	.022	.234	-.316
	.082	**-.031**	**.249**	**.177**	**.183**	**.059**	**.271**	**.150**	**.154**	**.399**
IV203	.207	-.031	-.214	-.093	.034	.088	.067	-.150	-.082	.133
	-.124	.019	.128	.017	.048	.145	.193	-.069	.012	-.322
	.267	**-.198**	**-.206**	**-.206**	**.186**	**.084**	**.309**	**-.182**	**-.255**	**.378**
IV204	.095	.085	.153	.068	.468	.162	.399	.392	.134	-.224
	-.474	.103	.268	.118	.198	.181	.346	-.012	.127	-.425
	.267	**-.198**	**-.206**	**-.206**	**.186**	**.084**	**.309**	**-.182**	**-.255**	**.378**
IV214	.168	.086	.121	.256	.276	.320	.386	.139	-.063	.079
	.101	-.043	-.011	-.144	.119	.018	.067	-.268	-.184	-.204
	.267	**-.198**	**-.206**	**-.206**	**.116**	**.084**	**.309**	**-.182**	**-.255**	**.378**

xxx = STATKONS=1 (Befragter niedriger Status/Interviewer hoher Status)

xxx = STATKONS=2 (Befragter/Interviewer gleicher Status)

xxx = STATKONS=3 (Befragter hoher Status/Interviewer niedriger Status)

Tabelle 4.34: Korrelationen der Indikatoren nach Statusdifferenz (Fortsetzung)

	Intervieweritems				
	Istatus1	Alteri	IV203	IV204	IV214
Istatus1	1.000				
	–				
Alteri	.426	1.000			
	-.501				
	–				
IV203	-.064	.643	1.000		
	-.364	.536			
	–	.147			
IV204	.179	.430	.479	1.000	
	-.634	.716	.698		
	–	.147	1.000		
IV214	.326	.335	.510	.548	1.000
	-.180	.411	.755	.621	
	–	.147	1.000	1.000	

xxx = STATKONS=1 (Befragter niedriger Status/Interviewer hoher Status)
xxx = STATKONS=2 (Befragter/Interviewer gleicher Status)
xxx = STATKONS=3 (Befragter hoher Status/Interviewer niedriger Status)
Da für Istatus1 bei der dritten Subgruppe keine Varianz existiert, konnten keine Korrelationen berechnet werden.

Die Korrelationen innerhalb eines Konstrukts differieren bei den Interviewerethnozentrismusitems am meisten. Auf Grund der geringen Fallzahl ergeben sich bei der dritten Gruppe die stärksten Abweichungen im Vergleich zu den beiden anderen Gruppen. Die Korrelationen von Items zwischen den Konstrukten weisen auf mögliche Effekte von Interviewereinstellungen bei statusinkonsistenten Interviewsituationen hin. Die Korrelationen zwischen den Indikatoren von ETHNO und IETHNO sind bei der ersten und dritten Gruppe tendenziell höher als bei der zweiten Gruppe.

4.2.2.4.2 Befragteneinschätzung und Interviewerwahrnehmung

Die Tabellen 4.35 und 4.36 zeigen die Mittelwertsvergleiche der Situationsmerkmale "Befragteneinschätzung" und "Interviewerwahrnehmung".

Tabelle 4.35: Mittelwertsvergleiche der Befragteneinschätzungen nach Statusdifferenz

Var.	Eigenschaft	Mittelwerte			F-Wert	Signif.
		n/h	gleich	h/n		
V264	leicht/mühsam	3.08	2.25	2.06	8.717	.000**
V265	kühl/Kontakt	3.17	3.19	3.44	.566	.570
V266	ängstlich/unbekümmert	3.42	3.40	3.56	.185	.831
V267	ungeduldig/hatte Zeit	3.69	3.60	3.75	.217	.805
V268	verschlossen/auskunftsfreudig	3.86	3.82	3.75	.099	.906
V269	intelligent/Verständnisschw.	3.04	2.56	1.94	7.373	.000**
V270	aggressiv/freundlich	3.92	3.81	3.50	1.389	.253
V271	aufrichtig/'gut' darstellen	2.27	2.31	2.40	.112	.894
V272	sympathisch/unsympathisch	2.39	2.23	2.12	.759	.470
V273	hochmütig/bescheiden	3.73	3.61	3.37	1.014	.366
V274	unterwürfig/selbstbewußt	3.21	3.46	3.50	1.156	.318

* = signifikant auf mindestens 5%-Niveau.

** = signifikant auf mindestens 1%-Niveau.

n/h = Befragter niedriger Status/Interviewer hoher Status.

gleich = Befragter/Interviewer gleicher Status.

h/n = Befragter hoher Status/Interviewer niedriger Status.

Nach den Ergebnissen gibt es zwei signifikante Unterschiede in den Befragteneinschätzungen: In der ersten Gruppe (Befragter mit niedrigem Status, Interviewer mit hohem Status) werden die Befragten als eher "mühsam zu interviewen" (V264) und als Personen mit "Verständnisschwierigkeiten" (V269) eingeschätzt. Dagegen wird in der dritten Gruppe (Befragter mit hohem Status, Interviewer mit niedrigem Status) die Kontakt- und Auskunftfreudigkeit am höchsten eingeschätzt, wenn auch die Unterschiede nicht signifikant sind.

Bei der Interviewerwahrnehmung tendierten Interviewer bei Anwesenheit von statusniedrigeren Befragten mehr zu der Aussage, daß sie vom Befragten als Vertreter einer Behörde wahrgenommen wurden (V276).

Die Ergebnisse drücken insgesamt die Folgen statusdifferenter Interviewsituationen aus: Ein statushoher Befragter kann auf Grund seiner kognitiven Fähigkeiten eher die Befragtenrolle (auch bei einem statusniedrigen Interviewer) übernehmen, als ein statusniedriger Befragter. Die soziale Distanz zwischen Interviewer und Befragten spielt bei der ersten Gruppe (Befragter niedriger Status, Interviewer hoher Status) eine größere Rolle als bei der zweiten oder dritten Gruppe.

Tabelle 4.36: Zusammenhang zwischen Statusdifferenz und Interviewerwahr- nehmung

Variable	Eigenschaft	Phi-Koeffizient	
V275	Spion	.127	
V276	Behörde	.268	**
V277	Unbekannter	.072	
V278	Sorgen	.187	
V279	armer Hund	.113	
V280	Meinung sagen	.184	

** = signifikant auf mindestens 1%-Niveau.

4.2.2.4.3 Hypothese Die Korrelationen zwischen der Ausländerfeind- lichkeit von Interviewern und Befragten deuten darauf hin, daß Einflüsse des Interviewers in statusinkonsistenten Interviewsituationen bestehen. Da- her wird von folgender Hypothese ausgegangen:

11. Die Statusdifferenz hat einen Einfluß auf das Antwortverhalten. Das Kausalmodell führt in den Subgruppen mit statusdifferenter Konstel- lation nicht zum gleichen Ergebnis. Es werden nach den vorliegenden Informationen keine Unterschiede in den meßtheoretischen Beziehungen und keine Unterschiede in den Beziehungen nach den Hypothesen 1 bis 5 (Kerntheorie) angenommen. Dagegen werden die nach den Hypothesen 6 und 7 (Methodentheorie) vermuteten Einflüsse der Interviewereinstel- lung in den Gruppen verschieden sein.

4.2.2.4.4 Multipler Gruppenvergleich Die schrittweise Berechnung von Gruppenvergleichsmodellen mit abnehmenden Restriktionen konnte durchgeführt werden. Allerdings bezieht sich der im folgenden aufgeführte Gruppenvergleich nur auf die Analysen bezüglich der ersten beiden Gruppen , d. h. auf die Konstellation Befragter niedriger Status/Interviewer hoher Status (STATKONS=1) versus Befragter und Interviewer mit gleichem Status (STATKONS=2). Die dritte Gruppe (STATKONS=3, d. h. Befragter hoher Status/Interviewer niedriger Status) konnte wegen der niedrigen Fallzahl weder in einen Drei-Gruppenvergleich noch in einen Zwei-Gruppenvergleich einbezogen werden. Die sukzessive Gleichsetzung von Parametern der Ladungsmatrizen führte zu einem Modell, bei dem die Ladungsmatrizen von PRIM-MIL und IETHNO über die Gruppen variieren konnten (vgl. Modellvarianten 1 bis 4 Tabelle 4.37). Die angenommene Invarianz der Meßmodelle ist mit Ausnahme des Konstruktes ETHNO widerlegt worden (Vergleich der Modellvarianten 2 und 3 in Tabelle 4.38). Mit Modellvariante 3 konnte dann die Varianz/Invarianz von Strukturgleichungsparametern weiter getestet werden (vgl. Modellvarianten 5 bis 8 in Tabelle 4.37). Nach den Ergebnissen gibt es signifikante χ^2-Verbesserungen durch die Modellvarianten 5 bis 8.

Tabelle 4.37: Modellvarianten des multiplen Gruppenvergleichs nach Status-
        differenz

Modellvariante	χ^2	df	GFI_1	GFI_2
1: LY=PS BE=PS GA=PS EQ: LADUNG V204 EQ: LADUNG V214 EQ: LADUNG Ethnob EQ: LADUNG Ethnoc EQ: LADUNG IV204 EQ: LADUNG IV214	kein konvergiertes Ergebnis Anzahl der Iterationen $\leq$ 250			
2: LY=PS BE=PS GA=PS EQ: LADUNG V204 EQ: LADUNG V214 EQ: LADUNG Ethnob EQ: LADUNG Ethnoc	124.66	82	.850	.852
3: LY=PS BE=PS GA=PS EQ: LADUNG V204 EQ: LADUNG V214	114.85	80	.857	.862
4: LY=PS BE=PS GA=PS	114.30	78	.857	.865
5: LY=PS BE=IN GA=IN EQ: LADUNG V204 EQ: LADUNG V214	130.28	87	.830	.844
6: LY=PS BE=PS GA=IN EQ: LADUNG V204 EQ: LADUNG V214 NEQ: IETHNO - ETHNO	127.24	86	.835	.848
7: LY=PS BE=PS GA=PS EQ: LADUNG V204 EQ: LADUNG V214 NEQ: IETHNO - ETHNO NEQ: STATUS - IETHNO	120.80	84	.843	.857
8: LY=PS BE=PS GA=PS EQ: LADUNG V204 EQ: LADUNG V214 NEQ: IETHNO - ETHNO NEQ: STATUS - ETHNO NEQ: STATUS - IETHNO	113.74	83	.856	.865

PS = Matrix BEta, GAmma oder Lambda-Y sind von der Struktur über beide Gruppen
gleich, aber nicht von den Parameterwerten.

IN = Matrix BEta, GAmma oder Lambda-Y sind von der Struktur und von den Parameterwerten über beide Gruppen gleich.

NEQ = Not EQual, d. h. die dahinter angegebene Beziehung zwischen zwei Konstrukten
wird über beide Gruppen nicht gleichgesetzt.

Tabelle 4.38: Vergleich der Modellvarianten

Vergleich der Modellvarianten	χ^2-Diff.	df	Q-Ratio	Akz. Modell
Variante 1 versus Variante 2	–	–	–	2
Variante 2 versus Variante 3	9.81	2	4.91	3
Variante 3 versus Variante 4	0.55	2	0.275	3
Variante 5 versus Variante 6	3.04	1	3.04	6
Variante 6 versus Variante 7	6.44	2	3.22	7
Variante 7 versus Variante 8	7.06	1	7.06	8

Q-Ratio = Quotient aus χ^2-Differenz und Freiheitsgraden. Ist der Q-Ratio $\geq$ 2, liegt eine signifikante Verbesserung der Modellanpassung vor.

Nach der akzeptierten Modellvariante 6 sind die Hypothesen 1 bis 5 (Kern-theorie) bestätigt. Hypothese 6 (Methodentheorie) ist nur für die statusdiffe-rente Gruppe bestätigt. Bei der statuskongruenten Gruppe ist der Einfluß des Intervieweretnozentrismus nicht signifikant (vgl. Tabelle 4.39). Hypothese 7 (Methodentheorie) gilt für beide Gruppen gleichermaßen. Hypothese 11 ist nur teilweise bestätigt. Es müssen meßtheoretisch unterschiedliche Beziehun-gen angenommen werden und nur die nach Hypothese 6 vermuteten Einflüsse waren über die Gruppen verschieden: Die Wirkung des Intervieweretnozen-trismus auf den Ethnozentrismus des Befragten ist in der statusdifferenten Gruppe signifikant höher (.760) als in der Gruppe mit Statusgleichheit (.125). Für den nach Gruppen unterschiedlichen Einfluß auf die Angabe der priva-ten Kontakte zu Ausländern konnte dies nicht bestätigt werden. Für beide Gruppen beträgt der Einfluß -.472 (vgl. Tabelle 4.39). Die beiden Teilmodelle der akzeptierten Modellvariante 6 weisen etwa gleich große Fitindizes (GFI_2 = 0.835 und GFI_2=0.848) auf. Für die erste Gruppe ist eine Abweichung und für die zweite Gruppe sind zwei Abweichungen > 2.0 bei den normalisier-ten Residuen zu verzeichnen. Diese Abweichungen betreffen die Korrelationen zwischen Indikator Status1 und den Indikatoren V203, V214 und IV204.

Tabelle 4.39: Ergebnisse der Modellvariante 6 (Strukturkoeffizienten)

| Beta | STATKONS=1 (statusdifferent) | | | |
	STATUS	PRIMMIL	KONTAKT	IETHNO
PRIMMIL	-.325 (-3.861)	.000	.000	.000
KONTAKT	.000	-.282 (-2.960)	.000	-.472 (-2.482)
ETHNO	.085 (1.561)	.255 (3.306)	-.173 (-2.515)	**.760 (2.284)**
IETHNO	.000	.000	.000	.000
Beta	STATKONS=2 (statusgleich)			
	STATUS	PRIMMIL	KONTAKT	IETHNO
PRIMMIL	-.325 (-3.861)	.000	.000	.000
KONTAKT	.000	-.282 (-2.960)	.000	-.472 (-2.482)
ETHNO	.085 (1.561)	.255 (3.306)	-.173 (-2.515)	**.125 (.811)**
IETHNO	.000	.000	.000	.000

xxx = Koeffizienten variieren über beide Gruppen.

Da sich beide Gruppen auf Grund des Status unterscheiden, wirkt sich dieses auf das Verhältnis zwischen dem Statusindikator und dem Ethnozentrismus von Interviewer und Befragten aus. Um dort mögliche Unterschiede festzustellen, sollte die Beziehung zwischen STATUS und IETHNO neu eingeführt und über beide Gruppen variiert werden (vgl. Modellvariante 7 in Tabelle 4.37). Gegenüber der Modellvariante 6 konnte eine signifikante χ^2-Verbesserung ermittelt werden (vgl. Tabelle 4.38). Offen blieb hierbei, ob eine signifikante Verbesserung erreicht werden kann, wenn zusätzlich der Einfluß des Befragtenstatus auf den Ethnozentrismus des Befragten über beide Gruppen variiert wird. Gegenüber Modellvariante 7 konnte wiederum eine signifikante χ^2-Verbesserung ermittelt werden (vgl. Modellvariante 8 in Tabelle 4.37). Nach den Ergebnissen der Modellvariante 8 (vgl. Tabelle 4.40) beeinflußt bei der ersten Gruppe (Statusdifferenz) der Befragtenstatus den Interviewerethnozentrismus positiv (je höher/niedriger der Befragtenstatus, desto größer/kleiner der Interviewerethnozentrismus). Für die zweite Gruppe (Statuskongruenz) ist dies genau umgekehrt (je höher/niedriger der Befragtenstatus, desto kleiner/größer der Interviewerethnozentrismus). Die Variation des Einflusses von STATUS auf ETHNO führte dazu, daß bei der ersten Gruppe der Befragtenstatus den Befragtenethnozentrismus positiv beeinflußt (.304), aber für die statuskonsistente Gruppe kein Einfluß nachzuweisen ist (-.003). Damit muß Hypothese 2 (vgl. Abschnitt 4.2.1.1 auf Seite 183) für diesen Gruppenvergleich revidiert werden. Alle gegenüber Modellvariante 6 zusätzlich vorgenommenen Veränderungen sind für die statuskonsistente Gruppe nicht signifikant.

Die beiden Teilmodelle der akzeptierten Modellvariante 8 weisen recht ähnliche Fitindizes auf (GFI_1=0.856 und GFI_2=0.865). In beiden Gruppen treten keine Abweichungen $\geq$ 2.0 bei den normalisierten Residuen auf. Die Gesamtanpassung hat sich gegenüber Modellvariante 6 deutlich verbessert.

Insgesamt verdeutlichen die Ergebnisse folgendes: In statusinkonsistenten Interviewsituationen treten eher Interviewereffekte auf als in statuskonsistenten Situationen. Dies betrifft insbesondere das Konstrukt ETHNO. In statusinkonsistenten Interviewsituationen bestimmt der Befragtenstatus sowohl die Einstellung des Befragten zu Ausländern, als auch den Interviewererethnozentris111us, während dies in statuskonsistenten Interviewsituationen nicht der Fall ist.

Tabelle 4.40: Ergebnisse der Modellvariante 8 (Strukturkoeffizienten)

Beta	STATKONS=1 (statusdifferent)			
	STATUS	PRIMMIL	KONTAKT	IETHNO
PRIMMIL	-.304 (-3.715)	.000	.000	.000
KONTAKT	.000	-.284 (-2.933)	.000	-.466 (-2.460)
ETHNO	**.304** **(3.126)**	.277 (3.707)	-.171 (-2.621)	**.586** **(1.952)**
IETHNO	**.107** **(1.537)**	.000	.000	.000

Beta	STATKONS=2 (statusgleich)			
	STATUS	PRIMMIL	KONTAKT	IETHNO
PRIMMIL	-.304 (-3.715)	.000	.000	.000
KONTAKT	.000	-.284 (-2.933)	.000	-.466 (-2.460)
ETHNO	**-.003** **(-.053)**	.277 (3.707)	-.171 (-2.621)	**.087** **(.569)**
IETHNO	**-.088** **(-1.494)**	.000	.000	.000

xxx = Koeffizienten variieren über beide Gruppen.

4.2.2.5   Soziale Erwünschtheit (SD)

In Abschnitt 3.2.4.2 (Seite 155) wird die Messung der sozialen Erwünschtheit als Bedürfnis nach sozialer Anerkennung mit Hilfe einer übersetzten
Kurzform der SD-Skala von Crowne und Marlowe (1960) erläutert (vgl.
Krebs/Schuessler 1987: 102ff). Alle Items (V126 bis V135, zu den Itemformulierungen vgl. Anhang ab Seite 319) sind auf Eindimensionalität mit Hilfe
der Faktorenanalyse (Rotation Varimax, Eigenwertkriterium > 1) geprüft und
anschließend für die Konstruktion eines ungewichteten additiven Index (im
weiteren MCSD-Skala genannt) verwendet worden.

Der Range der MCSD-Skala geht von den Punktwerten 18 bis 36, wobei sich
die Hälfte der Befragten auf die Werte 27 bis 30 verteilt (vgl. Tabelle 4.41).
Der Mittelwert der Skala beträgt 28.48 und die Standardabweichung 3.48.

Tabelle 4.41: Häufigkeitsverteilung der MCSD-Skala

	Skalen-wert	Einfache		Kumulierte	
		Häufigkeit	Prozente	Häufigkeit	Prozente
niedrig	18	1	0.8	1	0.8
	19	1	0.8	2	1.6
	20	1	0.8	3	2.4
	21	1	0.8	4	3.3
	22	5	4.1	9	7.3
	23	3	2.4	12	9.8
	24	3	2.4	15	12.2
	25	5	4.1	20	16.3
	26	10	8.1	30	24.4
mittel	27	11	8.9	41	33.3
	28	14	11.4	55	44.7
	29	22	17.9	77	62.6
	30	13	10.6	90	73.2
hoch	31	13	10.6	103	83.7
	32	3	2.4	106	86.2
	33	11	8.9	117	95.1
	34	1	0.8	118	95.9
	35	4	3.3	122	99.2
	36	1	0.8	123	100.0
	Anzahl fehlender Werte = 2				

Um die Befragten nach ihrem Grad an sozialer Erwünschtheit aufteilen zu können, boten sich zwei Möglichkeiten an:

1. Eine *Halbierung* der MCSD-Skala nach dem Median, wobei die Befragten der Gruppe von Personen mit niedriger sozialer Erwünschtheit (entspricht niedrigem "Need for Social Approval") oder der Gruppe mit hoher sozialer Erwünschtheit (entspricht hohem "Need for Social Approval") zugeordnet werden.

2. Eine *Quartilsbildung* der Skala, wobei die Befragten der Gruppe mit niedriger, mittlerer oder hoher sozialer Erwünschtheit zugeordnet werden.

Tabelle 4.42 verdeutlicht die Gruppenbildung durch bzw. Quartilsbildung der MCSD-Skala. Im weiteren wird von einer Subgruppenbildung nach den Quartilen der MCSD-Skala ausgegangen, da nach der Medianisierung keine Erwünschtheitseffekte identifizierbar waren (zur Erklärung siehe weiter hinten).[20]

Tabelle 4.42: Gruppenbildung durch Quartilsbildung der MCSD-Skala

Quartilsbildung der MCSD-Skala	Rang	N	Benennung
Niedrige Erwünschtheit	18-26	30	SD=1
Mittlere Erwünschtheit	27-30	60	SD=2
Hohe Erwünschtheit	31-36	33	SD=3

---

20 Auf die Möglichkeit der Quartilsbildung wies Petra Hartmann (Universität Hamburg) hin, die auf Grund ihrer eigenen Arbeiten zur sozialen Erwünschtheit entsprechende Erfahrungen mit der MCSD-Skala gemacht hatte, vgl. Hartmann (1990).

4.2.2.5.1 Deskriptive Ergebnisse Tabelle 4.43 zeigt die Mittelwertsvergleiche, Tabelle 4.44 und Tabelle 4.45 die Korrelationen der Indikatoren nach der Gruppenbildung soziale Erwünschtheit (SD). Die Gruppe der Befragten mit niedriger sozialer Erwünschtheit umfaßt 30 Personen, die Gruppe der Befragten mit mittlerer sozialer Erwünschtheit umfaßt 60 Personen und die Gruppe der Befragten mit hoher sozialer Erwünschtheit umfaßt 33 Personen.

Tabelle 4.43: Mittelwertsvergleiche der Indikatoren nach sozialer Erwünschtheit

$\bar{x}$	Befragtenitems									
	Status1	Ethnoa	Ethnob	Ethnoc	V203	V204	V214	V114	V121	Kontakt1
Gesamt	3.00	6.64	6.43	6.35	2.22	2.17	2.00	1.98	1.46	3.65
niedrig	3.19	6.56	6.30	6.60	2.07	2.18	1.93	2.00	1.43	3.87
mittel	2.80	6.63	6.50	6.30	2.14	2.15	1.90	1.88	1.44	3.72
hoch	3.27	6.73	6.46	6.21	2.52	2.21	2.25	2.19	1.55	3.30
F-Wert	1.765	.130	.250	.692	5.082	.080	3.709	1.209	.201	4.792
Signif.	.176	.878	.780	.503	.007**	.923	.027*	.302	.818	.009**

$\bar{x}$	Intervieweritems				
	Istatus1	Alteri	IV203	IV204	IV214
Gesamt	4.82	33.49	2.02	1.60	1.42
niedrig	5.08	29.67	1.97	1.40	1.47
mittel	4.90	33.95	2.02	1.57	1.39
hoch	4.33	36.48	2.12	1.88	1.49
F-Wert	1.371	3.490	.824	5.275	.338
Signif.	.259	.034*	.441	.006**	.714

* = signifikant auf mindestens 5% Niveau.
** = signifikant auf mindestens 1% Niveau.

Personen mit hoher Erwünschtheit zeigen den höchsten Ethnozentrismus. Ebenso haben Interviewer bei Personen mit hoher Erwünschtheit eine höhere Ausländerfeindlichkeit. Die Unterschiede sind bei den Befragtenitems in zwei Fällen (V203 und V214) und bei den Intervieweritems in einem Fall (IV204) signifikant.

Tabelle 4.44: Korrelationen der Indikatoren nach sozialer Erwünschtheit

	Befragtenitems									
Status1	1.000									
Ethnoa	-.038	1.000								
	-.387									
	-.291									
Ethnob	-.560	.388	1.000							
	-.426	.680								
	-.192	**.654**								
Ethnoc	-.415	.383	.633	1.000						
	-.290	.576	.752							
	-.146	**.609**	**.567**							
V203	.203	.522	.321	.445	1.000					
	.057	.242	.239	.261						
	-.198	**.488**	**.438**	**.516**						
V204	-.093	.490	.462	.527	.702	1.000				
	-.002	.325	.227	.237	.452					
	-.003	**.168**	**.279**	**.083**	**.419**					
V214	-.235	.101	.554	.465	.547	.467	1.000			
	.012	.192	.149	.223	.560	.289				
	-.061	**.544**	**.491**	**.371**	**.563**	**.492**				
V114	-.202	.366	.755	.526	.455	.481	.627	1.000		
	-.198	.327	.286	.231	.372	.342	.297			
	-.199	**.272**	**.365**	**.501**	**.635**	**.339**	**.342**			
V121	-.082	.187	.428	.311	.477	.308	.485	.753	1.000	
	-.269	.338	.385	.364	.183	.103	.307	.674		
	-.143	**.294**	**.385**	**.365**	**.599**	**.276**	**.369**	**.572**		
Kontakt1	.270	-.318	-.531	-.395	-.401	-.317	-.270	-.508	-.376	1.000
	.119	-.058	-.234	-.174	-.267	-.300	-.356	-.177	-.209	
	.101	**-.032**	**-.388**	**-.372**	**-.013**	**-.010**	**.156**	**-.106**	**-.263**	
Istatus1	-.180	.249	.270	.097	-.164	.021	.100	.132	.197	.072
	.201	-.079	-.272	-.296	.036	-.196	.054	-.039	-.221	.271
	.038	**-.039**	**.232**	**.018**	**.181**	**-.033**	**.074**	**.538**	**.236**	**.000**
Alteri	.267	-.255	-.155	-.208	.028	.033	.290	.024	-.123	.133
	.169	.008	.189	.113	.292	.239	.306	.049	.080	-.154
	.190	**.271**	**-.014**	**.119**	**.139**	**.373**	**.248**	**-.148**	**.091**	**-.057**
IV203	.256	.008	-.257	-.142	.172	.018	.145	-.088	-.061	-.013
	.081	-.209	-.037	-.066	.050	.043	.069	-.214	-.134	-.122
	.009	**.190**	**.000**	**.000**	**-.005**	**.253**	**.170**	**-.151**	**-.011**	**.070**
IV204	.255	-.055	-.115	-.218	.229	-.060	.181	.065	.063	-.171
	.124	-.072	.086	.046	.289	.229	.269	.032	.001	-.333
	-.036	**.234**	**.145**	**.161**	**.238**	**.359**	**.236**	**-.013**	**.063**	**.017**
IV214	-.005	.135	-.179	-.109	.106	.051	.194	-.191	-.083	.201
	.156	-.168	.072	-.055	.181	.024	.167	-.151	-.221	-.126
	-.068	**.122**	**.118**	**.101**	**.185**	**.230**	**.272**	**.000**	**-.033**	**.011**

xxx = SD=1 (Subgruppe mit niedriger sozialer Erwünschtheit)
xxx = SD=2 (Subgruppe mit mittlerer sozialer Erwünschtheit)
xxx = SD=3 (Subgruppe mit hoher sozialer Erwünschtheit)

Tabelle 4.45: Korrelationen der Indikatoren nach sozialer Erwünschtheit (Fortsetzung)

	Intervieweritems				
	Istatus1	Alteri	IV203	IV204	IV214
Istatus1	1.000				
Alteri	-.322 -.485 **-.598**	1.000			
IV203	-.313 -.269 **-.429**	.425 .475 **.598**	1.000		
IV204	-.444 -.609 **-.672**	.656 .709 **.659**	.503 .575 **.760**	1.000	
IV214	.240 .031 **-.369**	.193 .130 **.416**	.506 .594 **.763**	.257 .341 **.760**	1.000

xxx = SD=1 (Subgruppe mit niedriger sozialer Erwünschtheit)

xxx = SD=2 (Subgruppe mit mittlerer sozialer Erwünschtheit)

xxx = SD=3 (Subgruppe mit hoher sozialer Erwünschtheit)

Die Korrelationen innerhalb eines Konstrukts sind bei der Gruppe mit niedriger Erwünschtheit eher höher. Dies deutet auf ein geschlosseneres Meinungsbild bei den Befragten dieser Gruppe. Tendenziell sind aber die höchsten Iteminterkorrelationen zwischen den Konstrukten ETHNO und IETHNO in der dritten Gruppe (hohe Erwünschtheit) zu verzeichnen. Die Korrelationen zwischen den Konstrukten sind bei der Gruppe mit niedriger und mittlerer Erwünschtheit je nach Item unterschiedlich ausgeprägt, und wiederum bei der Gruppe mit hoher Erwünschtheit am stärksten, so daß eine Wirkung von Interviewereffekten bei dieser Personengruppe am wahrscheinlichsten ist.

4.2.2.5.2 Befragteneinschätzung und Interviewerwahrnehmung
Die Tabellen 4.46 und 4.47 zeigen die Mittelwertsvergleiche der Situations-merkmale "Befragteneinschätzung" und "Interviewerwahrnehmung".

Tabelle 4.46: Mittelwertsvergleiche der Befragteneinschätzungen nach sozialer Erwünschtheit

Var.	Eigenschaft	Mittelwerte			F-Wert	Signif.
		SD=1	SD=2	SD=3		
V264	leicht/mühsam	2.67	2.48	2.53	.229	.795
V265	kühl/Kontakt	3.30	3.22	3.21	.103	.902
V266	ängstlich/unbekümmert	3.60	3.48	3.27	1.079	.343
V267	ungeduldig/hatte Zeit	3.60	3.70	3.67	.104	.901
V268	verschlossen/auskunftsfreudig	3.83	3.85	3.85	.003	.997
V269	intelligent/Verständnisschw.	2.70	2.78	2.39	1.389	.253
V270	aggressiv/freundlich	3.57	3.95	3.82	1.854	.161
V271	aufrichtig/'gut' darstellen	2.17	2.41	2.23	.791	.455
V272	sympathisch/unsympathisch	2.34	2.22	2.33	.301	.740
V273	hochmütig/bescheiden	3.45	3.82	3.42	2.928	.057*
V274	unterwürfig/selbstbewußt	3.57	3.30	3.33	.869	.421

* = signifikant auf mindestens 5%-Niveau.
** = signifikant auf mindestens 1%-Niveau.

Nach den Ergebnissen der Tabelle 4.46 gibt es keine signifikanten Unterschiede in den Befragteneinschätzungen: In der Tendenz werden Befragte mit niedrigem SD-Score "hochmütiger" (V273) und "selbstbewußter" (V274) eingestuft. Bei der gleichen Gruppe von Befragten werden die Interviewer eher als Personen wahrgenommen, "denen man seine Meinung sagen kann" (V280). Der signifikante Zusammenhang zwischen Erwünschtheit und der Interviewerwahrnehmung als "Spion" (V275) ist auf Grund der geringen Anzahl dieser Einschätzung problematisch (vgl. Tabelle 4.8 auf Seite 176).

Tabelle 4.47: Zusammenhang zwischen sozialer Erwünschtheit und Interviewerwahrnehmung

Variable	Eigenschaft	Phi-Koeffizient
V275	Spion	.220 *
V276	Behörde	.107
V277	Unbekannter	.005
V278	Sorgen	.114
V279	armer Hund	.136
V280	Meinung sagen	.212

* = signifikant auf mindestens 5%-Niveau.

4.2.2.5.3 Hypothese Die deskriptiven Ergebnisse deuten auf die Wirkung von Interviewereffekten bei der dritten Gruppe von Befragten (hohe Erwünschtheit) hin. Die Korrelationen (vgl. die Tabellen 4.44 und 4.45) weisen auch auf mögliche Effekte zwischen Indikatoren der Konstrukte PRIMMIL und ETHNO hin. Die mögliche Wirkung von Interviewereffekten soll aber - auch aus Komplexitätsgründen - auf die Konstrukte, die Verhalten und Einstellungen der Befragten direkt betreffen, beschränkt bleiben. Daher wird von folgender Hypothese ausgegangen:

12. Die soziale Erwünschtheit hat einen Einfluß auf das Antwortverhalten. Das Kausalmodell führt in den Subgruppen nicht zum gleichen Ergebnis. Es werden nach den vorliegenden Informationen keine Unterschiede in den meßtheoretischen Beziehungen und keine Unterschiede in den Beziehungen nach den Hypothesen 1 bis 5 angenommen. Dagegen werden die nach den Hypothesen 6 und 7 vermuteten Einflüsse der Interviewereinstellung in den Gruppen verschieden sein:

    a. Bei der ersten Gruppe (niedrige Erwünschtheit) wird der Einfluß des Interviewerethnozentrismus (IETHNO) auf den Befragtenethnozentrismus (ETHNO) und auf das Kontaktverhalten (KONTAKT) gering sein.

    b. Bei der zweiten Gruppe (mittle Erwünschtheit) wir ein mittlerer Einfluß des Interviewerethnozentrismus (IETHNO) auf den Befragtenethnozentrismus (ETHNO) und auf das Kontaktverhalten (KONTAKT) erwartet.

c. Bei der dritten Gruppe (hoch) wird der Einfluß des Interviewerethnozentrismus (IETHNO) auf den Befragtenethnozentrismus
(ETHNO) und auf das Kontaktverhalten (KONTAKT) hoch sein.

Insgesamt wird also ein parallel-lineares Ansteigen des Interviewereinflusses
mit steigender Erwünschtheit auf das Antwortverhalten erwartet.

4.2.2.5.4 Multipler Gruppenvergleich Die schrittweise Berechnung
von Gruppenvergleichsmodellen mit abnehmenden Restriktionen konnte
durchgeführt werden. Der im folgenden aufgeführte Gruppenvergleich bezieht
sich auf die multiple Analyse *aller* drei Befragtengruppen (niedrige, mittlere
und hohe Erwünschtheit). Die suksessive Gleichsetzung von Parametern der
Ladungsmatrizen (Meßtheorie) konnte in allen Modellvarianten beibehalten
werden (vgl. Tabelle 4.48). Die angenommene Invarianz der Meßmodelle ist
damit bestätigt worden.

Tabelle 4.48: Modellvarianten des multiplen Gruppenvergleichs nach sozialer
Erwünschtheit

Modellvariante	Gesamtfit		Fit der Teilmodelle		
	χ^2	df	GFI_1	GFI_2	GFI_3
1: LY=IN BE=IN GA=IN	175.73	143	.733	.888	.789
2: LY=IN BE=PS GA=IN NEQ: IETHNO - KONTAKT	172.58	141	.732	.893	.794
3: LY=IN BE=PS GA=IN NEQ: IETHNO - KONTAKT NEQ: IETHNO - ETHNO	171.85	139	.733	.894	.794
4: LY=IN BE=PS GA=IN NEQ: IETHNO - KONTAKT NEQ: IETHNO - ETHNO NEQ: KONTAKT - ETHNO	167.42	137	.733	.893	.811
5: LY=IN BE=PS GA=IN NEQ: IETHNO - KONTAKT NEQ: IETHNO - ETHNO NEQ: KONTAKT - ETHNO NEQ: PRIMMIL - ETHNO	157.96	135	.739	.900	.826
6: LY=IN BE=PS GA=IN NEQ: IETHNO - KONTAKT NEQ: IETHNO - ETHNO NEQ: KONTAKT - ETHNO NEQ: PRIMMIL - ETHNO NEQ: PRIMMIL - KONTAKT	154.43	133	.739	.900	.827

PS = Matrix BEta, GAmma oder Lambda-Y sind von der Struktur über beide Gruppen
gleich, aber nicht von den Parameterwerten.

IN = Matrix BEta, GAmma oder Lambda-Y sind von der Struktur und von den Parameterwerten über beide Gruppen gleich.

NEQ = Not EQual, d. h. die dahinter angegebene Beziehung zwischen zwei Konstrukten
wird über beide Gruppen nicht gleichgesetzt.

Nach den vorliegenden Ergebnissen erfolgt eine wesentliche χ^2-Verbesserung
von Modellvariante 1 nach Modellvariante 5 (vgl. Tabelle 4.49). Variante
5 beinhaltet die Variation der Beziehungen IETHNO - KONTAKT und
IETHNO - ETHNO. Dies bedeutet, daß unterschiedliche Einflüsse des Interviewerethnozentrismus auf das Kontaktverhalten und die Ausländerfeindlich-

keit des Befragten bei den drei Gruppen bestehen. Der postulierte unterschiedliche Einfluß des Interviewers (Hypothese 12) ist damit bestätigt worden. Variante 5 beinhaltet außerdem die Variation der Beziehungen PRIMMIL - ETHNO und KONTAKT - ETHNO. Dies bedeutet, daß auch bei den inhaltlichen Beziehungen zum Konstrukt ETHNO Unterschiede zwischen den Subgruppen bestehen. Die postulierte Invarianz der kerntheoretischen Beziehungen nach Hypothese 12 kann zum Teil nicht aufrechterhalten werden.

Tabelle 4.49: Vergleich der Modellvarianten

Vergleich der Modellvarianten	χ^2-Diff.	df	Q-Ratio	Akz. Modell
Variante 1 versus Variante 2	3.15	2	1.58	1
Variante 1 versus Variante 3	3.88	4	0.97	1
Variante 1 versus Variante 4	8.31	6	1.39	1
Variante 1 versus Variante 5	17.77	8	2.22	5
Variante 5 versus Variante 6	3.53	2	1.77	5

Q-Ratio = Quotient aus χ^2-Differenz und Freiheitsgraden. Ist der Q-Ratio $\geq$ 2, liegt eine signifikante Verbesserung der Modellanpassung vor.

Nach den Resultaten (vgl. Tabelle 4.50) sind erhebliche Unterschiede im Einfluß der Interviewerereinstellung über die drei Gruppen festzustellen. Die höchsten Effekte treten bei der ersten Gruppe (niedrige Erwünschtheit) und bei der dritten Gruppe (hohe Erwünschtheit) auf, während bei der zweiten Gruppe (mittlere Erwünschtheit) kaum Einflüsse durch den Interviewer zu verzeichnen sind (außer bei der Beziehung IETHNO - KONTAKT). Bei der ersten Gruppe ist ein hoch positiver Pfad zwischen IETHNO und ETHNO (.604), sowie ein leicht negativer zwischen IETHNO und KONTAKT (-.195) ermittelt worden: Je größer der Interviewerethnozentrismus, desto stärker der Befragtenethnozentrismus und je größer der Interviewerethnozentrismus, desto geringer die angegebene Kontaktrate. Hypothesen 6 und 7 sind für diese Subgruppe bestätigt worden, während die postulierten geringen Effekte nach Hypothese 12a eindeutig widerlegt wurden.

Bei der zweiten Gruppe ist ein leicht positiver Pfad zwischen IETHNO und ETHNO (.128), sowie ein negativer zwischen IETHNO und KONTAKT (-.475) ermittelt worden: Je größer der Interviewerethnozentrismus, desto stärker der Befragtenethnozentrismus und je größer der Interviewerethnozentrismus, desto geringer die angegebene Kontaktrate. Hypothesen 6 und 7 sind auch für diese Subgruppe bestätigt worden, während die postulierten mittleren Effekte nach Hypothese 12b teilweise (bis auf die Beziehung IETHNO-KONTAKT) widerlegt wurden.

Bei der dritten Gruppe ist ein leicht positiver Pfad zwischen IETHNO und ETHNO (.160), sowie ein leicht positiver Pfad zwischen IETHNO und KONTAKT (.098) ermittelt worden: Je größer der Interviewerethnozentrismus, desto stärker der Befragtenethnozentrismus und je größer der Interviewerethnozentrismus, desto höher die angegebene Kontaktrate. Hypothese 6 ist für diese Subgruppe bestätigt worden und Hypothese 7 ist auf Grund der Umkehrung der Vorzeichens für den Strukturkoeffizienten bezüglich des Effektes von IETHNO auf KONTAKT widerlegt worden. Die postulierten hohen Effekte nach Hypothese 12c haben sich nicht bestätigt.

Tabelle 4.50: Ergebnisse der Modellvariante 5 (Strukturkoeffizienten)

Beta	STATUS		PRIMMIL		KONTAKT		IETHNO	
	SD=1 (niedrige Erwünschtheit)							
PRIMMIL	-.294	(-4.200)	.000		.000		.000	
KONTAKT	.000		-.312	(-3.733)	.000		-.195	(-.399)
ETHNO	.114	(3.038)	.529	(4.159)	-.028	(-.264)	.604	(2.160)
IETHNO	.000		.000		.000		.000	
	SD=2 (mittlere Erwünschtheit)							
PRIMMIL	-.294	(-4.200)	.000		.000		.000	
KONTAKT	.000		-.312	(-3.733)	.000		-.475	(-1.629)
ETHNO	.114	(3.038)	.198	(2.444)	-.195	(-2.453)	.128	(.734)
IETHNO	.000		.000		.000		.000	
	SD=3 (hohe Erwünschtheit)							
PRIMMIL	-.294	(-4.200)	.000		.000		.000	
KONTAKT	.000		-.312	(-3.733)	.000		.098	(.535)
ETHNO	.114	(3.038)	.613	(4.320)	.343	(2.341)	.160	(1.115)
IETHNO	.000		.000		.000		.000	

xxx = Koeffizienten variieren über die Gruppen.

Die beiden Teilmodelle der akzeptierten Modellvariante 5 differieren in ihren Fitindizes ($GFI_1 = 0.739$, $GFI_2 = 0.901$ und $GFI_3 = 0.826$). In allen Teilmodellen sind keine Abweichungen > 2.0 bei den normalisierten Residuen festzustellen. Das Modell für die zweite Gruppe hat die beste Anpassung an die empirische Kovarianzmatrix.

Interviewereffekte sind in allen drei Gruppen, wenn auch in unterschiedlichem Ausmaß und in unterschiedlicher Richtung zu verzeichnen. Die inhaltlichen Hypothesen werden von der zweiten Gruppe (mittlere soziale Erwünschtheit) am besten bestätigt. In der ersten Gruppe (niedrige soziale Erwünschtheit) und in der dritten Gruppe (hohe soziale Erwünschtheit) ist der Einfluß des Interviewers am größten. Besonders in der dritten Gruppe sind in Bezug zu den inhaltlichen Hypothesen widersprechende kausale Beziehungen zu verzeichnen (z. B. zwischen IETHNO und KONTAKT oder zwischen KONTAKT und ETHNO). Erklärungen hierzu haben jedoch nur induktiven Charakter. Dennoch kann u. a. im Hinblick auf die deskriptiven Ergebnissen konstatiert werden, daß vor allem Personen mit hohem Score auf der MCSD-Skala die Situation unstrukturiert, nicht transparent erleben und so eher zu "Widersprüchen" in Ihren Aussagen neigen. Die Situation scheint für Personen mit mittlerem Score auf der MCSD-Skala am besten strukturiert zu sein, während Personen mit niedrigem Score den Personen mit hohem Score in ihrem Antwortverhalten näherstehen. Ein Grund könnte in der inhaltlichen Zusammensetzung der MCSD-Skala zu finden sein. Die angesprochenen Verhaltensweisen (vgl. die Formulierungen der Items in Anhang ab Seite 319) stehen eher in Verbindung zu sozial erwünschten Normen von älteren Menschen, so daß eine Verneinung dieser Normen von jüngeren Menschen auch als sozial erwünschtes Verhalten angesehen werden kann. Tendenziell haben jüngere Befragte einen niedrigeren Score auf der MCSD-Skala, während ältere Befragte höhere Punktwerte aufweisen. Es ist deshalb bei der ersten Gruppe (niedrige soziale Erwünschtheit) anzunehmen, daß die Skala von den Befragten "gedreht" bzw. entgegen dem Sinne von Marlowe/Crowne eingeschätzt wurde (vgl. Reinecke 1991: 32). Niedriger und hoher Score auf der MCSD-Skala indizieren demnach eine hohe Tendenz zur sozialen Erwünschtheit (vgl. auch die Ergebnisse von Amelang/Borkenau 1981). Auf die inhaltlichen Konstrukte bezogen bedeutet dies, daß für Personen aus der ersten Gruppe eine ausländerfreundliche Einstellung und für Personen aus der dritten Gruppe eine ausländerfeindliche Einstellung sozial erwünscht ist, während ein mittlerer Score eher dem Fehlen eines Bedürfnisses nach sozialer Anerkennung gleichkommt. Die Resultate können auch durch die signifikante Mittelwertdifferenz für das Alter der Befragten untermauert werden (vgl. Tabelle 4.43).

4.2.3 Zusammenfassung der Ergebnisse

Interviewereffekte

Der Test des Kerntheoriemodells mit der Methodentheorie (Interviewerein-stellungen und Anwesenheitsmerkmale des Interviewers über die Bildung von Subgruppen) hat differenzierte Ergebnisse zu der Wirkung von Intervieweref-fekten ergeben.

Nach den Situationsmerkmalen "Befragteneinschätzung" und "Interviewer-wahrnehmung" gibt es zum Teil sehr unterschiedliche Einschätzungen der In-terviewer: Männliche Interviewer haben ein positives Bild vom Befragten wäh-rend jüngere und nicht erfahrene Interviewer die Befragten eher schwieriger einschätzten und vom Befragten aus eine größere soziale Distanz verspürten (z. B. sind die Interviewerwahrnehmungen von jüngeren Interviewern eher negativ eingeschätzt worden).

Nach dem Intervieweranwesenheitsmerkmal Geschlecht sind keine Einflüsse des Interviewers durch seine Einstellung festgestellt worden, während ältere Interviewer die Befragten in Richtung Ausländerfeindlichkeit und nicht erfah-rene Interviewer durch ihre ausländerfreundliche Einstellung das Antwortver-halten der Befragten beeinflußten.

In statusdifferenten Interviewsituationen wird nach den Situationsmerkmalen "Befragteneinschätzung" und "Interviewerwahrnehmung" die Schwierigkeit der Befragungssituation und die soziale Distanz zwischen Interviewern und Befragten hervorgehoben. Hier treten eher Einstellungseffekte auf als in sta-tusgleichen Interviewsituationen. Dies konnte allerdings nur für eine Richtung überprüft werden, da die Anzahl der statushohen Befragten, die von status-niedrigeren Interviewern befragt wurden, zu gering war.

Soziale Erwünschtheit

Die Quartilsbildung der MCSD-Skala in Verbindung mit dem multiplen Grup-penvergleich des Kerntheoriemodells führte zu einer Identifizierung von so-zial erwünschtem Antwortverhalten. Befragte aus der ersten Gruppe (niedrige Erwünschtheit) und aus der dritten Gruppe (hohe Erwünschtheit) äußern Ten-denzen eines Bedürfnisses nach sozialer Anerkennung (Need for Social Appro-val), das jeweils auf ihre spezifischen Normen bezogen ist. Die Aktualisierung unterschiedlicher Normen in der Befragungsssituation ist hier insbesondere durch das Alter der Befragten zu erklären: Jüngere Befragte erleben durch positive Äußerungen zu den *sozial unerwünschten* Kategorien der Skala ihr Bedürfnis nach sozialer Anerkennung, ältere Befragte erleben dies in den *sozial erwünschten* Kategorien. Die Mittelwertdifferenzen in den Ethnozentrismusitems deuten darauf hin, daß Befragte aus der dritten Gruppe (und dies sind in der Regel auch ältere Befragte) ausländerfeindliche Äußerungen für sozial erwünscht halten. Diese geäußerte Ausländerfeindlichkeit orientiert sich auch am Interviewer. Wird nämlich vom Befragten eine ausländerfeindliche Haltung beim Interviewer antizipiert, so spielt für das Antwortverhalten nicht nur die sozial erwünschte Haltung des Befragten, sondern auch die jeweilige Einstellung des Interviewers eine Rolle. Gerade wenn beide Effekte (soziale Erwünschtheit und Interviewereinstellung) zum Tragen kommen, werden in der Interviewsituation "widersprüchliche" Ergebnisse produziert. Wie weiter oben gezeigt wurde, unterscheiden sich die Ergebnisse der ersten und der dritten Gruppe nur in der inhaltlichen Ausrichtung von sozialer Erwünschtheit: Einmal in Richtung Ausländerfreundlichkeit und zum anderen in Richtung Ausländerfeindlichkeit. Dies kann zum größten Teil durch das Alter der Befragten erklären werden.

Die Personen der zweiten Gruppe (mittlere Erwünschtheit) äußern das geringste sozial erwünschte Antwortverhalten. Die Wirkung des Interviewerethnozentrismus beschränkt sich hier auf die angegebene Kontaktrate zu Ausländern. Was bedeutet dies für den Zusammenhang von sozialer Erwünschtheit, Interviewerethnozentrismus und Ethnozentrismus des Befragten?

Nach den Ergebnissen ist bei Auftreten von sozial erwünschten Antworttendenzen (unabhängig von der Richtung) auch eine hohe Wahrscheinlichkeit für die Wirkung von Interviewereffekten zu verzeichnen. Interviewereffekte treten aber offenbar auch auf, wenn kein sozial erwünschtes Antwortverhalten vorliegt. Dies spricht für eine kausale, aber nicht unbedingt für eine nichtrekursive Beziehung zwischen beiden Effekten. Eine weitergehende Analyse dieser Effekte würde jedoch den Rahmen dieser Arbeit sprengen und unterbleibt daher. Um eine, zumindestens in Ansätzen, breitere Transparenz der Wirkung von Verzerrungseffekten zu bekommen, werden die Befragtengruppen für multiple Gruppenvergleiche der Kerntheorie II ausgewählt, bei denen verschiedene Verzerrungseinflüsse, wie soziale Erwünschtheit und Interviewereinstellungen, gleichzeitig festgestellt wurden (vgl. Abschnitt 4.3.3 auf Seite 248).

4.3 Kerntheorie II

Im weiteren sollen die Ergebnisse bezüglich des Modells der Kerntheorie II (vgl. Abbildung 3.3 in Abschnitt 3.1.2 auf Seite 143) vorgestellt und erörtert werden.

Nach Aufstellung der Hypothesen wird das Kerntheoriemodell an den Daten getestet und die Modellergebnisse diskutiert (vgl. Abschnitt 4.3.1).

Danach soll das Kerntheoriemodell um die Konstrukte Interviewerstatus (ISTATUS) und Intervieweralter (IALTER) erweitert und für jedes Interviewerkonstrukt getrennt an der Gesamtstichprobe getestet werden (vgl. Abschnitt 4.3.2).

Zum Abschluß sollen - basierend auf den Subgruppenanalysen der Kerntheorie I - die in Abschnitt 4.3.2 erweiterten Modelle an den Subgruppen analysiert werden, bei denen sozial erwünschtes Antwortverhalten festgestellt wurde (vgl. Abschnitt 4.3.3).

Die Zusammenfassung der Ergebnisse erfolgt in Abschnitt 4.3.4. Die Ergebnisse des Modells der Kerntheorie II werden ohne und mit Interviewervariablen sowie für die Subgruppen vergleichend dargestellt (vgl. Abbildung 4.4). Die Berechnung der einzelnen Modelle erfolgt wiederum mit dem Programm LISREL (vgl. Jöreskog/Sörbom 1986, 1988), wobei ausschließlich Kovarianzmatrizen als Eingabematrizen verwendet werden. Für die Modelle der Gesamtpopulation werden standardisierte Koeffizienten und für die Subgruppenanalysen unstandardisierte Koeffizienten aufgeführt. Die Strukturkoeffizienten, die Residualvarianzen und -kovarianzen stehen in bezug auf die Hypothesenprüfung im Vordergrund. Auf die Darstellung der Ladungskoeffizienten (Meßtheorie) wird aus Gründen der Übersichtlichkeit im weiteren verzichtet.

Abbildung 4.4: Schema über die Vorgehensweise der empirischen Überprüfung der Kerntheorie II

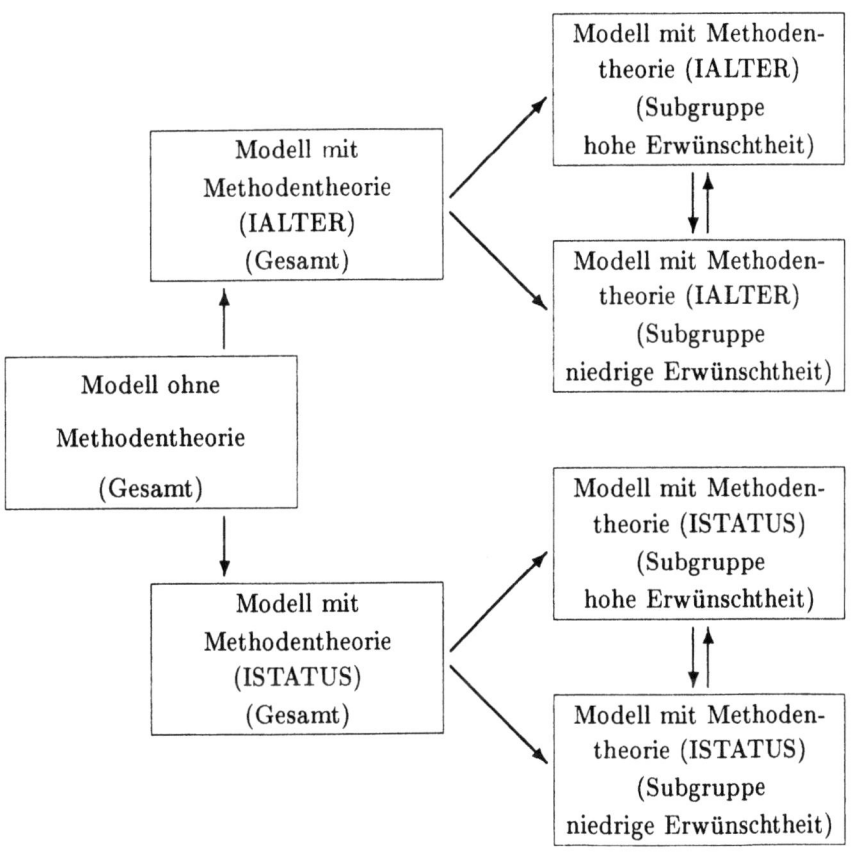

⟶ = multiple Gruppenvergleiche

4.3.1   Test des Kerntheoriemodells

4.3.1.1   Hypothesen

Nach dem Strukturgleichungsmodell in Abbildung 4.5 werden folgende Hypothesen aufgestellt (die Konstruktbezeichnungen in Großbuchstaben)[21]:

13. Je höher der STATUS, desto geringer die Ausländerfeindlichkeit im Primärmilieu (PRIMMIL).

14. Je höher der STATUS, desto niedriger die eigene Ausländerfeindlichkeit (ETHNO).

15. Je höher der STATUS, desto stärker das Konkurrenzempfinden gegenüber Ausländern (KONKURR).

16. Je höher die Ausländerfeindlichkeit im Primärmilieu (PRIMMIL), desto eher das Auftreten einer ausländerfeindlichen Norm (NORM).

17. Je stärker die eigene Ausländerfeindlichkeit (ETHNO), desto eher ist die Einstellung da, keinen privaten Kontakt zu Ausländern aufzunehmen (ATTITUDE).

18. Je stärker das Konkurrenzempfinden gegenüber Ausländern (KONKURR), desto eher besteht die Einstellung, keinen privaten Kontakt zu Ausländern aufzunehmen (ATTITUDE).

19. Je stärker die Einstellung, keinen privaten Kontakt zu Ausländern aufzunehmen (ATTITUDE), desto eher werden keine privaten Kontakte zu Ausländern aufgenommen (KONTAKT).

20. Je stärker das Vorhandensein einer ausländerfeindlichen Norm (NORM), desto eher werden keine privaten Kontakte zu Ausländern aufgenommen (KONTAKT).

---

21 Die fortlaufende Numerierung der Hypothesen aus Abschnitt 4.2 wird hier fortgesetzt.

Abbildung 4.5: Modell der Kerntheorie II mit Indikatoren und Interviewer-
konstrukten

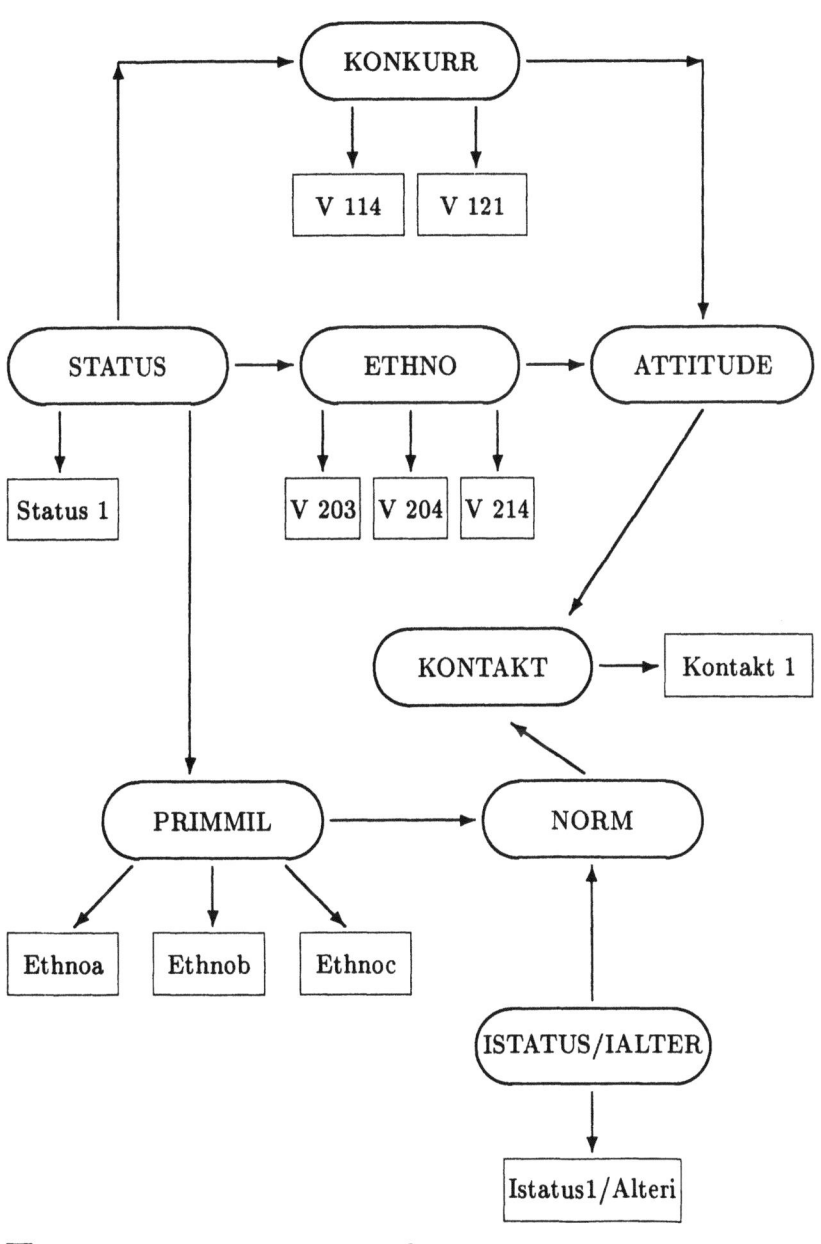

☐ Indikatoren (manifeste Variablen)   O   Konstrukte (latente Variablen)

Wie in Abschnitt 3.1.2 auf Seite 143 schon erwähnt, ist die Richtung der Kausalität zwischem früherem Verhalten und den Einstellungen bzw. Merkmalen, die die Einstellungen bestimmen, nicht eindeutig festgelegt. So kann auf Grund des Problems uneindeutiger Kausalitätsrichtung nicht zwischen verschiedenen kausalen Modellen zur Erklärung der empirischen Kovarianzen entschieden werden.

4.3.1.2　Modellergebnisse

Tabelle 4.51: Modellergebnisse der Kerntheorie II

	Standardisierte Koeffizienten			
Beta	Strukturmodell			
	STATUS	PRIMMIL	ETHNO	KONKURR
PRIMMIL	-.434 (-4.318)			
ETHNO	.009 (.088)			
KONKURR	-.190 (-1.967)			
ATTITUDE			.874	.177 (.294)
NORM		1.000		
KONTAKT				
Beta	Strukturmodell			
	ATTITUDE	NORM	KONTAKT	
ATTITUDE				
NORM				
KONTAKT	-.277 (-1.672)	-.203 (-1.726)		
Ψ	Fehlervarianzen und Residualkorrelationen			
	STATUS	PRIMMIL	ETHNO	KONKURR
STATUS	1.000 (7.874)			
PRIMMIL		.812 (3.856)		
ETHNO		.507 (4.014)	1.000	
KONKURR		.472 (4.016)	.661 (4.847)	.964 (5.128)
Ψ	Fehlervarianzen und Residualkorrelationen			
	ATTITUDE	NORM	KONTAKT	
KONTAKT			.822 (7.653)	

In Klammern sind die T-Werte der Koeffizienten angegeben.

Die Ergebnisse des Modells zeigt Tabelle 4.51. Die Hypothesen der Kerntheorie werden weitgehend bestätigt: STATUS hat einen negativen Effekt auf

PRIMMIL (-.434) und KONKURR (-.190), ETHNO und KONKURR haben jeweils positive Effekte auf ATTITUDE (.874 bzw. .177) sowie ATTITUDE und NORM jeweils negative Effekte auf KONTAKT (-.277 bzw. -.203). Wie postuliert, existiert kein direkter Effekt von STATUS auf ETHNO.

Die signifikanten Residualkorrelationen zwischen den Konstrukten PRIMMIL, ETHNO und KONKURR verdeutlichen den Zusammenhang zwischen den eigenen Einstellungen, denen des Primärmilieus und dem Konkurrenzempfinden. Die Notwendigkeit, unterschiedliche externe Variablen im Sinne von Ajzen und Fishbein zu spezifizieren, wird an den unterschiedlichen Koeffizientengrößen der Pfade von KONKURR auf ATTITUDE und von ETHNO auf ATTITUDE deutlich. Die Ausländerfeindlichkeit des Befragten hat eine stärkere Bedeutung für ATTITUDE als sein Konkurrenzempfinden. Dies bedeutet, daß die Intention, zu Ausländern privaten Kontakt aufzubauen, viel eher durch persönliche Zu- oder Abneigung erklärt werden kann, als durch situationale Faktoren, wie Lebensraum (V114) und Arbeitsplatz (V121), die eher politisch gesteuert sind.

Der χ^2-Wert liegt für das Modell in Tabelle 4.51 bei 23.80 mit 28 Freiheitsgraden (GFI=.963). Der Q-Ratio (χ^2/df) liegt bei 0.85. Die Gesamtanpassung des Modells ist gut. Es sind keine größeren Abweichungen bei den normalisierten Residuen zu verzeichnen. Damit kann das kerntheoretische Modell für die weiteren Analysen akzeptiert werden.

4.3.2   Test des Kerntheoriemodells mit Interviewerkonstrukte

4.3.2.1   Hypothesen

Nach der Modellkonzeption in Abbildung 4.5 werden für den methodentheoretischen Teil zusätzlich folgende Hypothesen aufgestellt:

21. Interviewerstatus (ISTATUS) hat einen negativen Einfluß auf subjektive Norm (NORM), d. h. je höher der Status des Interviewers, desto weniger ausländerfeindliche Normen im Primärmilieu.

22. Intervieweralter (IALTER) hat einen positiven Einfluß auf subjektive Norm (NORM), d. h. je älter der Interviewer, desto mehr ausländerfeindliche Normen im Primärmilieu.

Der Interviewer wird hier im Sinn der oben geführten theoretischen Argumentation (vgl. Abschnitt 3.1.2 auf Seite 143) als Mitglied einer weiteren Bezugsgruppe angesehen. Es ist zu erwarten, daß die befragte Person z. B. einem Interviewer mit höherem Status eher unterstellt, daß er ausländerfreundlich ist. Ein möglicher Interaktionseffekt zwischen dem Status und dem Alter der Interviewer kann auf Grund der geringen Anzahl der Interviewer und der daraus resultierenden Abhängigkeit der Merkmale nicht modelliert werden.

4.3.2.2   Modellergebnisse

Tabelle 4.52 gibt eine Gegenüberstellung der Ergebnisse von zwei Modellen wieder: Das Modell mit dem Konstrukt Interviewerstatus (ISTATUS) und das Modell mit dem Konstrukt Intervieweralter (IALTER).

Nach den Ergebnissen der kerntheoretischen Beziehungen beider Modelle ändert sich zu denen in Tabelle 4.51 nur wenig: STATUS wirkt negativ auf PRIMMIL und KONKURR (-.434 bzw. -.185), ETHNO und KONKURR wirken positiv auf ATTITUDE (.743 bzw. .342) und ATTITUDE und NORM wirken negativ auf KONTAKT (-.293 bzw. -.273). Allerdings erweist sich der Status des Interviewers als ein wichtiger Prädiktor für die subjektive Norm: je höher dieser ist, desto weniger ausländerfeindliche Normen werden für die privaten Kontakte relevant (-.755). Damit ist Hypothese 21 bestätigt worden. Dagegen besteht nur ein leichter Einfluß des Intervieweralters auf die subjektive Norm (.126). Hypothese 22 konnte dagegen nur schwach bestätigt werden, da beide Effekte nicht signifikant sind. Darüber hinaus besteht jedoch eine signifikante Residualkorrelation zwischen ISTATUS und KONKURR und zwischen IALTER und ETHNO. Diese Ergebnisse müssen in Beziehung zu den Effekten von ISTATUS auf NORM bzw. IALTER auf NORM betrachtet werden. Bei den letzteren sind die Effekte in der Richtung entsprechend der postulierten Hypothesen nicht signifikant. Dagegen zeigt sich, daß die Interviewervariablen einen Einfluß auf die Einstellungsvariablen ETHNO und KONKURR ausüben: Konkurrenzempfinden orientiert sich am Interviewerstatus (.150) und die Ausländerfeindlichkeit am Alter der Interviewer (.301). Die letztere Beziehung ist die stärkere und wird auch durch andere empirische Studien bestätigt.

Tabelle 4.52: Modellergebnisse der Kerntheorie II mit Interviewerkonstrukte (Standardisierte Koeffizienten)

Beta	Strukturmodell		
	STATUS	PRIMMIL	ETHNO
PRIMMIL	-.434 (-4.315)		
PRIMMIL	**-.434 (-4.315)**		
ETHNO	.009 (.091)		
ETHNO	**.056 (-.564)**		
KONKURR	-.185 (-1.969)		
KONKURR	**-.187 (-1.964)**		
ATTITUDE			.743
ATTITUDE			**.870**
NORM		.656	
NORM		**.992**	

Beta	Strukturmodell		
	KONKURR	ATTITUDE	NORM
ATTITUDE	.342 (.532)		
ATTITUDE	**.181 (.269)**		
KONTAKT		-.293 (-1.550)	-.273 (-1.569)
KONTAKT		**-.268 (-1.376)**	**-.204 (-1.718)**
	ISTATUS/IALTER		
NORM	-.755 (-1.276)		
NORM	**.126 (.267)**		

Ψ	Fehlervarianzen und Residualkorrelationen		
	PRIMMIL	ETHNO	KONKURR
PRIMMIL	.812 (3.859)		
PRIMMIL	**.812 (3.859)**		
ETHNO	.508 (4.019)	1.000 (4.842)	
ETHNO	**.477 (3.902)**	**.997 (4.736)**	
KONKURR	.466 (4.074)	.654 (5.132)	.966 (5.368)
KONKURR	**.467 (4.022)**	**.656 (5.098)**	**.965 (5.242)**
ISTATUS			.150 (1.929)
IALTER		**.301 (3.344)**	

Ψ	Fehlervarianzen und Residualkorrelationen		
	ATT./NORM	KONTAKT	ISTATUS/IALTER
KONTAKT		.786 (7.676)	
KONTAKT		**.824 (7.651)**	
ISTATUS			1.000 (7.874)
IALTER			**1.000 (7.874)**

In Klammern sind die T-Werte der Koeffizienten angegeben.

xxx = Modell mit Interviewerstatus.

xxx = Modell mit Intervieweralter.

Dies bedeutet, daß der Interviewer in bezug auf eine sanktionierbare erfragte Einstellung eine Rolle spielt, jedoch nicht als Mitglied einer weiteren Bezugsperson im Sinn der Normbildung im Modell von Ajzen und Fishbein. Inwieweit dies auch für die hier ausgewählten Subgruppen gilt, werden die weiteren Analysen zeigen.

Der χ^2-Wert liegt für das Modell mit Interviewerstatus bei 32.93 mit 36 Freiheitsgraden (GFI=.956), für das Modell mit Intervieweralter bei 37.79 bei ebenfalls 36 Freiheitsgraden (GFI=.950). Der Q-Ratio (χ^2/df) liegt beim Modell mit Interviewerstatus bei .91 und beim Modell mit Intervieweralter bei 1.05. Die Gesamtanpassung des Modells ist mit Berücksichtigung der restriktiven Modellspezifikation recht gut. Es sind keine größeren Abweichungen bei den normalisierten Residuen zu verzeichnen.

4.3.3   Subgruppenanalysen

Nach den in Abschnitt 4.2.2.5 durchgeführten Analysen äußern Befragte aus
dem ersten Quartil der MCSD-Skala (SD=1, Subgruppe niedrige Erwünschtheit) und aus dem dritten Quartil (SD=3, Subgruppe hohe Erwünschtheit)
jeweils auf ihre Normen bezogene Tendenzen zu sozial erwünschtem Antwortverhalten. Die Aktualisierung unterschiedlicher Normen in der Befragungssituation kann hier insbesondere durch das Alter der Befragten erklärt werden
(vgl. Abschnitt 4.2.2.5.4). Daher soll im folgenden für das Modell mit Interviewerstatus und für das Modell mit Intervieweralter ein multipler Gruppenvergleich bezogen auf die erwähnten beiden Subgruppen durchgeführt werden
(vgl. Abschnitte 4.3.3.1 und 4.3.3.2).

4.3.3.1   Das Modell mit Interviewerstatus

4.3.3.1.1   Hypothese Wie in Abschnitt 4.2.2.5 gezeigt, ist für Befragte
aus der dritten Gruppe (hohe Erwünschtheit) eine ausländerfeindliche Haltung eher sozial erwünscht. Antizipationen gegenüber dem Interviewer wirkten hier so, daß eine ausländerfeindliche Haltung des Interviewers einen Teil
der Varianz des Befragtenethnozentrismus erklärt. Bei Befragten aus der ersten Gruppe (niedrige Erwünschtheit) ist eine ausländerfeindliche Haltung
eher sozial unerwünscht. Auch hier wirkten die Antizipationen gegenüber
dem Interviewer, jedoch in umgekehrter Richtung: Eine ausländerfreundliche
Haltung des Interviewers erklärt einen großen Teil der Varianz des Befragtenethnozentrismus. Die Ergebnisse der ersten und dritten Gruppe unterscheiden
sich damit nur in der inhaltlichen Ausrichtung von sozialer Erwünschtheit.
Die Personen aus der zweiten Gruppe (mittlere Erwünschtheit) äußerten das
geringste sozial erwünschte Antwortverhalten und die Wirkung von Interviewereffekten beschränkte sich auf die angegebene Kontaktrate zu Ausländern.
Die zweite Gruppe wird in den folgenden Gruppenvergleichen nicht berücksichtigt. Damit wird von folgender Hypothese ausgegangen:

23. Die soziale Erwünschtheit hat einen Einfluß auf das Antwortverhalten.
    Das Kausalmodell führt in den Subgruppen nicht zum gleichen Ergeb-
    nis. Es werden nach den vorliegenden Informationen keine Unterschiede
    in den meßtheoretischen Beziehungen und keine Unterschiede in den Be-
    ziehungen nach den Hypothesen 13 bis 20 angenommen. Dagegen wird
    der nach Hypothese 21 vermutete Einfluß des Interviewerstatus in den
    Gruppen verschieden sein:

    a. Bei der ersten Gruppe (niedrige Erwünschtheit) wird der Ein-
       fluß des Interviewerstatus (ISTATUS) auf die subjektive Norm

(NORM) stark negativ sein. Denn je höher der Status des Interviewers, umso schwächer die Norm, Ausländerfeindlichkeit zu zeigen.

b. Bei der dritten Gruppe (hohe Erwünschtheit) wird der Einfluß des Interviewerstatus (ISTATUS) auf die subjektive Norm (NORM) schwach negativ sein. Denn auch bei einem Interviewer mit höherem Status wird die Norm beibehalten, Ausländerfeindlichkeit zu zeigen.

4.3.3.1.2 Modellergebnisse Die schrittweise Berechnung von Gruppenvergleichsmodellen mit abnehmenden Restriktionen konnte durchgeführt werden. Modellvariante 6 (vgl. Tabelle 4.53) ist für diesen Gruppenvergleich akzeptiert worden. Nach den Ergebnissen gibt es eine signifikante χ^2-Verbesserung von Modellvariante 1 nach Modellvariante 6 (vgl. Tabelle 4.54). Hiernach sind die Hypothesen 13 bis 20 bestätigt worden. Die postulierte Beziehung nach Hypothese 13 (STATUS - PRIMMIL) mußte über beide Gruppen variiert werden, wobei sich die Richtung der Beziehung nicht veränderte.

Hypothese 23 kann als widerlegt betrachtet werden, da eine Variation der Beziehung zwischen ISTATUS und NORM nicht zu einer signifikanten Modellverbesserung führte. Die beiden Teilmodelle der akzeptierten Modellvariante 6 weisen etwa gleich große Fitindizes auf ($GFI_1 = .803$ und $GFI_2 = .814$). Die Werte sind insgesamt niedrig, da auf Grund der hohen Modellrestriktionen in Verbindung mit den MIMIC-Variablen einzelne zusätzliche Modellspezifikationen (z. B. Residuenkorrelationen) nötig wären. Da der exemplarische Charakter dieser Modellstruktur hervorgehoben werden soll, ist auf ein weiteres Modellfitting auch angesichts der geringen Gruppengrößen verzichtet worden. Für beide Gruppen sind keine Abweichungen ≥ 2.0 bei den normalisierten Residuen zu verzeichnen.

Tabelle 4.53: Modellvarianten des multiplen Gruppenvergleichs (Modell mit ISTATUS)

Modellvariante	Gesamtfit		Fit der Teilmodelle	
	χ^2	df	GFI_1	GFI_2
1: LY=IN BE=IN GA=IN	151.83	84	.720	.755
2: LY=IN BE=PS GA=IN NEQ: ISTATUS - NORM	151.18	83	.721	.753
3: LY=IN BE=IN GA=PS NEQ: STATUS - PRIMMIL	146.12	83	.721	.766
4: LY=IN BE=IN GA=PS NEQ: STATUS - PRIMMIL RES: V214 - Ethnoa	123.97	81	.746	.792
5: LY=IN BE=IN GA=PS NEQ: STATUS - PRIMMIL RES: V214 - Ethnoa RES: V114 - V203 RES: V214 - V203	103.03	77	.792	.811
5: LY=IN BE=IN GA=PS NEQ: STATUS - PRIMMIL RES: V214 - Ethnoa RES: V114 - V203 RES: V214 - V203 NEQ: ISTATUS - KONKURR	95.54	75	.803	.814

PS = Matrix BEta, GAmma oder Lambda-Y sind von der Struktur über beide Gruppen gleich, aber nicht von den Parameterwerten.

IN = Matrix BEta, GAmma oder Lambda-Y sind von der Struktur und von den Parameterwerten über beide Gruppen gleich.

NEQ = Not EQual, d. h. die dahinter angegebene Beziehung zwischen zwei Konstrukten wird über beide Gruppen nicht gleichgesetzt.

Tabelle 4.54: Vergleich der Modellvarianten

Vergleich der Modellvarianten	χ^2-Diff.	df-Diff.	Q-Ratio	Akz. Modell
Variante 1 versus Variante 2	.65	1	0.65	1
Variante 1 versus Variante 3	5.71	1	5.71	3
Variante 3 versus Variante 4	22.12	2	11.08	4
Variante 4 versus Variante 5	21.94	4	5.49	5
Variante 5 versus Variante 6	6.49	2	3.25	6

Q-Ratio = Quotient aus χ^2-Differenz und Freiheitsgraden. Ist der Q-Ratio ≥ 2, liegt eine signifikante Verbesserung der Modellanpassung vor.

Nach den Ergebnissen der Modellvariante 6 (vgl. Tabelle 4.55) beeinflußt in beiden Gruppen der Interviewerstatus die subjektive Norm nur schwach (-.185). Zudem ist dieser Einfluß nicht signifikant. Damit ist Hypothese 21 für beide Gruppen widerlegt worden. Dies bedeutet gleichzeitig, daß kein Einfluß vom Interviewerstatus über NORM auf das Verhaltenskonstrukt KONTAKT existiert. Demgegenüber sind Effekte vom Interviewerstatus auf die beiden Einstellungskonstrukte ETHNO und KONKURR zu verzeichnen.

Für die erste Gruppe (niedrige Erwünschtheit) besteht nach Tabelle 4.56 signifikante negative Residualkovarianzen zwischen ISTATUS und KONKURR (-.323) und ISTATUS und ETHNO (-.323). Dies bedeutet, daß Personen mit niedriger sozialer Erwünschtheit bzw. der Tendenz, sozial erwünscht in Richtung Ausländerfreundlichkeit zu antworten, ihr Antwortverhalten an dem Status des Interviewers ausrichten: Je höher der Status des Interviewers, desto weniger Konkurrenzempfinden und desto weniger Ethnozentrismus. Für die zweite Gruppe (hohe Erwünschtheit) besteht nach Tabelle 4.56 eine signifikante positive Residualkovarianz zwischen ISTATUS und KONKURR (.850) und eine geringe nicht-signifikante Residualkovarianz zwischen ISTATUS und ETHNO (.079). Dies bedeutet, daß Personen mit hoher sozialer Erwünschtheit bzw. der Tendenz, sozial erwünscht in Richtung Ausländerfeindlichkeit zu antworten, ihr Antwortverhalten im Hinblick auf das Konkurrenzempfinden gegenüber Ausländern an dem Status des Interviewers in umgekehrter Richtung ausrichten: Je höher der Status des Interviewers, desto mehr Konkurrenzempfinden und desto mehr Ethnozentrismus. Die letztere Beziehung ist allerdings sehr schwach ausgeprägt.

Betrachtet man die Ergebnisse insgesamt, so zeigt sich, daß die erste Gruppe (niedrige Erwünschtheit) ein insgesamt geschlosseneres Einstellungsmuster (hohe Residualkovarianzen, vgl. Tabelle 4.56) zeigt, während die dritte Gruppe von Befragten (hohe Erwünschtheit) durchaus heterogener in ihren Einstellungen ist (niedrige Residualkovarianzen, vgl. Tabelle 4.56).

Tabelle 4.55: Ergebnisse der Modellvariante 6 (Unstandardisierte Strukturkoeffizienten)

Beta	Subgruppe niedrige Erwünschtheit		
	STATUS	PRIMMIL	ETHNO
PRIMMIL	**-.436 (-4.332)**		
ETHNO	-.003 (-.066)		
KONKURR	-.104 (-1.885)		
ATTITUDE			1.000
NORM		1.000	
KONTAKT			
	ISTATUS		
NORM	-.079 (-.750)		
	KONKURR	ATTITUDE	NORM
PRIMMIL			
ETHNO			
KONKURR			
ATTITUDE	-.541 (-1.604)		
NORM			
KONTAKT		.393 (1.337)	-.403 (-2.723)
Beta	Subgruppe hohe Erwünschtheit		
	STATUS	PRIMMIL	ETHNO
PRIMMIL	**-.107 (-1.118)**		
ETHNO	-.003 (-.066)		
KONKURR	-.104 (-1.885)		
ATTITUDE			1.000
NORM		1.000	
KONTAKT			
	ISTATUS		
NORM	-.079 (-.750)		
	KONKURR	ATTITUDE	NORM
PRIMMIL			
ETHNO			
KONKURR			
ATTITUDE	-.541 (-1.604)		
NORM			
KONTAKT		.393 (1.337)	-.403 (-2.723)

In Klammern sind die T-Werte der Koeffizienten angegeben.

xxx = Koeffizienten variieren über die Gruppen.

Tabelle 4.56: Ergebnisse der Modellvariante 6 (Residualvarianzen und - kovarianzen)

Ψ	Subgruppe niedrige Erwünschtheit		
	PRIMMIL	ETHNO	KONKURR
PRIMMIL	.670 (2.408)		
ETHNO	.423 (3.062)	.387 (3.797)	
KONKURR	.653 (2.986)	.461 (3.610)	1.070 (4.036)
KONTAKT			
ISTATUS		-.323 (-2.628)	-.323 (-2.030)
	ATT./NORM	KONTAKT	ISTATUS
PRIMMIL			
ETHNO			
KONKURR			
KONTAKT		.512 (3.832)	
ISTATUS			1.994 (3.808)
Ψ	Subgruppe hohe Erwünschtheit		
	PRIMMIL	ETHNO	KONKURR
PRIMMIL	.567 (2.641)		
ETHNO	.229 (2.338)	.232 (2.704)	
KONKURR	.278 (2.109)	.264 (2.405)	.719 (2.952)
KONTAKT			
ISTATUS		.079 (.493)	.850 (2.632)
	ATT./NORM	KONTAKT	ISTATUS
PRIMMIL			
ETHNO			
KONKURR			
KONTAKT		.270 (3.679)	
ISTATUS			3.710 (4.000)

In Klammern sind die T-Werte der Koeffizienten angegeben.

xxx = Koeffizienten variieren über die Gruppen.

4.3.3.2 Das Modell mit Intervieweralter

4.3.3.2.1 Hypothese Bezüglich der Wirkung von Intervieweralter (IAL-TER) in beiden Subgruppen wird von folgender Hypothese ausgegangen:

24. Die soziale Erwünschtheit hat einen Einfluß auf das Antwortverhalten. Das Kausalmodell führt in den Subgruppen nicht zum gleichen Ergebnis. Es werden nach den vorliegenden Informationen keine Unterschiede in den meßtheoretischen Beziehungen und keine Unterschiede in den Beziehungen nach den Hypothesen 13 bis 20 angenommen. Dagegen wird der nach Hypothese 22 vermutete Einfluß des Interviewerstatus in den Gruppen verschieden sein:

    a. Bei der ersten Gruppe (niedrige Erwünschtheit) wird der Einfluß des Intervieweralters (IALTER) auf die subjektive Norm (NORM) schwach positiv sein. Das Alter des Interviewers wird die subjektive Norm, Ausländerfeindlichkeit zu zeigen, nur wenig beeinflussen, da in dieser Gruppe eine "erwünschte" Tendenz zur Ausländerfreundlichkeit besteht.

    b. Bei der dritten Gruppe (hohe Erwünschtheit) wird der Einfluß des Intervieweralters (IALTER) auf die subjektive Norm (NORM) stark positiv sein. Das Alter des Interviewers wird die subjektive Norm, Ausländerfeindlichkeit zu zeigen, beeinflussen, da in dieser Gruppe eine "erwünschte" Tendenz zur Ausländerfeindlichkeit besteht.

4.3.3.2.2 Modellergebnisse Die schrittweise Berechnung von Gruppenvergleichsmodellen mit abnehmenden Restriktionen konnte auch hier durchgeführt werden. Modellvariante 6 (vgl. Tabelle 4.57) ist für diesen Gruppenvergleich akzeptiert worden. Nach den Ergebnissen gibt es eine signifikante χ^2-Verbesserung von Modellvariante 1 nach Modellvariante 6 (vgl. Tabelle 4.58). Hiernach sind die Hypothesen 13 bis 20 bestätigt worden. Die postulierte Beziehung nach Hypothese 13 (STATUS - PRIMMIL) mußte auch hier über beide Gruppen variiert werden, wobei sich die Richtung der Beziehung nicht änderte.

Hypothese 24 kann als widerlegt betrachtet werden, da eine Variation der Beziehung zwischen IALTER und NORM nicht zu einer signifikanten Modellverbesserung führte. Die beiden Teilmodelle der akzeptierten Modellvariante 6 weisen etwa gleich große Fitindizes auf ($GFI_1 = .819$ und $GFI_2 = .812$). Für die niedrigen Werte der Fitindizes gilt dasselbe wie beim Gruppenvergleich mit Interviewerstatus. Für beide Gruppen sind keine Abweichungen $\geq$ 2.0 bei den normalisierten Residuen zu verzeichnen.

Tabelle 4.57: Modellvarianten des multiplen Gruppenvergleichs (Modell mit IALTER)

Modellvariante	Gesamtfit		Fit der Teilmodelle	
	χ^2	df	GFI_1	GFI_2
1: LY=IN BE=IN GA=IN	142.45	84	.703	.757
2: LY=IN BE=PS GA=IN NEQ: IALTER - NORM	142.04	83	.708	.757
3: LY=IN BE=IN GA=PS NEQ: STATUS - PRIMMIL	137.49	83	.715	.764
4: LY=IN BE=IN GA=PS NEQ: STATUS - PRIMMIL NEQ: STATUS - ETHNO	136.50	82	.726	.766
5: LY=IN BE=IN GA=PS NEQ: STATUS - PRIMMIL NEQ: STATUS - ETHNO RES: V214 - Ethnoa	119.28	80	.785	.791
6: LY=IN BE=IN GA=PS NEQ: STATUS - PRIMMIL NEQ: STATUS - ETHNO RES: V214 - Ethnoa RES: V114 - V203 RES: V121 - V203	102.50	76	.811	.814
7: LY=IN BE=IN GA=PS NEQ: STATUS - PRIMMIL NEQ: STATUS - ETHNO RES: V214 - Ethnoa RES: V114 - V203 RES: V121 - V203 RES: IALTER - KONKURR	101.20	74	.819	.812

PS = Matrix BEta, GAmma oder Lambda-Y sind von der Struktur über beide Gruppen gleich, aber nicht von den Parameterwerten.

IN = Matrix BEta, GAmma oder Lambda-Y sind von der Struktur und von den Parameterwerten über beide Gruppen gleich.

NEQ = Not EQual, d. h. die dahinter angegebene Beziehung zwischen zwei Konstrukten wird über beide Gruppen nicht gleichgesetzt.

Tabelle 4.58: Vergleich der Modellvarianten

Vergleich der Modellvarianten	χ^2-Diff.	df-Diff.	Q-Ratio	Akz. Modell
Variante 1 versus Variante 2	0.41	1	0.41	1
Variante 1 versus Variante 3	4.96	1	4.96	3
Variante 3 versus Variante 4	0.99	1	0.99	3
Variante 3 versus Variante 5	18.21	3	6.07	5
Variante 5 versus Variante 6	16.78	4	4.20	6
Variante 6 versus Variante 7	1.30	2	0.65	6

Q-Ratio = Quotient aus χ^2-Differenz und Freiheitsgraden. Ist der Q-Ratio $\geq$ 2, liegt eine signifikante Verbesserung der Modellanpassung vor.

Nach den Ergebnissen der Modellvariante 6 (vgl. Tabelle 4.59) wird in beiden Gruppen die subjektive Norm durch das Alter des Interviewers nicht beeinflußt (.014). Damit ist Hypothese 22 für beide Gruppen widerlegt worden. Dies bedeutet gleichzeitig, daß kein Einfluß vom Intervieweralter über NORM auf das Verhaltenskonstrukt KONTAKT existiert. Demgegenüber sind Effekte vom Intervieweralter auf das Einstellungskonstrukt KONKURR zu verzeichnen.

Für beide Gruppen besteht nach Tabelle 4.60 jeweils eine positive Residualkovarianz zwischen IALTER und ETHNO, nicht-signifikant in der ersten Gruppe (1.004) und signifikant in der zweiten Gruppe (1.509). Dies bedeutet, daß Personen mit hoher sozialer Erwünschtheit bzw. der Tendenz, sozial erwünscht in Richtung Ausländerfeindlichkeit zu antworten, ihr Antwortverhalten bezüglich ihrer Ausländerfeindlichkeit am Alter des Interviewers ausrichten: Je höher das Alter des Interviewers, desto höher die Ausländerfeindlichkeit des Befragten. Für die erste Gruppe hat die Residualkovarianz zwischen IALTER und ETHNO dasgleiche Vorzeichen. Dies bedeutet, daß Personen mit niedriger sozialer Erwünschtheit bzw. der Tendenz, sozial erwünscht in Richtung Ausländerfreundlichkeit zu antworten, ihre Antworten auch am Alter des Interviewers ausrichten. Diese Beziehung ist zwar nicht signifikant, aber unterstreicht die Ergebnisse in Abschnitt 4.2.2.5.4 (Seite 231), wo sozial erwünschtes Antwortverhalten bei den hier berücksichtigten Gruppen identifiziert wurde. Dies bedeutet weiter, daß mit der Tendenz zu sozialer Erwünschtheit auch ein hoher Einfluß durch Merkmale des Interviewers (hier: Alter) auf das Befragungsergebnis besteht.

Tabelle 4.59: Ergebnisse der Modellvariaute 6 (Unstandardisierte Strukturkoeffizienten)

Beta	Subgruppe niedrige Erwünschtheit		
	STATUS	PRIMMIL	ETHNO
PRIMMIL	**-.363 (-3.619)**		
ETHNO	**-.003 (-.047)**		
KONKURR	-.077 (-.922)		
ATTITUDE			1.000
NORM		1.000	
KONTAKT			
	IALTER		
NORM	.014 (.899)		
	KONKURR	ATTITUDE	NORM
PRIMMIL			
ETHNO			
KONKURR			
ATTITUDE	-.319 (-1.517)		
NORM			
KONTAKT		.628 (1.792)	-.537 (-2.872)
Beta	Subgruppe hohe Erwünschtheit		
	STATUS	PRIMMIL	ETHNO
PRIMMIL	**-.130 (-1.320)**		
ETHNO	**-.049 (-.994)**		
KONKURR	-.077 (-.922)		
ATTITUDE			1.000
NORM		1.000	
KONTAKT			
	IALTER		
NORM	.014 (.899)		
	KONKURR	ATTITUDE	NORM
PRIMMIL			
ETHNO			
KONKURR			
ATTITUDE	-.319 (-1.517)		
NORM			
KONTAKT		.628 (1.792)	-.537 (-2.872)

In Klammern sind die T-Werte der Koeffizienten angegeben.

xxx = Koeffizienten variieren über die Gruppen.

Tabelle 4.60: Ergebnisse der Modellvariante 6 (Residualvarianzen und -kovarianzen)

Ψ	Subgruppe niedrige Erwünschtheit		
	PRIMMIL	ETHNO	KONKURR
PRIMMIL	.539 (2.219)		
ETHNO	.353 (2.904)	.278 (3.032)	
KONKURR	.608 (2.935)	.367 (3.167)	1.016 (3.859)
KONTAKT			
IALTER		1.004 (1.566)	
	ATT./NORM	KONTAKT	IALTER
PRIMMIL			
ETHNO			
KONKURR			
KONTAKT		.508 (3.777)	
IALTER			80.161 (3.808)
Ψ	Subgruppe hohe Erwünschtheit		
	PRIMMIL	ETHNO	KONKURR
PRIMMIL	.474 (2.418)		
ETHNO	.179 (2.203)	.197 (2.676)	
KONKURR	.281 (2.007)	.243 (2.335)	.721 (2.643)
KONTAKT			
IALTER		1.509 (1.927)	
	ATT./NORM	KONTAKT	IALTER
PRIMMIL			
ETHNO			
KONKURR			
KONTAKT		.242 (3.451)	
IALTER			124.445 (4.000)

In Klammern sind die T-Werte der Koeffizienten angegeben.

xxx = Koeffizienten variieren über die Gruppen.

4.3.4 Zusammenfassung der Ergebnisse

Die hier überprüften Modelle haben sich - insgesamt betrachtet - bewährt, auch wenn die Effekte der Methodentheorie (Interviewerstatus bzw. Intervieweralter) sich nicht durch die postulierten Beziehungen bestätigten ließen (Hypothesen 23 und 24). In allen Modellen zeigte sich, daß der Einfluß der Interviewervariablen auf die subjektive Norm (NORM) höchst instabil und in allen Fällen nicht signifikant war. Auf Grund der fehlenden Messungen für dieses Konstrukt konnte eine Modellierung nur über die Bildung einer MIMIC-Variable erfolgen. Die Konsequenzen für die statistische Schätzung von Parametern in MIMIC-Modellen sind aber bei der hier zur Verfügung stehenden Stichprobengröße nur wenig bekannt. Dazu kommt noch der Umstand, daß es kaum Anwendungen von multiplen Gruppenvergleichen bei dieser Art der Modellierung gibt. Trotzdem konnte die Relevanz der hier vertretenen Modellierung nachgewiesen werden:

1. Die Interviewerkonstrukte kovariieren, zumindestens indirekt, mit den Einstellungskonstrukten KONKURR und ETHNO.

2. Die Kovariationen der Interviewerkonstrukte mit diesen Einstellungskonstrukten sind in den einzelnen Subgruppen in der Stärke signifikant unterschiedlich und in einem Gruppenvergleich sogar in der Richtung verschieden (vgl. Matrix Ψ in Tabelle 4.56).

Diese Ergebnisse ergänzen und unterstreichen die Einflüsse von Interviewer- und Befragtenverhalten bezüglich der Kerntheorie I (vgl. Abschnitt 4.1). Eine isolierte Betrachtung von Einflüssen des Interviewers unter Vernachlässigung von Antworttendenzen in Richtung sozialer Erwünschtheit muß daher trotz einer gezielten Aufteilung der Befragten in Subgruppen (hier und auch in Abschnitt 4.2.2) als unzureichend eingeschätzt werden.

Teil IV

DISKUSSION UND ZUSAMMENFASSUNG

Es existieren verschiedene Strategien, die in Teil III erörterten Ergebnisse zu bewerten:

1. Einmal kann eine Gegenüberstellung der Ergebnisse für die beiden kern-theoretischen Modelle (Kerntheorie I und Kerntheorie II) nach der Effizienz und Erklärungskraft der Methodentheorie erfolgen (vgl. Kapitel 1). Der Schwerpunkt liegt hier in der Konfrontation der empirischen Ergebnisse.

2. Zum anderen kann eine Konfrontation der empirischen Modelle aus Teil III mit den theoretischen Modellen aus Teil II erfolgen, wobei der Schwerpunkt auf den aufgetretenen Theoriedefiziten, den Meß- und den Operationalisierungsproblemen liegt (vgl. Kapitel 2).

3. Als letztes ist eine Bewertung erforderlich, die die Konsequenzen im Hinblick auf die Praxis der empirischen Sozialforschung thematisiert. Hier wird insbesondere die praktische Handhabung des Problems von Interviewer- und Befragteneffekten bei der Datenerhebung und bei der Analyse von erhobenen Daten diskutiert (vgl. Kapitel 3).

Kapitel 1

Konfrontation der empirischen Ergebnisse der beiden Kerntheorien

Im Zusammenhang mit den Operationalisierungen der Kerntheorien sind Erklärungskonzepte aus den traditionellen Theorien der Vorurteilsforschung verwendet worden (vgl. Abschnitt 3.1 auf Seite 138).

Für die Kerntheorie I wurden die Konstrukte Status (STATUS), Primärmilieu (PRIMMIL), privater Kontakt zu Ausländern (KONTAKT) und Ethnozentrismus (ETHNO) mit Hilfe der Hypothesen 1 bis 7 untereinander in Beziehung gesetzt. Das abhängige Merkmal ist hierbei der Ethnozentrismus des Befragten (ETHNO).

Für die Kerntheorie II wurden die Konstrukte Status (STATUS), Konkurrenz zu Ausländern (KONKURR), Ethnozentrismus (ETHNO), Primärmilieu (PRIMMIL), Einstellung gegenüber Kontaktverhalten (ATTITUDE), subjektive Norm gegenüber Kontaktverhalten (NORM) und privater Kontakt zu Ausländern (KONTAKT) mit Hilfe der Hypothesen 13 bis 20 untereinander in Beziehung gesetzt.[1] Das abhängige Merkmal ist hierbei das private Kontaktverhalten des Befragten gegenüber Ausländern (KONTAKT). Die Methodentheorie ist für beide Kerntheorien im Sinn einer Anschlußtheorie formuliert

---

1 Die Konstrukte ATTITUDE und NORM sind Konstrukte, zu denen keine direkt gemessenen Indikatoren vorliegen. Sie wurden im zu überprüfenden Modell als MIMIC-Variablen behandelt, vgl. Abschnitt 3.1.2 auf Seite 143.

worden (vgl. Abschnitt 3.2 auf Seite 146) und gliedert sich in vier Teile:

1. Intervieweranwesenheit

2. Interviewereinstellungen

3. Interviewsituation

4. soziale Erwünschtheit

Die Effekte - verursacht durch Intervieweranwesenheitsmerkmale - sind für die Kerntheorie I getrennt nach dem Geschlecht, Alter, der Statusdifferenz und Erfahrung untersucht und für die Kerntheorie II bezogen auf das Alter und Status des Interviewers analysiert worden.

Die Effekte - verursacht durch Interviewereinstellungen - sind für die Kerntheorie I bezüglich des Einflusses von Ethnozentrismus des Interviewers auf den Ethnozentrismus des Befragten untersucht worden.

Die Bewertung der Interviewsituation (Befragteneinschätzung und Interviewerwahrnehmung) erfolgte unter Kontrolle der Intervieweranwesenheitsmerkmale und der sozialen Erwünschtheit. Die Einschätzungen zur sozialen Erwünschtheit von Ethnozentrismusitems sind mit Hilfe einer Einschätzungsuntersuchung (vgl. Abschnitt 3.2.4.1 auf Seite 151) ermittelt worden, um die Erwünschtheitsanfälligkeit dieser Items zu erhalten. Die Effekte der sozialen Erwünschtheit sind für die Kerntheorie I und für die Kerntheorie II als Effekte des Bedürfnisses nach sozialer Anerkennung untersucht worden. Die Ergebnisse der Überprüfung der Kerntheorie I sind somit Grundlage für die Untersuchungsschritte, die auf Kerntheorie II angewandt worden sind. Die Hypothesen über die methodischen Einflüsse und die gewählte Modellierung der Effekte sind in Tabelle 1.1 zusammengefaßt.

Tabelle 1.1: Übersicht der modellierten Methodeneffekte

Hypothesennr.	Methodenvariable	Art der Modellierung
6,7	Interviewerethnozentrismus	unabhängiges Konstrukt
8	Interviewergeschlecht	Kovariate
	Interviewerethnozentrismus	unabhängiges Konstrukt
9	Intervieweralter	Kovariate
	Interviewerethnozentrismus	unabhängiges Konstrukt
10	Interviewererfahrung	Kovariate
	Interviewerethnozentrismus	unabhängiges Konstrukt
11	Statusdifferenz	Kovariate
	Interviewerethnozentrismus	unabhängiges Konstrukt
12	Soziale Erwünschtheit	Kovariate
	Interviewerethnozentrismus	unabhängiges Konstrukt
21	Interviewerstatus	unabhängiges Konstrukt
22	Intervieweralter	unabhängiges Konstrukt
23	Soziale Erwünschtheit	Kovariate
	Interviewerstatus	unabhängiges Konstrukt
24	Soziale Erwünschtheit	Kovariate
	Intervieweralter	unabhängiges Konstrukt

Hypothesen 6 bis 12 betreffen die Methodentheorie der Kerntheorie I, Hypothesen 21 bis 24 die Methodentheorie der Kerntheorie II. Für Kerntheorie I ist die Wirkung von Intervieweranwesenheitseffekten (Interviewergeschlecht, Intervieweralter, Interviewererfahrung und Statusdifferenz), sozial erwünschtem Antwortverhalten (Bedürfnis nach sozialer Anerkennung) und Interviewereinstellungseffekten (Interviewerethnozentrismus) mit Hilfe von multiplen Gruppenvergleichen simultan überprüft worden. Die Prüfung der Kerntheorie II bezog sich auf die Wirkung von sozial erwünschtem Antwortverhalten und Intervieweranwesenheitseffekten (Interviewerstatus und Intervieweralter). Auch hier wurde die Technik des multiplen Gruppenvergleichs angewandt.

Tabelle 1.2: Erklärte Varianzanteile in den abhängigen Konstrukten der Kerntheorie I

Hypothesennr.	Methodenvariable	Erklärte Varianz	
		KONTAKT	ETHNO
1 bis 5	ohne	.119	.366
6,7	IETHNO	.146	.421
8	IETHNO (Subgruppe männliche Interviewer)	.111	.432
8	IETHNO (Subgruppe weibliche Interviewer)	.195	.824
9	IETHNO (Subgruppe jüngere Interviewer)	.075	.492
9	IETHNO (Subgruppe ältere Interviewer)	.213	.575
10	IETHNO (Subgruppe erfahrene Interviewer)	.134	.464
10	IETHNO (Subgruppe unerfahrene Interviewer)	.148	.718
11	IETHNO (Subgruppe Statusdifferenz)	.133	.599
11	IETHNO (Subgruppe Statuskongruenz)	.173	.317
12	IETHNO (Subgruppe niedrige Erwünschtheit)	.132	.809
12	IETHNO (Subgruppe mittlere Erwünschtheit)	.158	.377
12	IETHNO (Subgruppe hohe Erwünschtheit)	.192	.720

Tabelle 1.2 zeigt eine Übersicht der erklärten Varianzen der abhängigen Konstrukte ETHNO und KONTAKT entsprechend der Gesamt- und Subgruppenmodelle der Kerntheorie I. Hiermit kann gezeigt werden, ob die Erweiterung der Kerntheorie durch eine nach Befragten- und Interviewereffekten konstruierte Methodentheorie den Anteil der erklärten Varianz in den abhängigen Konstrukten erhöht. Mit anderen Worten: Können neben inhaltlich bedeutsamen Konstrukten (z. B. Primärmilieu) auch methodische Konstrukte (z. B. Interviewerethnozentrismus) Varianzanteile im Ethnozentrismus des Befragten (ETHNO) und im Kontaktverhalten (KONTAKT) aufklären?

Nach den Ergebnissen (vgl. Tabelle 1.2) kann diese Frage bejaht werden. Der Anteil der erklärten Varianz für das Konstrukt KONTAKT steigt von .119 (Modell ohne Methodenvariable) auf .146 (Modell mit Interviewerethnozentrismus). Der Anteil der erklärten Varianz für das Konstrukt ETHNO steigt von .366 (Modell ohne Methodenvariable) auf .421 (Modell mit Interviewerethnozentrismus).

Für die Subgruppenanalysen ergeben sich ähnliche Tendenzen. Allerdings ist hier eine größere Steigerung der erklärten Varianz für das Konstrukt ETHNO festzustellen. Der Anteil der erklärten Varianz erhöht sich beim ersten Gruppenvergleich für das Konstrukt ETHNO von .366 (Modell ohne Methodenvariable) auf .432 (Modell mit Interviewerethnozentrismus, Subgruppe männliche Interviewer) bzw. auf .824 (Modell mit Interviewerethnozentrismus, Subgruppe weibliche Interviewer). Beim zweiten Gruppenvergleich erhöht sich der Anteil der erklärten Varianz für das Konstrukt ETHNO von .366 (Modell ohne Methodenvariable) auf .492 (Modell mit Interviewerethnozentrismus, Subgruppe jüngere Interviewer) bzw. auf .575 (Modell mit Interviewerethnozentrismus, Subgruppe ältere Interviewer). Beim dritten Gruppenvergleich erhöht sich der Anteil der erklärten Varianz für das Konstrukt ETHNO von .366 (Modell ohne Methodenvariable) auf .464 (Modell mit Interviewerethnozentrismus, Subgruppe erfahrene Interviewer) bzw. auf .718 (Modell mit Interviewerethnozentrismus, Subgruppe nicht erfahrene Interviewer). Beim vierten Gruppenvergleich erhöht sich der Anteil der erklärten Varianz für das Konstrukt ETHNO von .366 (Modell ohne Methodenvariable) auf .599 (Modell mit Interviewerethnozentrismus, Subgruppe Statusdifferenz) bzw. auf .317 (Modell mit Interviewerethnozentrismus, Subgruppe Statuskongruenz). Die simultane Analyse von Kern- und Methodentheorie (hier: Intervieweranwesenheitseffekte und Interviewereinstellungen) zeigt also, bei welcher Konstellation von Interviewern und Befragten kausale Wirkungen auf die abhängigen Konstrukte zu verzeichnen sind. Wenn auch keine signifikanten Differenzen in der Wirkung der Interviewereinstellungen (IETHNO) bei den Subgruppen nach Interviewergeschlecht festgestellt werden konnten, liegt eine höhere Varianzaufklärung in ETHNO bei Anwesenheit von weiblichen Interviewern vor. Die Wirkung von Interviewereinstellungen ist bezüglich der Pfadkoeffizienten und der Varianzaufklärung bei Anwesenheit von älteren Interviewern, nicht erfahrenen Interviewern und bei statusdifferenten Interviewsituationen am größten. Beim letzten Gruppenvergleich für die Kerntheorie I erhöht sich der Anteil der erklärten Varianz für das Konstrukt ETHNO von .366 (Modell ohne Methodenvariable) auf .809 (Modell mit Interviewerethnozentrismus, Subgruppe niedrige Erwünschtheit) bzw. auf .377 (Modell mit Interviewerethnozentrismus, Subgruppe mittlere Erwünschtheit) bzw. auf .720 (Modell mit Interviewerethnozentrismus, Subgruppe hohe Erwünschtheit). Die simultane Analyse von Kern- und Methodentheorie (hier: Soziale Erwünschtheit und Interviewereinstellungen) zeigt auch hier, bei welchen Interviewsituationen kausale Wirkungen auf die abhängigen Konstrukte zu verzeichnen sind. Die in Abschnitt 4.2.3 zusammengefaßten Analysen über die Wirkung von Interviewereinstellungen (IETHNO) bei unterschiedlichen Tendenzen zu sozial erwünschtem Antwortverhalten wird auch hier untermauert. Der dort gefundene U-förmige Zusammenhang zwischen der Wirkung von Interviewereinstellungen und der Tendenz zur sozialen Erwünschtheit wird durch die erhöhten Varianzanteile in der Gruppe mit niedriger Erwünschtheit und der Gruppe mit hoher Erwünschtheit bestätigt (vgl. Tabelle 1.2).

Demnach können Interviewereinstellungen nur dort einen kausalen Einfluß auf abhängige, verzerrungsanfällige Merkmale haben, wo die Tendenz zu einer subgruppenspezifischen sozialen Erwünschtheit besteht. Die subgruppenspezifische soziale Erwünschtheit geht bei der ersten Gruppe von Befragten in Richtung Ausländerfreundlichkeit und bei der dritten Gruppe in Richtung Ausländerfeindlichkeit. Die Befragten der zweiten Gruppe (mittlere Erwünschtheit) äußern das geringste sozial erwünschte Antwortverhalten (vgl. die Ausführungen in Abschnitt 4.2.3 auf Seite 236). Hier ist auch die Wirkung der Interviewereinstellung am geringsten, was nicht zuletzt auch über den geringen Anstieg der erklärten Varianz in ETHNO zu erkennen ist.

Tabelle 1.3 zeigt eine Übersicht über die erklärten Varianzanteile in dem abhängigen Konstrukt KONTAKT bezüglich der Gesamt- und Subgruppenmodelle der Kerntheorie II. Auch hier kann überprüft werden, ob die Erweiterung der Kerntheorie durch eine nach Befragten- und Interviewereffekten konstruierte Methodentheorie der Anteil der erklärten Varianz in dem abhängigen Konstrukt erhöht wird. Nach der Zusammenstellung in Tabelle 1.3 kann diese Frage bejaht werden.

Der Anteil der erklärten Varianz für das Konstrukt KONTAKT steigt in einem Fall von .178 (Modell ohne Methodenvariable) auf .214 (Modell mit Interviewerstatus). Im anderen Fall erhöht sich der Anteil der erklärten Varianz für das Konstrukt KONTAKT nicht (.176 im Modell mit Intervieweralter).

Tabelle 1.3: Erklärte Varianzanteile in den abhängigen Konstrukten der Kerntheorie II

Hypothesennr.	Methodenvariable	Erklärte Varianz in KONTAKT
13 bis 20	ohne	.178
21	ISTATUS	.214
22	IALTER	.176
23	ISTATUS (Subgruppe niedrige Erwünschtheit)	.284
23	ISTATUS (Subgruppe hohe Erwünschtheit)	.266
24	IALTER (Subgruppe niedrige Erwünschtheit)	.278
24	IALTER (Subgruppe hohe Erwünschtheit)	.331

Für die Subgruppenanalysen gibt es ähnliche Tendenzen. Allerdings ist hier eine größere Steigerung der erklärten Varianz bei der Subgruppe "hohe Erwünschtheit" festzustellen. Der Anteil der erklärten Varianz erhöht sich beim ersten Gruppenvergleich von .178 (Modell ohne Methodenvariable) auf .284 (Modell mit Interviewerstatus, Subgruppe niedrige Erwünschtheit) bzw. auf .266 (Modell mit Interviewerstatus, Subgruppe hohe Erwünschtheit). Beim zweiten Gruppenvergleich erhöht sich der Anteil der erklärten Varianz von .178 (Modell ohne Methodenvariable) auf .278 (Modell mit Intervieweralter, Subgruppe niedrige Erwünschtheit) bzw. auf .331 (Modell mit Intervieweralter, Subgruppe hohe Erwünschtheit). Die simultane Analyse von Kern- und Methodentheorie (hier: Soziale Erwünschtheit und Intervieweranwesenheit) zeigt hier auf, bei welcher Interviewer-Befragtenkonstellation kausale Wirkungen auf das abhängige Konstrukt zu verzeichnen sind. Wenn auch keine signifikanten Differenzen in der Wirkung von ISTATUS bzw. IALTER bei den hier verwendeten Subgruppen festgestellt werden konnten, liegt eine höhere Varianzaufklärung in KONTAKT bei Befragten mit der Tendenz, sozial erwünscht in Richtung Ausländerfeindlichkeit zu antworten, vor.

Insgesamt betrachtet, haben die überprüften Modelle der Kerntheorie I und II die Wirkung von Intervieweranwesenheit, Interviewereinstellungen und sozialer Erwünschtheit in unterschiedlichen Interviewsituationen aufgezeigt. Das Schwergewicht der Analysen lag bei der Überprüfung der Kerntheorie I, da die dafür notwendigen Operationalisierungen bzw. Messungen in ausreichendem Maße zur Verfügung standen. Der Stellenwert der Kerntheorie II soll damit nicht geschmälert werden, sondern muß im Gegenteil hervorgehoben werden: Für die Identifikation von Verzerrungseffekten bei Konstrukten, die *Verhalten* oder Verhaltensabsichten wiedergeben sollen, hat sich die vorgestellte Modellierung bewährt. Ebenso hat sich die vorgestellte Modellierung der Kerntheorie I für die Identifikation von Verzerrungseffekten bei Konstrukten, die *Einstellung* wiedergeben sollen, bewährt. Hierbei muß aber beachtet werden, daß das aus der kognitiven Handlungstheorie und aus der kognitiv-hedonistischen Verhaltenstheorie abgeleitete kerntheoretische Modell (Kerntheorie I) und das aus der Theorie der geplanten Entscheidungen abgeleitete kerntheoretische Modell (Kerntheorie II) zum Teil gleiche und zum Teil unterschiedliche, für das Interviewer- und Befragtenverhalten aber gleichermaßen bedeutsame Komponenten enthält.

Kapitel 2

Konfrontation der empirischen Modelle mit den theoretischen Modellen und Erörterung von Meß- und Operationalisierungsproblemen

Für die Gegenüberstellung der empirischen Modelle mit den theoretischen Modellen aus Teil II ist eine Klärung der Bedeutung der in den erörterten Theorieansätzen benutzten Begriffe notwendig. In Tabelle 2.1 ist eine Zusammenstellung und Zuordnung dieser Begriffe entsprechend des theoretischen Kontextes erfolgt. Diese Zuordnung besitzt zwar keinen Anspruch auf Vollständigkeit, soll aber die grundsätzlichen Zusammenhänge zwischen den theoretischen Ansätzen wiedergeben.

Tabelle 2.1: Übersicht, Zusammenhang und Vergleich von Theoriebegriffen

Theorie	Theoriebegriffe			
Wert∗Erwartungs-theorie (Feather 1982a,b)	Valenz	Erwartung	–	Handeln
Kog.-hedonistische Theorie (Kaufmann-Mall 1981)	Valenz	Erwartung	–	Handeln/ Verhalten
Kognitive Handlungs-theorie (Esser 1984, 1986a)	Motivation	Erwartung	–	Handeln
Theorie der geplanten Entscheidungen (Ajzen/Fishbein 1980)	Bewertung der Konsequenzen	Verhaltens-erwartungen	Verhaltens-intention	Verhalten
	Motivation, mit dem Kontext übereinzu-zustimmen	Normative Erwartungen des Kontextes		

Aus der Tabelle wird deutlich, daß die hier verwendeten Theorieansätze alle einer gemeinsamen "Wurzel" entstammen: den Wert∗Erwartungstheorien. Die ersten Ansätze mit den Konzepten von Erwartung und Wert finden sich in den Formulierungen von Lewin und Tolman. Die Wert-Variable explizierte Lewin über den Begriff Valenz und Tolman über den Begriff des Zielverlangens. Die Erwartungsvariable wurde von Lewin als die Wahrnehmung des Handlungspfades umschrieben, der zum Zielbereich führt. Tolman führt die Erwartungsvariable als das erlernte Wissen um Zweck-Mittel-Bezüge ein (vgl. Heckhausen 1980: 169). Auch wenn einzelne Wert∗Erwartungstheorieansätze ihren Geltungsbereich auf die Relevanz für bestimmte Situationen einengten, kann die allgemeinste Formulierung der Wert∗Erwartungstheorien folgendermaßen lauten: Es läßt sich das Verhalten oder die Handlung vorhersagen, für das oder die das Produkt aus Valenz und Erwartung den höchsten Wert annimmt.

Bei Kaufmann-Mall ist diese allgemeine Formulierung dahingehend geändert worden, in dem er das Produkt aus Valenz und Erwartung zu einer Größe mit der Bezeichnung Relevanz zusammenfaßt und diese in eine Wahrscheinlichkeitsfunktion integriert: Je größer die Relevanz einer Handlung, desto wahrscheinlicher ist ihre Ausführung. Der deterministische Charakter des klassischen Modells wird hierbei aufgegeben.

Esser ersetzt den Begriff Valenz durch Motivation und differenziert das Produkt nach Kosten von Handlungsalternativen und Nutzen von Handlungsalternativen auf. Die aufsummierten Produkte von Motivation und Erwartung ergeben dann die wahrscheinliche Handlung mit dem größten Nutzen und den geringsten Kosten. Um die Subjektivität von Wahrscheinlichkeit und Nutzen zu betonen, spricht Esser von subjektiv erwarteten Nutzen (Subjective Expected Utility, abgekürzt SEU, vgl. Esser 1986a). Diese Form von Wert*Erwartungsmodellen werden synonym als SEU-Modelle bezeichnet.

Während es bis jetzt um die Erklärung von Handlungen als Produkte von Werte (Valenzen, Motivationen) und Erwartungen ging, wird im Ansatz von Ajzen/Fishbein Verhalten durch die Verhaltensintention und die Verhaltensintention aus der Einstellung sowie der subjektiven Norm gegenüber diesem Verhalten erklärt. Einstellung und Norm sind hier Produkte von Wert*Erwartungsvariablen. Die Wert-Variable wird aufgespalten in "Bewertung der Konsequenzen bestimmten Verhaltens" und "Motivation, mit dem Kontext übereinzustimmen". Die Erwartungsvariable wird aufgespalten in die "Verhaltenserwartungen gegenüber bestimmtem Verhalten" und die "Normativen Erwartungen des sozialen Kontextes". Die Theorie der geplanten Entscheidungen integriert also zwei Wert*Erwartungsmodelle (einmal für Einstellung, einmal für Norm) in ihr Gesamtschema, das als Regressions- bzw. Kausalmodell ausformuliert ist.

Abschließend soll hier diskutiert werden, welche Vor- und Nachteile insbesondere im Hinblick auf die empirischen Ergebnisse der abgeleiteten Erklärungsmodelle (Kerntheorie I und Kerntheorie II) hier skizziert werden können. Kerntheorie I ist im wesentlichen aus der kognitiven Handlungstheorie von Esser abgeleitet, da diese Theorie explizit für die Erklärung von Handlungen in der Interviewsituation konzipiert wurde. Die kognitiv-hedonistische Theorie besitzt in diesem Rahmen eine Bedeutung, da sie zur kognitiven Handlungstheorie in enger Beziehung steht und Modelle zur Erklärung von Interviewereffekten aus ihr abgeleitet werden können (vgl. Schanz/Schmidt 1984). Kerntheorie I kann aber nur als indirekte Ableitung der kognitiven Handlungstheorie verstanden werden, da die Ausformulierung der Theorie bei Esser *analytisch* in Form von SEU-Modellen erfolgte (vgl Esser 1986a). Die empirische Überprüfung dieser analytisch formulierten Modelle ist in dieser Arbeit über den simultanen Vergleich eines inhaltlichen Modells über bestimmte Subgruppen durchgeführt worden. Unterschiedliche Ergebnisse in den Subgruppen (d. h. unterschiedliche Pfadkoeffizienten in den Kausalmodellen) sind als unterschiedliche Resultate von Nutzenfunktionen interpretierbar. Als Beispiel soll hier folgendes Ergebnis wiederholt werden: Wenn Befragte ein hohes Bedürf-

nis nach sozialer Anerkennung haben (d. h. eine starke Tendenz zu sozial
erwünschtem Antwortverhalten), dann wird die Adaption einer vermuteten
Interviewereinstellung und die daraus resultierende Antwort der Befragten
den höchsten subjektiv erwarteten Nutzen haben.

Inwieweit hier von einer streng deduktiven Ableitung von der kognitiven
Handlungstheorie und dem abgeleiteten Erklärungsmodell (Kerntheorie I)
hin zu dem operationalisierten Strukturgleichungsmodell und den Ergebnissen
der Gruppenvergleiche gesprochen werden kann, ist hier nicht entscheidbar.
Bis heute wurden innerhalb der kognitiven Handlungstheorie keine Modelle
ausformuliert, die eine direkte empirische Prüfung zulassen. Damit fehlt die
Grundlage für eine strenge empirische Prüfung von Handlungstheorien. Jeder
Versuch einer empirischen Prüfung kann deswegen bis heute nur als indirekte
Prüfung dieser Theorieansätze eingestuft werden. Auch der hier gewählte
Überprüfungsweg ist in dieser Weise zu bewerten.

Kerntheorie II dagegen kann als direkte Ableitung der Theorie der geplanten Entscheidungen verstanden werden. Die Ausdifferenzierung der
Wert∗Erwartungsprodukte nach Einstellung und Norm bot hier die Möglichkeit, ein weiteres Wert∗Erwartungsprodukt zu formulieren, das in die Funktion der subjektiven Norm integriert werden konnte (vgl. Abschnitt 2.2.5 auf
Seite 73): die normativen Erwartungen des Interviewers und die Motivation,
mit dem Interviewer übereinzustimmen. Dieses Wert∗Erwartungsprodukt war
(wie auch andere Konstrukte der Theorie der geplanten Entscheidungen) mit
dem zur Verfügung stehenden Datenmaterial nicht operationalisierbar. So
muß die Überprüfung des abgeleiteten Erklärungsmodells (Kerntheorie II)
als nicht zufriedenstellend angesehen werden. Aber nicht, wie bei Kerntheorie I, auf Grund unzureichender theoretischer Modellformulierungen, sondern
auf Grund von fehlenden Messungen für einzelne Konstrukte. Im Gegensatz
zur Kerntheorie I kann von einer direkten empirischen Prüfung der Theorie
gesprochen werden, wobei die ermittelten Pfadkoeffizienten auf Grund des
"reduzierten" Strukturgleichungsmodells als Produkte von Pfadkoeffizienten
bewertet werden müssen. Dieser Sachverhalt kann am Beispiel einer Hypothese verdeutlicht werden: Je höher das Alter des Interviewers, desto stärker
die subjektive Norm, Ausländerfeindlichkeit zu zeigen. Diese Hypothese wurde
für die Gesamtpopulation und für die Subgruppen nicht bestätigt. Das Ergebnis kann sowohl als Widerlegung der behaupteten Modellierung (hier: das
zusätzliche Wert∗Erwartungsprodukt für den Interviewer) angesehen werden
als auch als die verkürzte Wiedergabe der postulierten Beziehung zwischen
Interviewermerkmal, Wert∗Erwartungsprodukt und subjektiver Norm.

Insgesamt betrachtet stellte sich für die Kerntheorie I das Problem der indirekten Modellierung der kognitiven Handlungstheorie, während für die Kerntheorie II das Problem fehlender Operationalisierungen und Messungen auftrat.

Trotzdem haben sich beide Kerntheorien in Verbindung mit den Methodentheorien zur Identifikation von Interviewereffekten und Befragtentendenzen
als brauchbar erwiesen. Wenn für die kognitive Handlungstheorie empirisch
überprüfbare und direkt ableitbare Modelle formuliert werden können, dann
ist m. E. mit Kerntheorien beliebigen Inhalts und entsprechenden Messungen
zum Interviewer- und Befragtenverhalten eine Kontrolle und Erklärung von
Befragten- und Interviewerreaktionen möglich. Für die Theorie der geplanten
Entscheidungen sind empirisch überprüfbare und direkt ableitbare Modelle
formulierbar. Allerdings müssen die Kerntheorien Beziehungen zwischen Einstellungen und Verhalten enthalten. Die Modellierung von Konstrukten zum
Interviewer- und Befragtenverhalten in der hier gewählten Form kann daher
nur als Ausgangspunkt weiterer Analysen dienen.

Kapitel 3

Praktische Konsequenzen für die empirische Sozialforschung

Nach diesen Ausführungen ist deutlich geworden, daß das Verhalten des Befragten als Ergebnis einer nach Kosten-Nutzen-Abschätzungen erfolgten Entscheidung zwischen Handlungsalternativen durch die hier gewählten Theorieansätze erklärt werden kann. Diese Entscheidung ist einerseits auf *personenorientierte* Präferenzen und Zielsetzungen begründbar, andererseits wird sie auch bestimmt durch *situationsorientierte* Perzeptionen und die damit verbundenen Risiken und Möglichkeiten.

Demnach ist das Antwortverhalten als das kombinierte Resultat der individuellen Einstellung des Befragten und der in der Situation aktualisierten Erwartungen und Situationsdefinitionen zu betrachten. Auf diesem Hintergrund können Elemente der zitierten Theorieansätze in den Rahmen einer *Wert∗Erwartungstheorie über Befragtenverhalten* integriert werden. In den Ausführungen von Esser (1986a) blieb die Frage ungeklärt, wie seine theoretischen Modelle mit Hilfe empirischer Daten überprüft und welche praktischen Konsequenzen für die empirische Sozialforschung gezogen werden können. Er beabsichtigt nicht der Frage nachzugehen, welche methodischen und methodologischen Folgen sich aus dem theoretischen Konzept ergeben (vgl. Esser 1986a: 334). Er begründet dies damit, daß man die sozialen Bedingungen einer am Konzept des wahren Wertes orientierten Umfrageforschung mit dem Wissen über die Unvermeidlichkeit von Verzerrungseffekten nur schwerlich herstellen kann und daher andere Überlegungen erforderlich seien. Er skizziert drei mögliche Strategien für eine Lösung des Problem:

1. Ein von Steinert (1984: 50ff) vorgeschlagenes Situations-Sampling, das nicht eine Stichprobe von Personen erfaßt, deren "eigentliche Meinung" erhoben wird, sondern eine Stichprobe von Situationen herstellt und den für diese Situationen typischen Meinungsausdruck zu bestimmten Themen festhält.

2. Die Verwendung von Analyseverfahren, die die Effekte von unsystematischen und systematischen Meßfehlern simultan berücksichtigen können.

3. Die Verwendung gänzlich andere Perspektiven der Verbindung von Theorie und empirischer Überprüfung in den Sozialwissenschaften, die darin münden, daß soziologische Aussagen empirisch zutreffende und methodologische adäquate Erklärungen liefern. Empirische Zusammenhänge sollen als das Resultat des situationsorientiert-vernünftigen Handelns von Personen "verstanden" werden können und die Prozeßhaftigkeit, Kontextgebundenheit und Interdependenz von Handlungen und Akteuren sollen systematisch berücksichtigt und bei den empirischen Untersuchungen systematisch einbezogen werden (vgl. Esser 1986b: 232).

Die vorliegende Arbeit beabsichtigte, verschiedene Problembereiche zu verknüpfen, die eine theoretische Erklärung und empirische Testung von Interviewereffekten und Befragtenverhalten ermöglichen:

1. *Theorie* : Durch die Verwendung von Wert∗Erwartungstheorien ist die Ebene von deskriptiven Untersuchungen und reinen Orientierungsmodellen verlassen und es sind explizit theoretische Erklärungen angewandt worden.

2. *Methode* : Die Verwendung von Strukturgleichungsmodellen ermöglichte es, systematisch eine Varianzzerlegung in erklärte Varianzen durch latente Variablen, Zufallsmeßfehler und systematische Effekte zu erreichen. Darüber hinaus ist es möglich, durch die Anwendung von Strukturgleichungsmodellen mit Hilfe sogenannter MIMIC-Modelle das Identifikationsproblem der theoretischen Formulierung auch bei fehlenden Operationalisierungen und Messungen zu lösen.

3. *Soziale Erwünschtheit und Interviewereffekte* : Durch gleichzeitige Erfassung der Tendenz zur sozialen Erwünschtheit bei den befragten Personen und der Interviewermerkmale erlaubte es dieser Versuchsaufbau, beide Effekte kombiniert zu testen. In nahezu allen anderen empirischen

Untersuchungen wurden meist Interviewereffekte und die Tendenz zur sozialen Erwünschtheit getrennt untersucht.

4. *Versuchsaufbau (Design)* : Durch Anwendung eines experimentellen Versuchsaufbaus (gezieltes Sampling von Interviewern nach Geschlecht und Alter) war es möglich, die Effekte der Interviewer zu variieren.

In der vorliegenden Arbeit wurden eigentlich alle von Esser vorgeschlagenen Lösungsstrategien berücksichtigt: Das Situations-Sampling wurde durch die Analyse von Subgruppen nach Situationsparametern erfaßt, die Verwendung von Strukturgleichungsmodellen (LISREL) kontrolliert unsystematische Meßfehler und ermöglicht die explizite Modellierung systematischer Meßfehler. Das Verständnis von empirischen Zusammenhängen als das Resultat eines situationsrientiert-vernünftigen Handelns von Personen wurde durch die Verwendung der Theorie der geplanten Entscheidungen ebenfalls explizit berücksichtigt.

Die vorliegende Arbeit stellt damit einen Beitrag dar, um die praktische Frage der Berücksichtigung von Interviewereffekten und Befragtentendenzen zu lösen. Der Anspruch, der in diesem Rahmen vertreten wird, beschränkt sich deswegen nicht auf eine rein theoretische Analyse mit vereinzelten und nur für einen begrenzten Bereich gültige Ergebnisse deskriptiver Art. Vielmehr soll mit der Entwicklung von Methodentheorien (die ähnlich zu Instrumenten wie die ZUMA-Standarddemographie als Module in mündlichen Befragungen einsetzbar wären) dem empirischen Forscher verdeutlicht werden, wie theorieorientiert Meßinstrumente für Reaktionstendenzen und Interviewereffekte angewandt werden können und wie durch angemessene statistische Analyseverfahren der Effekt dieser Größen kontrolliert werden kann.

Teil V

Literatur und Anhang

Literatur

Acock, A. C./T. D. Fuller 1985, Standardized Solutions using LISREL on Multiple Populations, in: Sociological Methods and Research, 13, 551-557

Adams, H. E./A. C. Kirby 1963, Manifest Anxiety, Social Desirability, or Response Set, in: Journal of Consulting Psychology, 27, 59-61

Adorno, T. W. et al. 1950, The Authoritarian Personality, New York

Adorno, T. W. 1973, Studien zum autoritären Charakter, Frankfurt

Ajzen, I. 1987, Attitudes, Traits, and Actions: Dispositional Prediction of Behavior in Personality and Social Psychology, in: L. Berkowitz (ed.), Advances in Experimental Social Psychology, Volume 20, San Diego, 1-63

Ajzen, I. 1988, Attitudes, Personality and Behavior, Milton Keynes

Ajzen, I./M. Fishbein 1977, Attitude - Behavior Relations: A Theoretical Analysis and Review of Empirical Research, in: Psychological Bulletin, 84, 888-918

Ajzen, I./M. Fishbein 1978, Einstellungs- und normative Variablen als Prädiktoren für spezifische Verhaltensweisen, in: W. Stroebe (Hrsg.), Sozialpsychologie, Band 1, Darmstadt, 404-443

Ajzen, I./M. Fishbein 1980, Understanding Attitudes and Predicting Social Behavior, New Jersey

Allaman, J. D./C. S. Joyce/V. C. Crandall 1972, The Antecedents of Social Desirability Response Tendencies of Children and Young Adults, in: Child Development, 43, 1134-1160

Allport, G. W. 1967, Attitudes, in: M. Fishbein (ed.), Readings in Attitude Theory and Measurement, New York, 3-13

Altemeyer, R. A. 1981, Right-Wing-Authoritarianism, Manitoba Press

Althauser, R. P./T. A. Heberlein 1970, Validity and the Multitrait-Multimethod Matrix, in: Sociological Methodology, 151-169

Althauser, R. P./T. A. Heberlein/R. A. Scott 1985, A Causal Assessment of Validity: The Augmented Multi-Trait-Multi-Method Matrix, in: H. M. Blalock (ed.), Causal Models in the Social Sciences, Chicago, 375-399

Alwin, D. F. 1977, Making Errors in Surveys, in: Sociological Methods and Research, 6, 131-150

Alwin, D. F./D. I. Jackson 1980, Measurement Models for Response Errors in Surveys: Issues and Applications, in: Sociological Methodology, 68-119

Amelang, M./P. Borkenau 1981, Untersuchungen zur Validität von Kontroll-Skalen für soziale Erwünschtheit und Akquieszens, in: Diagnostica, 27, 295-312

Amir, Y. 1969, The Contact Hypothesis in Ethnic Relations, in: Psychological Bulletin, 71, 319-342

Anderson, B. A./B. D. Silver/P. R. Abramson 1988, The Effects of Race of the Interviewer in Measures of Electoral Participation by Blacks in SRC National Election Studies, in: Public Opinion Quarterly, 52, 53-83

Andrews, F. M. 1984, Construct Validity and Error Components of Survey Measures: A Structural Modeling Approach, in: Public Opinion Quarterly, 48, 408-442

Arnold, M. I./D. C. Feldmann/M. Purbhoo 1985, The Role of Social Desirability Response Bias in Turnover Research, in: Academy of Management Journal, 28, 955-966

Atkinson, J. W./D. Birch 1978, Introduction to Motivation, New York

Atkinson, J. W./N. T. Feather (Hrsg.) 1966, A Theory of Achievement Motivation, New York

Atteslander, P./H. O. Kneubühler 1975, Verzerrungen im Interview, Opladen

Bagozzi, R. P. 1980, Causal Models in Marketing, New York

Bagozzi, R. P. 1981, Attitudes, Intentions, and Behavior: A Test of Some Key Hypotheses, in: Journal of Personality and Social Psychology, 41, 607-627

Bagozzi, R. P. 1982, A Field Investigation of Causal Relations Among Cognitions, Affect, Intentions, and Behavior, in: Journal of Marketing Research, 19, 562-584

Bagozzi, R. P. 1983, A Holistic Methodology for Modeling Consumer Response to Innovation, in: Operations Research, 31, 128-176

Bagozzi, R. P./R. E. Burnkrant 1979, Attitude Organization and the Attitude-Behavior Relationship, in: Journal of Personality and Social Psychology, 37, 913-929

Bagozzi, R. P./R. E. Burnkrant 1985, Attitude Organization and the Attitude-Behavior Relationship: A Reply to Dillon and Kumar, in: Journal of Personality and Social Psychology, 49, 47-57

Bailar, B./L. Bailey/J. Stevens 1977, Measure of Interviewer Bias and Variance, in: Journal of Marketing Research, 14, 337-343

Banta, T. I. 1961, Social Attitudes and Response Styles, in: Educational and Psychological Measurement, 21, 543-557

Bass, B. M. 1955, Authoritarianism or Acquiescence?, in: Journal of Abnormal and Social Psychology, 51, 616-623

Bass, B. M. 1956, Development and Evaluation of a Scale for Measuring Social Acquiescence, in: Journal of Abnormal and Social Psychology, 53, 296-299

Bauske, F. 1984, Einstellungen und Erwartungen des Interviewers, in: H. Meulemann/ K. H. Reuband (Hrsg.), Soziale Realität im Interview, Frankfurt, 95-116

Bell, C. R. 1971, Personality Characteristics of Volunteers for Psychological Studies, in: J. Jung (ed.), The Experimenter's Dilemma, London, 137-159

Benninghaus, H. 1976, Ergebnisse und Perspektiven der Einstellungs-Verhaltensforschung, Meisenheim am Glan

Bentler, P. M. 1982, Multivariate Analysis with Latent Variables: Causal Modeling, in: C. Fornell, A Second Generation of Multivariate Analysis, New York, 121-177

Bentler, P. M. 1983, Some Contributions of Efficient Statistics in Structural Models: Specifications and Estimations of Moment Structures, in: Psychometrika, 48, 493-517

Bentler, P. M. 1983, Simultaneous Equation Systems as Moment Structure Models, in: Journal of Econometrics, 22, 13-42

Bentler, P. M./D. G. Bonett 1980, Significance Tests and Goodness-of-Fit in the Analysis of Covariance Structures, in: Psychological Bulletin, 88, 588-606

Bentler, P. M./C.-P. Chou 1987, Practical Issues in Structural Modeling, in: Sociological Methods and Research, 78-117

Bentler, P. M./E. H. Freemann 1983, Tests for Stability in Linear Structural Equation Systems, in: Psychometrika, 48, 143-145

Bentler, P. M./G. Speckart 1979, Models of Attitude-Behavior Relations, in: Psychological Review, 86, 452-464

Bentler, P. M./G. Speckart 1981, Attitudes "Cause" Behaviors: A Structural Equation Analysis, in: Journal of Personality and Social Psychology, 40, 226-238

Bentler, P. M./D. G. Weeks 1980, Linear Structural Equations with Latent Variables, in: Psychometrika, 45, 289-308

Berekoven/ Specht/ Walthelm/ Wimmer 1975, Zur Genauigkeit mündlicher Befragungen in der Sozialforschung, Frankfurt

Berger, H. 1974, Untersuchungsmethode und soziale Wirklichkeit, Frankfurt

Bettelheim, B./Janowitz, M. 1950, Social Change and Prejudice, London

Bielby, W. T./R. M. Hauser/D. L. Featherman 1977, Response Errors of Non-Black Males in Models of the Stratification Process, in: D. J. Aigner/A. S. Goldberger (eds.), Latent Variables in Socio-Economic Models, Amsterdam, 228-251

Bielby, W. T./R. M. Hauser/D. L. Featherman 1977, Response Errors of Black and Nonblack Males in Models of the Intergenerational Transmission of Socioeconomic Status, in: American Journal of Sociology, 82, 1242-1288

Billiet, I./G. Loosveldt 1988, Improvement of the Quality of Responses to factual Survey Questions by Interviewer Training, in: Public Opinion Quarterly, 52, 190-211

Blalock, H. M. 1969, Multiple Indicators and the Causal Approach to Measurement Error, in: American Journal of Sociology, 75, 264-272

Blalock, H. M. 1970, Estimating Measurement Error Using Multiple Indicators and Several Points in Time, in: American Sociological Review, 35, 101-111

Blalock, H. M. 1974, Measurement in the Social Sciences, Chicago

Blalock, H. M. 1982, Conceptualization and Measurement in the Social Sciences, Beverly Hills

Blalock, H. M. (ed.) 1985, Causal Models in the Social Sciences, New York

Blalock, H. M./A. B. Blalock (eds.) 1971, Methodology in Social Research, London

Blalock, H. M./P. H. Wilken 1979, Intergroup Processes, New York und London

Block, I. 1965, The Challenge of Response Sets: Unconfounding Meaning, Acquiescence and Social Desirability in the MMPI, New York

Bochner, S. /T. van Zyl 1984, Desirability Ratings of 110 Personality Traits, in: Journal of Social Psychology, 125, 459-465

Bohrnstedt, G. W. 1977, Reliability and Validity Assessment in Attitude Measurement, in: G. F. Summers (ed.), Attitude Measurement, Chicago und London, 88-99

Bollen, K. A. 1989, Structural Equations with Latent Variables, New York

Boomsma, A. 1982, The Robustness of LISREL against Small Sample Sizes in Factor Analysis Models, in: K. G. Jöreskog/H. Wold (eds.), Systems under Indirect Observations, Amsterdam, 149-173

Boomsma, A. 1983, On the Robustness of LISREL against small Sample Size and Non-Normality, Groningen

Boomsma, A. 1985, Nonconvergence, Improper Solutions, and Starting Values in LISREL Maximum Likelihood Estimation, in: Psychometrika, 50, 229-242

Boos-Nünning, U. 1986, Qualitative Interviews in der Ausländerforschung: Wissenschaftler - Interviewer - Ausländische Befragte, in: J. Hoffmeyer-Zlotnik (Hrsg.), Qualitative Methoden der Datenerhebung in der Arbeitsmigrantenforschung, Mannheim, 42-77

Borkenau, P./M. Amelang 1985, The Control of Social Desirability in Personality Inventories: A Study Using the Principal-Factor Deletion Technique, in: Journal of Research in Personality, 19, 44-53

Bortz, J. 1984, Lehrbuch der empirischen Sozialforschung, Berlin

Bradburn, N. S./S. Sudman 1978, Question Threat and Response Bias, in: Public Opinion Quarterly, 42, 221-234

Bradburn, N. M./S. Sudman and Associates 1979, Improving Interview Method and Questionnaire Design: Response Effects to Threatening Questions in Survey Research, San Francisco

Brenner, M. 1978, Interviewing: The Social Phenomenology of a Research Instrument, in: M. Brenner et. al., The Social Context of Method, London, 122-139

Brenner, M. 1981, Patterns of Social Structure in the Research Interview, in: M.Brenner (ed.), Social Method and Social Life, London und New York, 115-158

Brenner, M. 1985, Survey Interviewing, in: M. Brenner/J. Brown/D. Canter (eds.), The Research Interview, London, 9-36

Brenner, M./J. Brown/D. Canter (eds.) 1985, The Research Interview, London

Brenner, M./W. Bungard 1981, What do with Social Reactivity in Psychological Experimentation, in: M. Brenner (ed.), Social Method and Social Life, London und New York

Bruinsma, C. 1987, Systematic Errors in Survey-Interviews, Amsterdam

Budd, R. J./C. P. Spencer 1985, Exploring the Role of Personal Normative Beliefs in the Theory of Reasoned Action: The Problem of Discriminating Between Alternative Path Models, in: European Journal of Social Psychology, 15, 299-313

Bungard, W. 1984, Sozialpsychologische Forschung im Labor, Göttingen

Bungard, W./M. E. Lück 1974, Forschungsartefakte und nicht-reaktive Meßverfahren, Stuttgart

Burnkrant, R. E./T. J. Page 1982, An Examination of the Convergent, Discriminant, and Predictive Validity of Fishbein's Behavioral Intention Model, in: Journal of Marketing Research, 19, 550-561

Burnkrant, R. E./T. J. Page 1988, The Structure and Antecedents of the Normative and Attitudinal Components of Fishbein's Theory of Reasoned Action, in: Journal of Experimental Social Psychology, 24, 66-87

Burt, R. S. 1973, Confirmatory Factor-Analytic Structures and the Theory Construction Process, in: Sociological Methods and Research, 2, 131-190

Campbell, B. A. 1981, Race-of-Interviewer Effects among Southern Adolescent, in: Public Opinion Quarterly, 45, 231-244

Campbell D./D. Fiske 1959, Convergent and Discriminant Validation by the Multi-Trait-Multi-Method Matrix, in: Psychological Bulletin, 56, 81-105

Campbell, D. T./J. C. Stanley 1963, Experimental and Quasi-Experimental Designs for Research, Chicago

Campbell, D. T. 1967, The Indirect Assessment of Social Attitudes, in: M. Fishbein (ed.), Readings in Attitude Theory and Measurement, New York, 163-179

Campbell, B. 1981, Race-of-Interviewer Effects among Southern Adolescents, in: Public Opinion Quarterly, 45, 231-244

Cannell, C. F./R. L. Kahn 1968, Interviewing, in: Gardner, L./E. Aronson (ed.), Handbook of Social Psychology, Band 2, Massachussets, 526-595

Cannell, C. F./S. A. Lawson/D. L. Hausser 1975, A Technique for Evaluating Interviewer Performance, Michigan

Cannell, C. F./P. V. Miller/L. F. Oksenberg 1981, Research on Interviewing Techniques, in: S. Leinhardt (ed.) Sociological Methodology, San Francisco, 389-437

Cannell, C. F./L. Oksenberg/J. M. Converse 1979, Experiments in Interviewing Techniques, Ann Arbor

Carmines, E./R. A. Zeller 1979, Reliability and Validity Assessment, Beverly Hills

Carnap, R. 1974, The Methodological Character of Theoretical Concepts, in: L. Eberlein/W. Kröber-Riehl (Hrsg.), Wissenschaftsheorie der Wirtschafts- und Sozialwissenschaften, Band 3, Düsseldorf, 47-91

Carr, L. G. 1971, The Srole Items and Acquiescence, in: American Sociological Review, 36, 287- 293

Cicourel, A. V. 1974, Methode und Messung in der Soziologie, Frankfurt

Clancy, K./W. Gove 1974, Sex Differences in Mental Illness: An Analysis of Response Bias in Self-Reports, in: American Journal of Sociology, 80, 205-216

Cole, D. A./S. E. Maxwell 1988, Multi-Trait-Multi-Method Comparisons across Populations: A Confirmatory Factor Analytic Approach, in: Multivariate Behavioral Research, 20, 389-417

Cook, S. W./ C. Selltitz 1955, Some Factors which influence the Attitudinal Outcomes of Personal Contacts, in: International Sociological Bulletin, 7, 51-58

Cook, S. W./C. Selltitz 1964, A Multiple Indicator Approach to Attitude Measurement, in: Psychological Bulletin, 62, 36-55

Costner, H. L. 1969, Theory, Deduction, and Rules of Correspondence, in: American Journal of Sociology, 75, 245-263

Couch, A./K. Keniston 1960, Yeasayers and Naysayers: Agreeing Response Set as a Personality Variable, in: Journal of Abnormal and Social Psychology, 60, 150-174

Couch, A./K. Keniston 1961, Agreeing Response Set and Social Desirability, in: Journal of Abnormal and Social Psychology, 62, 175-179

Crandall, V. C. 1966, Personality Characteristics and Social and Achievement Behavior Associated with Children's Social Desirability Response Tendencies, in: Journal of Personality and Social Psychology, 5, 477-486

Crandall, V. C./V. J. Crandall 1965, A Children's Social Desirability Questionnaire, in: Journal of Consulting Psychology, 29, 27-36

Crandall, V. C./J. Gozali 1969, The Social Desirability Responses of Four Religious-Cultural Groups, in: Child Development, 40, 751-762

Cristie, R./J. Havel/B. Seidenberg 1958, Is the F-Scale Irreversible? in: Journal of Abnormal and Social Psychology, 56, 143-159

Cronbach, L. J. 1946, Response Sets and Test Validity, in: Educational and Psychological Measurement, 6, 475-494

Cronbach, L. J. 1950, Further Evidence on Response Sets and Test Design, in: Educational and Psycological Measurement, 10, 3-31

Crowne, D. P. 1979, The Experimental Study of Personality, New York

Crowne, D. P./C. M. Holland/L. K. Conn 1968, Personality Factors in Discrimination Learning in Children, in: Journal of Personality and Social Psychology, 4, 420-430

Crowne, D. P./D. Marlowe 1960, A New Scale of Social Desirability Independent of Psychopathology, in: Journal of Consulting Psychology, 24, 349-354

Crowne, D. P./D. Marlowe 1964, The Approval Motive, London

Crowne, D. P./M. W. Stephens 1961, Self-Acceptance and Self-Evaluative Behavior: A Critique of Methodology, in: Psychological Bulletin, 58, 104-121

Crowne, D. P./B. R. Strickland 1961, The Conditioning of Verbal Behavior as a Function of the Need for Social Approval, in: Journal of Abnormal and Social Psychology, 63, 395-401

De Maio, T. J. 1985, Social Desirability and Survey Measurement: A Review, in: C.F. Turner/E. Martin (ed.), Surveying Subjective Phenomena, Volume 2, New York, 257-282

Dijkstra, W. 1983, How Interviewer Variance can Bias the Results of Research on Interviewer Effects, in: Quality and Quantity, 17, 179-187

Dijkstra, W. 1987, Interviewing Style and Respondent Behavior: An Experimental Study of the Survey-Interview, in: Sociological Methods and Research, 16, 2, 309-334

Dijkstra, W./J. van der Zouwen, (eds.) 1982, Response Behavior in the Survey Interview, London/New York

Dijkstra, W./J. van der Zouwen 1985, A Field Experiment on Interviewer-Respondent Interaction, in: M. Brenner/J. Brown/D. Canter (eds.), The Research Interview, London, 37-63

Dijkstra, W./J. van der Zouwen 1987, Styles of Interviewing and the Social Context of the Survey-Interview, in: H. J. Hippler/N. Schwarz/S. Sudman (eds.), Social Information Processing and Survey Methodology, New York , 200-211

Dillon, W. R./A. Kumar 1985, Attitude Organization and the Attitude Behavior Relation: A Critique of Bagozzi and Burnkrant's Reanalysis of Fishbein and Ajzen, in: Journal of Personality and Social Psychology, 49, 33-46

Dohrenwend, B. P. 1966, Social Status and Psychiatric Disorder: An Issue of Substance and an Issue of Method, in: American Sociological Review, 31, 14- 34

Dohrenwend, B. P. 1969, Interviewer Biasing Effects: Forward a Recognition of Findings, in: Public Opinion Quarterly, 33, 121-129

Dohrenwend, B. P./B. S. Dohrenwend 1969, Social Status and Psychological Disorder, New York

Dulany, D. E. 1961, Hypotheses and Habits in Verbal "Operant Conditioning", in: Journal of Abnormal and Social Psychology, 63, 251-263

Dworschak, F. 1985, Wenn Deutsche Ausländer befragen - Zum Zusammenhang zwischen Interviewermerkmalen und Interviewereffekten, in: U. O. Sievering (Hrsg.), Arbeitsmigrantenforschung in der BRD, Frankfurt, 64-127

Dwyer, J. H. 1983, Statistical Models for the Social Sciences, New York

Edwards, A. L. 1957a, Techniques of Attitude Scale Construction, New York

Edwards, A. L. 1957b, The Social Desirability Variable in Personality Assessment and Research, New York

Edwards, A. L. 1961a, Social Desirability or Acquiescence in the MMPI ? A Case Study with the SD-Code, in: Journal of Abnormal and Social Psychology, 63, 351-359

Edwards, A. L. 1961b, Social Desirability and Agreement Response Set, in: Journal of Abnormal and Social Psychology, 62, 180-183

Edwards, A. L. 1962, Social Desirability and Expected Means on MMPI Scales, in: Educational and Psychological Measurement, 22, 71-76

Edwards, A. L./C. J. Diers 1962a, Social Desirability and Conflict, in: Journal of Social Psychology, 58, 349-356

Edwards, A. L./C. J. Diers 1962b, Social Desirability and the Factorial Interpretation of the MMPI, in: Educational and Psychological Measurement, 22, 501-509

Edwards, A. L./C. J. Diers/J. N. Walker 1962, Response Sets and Factor Loadings on Sixty-One Personality Scales, in: Journal of Applied Psychology, 46, 220-225

Edwards, L. K./A. L. Edwards/C. Clark 1988, Social Desirability and the Frequency of Social Reinforcement Scale, in: Journal of Personality and Social Psychology, 54, 526-529

Edwards, A. L./J. N. Walker 1961a, A Note on the Couch and Keniston Measure of Agreement Response Set, in: Journal of Abnormal and Social Psychology, 62, 173-174

Edwards, A. L./J. N. Walker 1961b, Social Desirability and Agreement Response Set, in: Journal of Abnormal and Social Psychology, 62, 180-183

Edwards, A. L./ J. A. Walsh 1963, The Relationship between the Intensity of the Social Desirability Keying of the Scale and the Correlation of the Scale with Edwards SD-Scale and the First Factor Loading of the Scale, in: Journal of Clinical Psychology, 19, 200-203

Ellis, T. E. 1985, The Hoplessness Scale and Social Desirability: More Data and a Contribution from the Irrational Beliefs Test, in: Journal of Clinical Psychology, 41, 634-639

Erbslöh, E. 1973, Theoretische Ansätze zur Deutung des Interaktionsprozesses im Forschungsinterview unter besonderer Berücksichtigung des Interviewerverhaltens, Inaugural-Dissertation, Köln

Erbslöh, E./G. Wiendieck 1974, Der Interviewer, in: J. van Koolwijk/M. Wieken-Mayser (Hrsg.), Techniken der empirischen Sozialforschung, Band 4, München, 83-106

Esser, H. 1974, Der Befragte, in: Koolwijk, J. van/M. Wieken-Mayser (Hrsg.), Techniken der empirischen Sozialforschung, Band 4, München, 107-145

Esser, H. 1975a, Soziale Regelmäßigkeiten des Befragtenverhaltens, Meisenheim am Glan

Esser, H. 1975b, Differenzierung und Integration sozialer Systeme als Voraussetzung der Umfrageforschung, in: Zeitschrift für Soziologie, 4, 316-334

Esser, H. 1975c, Zum Problem der Reaktivität bei Forschungskontakten, in: Kölner Zeitschrift für Soziologie und Sozialpsychologie, 27, 257-272

Esser, H. 1977, Response Set - Methodische Problematik und soziologische Interpretation, in: Zeitschrift für Soziologie, 6, 253-263

Esser, H. 1979, Methodische Konsequenzen gesellschaftlicher Differenzierung, in: Zeitschrift für Soziologie, 8, 14-27

Esser, H. 1980, Aspekte der Wanderungssoziologie, Darmstadt/Neuwied

Esser, H. 1981a, Forschungsreaktion als soziale Handlung: Zur Erklärung und Behandlung systematischer Meßfehler bei der reaktiven Datenerhebung, in: M. Brenner (Hrsg.), Die Sozialpsychologie sozialwissenschaftlicher Methoden, Bern, 73-89

Esser, H. 1981b, Research Reaction as Social Action and the Problem of Systematic Measurement Error, in: M. Brenner (ed.), Social Method and Social Life, London und New York

Esser, H. 1983a, Methodologische Probleme der empirischen Kritik von Theorien, Kurseinheit 1: Fehler bei der Datenerhebung, Hagen

Esser, H. 1983b, Meßfehler bei der Datenerhebung und die Techniken der empirischen Sozialforschung, Kurseinheit 2: Fehler bei der Datenerhebung, Hagen

Esser, H. 1983c, Datenerhebung als sozialer Prozeß, Kurseinheit 3: Fehler bei der Datenerhebung, Hagen

Esser, H. 1983d, Meßfehler in Kausalmodellen, Kurseinheit 4: Fehler bei der Datenerhebung, Hagen

Esser, H. 1984, Determinanten des Interviewer- und Befragtenverhaltens: Probleme der theoretischen Erklärung und empirischen Untersuchung von Interviewereffekten, in: K. U. Mayer/P. Schmidt (Hrsg.), Allgemeine Bevölkerungsumfrage der Sozialwissenschaften, Frankfurt, 26-71

Esser, H. 1985a, Befragtenverhalten als "Rationales Handeln", in: G. Büschges/W. Raub (Hrsg.), Soziale Bedingungen - Individuelles Handeln - Soziale Konsequenzen, Frankfurt, 279-304

Esser, H. 1985b, Sozialer Kontext und interethnische Beziehungen, unveröffentlichtes Manuskript, Essen

Esser, H. 1985c, Soziale Differenzierung als ungeplante Folge absichtsvollen Handelns: Der Fall der ethnischen Segmentation, in: Zeitschrift für Soziologie, 14, 435-449

Esser, H. 1986a, Können Befragte lügen? Zum Konzept des 'wahren Wertes' im Rahmen der handlungstheoretischen Erklärung von Situationseinflüssen bei der Befragung, in: Kölner Zeitschrift für Soziologie und Sozialpsychologie, 38, 314-336

Esser, H. 1986b, Warum die Routine nicht weiterhilft - Bemerkungen zur Stagnation soziologischer Theoriebildung, in: N. Müller/H. Stachowiak (Hrsg.) Problemlösungsoperator Sozialwissenschaft, Band I, Stuttgart, 230-245

Esser, H./K. Klenovits/H. Zehnpfennig 1977a, Wissenschaftstheorie I: Grundlagen und Analytische Wissenschaftstheorie, Stuttgart

Esser, H./K. Klenovits/H. Zehnpfennig 1977b, Wissenschaftstheorie II: Funktionalanalyse und hermeneutisch-dialektische Ansätze, Stuttgart

Esser, H./P. B. Hill/G. von Oepen 1983, Sozialökologische Bedingungen der Eingliederung ausländischer Arbeitnehmer im Ruhrgebiet (am Beispiel der Stadt Duisburg), Teil 2: Die deutsche Bevölkerung und ihr Verhältnis zu den ausländischen Arbeitnehmern, Forschungsbericht, Essen

Esser, H./P. B. Hill/E. Korte/I. Kurosch/R. Schnell 1986, Kulturelle und ethnische Identität bei Arbeitsmigranten im interkontextuellen und intergenerationalen Vergleich, Forschungsbericht, Essen

Everitt, B. S. 1984, An Introduction to Latent Variable Models, London

Feather, N. T. 1982a, Human Values and the Prediction of Action: An Expectancy-Valence Analysis, in: N. T. Feather (ed.), Expectations and Actions, New Jersey, 263-289

Feather, N. T. 1982b, Expectancy-Value Approaches: Present Status and Future Directions, in: N. T. Feather (ed.), Expectations and Actions, New Jersey, 395-420

Fishbein, M. 1967a, A Consideration of Beliefs and their Role in Attitude Measurement, in: M. Fishbein (ed.), Readings in Attitude Theory and Measurement, New York, 257-266

Fishbein, M. 1967b, Attitude and the Prediction of Behavior, in: M. Fishbein (ed.), Readings in Attitude Theory and Measurement, New York, 477-492

Fishbein, M. 1967c, A Behavior Theory Approach to the Relations between Beliefs about an Object and the Attitude Toward the Object, in: M.Fishbein (ed.), Readings in Attitude Theory and Measurement, New York, 389-400

Fishbein, M. 1973, The Prediction of Behavior from Attitudinal Variables, in: C. P. Mortensen/K. K. Sereno (eds.), Advances in Communication Research, New York, 12-34

Fishbein, M./I. Ajzen 1975, Belief, Attitude, Intention and Behavior, Massachusetts

Fishbein, M./B. H. Raven 1967, The AB Scales: An Operational Definition of Belief and Attitude, in: M.Fishbein (ed.), Readings in Attitude Theory and Measurement, New York, 183-189

Fordyce, W. E. 1956, Social Desirability in the MMPI, in: Journal of Consulting Psychology, 20, 171-175

Ford, L. H. 1964, A Forced-Choice, Acquiescence-Free, Social Desirability (Defensiveness) Scale, in: Journal of Consulting Psychology, 28, 475

Foster, R. I. 1961, Acquiescent Response Set as a Measure of Acquiescence, in: Journal of Abnormal and Social Psychology, 63, 155-160

Fox, J. 1967, Social Desirability, Prediction Equation, Regression Equations, and Intrinsic Response Bias, in: Psychological Bulletin, 67, 391-400

Fox, J. 1980, Effect Analysis in Structural Equation Models, in: Sociological Methods and Research, 9, 3-28

Fredricks, A. J./D. J. Dosett 1983, Attitude-Behavior Relations: A Comparison of the Fishbein-Ajzen and the Bentler-Speckart Models, in: Journal of Personality and Social Psychology, 45, 501-512

Freeman, J./E. W. Butler 1976, Some Sources of Interviewer Variance in Surveys, in: Public Opinion Quarterly, 40, 79-91

Gage, N. L./G. S. Leavitt/G. C. Stone 1957, The Psychological Meaning of Acquiescence Set for Authoritarianism, in: Journal of Abnormal and Social Psychology, 55, 98-103

Gerbing, D. W./I. C. Anderson 1987, Improper Solutions in the Analysis of Covariance Structures: Their Interpretability and a Comparison of Alternate Respecifications, in: Psychometrika, 52, 98-111

Goldberger, A. S./O. D. Duncan (eds.) 1973, Structural Equation Models in the Social Sciences, New York

Goldfried, M. R. 1964, A Cross-Validation of the Marlowe Crowne Social Desirability Scale Items, in: Journal of Social Psychology, 64, 137-145

Gollmann, H./J. Reinecke 1982, Zustimmungstendenz als theoretisches Konstrukt: Zur Erklärung und analytischen Kontrolle von Fehlern bei der Datenerhebung, unveröffentlichtes Manuskript, Duisburg

Goffmann, E. 1969, The Presentation of Self in Everyday Life, New York

Goudy, W. J./H. R. Potter 1975, Interview Rapport: Device of a Concept, in: Public Opinion Quarterly, 39, 529-543

Gove, W. R./M. R. Geerken 1977, Response Biases in Surveys of Mental Health: An Empirical Investigation, in: American Journal of Sociology, 82, 1289-1317

Graff, J./P. Schmidt 1982, A General Model for Decomposition of Effects, in: K. G. Jöreskog/H. Wold (eds.), Systems under Indirect Observation, Amsterdam, 131-148

Graff, J./P. Schmidt 1983, Structural Equation Models for Qualitative Observed Variables, in: P. Nijkamp (ed.), Measuring the Unmeasurable, Den Haag, 308-314

Groves, R. M./L. I. Magilavy 1986, Measuring and Explaining Interviewer Effects in Centralized Telephone Surveys, in: Public Opinion Quarterly, 50, 251-266

Groves, R. M./N. A. Malkiometz 1984, Computer Assisted Telephone Interviewing: Effects on Interviewers and Respondents, in: Public Opinion Quarterly, 48, 356-369

Groves, R. M. (ed.) 1988, Telephon Survey Methodology, New York

Guilford, J. P. 1967, Response Biases and Response Sets, in: M. Fishbein (ed.), Readings in Attitude Theory and Measurement, New York, 277-281

Hoag, W. I./K. R. Allerbeck 1981, Interviewer- und Situationseffekte in Umfragen: Eine log-lineare Analyse, in: Zeitschrift für Soziologie, 4, 413-426

Hagenaars, J. A./T. G. Heinen 1982, Effects of Role-independent Interviewer Characteristics on Responses, in: W. Dijkstra/J. Van der Zoowen (eds.), Response Behavior in the Survey Interview, London/New York, 91-130

Haedrich, G. 1964, Der Interviewereinfluß in der Marktforschung, Wiesbaden

Hanley, C. 1956, Social Desirability and Responses to Items from three MMPI-Scales: D, Sc and K, in: Journal of Applied Psychology, 40, 324-328

Hare, A. P. 1960, Interview Responses: Personality or Conformity?, in: Public Opinion Quarterly, 24, 679-685

Hartmann, P. 1990, Wunsch und Wirklichkeit - Theorie und Empirie sozialer Erwünschtheit, Dissertation, Hamburg

Hatchett, S. /H. Schuman 1975, White Respondents and Race-of-Interviewer Effects, in: Public Opinion Quarterly, 39, 523-528

Hathaway, S. R./J. C. McKinley 1951, A Multiphasic Personality Inventory Manual, New York

Heckhausen, H. 1980, Motivation und Handeln, Berlin

Heilbrun, A. B. 1964, Social-Learning Theory, Social Desirability and the MMPI, in: Psychological Bulletin, 61, 377-387

Heise, D. R./G. W. Bohrnstedt 1970, Validity, Invalidity and Reliability, in: Sociological Methodology, 104-129

Hermann, D. 1983, Die Priorität von Einstellungen und Verzerrungen im Interview, in: Zeitschrift für Soziologie, 12, 242-252

Hermann, D./F. Streng 1986, Das Dunkelfeld der Befragung, in: Kölner Zeitschrift für Soziologie und Sozialpsychologie, 38, 337-351

Hermann, D./R. Werle 1985, Zur Bedeutung von Meßfehlern, Stichprobenfehlern und Spezifikationsfehlern für den Test der internen Konsistenz von Kausalmodellen, in: Kölner Zeitschrift für Soziologie und Sozialpsychologie, 4, 747-756

Herting, J. R./H. L. Costner, Respecification in Multiple Indicator Models, in: H. M. Blalock (ed.), Causal Models in the Social Sciences, 321-393

Hill, P. B. 1984a, Räumliche Nähe und soziale Distanz: Zur Bedeutung der residenziellen Konzentration für die Ausprägung von Vorurteilen und sozialer Distanz gegenüber ethnischen Minderheiten, unveröffentl. Manuskript, Essen

Hill, P. B. 1984b, Nähe und soziale Distanz zu ethnischen Minderheiten, in: Zeitschrift für Soziologie, 13, 363-370

Hippler, H.-J. 1986, Urteilsprozesse in Befragungssituationen: Experimentelle Studien zu Frageeffekten, Dissertation, Mannheim

Hippler, H.-J./N. Schwarz/S. Sudman (eds.) 1987, Social Information Processing and Survey Methodology, New York

Hoelter, J. W. 1983, The Analysis of Covariance Structures: Goodness-of-Fit Indices, in: Sociological Methods and Research, 11, 325-344

Holm, K. 1974, Theorie der Frage, in: Kölner Zeitschrift für Soziologie und Sozialpsychologie, 26, 91-114

Hormuth, S. E./E. Brückner 1985, Telefoninterviews in Sozialforschung und Sozialpsychologie, in: Kölner Zeitschrift für Soziologie und Sozialpsychologie, 3, 526-545

Hui, S. H./H. C. Triandis 1985, The Instability of Response Sets, in: Public Opinion Quarterly, 49, 253-260

Hyman, H. 1944, Do they tell the truth?, in: Public Opinion Quarterly, 8, 557-559

Hyman, H. et al. 1954, Interviewing in Social Research, Chicago

Jackman, M. R. 1973, Education and Prejudice or Education and Response Set?, in: American Sociological Review, 38, 327-339

Jackson, D. N./S. Messick 1958, Content and Style in Personality Assessment, in: Psychological Bulletin, 55, 243-252

Jackson, D. N./S. Messick 1961, Acquiescence and Desirability as Response Determinants on the MMPI, in: Educational and Psychological Measurement, 21, 771-790

Jagodzinski, W. 1981, Sozialstruktur, Wertorientierung und Parteibindung: Zur Problematik eines Sozialisationsmodells, in: Zeitschrift für Soziologie, 10, 170-191

Jagodzinski, W./S. M. Kühnel/P. Schmidt 1987, Is there a "Socratic Effect" in Nonexperimental Panel Studies? Consistency of an Attitude Toward Guestworkers, in: Sociological Methods and Research, 15, 259-302

Johnson, W. T./J. D. Delamater 1976, Response Effects in Sex Surveys, in: Public Opinion Quarterly, 40, 165-181

Jöreskog, K. G. 1971, Simultaneous factor analysis in several populations, in: Psychometrika, 57, 409-426

Jöreskog, K. G. 1973, A General Method for Estimating a Linear Structural Equation System, in: A. S. Goldberger/O.D. Duncan (eds.) Structural Equation Models in the Social Sciences, New York, 85-112

Jöreskog, K. G. 1977, Structural Equation Models in the Social Sciences: Spezification, Estimation and Testing, in: P. R. Krishnaiah (ed.), Applications of Statistics, Amsterdam, 265-287

Jöreskog, K. G. 1981, Analysis of Covariance Structures, in: Scandinavian Journal of Statistic, 8, 65-92

Jöreskog, K. G./D. Sörbom 1977, Statistical Models and Methods for Analysis of Longitudional Data, in: D.J. Aigner/ A. S. Goldberger (eds.), Latent Variables in Socio-Economic Models, Amsterdam, 285-325

Jöreskog, K. G./D. Sörbom 1979, Advances in Factor Analysis and Structural Equation Models, Cambridge

Jöreskog, K. G./D. Sörbom 1986, LISREL VI: Analysis of Linear Structural Relationships by Maximum Likelihood and Least Square Methods, Uppsala

Jöreskog, K. G./D. Sörbom 1988, LISREL VII: A Guide to the Program and Applications, Chicago

Jöreskog, K. G./H. Wold (eds.) 1982, Systems under Indirect Observation: Causality - Structure - Prediction, Part I and Part II, Amsterdam

Jung, I. (ed.) 1971, The Experimenter's Dilemma, New York

Kahn, R. L./C. F. Cannell 1957, The Dynamics of Interviewing, New York

Katz, D. 1942, Do Interviewer Bias Poll Results?, in: Public Opinion Quarterly, 6, 248-269

Kaufmann-Mall, K. 1978, Kognitiv-hedonistische Theorie menschlichen Verhaltens, Bern

Kaufmann-Mall, K. 1981, Grundzüge einer kognitiv-hedonistischen Theorie menschlichen Verhaltens, in: H. Lenk (Hrsg.), Handlungstheorien - interdisziplinär - Band 3, 1. Halbband, München, 123-189

Kim, J./G. D. Ferree 1981, Standardization in Causal Analysis, in: Sociological Methods and Research, 10, 187-210

Kinsey, A. et al. 1948, Sexual Behavior in the Human Male, Philadelphia

Kinsey, A. et al. 1953, Sexual Behavior in the Human Female, Philadelphia

Kirscht, J. P./R. S. Dillehay 1967, Dimensions of Authoritorianism, New York

Kish, L. 1962, Studies of Interviewer Variance for Attitudinal Variables, in: Journal of the American Statistical Association, 57, 92-115

Klassen, D./R. K. Hornstra/ P. B. Anderson 1975, Influence of Social Desirability on Symptom and Mood Reporting in a Community Survey, in: Journal of Consulting and Clinical Psychology, 43, 448-452

Kohn, M. /Williams, R. 1956, Situational Patterning in Intergroup Relations, in: American Sociological Review, 21, 164-174

Kort-Krieger, U. 1982, Structural Determinants of Objective and Subjective Status, in: W. Raub (ed.), Theoretical Models and Empirical Analysis, Utrecht, 206-226

Krauth, C./R. Porst 1983, Sozioökonomische Determinanten von Einstellungen zu Gastarbeitern, in: K. U. Mayer/ P. Schmidt (Hrsg.), Allgemeine Bevölkerungsumfrage der Sozialwissenschaften, Frankfurt, 233-226

Krebs, D./K. F. Schuessler 1987, Soziale Empfindungen, Frankfurt

Kremer, M./H. Spangenberg 1980, Assimilation ausländischer Arbeitnehmer in der Bundesrepublik Deutschland, Königsstein

Kreutz, H. 1972, Soziologie der empirischen Sozialforschung, Theoretische Analyse von Befragungstechniken und Ansätze zur Entwicklung neuer Verfahren, Stuttgart

Kunz, G. 1969, Interview, in: W.Bernsdorf (Hrsg.), Wörterbuch der Soziologie, Stuttgart, 498- 514

Laga, G. 1984, Interviewsituation und Antwortverhalten, in: H. Meulemann/ K. H. Reuband (Hrsg.), Soziale Realität im Interview, Frankfurt, 81-94

Lakaderne, H. M./P. W. Jackson 1970, With a Crawal in the Classroom: A Note on some Educational Correlates of Social Desirability among School Children, in: Journal of Educational Psychology, 61, 97-101

Lakatos, I. 1974, Falsifikation und die Methodologie wissenschaftlicher Forschungsprogramme, in: I. Lakatos/ A. Musgrave (Hrsg.), Kritik und Erkenntnisfortschritt, Braunschweig, 89-189

Lakey, B./U. Heller 1985, Response Biases and the Relation between Negative Life Events and Psychological Symptoms, in: Journal of Personality and Social Psychology, 49, 1662-1668

Lenski, G. E./J. C. Leggett 1960, Caste, Class and Deference in the Research Interview, in: American Journal of Sociology, 65, 463-467

Liebhart, E. H./G. Liebhart 1971, Entwicklung einer deutschen Ethnozentrismusskala und Ansätze zu ihrer Validierung, in: Zeitschrift für experimentelle und angewandte Psychologie, 447-471

Lipsitz, L. 1965, Working Class Authoritorianism: A Re-Evaluation, in: American Sociological Review, 30, 103-109

Lomax, R. G. 1986, The Effect of Measurement Error in Structural Equation Modeling, in: Journal of Experimental Education, 54, 157-162

Lote, J. A./M. R. Buckley 1986, Estimating Trait, Method and Error Variance Generalizing Across 70 Consruct Validation Studies, in: Journal of Marketing Research, 24, 315-318

Lück, H. E./E. Timäeus 1969, Skalen zur Messung manifester Angst (MAS) und sozialer Wünschbarkeit (SDS-E und SDS-CM). in: Diagnostica, 15, 134-141

Maccoby E. E./N. Maccoby 1972, Das Interview: Ein Werkzeug der Sozialforschung, in: R. König (Hrsg.), Das Interview, Köln, 37-85

Mancini, J. A./A. J. McKeel 1986, Social Desirability and Psychological Well-Being Reports in Late Life: A further Inquiry, in: Educational and Psychological Measurement, 46, 89-94

Marlowe, D./ D. P.Crowne 1961, Social Desirability and Response to Perceived Situational Demands, in: Journal of Consulting Psychology, 25, 109-115

Marquis, K. H./C. F. Cannell 1971, Effect of Some Experimental Interviewing Techniques on Reporting in the Health Interview Survey, in: Vital and Health Statistics, Series 2, Number 41, Public Health Service

Mayntz, R. /K. Holm/K. Hübner 1971, Einführung in die Methoden der empirischen Soziologie, Opladen

McCrae, R. R. 1986, Well-Being Scales Do Not Measure Social Desirability, in: Journal of Gerontology, 41, 390-392

McGee, R. K. 1962, Response Style as a Personality Variable: By What Criterion?, in: Psychological Bulletin, 59, 284-295

McGee, R. K. 1962a, The Relationship between Response Style and Personality Variables: I. The Measurement of Response Acquiescence, in: Journal of Abnormal and Social Psychology, 64, 229-233

McGee, R. K. 1962b, The Relationship between Response Style and Personality Variables: II. The Prediction of Independent Conformity Behavior, in: Journal of Abnormal and Social Psychology, 65, 347-351

McLaughlin, D./J. Hewitt 1972, Need for Approval and Perceived Openness, in: Journal of Experimental Research in Personality, 6, 255-258

Mellenbergh, G. J./H. Kelderman/J. G. Stijlen/E. Zondag 1979, Linear Models for the Analysis and Construction of Instruments in a Facet Design, in: Psychological Bulletin, 86, 766-776

Messick, S. 1960, Dimensions of Social Desirability, in: Journal of Consulting Psychology, 24, 279-287

Messick, S. 1968, Response Sets, in: International Encyclopedia of the Social Sciences, 13, 492-496

Mummendey, H. D. 1987, Die Fragebogenmethode, Göttingen

Nederhof, A. J. 1985, Methods of Coping with Social Desirability Bias: A Review, in: European Journal of Social Psychology, 15, 263-280

Noelle-Neumann, E. 1976, Umfragen in der Massengesellschaft, Reinbek bei Hamburg

O'Muircheartaigh, C. A./C. Payne (eds.) 1978, The Analysis of Survey Data, Volume 2, Model Fitting, New York

Oesterreich, D. 1974, Autoritarismus und Autonomie, Stuttgart

Opp, K. D./P. Schmidt 1976, Einführung in die Mehrvariablenanalyse, Reinbek bei Hamburg

Opp, K. D. 1984, Zur Überprüfung des strukturell-individualistischen Forschungsprogramms in natürlichen Situationen, unveröffentlichtes Manuskript, Dortmund

Orne, M. T. 1969, Demand Characteristics and the Concept of Quasi-Controls, in: R. Rosenthal/R. L. Rosnow (eds.), Artifact in Behavioral Research, New York und London, 147-181

Orne, M. T. 1971, On the Social Psychology of the Psychological Experiment: With Particular Reference to Demand Characteristics and their Implications, in: J. Jung (ed.), The Experimenter's Dilemma, London, 108-123

Orth, B. 1987, Formale Untersuchungen des Modells von Fishbein/Ajzen zur Einstellungs-Verhaltensbeziehung: I. Bedeutsamkeit und erforderliches Skalenniveau, in: Zeitschrift für Sozialpsychologie, 18, 152-159

Orth, B. 1988, Formale Untersuchungen des Modells von Fishbein/Ajzen zur Einstellungs-Verhaltensbeziehung: II. Modellmodifikation für intervallskalierte Variablen, in: Zeitschrift für Sozialpsychologie, 19, 31-40

Pannekoek, J. 1988, Interviewer Variance in a Telephone Survey, unveröffentlichtes Manuskript, Voorburg

Paulhus, D. L. 1984, Two-Component Models of Socially Desirable Responding, in: Journal of Personality and Social Psychology, 46, 598-609

Paulhus, D. L. 1991, Measurement and Control of Response Bias, in: Robinson, J. D./P. R. Shaver/L. S. Wrightsman (eds.), Measures of Personality and Social Psychological Attitudes, Volume 1, New York, 17-59

Peabody, D. 1961, Attitude Content and Agreement Set in Scales of Authoritarianism, Dogmatism, Antisemitism, and Economic Conservatism, in: Journal of Abnormal and Social Psychology, 63, 1-11

Peabody, D. 1966, Authoritarianism Scales and Response Bias, in: Psychological Bulletin, 65, 11-23

Pfeifer, A./P. Schmidt 1987, LISREL: Die Analyse komplexer Strukturgleichungsmodelle, Stuttgart

Phillips, D. L. 1971, Knowledge from What? Chicago

Phillips, D. L. 1973, Abandoning Method, London

Phillips, D. L./K. L. Clancy 1970, Response Bias in Field Studies of Mental Illness, in: American Sociological Review, 35, 503-515

Phillips, D. L./K. L. Clancy 1972a, Some Effects of "Social Desirability" in Survey Studies, in: American Journal of Sociology, 77, 921-940

Phillips, D. L./K. L. Clancy 1972b, "Modelling Effects" in Survey Research in: Public Opinion Quarterly, 36, 2, 246-253

Phillips, D. L./B. E. Segal 1969, Sexual Status and Psychiatric Symptoms, in: American Sociological Review, 34, 58-72

Popper, K. R. 1976, Logik der Forschung, Tübingen

Prüfer, P./M. Rexroth 1984, Erfahrungen mit einer Technik zur Bewertung von Interviewerverhalten, ZUMA-Arbeitsbericht 84/3, Mannheim

Prüfer, P. /M. Rexroth 1986, On the Use of the Interaction Coding Technique, ZUMA-Arbeitsbericht 86/5, Mannheim

Raub, W. (ed.) 1982, Theoretical Models and Empirical Analysis, Utrecht

Reinecke, J. 1985a, Kausalanalytischer Erklärungsversuch von Verzerrungen durch soziale Erwünschtheit: Die Schätzung von Kern-, Meß- und Methodentheorie, in: Zeitschrift für Soziologie, 14, 386-399

Reinecke, J. 1985b, Die Erklärung von Befragtenreaktionen in Interviewsituationen, in: H.W. Franz(Hrsg.) 22. Deutscher Soziologentag 1984: Beiträge der Sektions- und Ad-Hoc-Gruppen, Opladen, 683-685

Reinecke, J. 1991, Interviewereffekte und Soziale Erwünschtheit: Theorie, Modell und empirische Ergebnisse, in: Journal für Sozialforschung, (im Druck)

Reuband, K. M. 1984, Dritte Personen beim Interview, in: H. Meulemann/ K. H. Reuband (Hrsg.), Soziale Realität im Interview, Frankfurt, 117-156

Rice, S. A. 1929, Contagious Bias in the Interview, in: American Journal of Sociology, 122-130

Rindskopf, D. 1984a, Structural Equation Models, in: Sociological Methods and Research, 13, 109-119

Rindskopf, D. 1984b, Using Phantom and Imaginary Latent Variables to Parameterize Contraints in Linear Structural Models, in: Psychometrika, 49, 34-47

Robinson, J. D./P. R. Shaver/L. S. Wrightsman (eds.) 1991, Measures of Personality and Social Psychological Attitudes, Volume 1, New York

Rock, D. A. /C. E. Werts/R. L. Linn/K. G. Jöreskog 1977, A Maximum Likelihood Solution to the Errors in Variables and Errors in Equation Models, in: Journal of Multivariate Behavioral Research, 12, 187-197

Roede, H. 1968, Befrager und Befragte, Berlin

Roeder, B. 1972, Die Bestimmung diskrepanten Antwortverhaltens, in: Zeitschrift für experimentelle und angewandte Psychologie, 19, 593-640

Rorer, L. G. 1965, The Great Response-Style Myth, in: Psychological Bulletin, 63, 129-156

Rosen, E. 1956, Self-Appraisal, Personal Desirability and Perceived Social Desirability of Personality Traits, in: Journal of Abnormal and Social Psychology, 52, 151-158

Rosenberg, M. T. 1956, Cognitive Structure and Attitudinal Affect, in: Journal of Abnormal and Social Psychology, 53, 367-372

Rosenberg, M. J./C. J. Hovland 1960, Cognitive, Affective, and Behavioral Components of Attitudes, in: M. J. Rosenberg/C. J. Hovland/W. J. McGuire/R. P. Abelson/J. W. Brehm (eds.), Attitude Organization and Change, New Haven, 78-114

Rosenthal, R. 1971, On the Social Psychology of the Psychological Experiment: The Experimenter's Hypothesis as Unintended Determinant of Experimented Results, in: J. Jung (ed.), The Experimenter's Dilemma, London, 160-181

Rosenthal, R. 1984, Essentials of Behavioral Research, New York

Rosenthal, R./R. L. Rosnow (eds.) 1969, Artifact in Behavioral Research, New York und London

Rosenthal, R./R. L. Rosnow 1984, Understanding Behavioral Science: Research Models for Research Consumers, New York

Rotter, J. B./J. E. Chance/E. J. Phares 1972, Applications of a Social Learning Theory of Personality, New York

Ryan, M. L. 1982, Behavioral Intention Formation: The Interdependency of Attitudinal and Social Influence Variables, in: Journal of Consumer Research, 9, 263- 278

Saris, W. E./L. van Dorn/W. M. de Piper 1984, Tele-Interviewing, Sociometric Research Foundation, Amsterdam

Schaeffer, N. C. 1980, Evaluating Race-of-Interviewer Effects in a National Survey, in: Sociological Methods and Research, 8, 400-419

Schanz, V./P. Schmidt 1984, Interviewereffekte im Nationalen Survey, in: K. U. Mayer/P. Schmidt (Hrsg.) Allgemeine Bevölkerungsumfrage der Sozialwissenschaften, Frankfurt, 72-113

Scheuch, E. K. 1973, Das Interview in der Sozialforschung, in: R. König (Hrsg.), Handbuch der empirischen Sozialforschung, Band 2, Stuttgart, 66-190

Schmidt, P. 1977, Zur praktischen Anwendung von Theorien: Grundlagenprobleme und Anwendung auf die Hochschuldidaktik, Inaugural-Dissertation, Mannheim

Schmidt, P. 1986, Autoritarismus, Entfremdung und psychosomatische Krebsforschung: Explikation der drei Forschungsprogramme durch eine allgemeine Theorie und empirischer Test mittels Strukturgleichungsmodellen, HAbilitationsschrift, Giessen

Schmidt, P./ J. Graff 1975, Kausalmodelle mit hypothetischen Konstrukten und nicht-rekursiven Beziehungen, in: R. Ziegler (Hrsg.), Die Anwendung simultaner Gleichungssyteme auf den Statuszuweisungsprozeß, Kiel, 7-58

Schmidt, P./ G. Wolf 1984, Sozialstrukturelle und individuelle Determinanten von subjektiver Schichtidentifikation und politischen Einstellungen, in: K. U. Mayer/P. Schmidt (Hrsg.) Allgemeine Bevölkerungsumfrage der Sozialwissenschaften, Frankfurt, 267-314

Schnell, R./P. B. Hill/E. Esser 1989, Methoden der empirischen Sozialforschung, München

Scholl, A. 1989, Wechselseitige Eindrucksbildungen im Forschungsinterview, unveröffentlichtes Manuskript, Münster

Schuessler, K. 1982, Measuring Social Life Feelings, San Francisco

Schuessler, K./T. Davies/D. Prensky 1978, Direction-of-Wording Effects in Attitude-Feeling Measures (Manuskript, präsentiert auf dem 9. Weltkongreß der Soziologie 1978 in Uppsala, Schweden)

Schuessler, K./L. Freshnock 1978, Measuring Attitudes Toward Self and Others in Society: State of the Art, in: Social Forces, 56, 1228-1244

Schuessler, K./D. Hittle/J. Cardascia 1978, Measuring Responding Desirability with Attitude-Opinion Items, in: Social Psychology, 41, 224-235

Schuessler, K./M. Wallace 1979, Components in Communality of Mental Attitude Items, in: Sociological Focus, 12, 247-261

Schuman, H./J. M. Converse 1971, The Effects of Black and White Interviewers on Black Responses 1968, in: Public Opinion Quarterly, 35, 44-68

Schuman, H./S. Presser 1981, Questions and Answers in Attitude Surveys, New York

Scott-Long, J. 1981, Estimation and Hypothesis Testing in Linear Models Containing Measurement Error, in: P. W. Marsden (ed.), Linear Models in Social Research, Beverly Hills

Siegrist, J./K. Dittman/K. Rittner/I. Weber 1972, Soziale Belastungen und Herzinfarkt, Stuttgart

Sigusch, V./G. Schmidt 1970, Schüler-Sexualität, unveröffentl. Manuskript, Hamburg

Simon, H. A. 1985, Human Nature in Politics: The Dialogue of Psychology with Political Science, in: American Political Science Review, 79, 193-304

Singer, E./M. R. Frankel/M. B. Glassman 1983, The Effect of Interviewer Characteristics and Expectations on Response, in: Public Opinion Quarterly, 47, 68-83

Singer, E./L. Kohnke-Aguirre 1979, Interviewer Expectation Effects: A Replication and Extension, in: Public Opinion Quarterly, 43, 245-260

Smith, D. H. 1967, Correcting for Social Desirability Response Sets in Opinion-Attitude Survey Research, in: Public Opinion Quarterly, 31, 87-94

Sobel, M. E./G. Arminger 1986, Platonic and Operational True Scores in Covariance Structure Analysis, in: Sociological Methods and Research, 15, 44-58

Sobel, M. E./G. W. Bohrnstedt 1985, Use of Null models in evaluating the Fit of Covariance Structure Models, in: Sociological Methodology, 152-178

Sörbom, D. 1979, A General Method for Studying Differences in Factor Means and Factor Structure between Groups, in: K. G. Jöreskog/D. Sörbom (ed.), Advances in Factor Analysis and Structural Equation Models, Cambridge

Sörbom, D. 1982, Structural Equation Models with Structured Means, in: Jöreskog, K. G./H. Wold (ed.), Systems under Indirect Observations, Amsterdam, 183-195

Sörbom, D./K. G. Jöreskog 1978, The Use of LISREL in Sociological Model Building, Research Report 78-12, Uppsala

Steinert, M. 1984, Das Interview als soziale Interaktion, in: M. Meulemann/K. H. Reuband (Hrsg.), Soziale Realität im Interview, Frankfurt, 17-59

Stember, M./H. Hyman 1949, Interviewer Effects in the Classification of Responses, in: Public Opinion Quarterly, 13, 669-682

Stenning, B. W./J. E. Everitt 1984, Response Styles in a Cross-Cultural Managerial Study, in: Journal of Social Psychology, 122, 151-156

Strickland, B. R./D. P. Crowne 1962, Conformity under Conditions of Simulated Group Pressure as a Function of the Need for Social Approval, in: Journal of Social Psychology, 58, 171-181

Sudman, S. /N. M. Bradburn 1974, Response Effects in Surveys, Chicago

Sudman, S. /N. M. Bradburn/E. Blair/C. Stocking 1977, Modest Expectations: The Effects of Interviewers Prior Expectations on Responses, in: Sociological Methods and Research, 6, 177-182

Sudman, S. /N. M. Bradburn 1982, Asking Questions, San Francisco

Sullivan, J. L. 1974, Multiple Indicators: Some Criteria of Selection, in: H. M. Blalock (Jr.), Measurement in the Social Sciences, Chicago, 243-269

Sullivan, J. L./S. Feldman 1979, Multiple Indicators, Beverly Hills

Summers, G. F. 1977, Attitude Measurement, London

Summers, G. F./A. D. Hammonds 1969, Toward a Paradigm for Respondent Bias in Survey Research, in: Sociological Quaterly, 10, 113-121

Taylor, J. B. 1959, Social Desirability and MMPI Performance, in: Journal of Consulting Psychology, 23, 514-517

Taylor, J. B. 1961a, The "Yeasayer" and Social Desirability: A Comment on the Couch and Keniston Paper, in: Journal of Abnormal and Social Psychology, 62, 172

Taylor, J. B. 1961b, What do Attitude Scales Measure? The Problem of Social Desirability, in: Journal of Abnormal and Social Psychology, 62, 386-390

Tholey, V. 1976, Die "Social Desirability" Variable bei der Beantwortung von Persönlichkeitsfragebögen, Dissertation, Darmstadt

Topitsch, E. (Hrsg.) 1960, Probleme der Wissenschaftstheorie, Wien

Trope, Y./M. Bassok/E. Alon 1984, The Questions lay Interviewers Ask, in: Journal of Personality, 52, 90-106

Tucker, C. 1983, Interviewer Effects in Telephone Surveys, in: Public Opinion Quarterly, 47, 84-95

Veltman, C. J. 1971, The Resistance of Respondents in Inter-Ethnic Interviewing, in: Sociology and Social Research, 56, 513-521

Wahler, H. M. 1968, Note on Social Desirability Scores and Edwards Prediction Equation, in: Psychological Bulletin, 69, 417

Webb, E. J./D. T. Campbell/R. D. Schwartz/L. Sechrest 1975, Nichtreaktive Meßverfahren, Weinheim und Basel

Weede, E./W. Jagodzinski 1977, Einführung in die konfirmatorische Faktorenanalyse, in: Zeitschrift für Soziologie, 3, 315-333

Weiss, C. H. 1968, Validity of Welfare Mothers Interview Responses, in: Public Opinion Quarterly, 32, 622-633

Westie, F. R. 1964, Race and Ethnic Relations, in: R. E. L. Foris (ed.), Handbook of Modern Sociology, Chicago, 576-618

Wicker, A. W. 1969, Attitudes versus Actions: The Relationship of Verbal and Overt Behavioral Responses to Attitude Objects, in: Journal of Social Issues, 25, 41-78

Williams, J. A. 1964, Interviewer-Respondent Interaction: A Study of Bias in the Information Interview, in: Sociometry, 27, 338-352

Williams, J. A. 1968, Interviewer Role Performance: A further Note on Bias in the Information Interview, in: Public Opinion Quarterly, 32, 287-294

Wilson, T. P. 1970, Theorien der Interaktion, und Modelle soziologischer Erklärung, in: Arbeitsgruppe Bielefelder Soziologen (Hrsg.), Alltagswissen, Interaktion und gesellschaftliche Wirklichkeit, Reinbeck bei Hamburg

Zerbe, W. J./D. J. Paulhus 1987, Socially Desirable Responding in Organizational Behavior: A Reception, in: Academy of Management Review, 12, 250-264

Ziegler, R. 1972, Theorie und Modell. Der Beitrag der Formalisierung zur soziologischen Theoriebildung, München

Zouwen, J. van der/W. Dijkstra/J. van der Bovenkamp 1986, The Control of Interaction Processes in Survey Interviews, in: F. Geyer/J. v. d. Zouwen (eds.), Sociocybernetic Paradoxes, Beverly Hills, 55-63

Zuckerman, M./M. T. Reis 1978, Comparison of Three Models for Predicting Altruistic Behavior, in: Journal of Personality and Social Psychology, 36, 498-510

ZUMA-Skalenhandbuch 1983, Band 1-3, Bonn

Einschätzungsbogen

EINSCHÄTZUNGSBOGEN

Im folgenden geht es darum, die nach diesen Instruktionen aufgeführten Aussagen zu beurteilen. Die Beurteilung soll sich nach allgemeinen Wertmaßstäben richten, die in unserer Gesellschaft allgemein akzeptiert werden. Demnach soll jede Aussage von Ihnen nach sozialer Erwünschtheit bzw. sozialer Unerwünschtheit in der Bevölkerung eingeschätzt werden.

Es geht also nicht darum, ob Sie einer Aussage zustimmen würden oder nicht. Es geht auch nicht darum, hier Ihre Meinung - wie bei Umfragen sonst üblich - zu den einzelnen Aussagen abzugeben; es geht vielmehr darum, ob Sie die ZUSTIMMUNG zu den jeweiligen Aussagen bei anderen Leuten allgemein als sozial erwünscht oder unerwünscht einschätzen würden.

Beispiel:

Wenn ich Pläne schmiede, bin ich überzeugt, daß ich   1   2   3   4   5
sie verwirklichen kann.

Ihre Einschätzung, ob die Zustimmung zu dieser Aussage bei anderen Leuten allgemein als sozial erwünscht oder unerwünscht angesehen werden kann, soll an den rechts von der Aussage stehenden fünf Ziffern vorgenommen werden.

1	bedeutet	sehr unerwünscht
2	bedeutet	unerwünscht
3	bedeutet	neutral (weder unerwünscht, noch erwünscht)
4	bedeutet	erwünscht
5	bedeutet	sehr erwünscht

Wenn Sie z. B. die Ziffer 4 bei einer Aussage ankreuzen, bedeutet dies, daß Sie die Zustimmung zu dieser Aussage bei anderen Leuten als sozial erwünscht einschätzen.

Wenn Sie z. B. die Ziffer 3 bei einer Aussage ankreuzen, bedeutet dies, daß Sie die Zustimmung zu dieser Aussage bei anderen Leuten als neutral, d. h. weder sozial erwünscht noch unerwünscht einschätzen.

Wenn Sie z. B. die Ziffer 1 bei einer Aussage ankreuzen, bedeutet dies, daß Sie die Zustimmung zu dieser Aussage bei anderen Leuten als sehr sozial unerwünscht einschätzen.

Bitte kreuzen Sie pro Aussage nur eine Ziffer an und denken Sie daran, daß es um Ihre Einschätzung geht, was andere Leute für sozial erwünscht bzw. unerwünscht halten, und nicht um Ihre Meinung.

E0101
Gastarbeiter sollten ihren Lebensstil ein bißchen besser an den der Deutschen anpassen.   1   2   3   4   5

E0102
Wenn Arbeitsplätze knapp werden, sollte man die Gastarbeiter wieder in ihre Heimat zurückschicken.   1   2   3   4   5

E0103
Man sollte Gastarbeitern jede politische Betätigung in Deutschland untersagen.   1   2   3   4   5

E0104
Gastarbeiter sollten sich ihre Ehepartner unter ihren eigenen Landsleuten auswählen.   1   2   3   4   5

E0201
Menschen verschiedener Rassen, Religionen und Nationalitäten würden besser miteinander zurecht-kommen, wenn sie einander besuchten und gemeinsame Erfahrungen machten.   1   2   3   4   5

E0202
Wir sollten jeden Ausländer, der gern in unserem Land leben möchte, willkommen heißen.   1   2   3   4   5

E0203
Die moralischen Grundsätze der Bundesbürger sind   1   2   3   4   5

höher als die der Angehörigen fremder Nationen.

E0204
Wenn wir mehr Einwanderer in unser Land lassen,   1 2 3 4 5
wird das unsere Kultur bereichern.

E0205
Es wäre gefährlich für die Bundesrepublik, zu eng   1 2 3 4 5
mit Nationen zusammenzuarbeiten, die anders sind
als wir.

BMF01
Die ausländischen Arbeitnehmer in Deutschland bean-   1 2 3 4 5
spruchen Leistungen, die Ihnen nicht zustehen.

BMF02
Die ausländischen Arbeitnehmer nehmen den Deutschen   1 2 3 4 5
die Arbeitsplätze weg.

BMF03
Seitdem so viele ausländische Arbeitnehmer in   1 2 3 4 5
Deutschland wohnen, hat man es als Deutscher
schwerer, eine Wohnung zu bekommen.

BMF04
Es ist ganz richtig, wenn die ausländischen Arbeit-   1 2 3 4 5
nehmer für vergleichbare Wohnungen höhere Mieten
zahlen als Deutsche. Sie verdienen in Deutschland
schließlich genug.

BMF05
Da, wo die ausländischen Arbeitnehmer wohnen, sollte   1 2 3 4 5
es genauso viele Kindergärten, Schulen, Schwimmbäder
und ähnliches geben wie dort, wo nur Deutsche wohnen,
denn schließlich bezahlen die ausländischen Arbeitnehmer genauso Steuern wie die Deutschen.

BMF06
Die ausländischen Arbeitnehmer sollten in deutschen   1 2 3 4 5
Betrieben die gleichen Aufstiegsmöglichkeiten erhalten
wie die deutschen Arbeitnehmer.

BMF07
Die deutschen Arbeitnehmervertreter in Betriebsräten   1 2 3 4 5

und Gewerkschaften sollen sich um die Interessen der
ausländischen Arbeitnehmer genauso kümmern wie um die
Interessen der deutschen Arbeitnehmer.

BMF08
Die Deutschen sollten für die gleiche Arbeit besser   1   2   3   4   5
bezahlt werden als die ausländischen Arbeitnehmer,
denn die Deutschen haben ja auch höhere Ansprüche
als die ausländischen Arbeitnehmer.

BMF09
Die ausländischen Arbeitnehmer sollen sich mit der   1   2   3   4   5
gegebenen Situation abfinden und froh sein, daß wir
sie überhaupt ins Land lassen.

BMF10
Wenn ein auländischer Arbeitnehmer schon längere Zeit   1   2   3   4   5
in Deutschland lebt und arbeitet, dann sollte er
auch das Wahlrecht erhalten.

BMF11
Wenn ein ausländischer Arbeitnehmer schon längere   1   2   3   4   5
Zeit in Deutschland lebt und arbeitet, dann sollte
er auch die deutsche Staatsangehörigkeit erhalten.

KVR04
Wenn die Ausländer in unsere Wohngebiete einziehen,   1   2   3   4   5
werden die Kontakte der deutschen Nachbarn unter-
einander zerstört.

KVR05
Die Ausländer sollten nicht ihre ganze Familie nach   1   2   3   4   5
Deutschland nachkommen lassen dürfen.

KVR06
Es ist richtig, daß die ausländischen Arbeitnehmer   1   2   3   4   5
in Deutschland die Arbeiten verrichten, die den
Deutschen zu schmutzig, zu anstrengend oder zu lang-
weilig sind.

KVR07
Die Ausländer in Deutschland sollten genauso wie die   1   2   3   4   5
Deutschen Arbeitslosenunterstützung, Sozialhilfe,
Kindergeld, Wohngeld etc. erhalten.

KVR08
Je mehr ausländische Kinder in einer Schulklasse   1 2 3 4 5
sind, um so schlechter werden die deutschen Kinder
ausgebildet.

KVR09
Die Kinder der ausländischen Arbeitnehmer sollten   1 2 3 4 5
wieder in ihre Heimat zurückkehren, auch wenn sie
in Deutschland geboren sind.

KVR10
Ausländische Arbeitnehmer sollten durch finanzielle   1 2 3 4 5
Anreize zur baldigen Rückkehr ermuntert werden.

KVR11
Unsere traditionelle deutsche Eigenart scheint   1 2 3 4 5
Gefahr zu laufen, durch die Zunahme der ausländischen
Bevölkerung verloren zu gehen.

KVR12
Auch wenn die Ausländer schon längere Zeit in   1 2 3 4 5
Deutschland leben, sollten sie ihre ausländischen
Gebräuche beibehalten.

KVR13
Die ausländische Bevölkerung ist mit schlechten   1 2 3 4 5
Wohnungen zufrieden, weil die Verhältnisse in ihrem
Heimatland noch schlechter waren.

KVR14
Die ausländischen Familien wollen bessere Wohnungen,   1 2 3 4 5
sind aber nicht bereit, dafür höhere Mieten zu be-
zahlen.

D2101
Ausländern kann man in jeder Hinsicht vertrauen   1 2 3 4 5
wie Deutschen.

D2102
Ausländische Studenten und Arbeiter sollten möglichst   1 2 3 4 5
in Heimen untergebracht werden, denn man kann von
einer deutschen Hausfrau nicht erwarten, daß sie ihr
Zimmer z. B. an Türken vermietet.

D2103
Es geht zu weit, wenn sich ausländische Arbeiter auch   1 2 3 4 5
noch an deutsche Mädchen und Frauen heranmachen.

D2104
Die Gastarbeiter haben uns geholfen, als wir sie   1 2 3 4 5
brauchten; deshalb sollten wir sie bei einer Arbeitslosigkeit nicht eher entlassen, als die deutschen
Arbeiter.

D2105
Es ist nicht gut, viele Ausländer im Land zu haben,   1 2 3 4 5
weil sie oft unangenehm und anmaßend sind.

D2106
Das Hauptübel unserer Zeit ist die zunehmende Über-   1 2 3 4 5
fremdung deutscher Sitten.

Variablen

Welchen Schulabschluß haben Sie?
Bitte nennen Sie nur den letzten, höchsten Abschluß

V4 Volksschule/Hauptschule ohne Abschluß   (1)
    Volksschule/Hauptschule mit Abschluß   (2)
    Mittlere Reife, Realschulabschluß,   (3)
    Fachschulreife
    Fachhochschulreife, Höhere Handelsschule   (4)
    Abitur (Allg. Hochschulreife)   (5)
    Hochschulabschluß   (6)

Welchen Beruf haben Sie zuletzt ausgeübt?

V7 Beruf: ISCO-Codes

Hatten Sie mit ausländischen Arbeitskollegen außerhalb
des Betriebes private Kontakte oder waren in dem
Betrieb keine ausländischen Arbeitskollegen?

V8 Ich hatte keine ausländischen Arbeitskollegen   (1)
    Mit keinem ausländischen Kollegen private   (2)
    Kontakte
    Mit einigen ausländischen Kollegen private   (3)
    Kontakte

Welches Ausbildungsziel haben Sie?

V19 Abschluß, Beruf ISCO-CODES

Haben Sie mit ausländischen Schülern/Studenten/Azubis
außerhalb der Schule/Universität private Kontakte oder
haben Sie keine ausländischen Mitschüler/Studenten/Azubis?

V20	Ich habe keine ausländischen Mitschüler/ Studenten/Azubis	(1)
	Mit keinem ausländischen Mitschüler/ Studenten/Azubi private Kontakte	(2)
	Mit einigen ausländischen Mitschülern/ Studenten/Azubis private Kontakte	(3)

Welchen Beruf üben Sie zur Zeit aus?

V31   Beruf: ISCO-Codes

Haben Sie mit ausländischen Arbeitskollegen außerhalb
des Betriebes private Kontakte oder haben Sie keine
ausländischen Arbeitskollegen?

V35	Ich habe keine ausländischen Kollegen	(1)
	Mit keinem ausländischen Kollegen private Kontakte	(2)
	Mit einigen ausländischen Kollegen private Kontakte	(3)

Wodurch läßt sich Ihrer Meinung nach die Sicherheit der
Arbeitsplätze verwirklichen?

	trifft voll zu	trifft über- wiegend zu	trifft teil- weise zu	trifft nicht zu
V114 Durch weniger aus- ländische Arbeits- kräfte	(4)	(3)	(2)	(1)
V115 Durch Verbesserung der beruflichen Ausbildung	( )	( )	( )	( )
V116 Durch geringere Arbeits- platzvernichtung der Unternehmen	( )	( )	( )	( )
V117 Durch staatliche Unter- stützung der Privat- wirtschaft	( )	( )	( )	( )
V118 Durch die Bereitschaft des Einzelnen, sich für seinen Beruf voll einzusetzen	( )	( )	( )	( )
V119 Durch starke Gewerk- schaften	( )	( )	( )	( )

Wodurch sehen Sie Ihren eigenen persönlichen Lebensraum und Ihren
Wunsch, Ihr eigenes Leben zu leben, beeinträchtigt?

	trifft voll zu	trifft über- wiegend zu	trifft teil- weise zu	trifft nicht zu
V120 Durch zu geringe fi- nanzielle Hilfen des Staates	(4)	(3)	(2)	(1)
V121 Durch die Überfrem- dung durch Ausländer	( )	( )	( )	( )
V122 Durch eine Gefahr außerhalb unseres Staates	( )	( )	( )	( )
V123 Durch zu geringe beruf- liche Chancen	( )	( )	( )	( )
V124 Durch staatliche Ein- griffe in die Privat- sphäre	( )	( )	( )	( )
V125 Durch die Zunahme von Verbrechen	( )	( )	( )	( )

Im folgenden sind nun einige Aussagen aufgeführt, wobei es
darum geht, wie man sich selbst sieht. Wir würden nun gerne
von Ihnen erfahren, ob diese Aussagen eher für Sie persönlich
zutreffen oder nicht zutreffen.

	trifft völlig zu	trifft zu	trifft weniger zu	trifft über- haupt nicht zu
V126 Ich bin immer ein guter Zuhörer, egal, mit wem ich mich unterhalte.	(4)	(3)	(2)	(1)
V127 Ich nehme die Forderung einen Gefallen zu erwidern, nie übel.	( )	( )	( )	( )
V128 Manchmal versuche ich, es jemandem heimzuzahlen, anstatt Gras darüber wachsen zu lassen.	( )	( )	( )	( )
V129 Ich bin manchmal irritiert, wenn ich meinen Willen nicht durchsetzen kann.	( )	( )	( )	( )
V130 Es hat Zeiten gegeben, in denen ich sehr neidisch auf das Glück anderer Leute war.	( )	( )	( )	( )
V131 Ich habe niemals mit Absicht etwas gesagt, daß jemanden verletzen könnte.	( )	( )	( )	( )
V132 Es hat Situationen gegeben, wo ich am liebsten alles zusammen- geschlagen hätte.	( )	( )	( )	( )
V133 Ich habe noch nie eine starke Abneigung gegen jemanden gehabt.	( )	( )	( )	( )
V134 Es hat schon mal Gelegenheiten gegeben, bei denen ich jemanden übervorteilt habe.	( )	( )	( )	( )
V135 Ich bin immer bereit, meine Fehler zuzugeben.	( )	( )	( )	( )

Haben Sie Kontakte zu den ausländischen Mitbewohnern?

V159   Mit keinem Mitbewohner Kontakte   (1)
        Mit einigen Mitbewohnern Kontakte   (2)
        (auch flüchtige Kontakte)

Mit wievielen ausländischen Bewohnern in Ihrer Nachbarschaft
(außerhalb des Wohnhauses) haben Sie private Kontakte?

V169   Keine privaten Kontakte   (1)

        Mit einigen Bewohnern in der   (2)
        Nachbarschaft private Kontakte
        (auch flüchtige Kontakte)

Haben Sie mit ausländischen Freunden oder ausländischen Bekannten
außerhalb Ihrer Nachbarschaft private Kontakte?

V179   Ich habe keine ausländischen   (1)
        Bekannte/Freunde

        Mit einigen Bekannten/Freunden   (2)
        private Kontakte

Im folgenden haben wir einige Meinungen aufgeführt, die man immer
wieder über Ausländer hören kann. Wir möchten Sie nun fragen,
welcher dieser Meinungen Sie eher zustimmen und welche Sie eher
ablehnen würden.

	stimme stark zu	stimme zu	lehne ab	lehne stark ab
V199 Gastarbeiter sollten ihren Lebens- stil ein bißchen besser an den der Deutschen anpassen.	(4)	(3)	(2)	(1)
V200 Man sollte Gastarbeitern jede poli- tische Betätigung in Deutschland untersagen.	( )	( )	( )	( )
V201 Wir sollten jeden Ausländer, der gern in unserem Land leben möchte, willkommen heißen.	( )	( )	( )	( )
V202 Unsere traditionelle deutsche Eigen- art scheint Gefahr zu laufen, durch die Zunahme der ausländischen Bevöl- kerung verloren zu gehen.	( )	( )	( )	( )
V203 Ausländern kann man in jeder Hin- sicht vertrauen wie Deutsche	( )	( )	( )	( )
V204 Es ist nicht gut, viele Ausländer im Land zu haben, weil sie oft unange- nehm und anmaßend sind.	( )	( )	( )	( )
V205 Wenn Arbeitsplätze knapp werden, sollte man die Gastarbeiter wieder in ihre Heimat zurückschicken.	( )	( )	( )	( )
V206 Die ausländischen Arbeitnehmer neh- men den Deutschen die Arbeitsplätze weg.	( )	( )	( )	( )
V207 Die Ausländer in Deutschland sollten genauso wie die Deutschen Arbeitslo- senunterstützung, Sozialhilfe, Kin- dergeld, Wohngeld etc. erhalten.	( )	( )	( )	( )

	stimme stark zu	stimme zu	lehne ab	lehne stark ab
V208 Ausländische Arbeitnehmer sollten durch finanzielle Anreize zur baldigen Rückkehr ermuntert werden.	(4)	(3)	(2)	(1)
V209 Wenn ein auländischer Arbeitnehmer schon längere Zeit in Deutschland lebt und arbeitet, dann sollte er auch das Wahlrecht erhalten.	( )	( )	( )	( )
V210 Wenn ein ausländischer Arbeitnehmer schon längere Zeit in Deutschland lebt und arbeitet, dann sollte er auch die deutsche Staatsangehörigkeit erhalten.	( )	( )	( )	( )
V211 Die Ausländer sollten nicht ihre ganze Familie nach Deutschland nachkommen lassen dürfen.	( )	( )	( )	( )
V212 Gastarbeiter sollten sich ihre Ehepartner unter ihren eigenen Landsleuten auswählen.	( )	( )	( )	( )
V213 Auch wenn die Ausländer schon längere Zeit in Deutschland leben, sollten sie ihre ausländischen Gebräuche beibehalten.	( )	( )	( )	( )
V214 Wenn die Ausländer in unsere Wohngebiete einziehen, werden die Kontakte der deutschen Nachbarn untereinander zerstört.	( )	( )	( )	( )

Im folgenden geht es darum, unterschiedliche Ansichten und Meinungen
Ihrer Bekannten/Freunde einzuschätzen. Was meinen Sie, wie würden
die folgenden Aussagen von Ihren Bekannten beurteilt werden?
Würden Sie den folgenden Aussagen eher zustimmend oder eher
ablehnend eingestellt sein?

	A	B	C
Wenn Arbeitsplätze knapp werden, sollte man die Gastarbeiter wieder in ihre Heimat zurückschicken.	V232	V233	V234
eher zustimmend	(1)	(1)	(1)
eher ablehnend	(2)	(2)	(2)
Wenn ein ausländischer Arbeitnehmer schon längere Zeit in Deutschland lebt und arbeitet, dann sollte er auch das Wahlrecht erhalten.	V235	V236	V237
eher zustimmend	(1)	(1)	(1)
eher ablehnend	(2)	(2)	(2)

	A	B	C
Gastarbeiter sollten Ihren Lebenstil ein bißchen besser an den der Deutschen anpassen.	V238	V239	V240
eher zustimmend	(1)	(1)	(1)
eher ablehnend	(2)	(2)	(2)
Es ist nicht gut, viele Ausländer im Land zu haben, weil sie oft unangenehm und anmaßend sind.	V241	V242	V243
eher zustimmend	(1)	(1)	(1)
eher ablehnend	(2)	(2)	(2)

Wie ist der/die Befragte nach folgenden Eigenschaften einzustufen?

V264	leicht	1	2	3	4	5	eher mühsam zu interviewen
V265	kühl	1	2	3	4	5	eher auf Kontakt bedacht
V266	ängstlich	1	2	3	4	5	unbekümmert
V267	ungeduldig	1	2	3	4	5	hatte Zeit
V268	verschlossen	1	2	3	4	5	gab bereitwillig Auskunft
V269	intelligent	1	2	3	4	5	hatte Verständnisschwierigkeiten
V270	aggressiv	1	2	3	4	5	freundlich
V271	aufrichtig	1	2	3	4	5	versuchte sich "gut" darzustellen
V272	sympathisch	1	2	3	4	5	unsympathisch
V273	hochmütig, überlegend tuend	1	2	3	4	5	freundlich, bescheiden
V274	unterwürfig	1	2	3	4	5	selbstbewußt

In welcher Funktion wurden Sie von dieser Person am ehesten wahrgenommen?

		Ja	Nein
V275	Als Spion, der sich in die "Betriebsgeheimnisse" einschleichen will	(1)	(2)
V276	Als Vertreter einer Behörde, die Auskünfte fordert	(1)	(2)
V277	Als freundlicher Unbekannter, mit dem man ein Gespräch führt	(1)	(2)
V278	Als jemand, dem man die Sorgen anvertrauen kann, die man hat	(1)	(2)
V279	Als "armer Hund", dem man bei seinem unangenehmen Beruf behilflich sein muß	(1)	(2)
V280	Als jemand, dem man endlich in einigen Dingen "die Meinung sagen" kann	(1)	(2)

MIX
Papier aus verantwortungsvollen Quellen
Paper from responsible sources
FSC® C105338

If you have any concerns about our products,
you can contact us on
ProductSafety@springernature.com

In case Publisher is established outside the EU,
the EU authorized representative is:
Springer Nature Customer Service Center GmbH
Europaplatz 3, 69115 Heidelberg, Germany

Printed by Libri Plureos GmbH
in Hamburg, Germany